ullstein

Was denkst du unterbewusst über dich, über Beziehungen, über Männer, über Frauen? Wie geht es deinem inneren Kind und wie funkt es immer wieder in deine erwachsenen Beziehungen? Deine Glaubenssätze sind Ursprung deiner Denk- und Verhaltensweisen und prägen deine Beziehungsqualität viel mehr als dir oft bewusst ist. Wenn du deine Beziehungen verbessern willst, gilt es deine eigene Landkarte zu verstehen. Begreift man den Partner als Spiegel der eigenen Glaubenssätze, wird es möglich, sich selbst neu zu erkennen, ein Leben lang aneinander zu wachsen und eine immer tiefer werdende Liebe zu erschaffen.

Tanja und Christian Roos zeigen, wie der Weg in eine erfüllte und gleichberechtigte Partnerschaft aussehen kann. Sie erklären, wie Konflikte dazu genutzt werden können, um ganz neue Win-Win-Lösungen zu finden, die zur gegenseitigen Erweiterung führen. Sie geben intimen Einblick in ihre eigene Beziehungs-Reise, teilen bewährte Übungen und ihre Erfahrungen als Coaches.

TANJA ROOS, geboren 1985 im Salzburger Land, Österreich, und Dr. CHRISTIAN ROOS, geboren 1984 und aufgewachsen in Hamburg, sind passionierte Paar-Coaches, Autoren und Reisende. Die beiden sind seit 2011 ein Paar und haben es sich zur Aufgabe gemacht, ihre Expertise aus langjähriger Ausbildung und Praxis sowie ihre persönliche Beziehungsgeschichte zu teilen, damit mehr Menschen durch dieses Wissen glückliche Partnerschaft leben können. Gemeinsam mit ihren vier Kindern leben sie auf Mallorca.

Begleitmaterial zum Buch auf www.das-neue-wir.com/das-ich-imdu

Tanja und Christian Roos

DAS ICH IM DU

Du hast dein Beziehungsglück selbst in der Hand

Ullstein

Besuchen Sie uns im Internet:
www.ullstein.de

Wichtiger Hinweis

Alle Ratschläge in diesem Buch wurden von den Autoren und vom Verlag sorgfältig erwogen und geprüft. Eine Garantie kann dennoch nicht übernommen werden. Eine Haftung der Autoren beziehungsweise des Verlags und seiner Beauftragten für Personen-, Sach- und Vermögensschäden ist daher ausgeschlossen

Ungekürzte Ausgabe im Ullstein Taschenbuch
1. Auflage Oktober 2024

Umschlaggestaltung: zero-media.net, München
Titelabbildung: © privat
Satz und Repro: LVD GmbH, Berlin
Gesetzt aus der Minion Pro
Druck und Bindearbeiten: ScandBook, Litauen
ISBN 978-3-548-06992-0

Füreinander.
Weil wir durch den anderen wurden, wer wir immer sein wollten.

Für unsere vier Kinder.
Weil sie uns weit über unsere Vorstellungskraft hinaus erweitern und dieses Buch Zeugnis einer Liebesgeschichte ist, aus der sie entspringen.

Für unsere Eltern.
Weil sie uns das Leben schenkten und zudem die Wurzeln und Flügel, um es frei zu gestalten.

Für dich.
Weil die Qualität deiner Beziehungen die Qualität deines Lebens bestimmt.

Für die Welt.
Weil Frieden und Geborgenheit zu Hause beginnen.

Inhaltsverzeichnis

Vorwort

Vielleicht denkst du dir: Wie soll mir jetzt noch der nächste Beziehungsratgeber helfen? Diese Frage kann ich gut verstehen, denn wir alle sind manchmal gerade in unseren Beziehungen besonders verzweifelt und denken: Es wird einfach nicht besser. Und egal, welches Buch ich lese, es wird sich sowieso nichts ändern …

Ich kann dir jetzt versprechen: Dieses Buch von Tanja und Chris wird der letzte Beziehungsratgeber sein, den du lesen wirst, vor allen Dingen, wenn du die Ratschläge wirklich beherzigst und danach handelst. Denn ich kenne niemanden, der erfüllte und gleichberechtigte Partnerschaft so sehr lebt, vorlebt und inspiriert wie Tanja und Chris.

Die beiden sind seit Jahren Teil meines Lebens, und es ist so inspirierend und schön, zu sehen, wie ihre Beziehung immer enger, immer wahrhaftiger wird. Wie sie nicht nur zusammen ihre Paar-Beziehung, sondern auch ihre Beziehung zu und mit ihren Kindern meistern und ihren Kindern gleichzeitig die Möglichkeit eröffnen, eine moderne und zugleich warmherzige Art von Liebe, von Beziehung, von Nähe und Vertrauen kennenlernen zu dürfen.

Sowohl Tanja als auch Chris haben es geschafft, ihre eigenen Traumata zu heilen, ihre blockierenden Überzeugungen zu lösen und ihre dysfunktionalen Identitäten abzulegen. Durch ihr Commitment zu ihrer eigenen persönlichen Weiterentwicklung, aber auch zu ihrer Liebe füreinander haben sie geschafft, was sich so viele wünschen: eine wirklich lebendige, leidenschaftliche und erfüllte Liebesbeziehung.

Ich bin den beiden so dankbar, dass sie all ihren Mut zusammengenommen und sich trotz vier kleiner Kinder die Zeit genommen haben, sich hinzusetzen und all ihr Wissen, all ihre Erfahrung, all ihre Höhen und Tiefen in diesem Buch festzuhalten. Denn dieses Buch kann uns allen der Wegweiser dahin sein, wie wir erfüllte Beziehungen erschaffen können.

Was bei den beiden vor allen Dingen so wirksam ist: dass sie zeigen, dass erfüllte Beziehung nichts ist, was wir auf Knopfdruck erschaffen können. Sondern eine erfüllte Beziehung ist die Bereitschaft, an sich selbst zu arbeiten und bedeutet tiefe innere Transformation. Die Bereitschaft, den eigenen Themen wirklich die Möglichkeit zu geben, sich zu zeigen, sich für die eigene Transformation zu öffnen und den Partner oder die Partnerin als Spiegel zu sehen für das eigene Potenzial bei der Heilung. Gleichzeitig aber auch dem Partner oder der Partnerin als genau dieser Spiegel ebenfalls zur Verfügung zu stehen.

Darüber hinaus ist es so schön, zu sehen, dass Tanja und Chris das Thema Konflikte in Beziehungen auf so eine heilsame Art und Weise leben und gerade Konflikte auch nutzen, um mehr Verbindung herstellen zu können.

An dieser Stelle möchte ich einfach nur Danke sagen. Danke, Tanja! Danke, Chris! Danke, dass es euch gibt. Danke, dass ihr euch so sehr liebt. Danke, dass ihr eure Liebe zu einer Heilung werden lasst für alle, die euch begegnen. Und danke, dass ihr dieses Buch hinaus in die Welt tragt. Ich wünsche euch und diesem Buch, dass es alle Herzen tief im Kern erreichen darf sowie Hoffnung und Vertrauen schenkt, dass eine erfüllte Beziehung für uns alle möglich ist.

Laura Malina Seiler
Unternehmerin, Autorin, Coach

Disclaimer

Das Buch beschreibt unsere persönlichen Erfahrungen und stellt dabei Methoden und Modelle vor, die uns als Paar selbst immens geholfen haben und die wir in unserer Praxis als Beziehungs-Coaches gemeinsam mit unseren Klient:innen anwenden. Das Buch ersetzt damit in keinster Weise eine qualifizierte und individuell auf dich zugeschnittene Therapie. Wir sind Coaches und keine Psychologen. Wir haben verschiedene therapeutische Aus- und Weiterbildungen absolviert, jedoch kein psychologisches oder medizinisches Studium. Die von uns verwendeten Coaching-Methoden kommen im Wesentlichen aus dem Feld der *kognitiven Verhaltenstherapie* und der *Rational-Emotiven Therapie*. Sie ersetzen keine Therapie oder Diagnose und vor allem aber bei Bedarf keine Behandlung durch einen Arzt oder Psychotherapeuten. Im Rahmen des Buches erfolgt zudem keinerlei Heilungsversprechen. Du bist selbst in vollem Umfang für deine Handlungen, deine Maßnahmen, deine körperliche und psychische Gesundheit verantwortlich. Und das ist auch gut so! Denn niemand kennt dich so gut wie du selbst.

Wir schreiben das Buch für *Dich*. Du wählst, wer du sein willst. Auch in Bezug auf deine Geschlechtsidentität. Wenn wir von Männern und Frauen schreiben, meinen wir alle, die sich als männlich und weiblich identifizieren. Wenn wir von weiblich und männlich sprechen, dann tun wir das mit der Absicht, alte Konditionierungen bewusst zu machen, um ein neues Geschlechterverständnis zu etablieren. Ein Verständnis, das berücksichtigt, dass jeder Mann auch weiblich und jede Frau auch männlich ist, indem Geschlechter nicht binär, sondern als Spektrum verstanden werden. Um diesem Spektrum Ausdruck zu verleihen, nutzen wir die gendergerechte Schreibweise mit Doppelpunkt.

Triggerwarnung: Wir teilen mit dir in diesem Buch unsere persönlichen Geschichten, die sich mitunter mit Themen wie Suizid, Alkoholismus, Krankheit und Gewalt beschäftigen. Solltest du für dich entscheiden, dass dich diese Themen zu sehr belasten, überspringe gern die Kapitel »Erfüllte Beziehung ist für jeden möglich« und »Unsere Glaubenssätze: Wer wir waren und wie wir heilten«, ohne dass das Buch an Verständlichkeit für dich verliert.

Einleitung

Die weltweit längste Studie zum Thema glückliches Leben wird seit 1938 in Harvard durchgeführt. Sie kommt zu dem Schluss, dass es für ein glückliches Leben auf eine Sache ankommt: erfüllte Beziehungen! Sie geben uns Sinn, das Gefühl, Teil von etwas Größerem zu sein, sorgen dafür, dass wir uns auf diesem Planeten nicht einsam fühlen und tragen maßgeblich zu unserer Gesundheit bei.[1]

Du hältst hier ein sehr persönliches und intimes Buch in den Händen. Denn wir teilen mit dir unsere wichtigsten Erkenntnisse, die wir sowohl als Paar im Laufe unserer Beziehung als auch als Paartherapeut:innen gewonnen haben, wie eine erfüllte Beziehung gelingen kann.

Unsere Beziehungsreise begann mit sehr schwerem Gepäck: Beide haben wir eine turbulente Vergangenheit, die lange Zeit teils auch frustrierende Auswirkungen auf unsere Partnerschaft(en) hatte. Wir haben immer wieder gekämpft und gestritten und dabei halb im Scherz gesagt, dass sich diese ganze wahnsinnige Beziehungsarbeit doch auch für andere Menschen eines Tages lohnen müsste. Et voilà: Ein neuer Berufsweg als Paartherapeut:innen und auch dieses Buch waren geboren.

Wir zeigen dir, wie wir unsere Vergangenheit in unserer Beziehung mit den für uns effektivsten Methoden heilen konnten, sodass wir heute eine erfüllte Beziehung leben können, die Basis unserer sechsköpfigen Familie ist. Wir verdanken einander unser Beziehungsglück und haben es gleichzeitig selbst erschaffen. Um da hinzukommen, hat es viele Stunden teils erschöpfender Auseinandersetzungen gebraucht, und diese vielen Stunden wollen wir dir gerne ersparen. Wir möchten dir eine Abkürzung aufzeigen. Wir möchten dir das Wissen mitgeben, wie ihr eure Konflikte verkürzen könnt, damit ihr eben nicht in einer frustrierenden oder langatmigen Dauerwiederholung landet. Sondern euch stattdessen gemeinsam immer höher schwingt! Das Beste ineinander zum Vorschein bringt. Euch gegenseitig empowert. Zusammenwachst und euch weiterentwickelt. Euch immer näher kommt und miteinander Freude am Leben habt!

Manchmal kann sich aber eine Beziehung wie eine Sackgasse anfühlen. Unendlich anstrengend, auszehrend, verletzend, toxisch … Auch die Suche nach der:dem Richtigen kann sich wie eine frustrierende Endlosschleife anfühlen. We feel you! Auch ist allein die Möglichkeit, mehr Zeit und Energie in Beziehungen zu investieren, ein Privileg, das viele gar nicht haben. Dazu mehr ab Seite 113. Aber es gibt auch für die Gehetzten unter uns Hoffnung: Oft sind es schon kleine Änderungen im Alltag oder eine neue Perspektive, die euch einander wieder näherbringen.

Unser größter Herzenswunsch ist es, Menschen zu tiefen und nährenden Beziehungen zu empowern und die dysfunktionalen Muster und Blockaden auf diesem Weg nachhaltig aufzulösen, um zu wirklich neuen Lösungen zu kommen. Denn wie schon Einstein wusste: »Man kann ein Problem nicht mit der Denkweise lösen, durch die es entstanden ist.« Es kursieren viele Beziehungstipps, die jedoch nur dann funktionieren, wenn davor die darunterliegende unterbewusste Ebene beleuchtet und transformiert wurde. Dieser unterbewussten Ebene wollen wir uns hier in diesem Buch hauptsächlich widmen.

Denn eines ist gewiss: Unsere Beziehungen sind immer Spiegel unserer inneren Welt. Unserer Glaubenssätze. Sie können unser Untergang oder unsere größte Weiterentwicklungsmöglichkeit sein. Oder wie der Psychologe Stan Tatkin so schön sagt: »In Beziehungen werden wir verletzt und in Beziehungen heilen wir.«[2] Die Entscheidung, ob wir an unseren Beziehungen zerbrechen oder wachsen, verletzt werden oder heilen, stagnieren oder über uns hinauswachsen, liegt bei uns.

Es gibt schon viele Beziehungsratgeber. Allerdings bestehen viele aus Tipps für die bewusste und sichtbare Sachebene. Diese werden dann vielleicht ein paar Tage motiviert umgesetzt, bis man wieder in alte Muster zurückfällt. Wenn du nicht erkennst, was eigentlich hinter deinen Verhaltens- und Denkweisen liegt und worauf dich deine Gefühle aufmerksam machen wollen, kannst du nur eine kurzfristige Veränderung und Verbesserung herbeiführen. Wenn du aber wie ein Detektiv untersuchst, welche über Jahre oder Jahrzehnte entwickelten Glaubensmuster deine Gefühle und dein Handeln prägen, kannst du diese Muster aktiv transformieren und dadurch nachhaltig andere (bessere, erfüllende, gesunde und nährende) Ergebnisse erzielen.

Unser Buch ist also eine Einladung, dir und deinen *Glaubenssätzen* auf die Schliche zu kommen und diese tiefgreifend nach und nach zu verändern. Was denkst du unterbewusst über dich, über das Leben, über Beziehungen, über Männer, über Frauen? Und wie kommst du auf diese Glaubenssätze? Wie funken sie immer wieder in deine erwachsenen Beziehungen? Und sabotieren diese. Nicht böswillig. Sondern weil dich diese Glaubenssätze bis jetzt beschützt haben. Das Problem ist, dass du bisher mit diesen Glaubenssätzen, auch wenn sie dysfunktional sind und dein Leben manchmal richtig »versauen«, sicher überlebt hast. Weil du ja hier bist und gerade diese Zeilen liest. Dein System schert sich in erster Linie leider nicht darum, dass du glücklich bist und in erfüllten Beziehungen lebst, sondern möchte primär sicherstellen, dass du überlebst. Hallo, Evolution. Daher ist es oft so schwierig, deine Glaubenssätze zu ändern oder überhaupt erst zu erkennen. Wie Sherlock Holmes werden wir Detektiv spielen, blinde Flecken erkennen oder den Scheinwerfer auf den Elefanten im Raum richten. Unterbewusste Glaubenssätze überhaupt erst zu erkennen, um sie dann nachhaltig zu wandeln, ist der erste Schritt. Dein:e Partner:in oder Gegenüber ist dabei übrigens der beste Spiegel, um dir deiner Glaubenssätze bewusst zu werden.

Sprich: Das Ich im Du zu erkennen. Wenn du gerade keine:n Partner:in hast, dann löst auch das vielleicht Gefühle und Gedanken in dir aus, die dir deine Glaubenssätze bewusst machen können.

Damit du dein Ich im Du erkennen kannst, ist es aber wichtig, dich nicht mehr als Opfer deiner Umstände zu sehen, sondern zu verstehen, was du selbst zu deinem Leben und Liebes(un)glück beiträgst. Du hast nicht auf alles Einfluss, bist aber doch so viel wirkungsvoller, als du denkst. Und: Du hast immer Einfluss darauf, wie du auf Geschehnisse in deinem Leben antwortest. Und aus einer neuen Antwort kann auf wundersame Weise eine neue Zukunft entstehen. Das ist die Macht der Eigenverantwortung. In diesem Sinne:

> *I am the master of my fate: I am the captain of my soul.*[3]
> WILLIAM HENLEY

Eigenverantwortung gibt dir das Steuer des Lebens wieder in die Hand. Dich für Eigenverantwortung zu entscheiden, bedeutet, nicht mehr auf dem Beifahrersitz hilflos zuzuschauen, sondern selbst zu fahren. Wieder in deiner Kraft zu sein. Es gibt dir die Möglichkeit, Umstände, die dir nicht gefallen, zu ändern. Du wirst wieder der:die Regisseur:in deines Lebens und kannst maßgeblich entscheiden, wie du dein (Liebes-)Leben gestalten willst.

In diesem Sinne laden wir dich ein: an mancher Stelle ungewöhnliche Schritte zu gehen. Deine gewohnte Brille, durch die du blickst, mal abzunehmen. Neue Geschichten über dich und dein Leben zu erzählen. Oder wie Marisa Peer es so treffend formuliert: »Tell yourself a better lie«[4]. Denn das, was wir manchmal für eine Wahrheit halten, ist oft nur eine Interpretation der Realität, eine Wahrnehmung (mehr dazu in Kapitel 2). Also nur eine vermeintliche Wahrheit – an die jedoch dein ganzes Selbst glaubt. Das bedeutet nicht, dass du dir deine Welt schönredest und Dinge verdrängst, die du erlebt hast oder täglich erlebst. Im Gegenteil: Eigenverantwortung bedeutet gerade, deine Realität in Gänze wahrzunehmen, zu erfühlen und damit auf neue Weise gedanklich und emotional umzugehen. Erst dann kannst du frei wählen, wie du dich verhalten willst. Wir werden dir das anhand unserer eigenen Geschichten verdeutlichen.

Das größte Hindernis, eigenverantwortlich zu leben, ist unsere Angst davor, noch mal enttäuscht zu werden. Denn das eint uns Menschen: Wir alle haben Enttäuschungen und Zurückweisungen erlebt, die wir nicht wiederholen wollen. Doch die Nähe, die du dir am meisten wünschst, liegt hinter deiner größten Angst. Wir alle wollen geliebt werden und lieben und haben doch große Angst, (wieder) verletzt zu werden. Doch uns ganz und gar auf jemand anders einzulassen, 100 % zu vertrauen und uns hinzugeben, ist der Preis für wahre Nähe. Sprich, das Risiko einzugehen, Herzbruch zu erleiden.

Und du wirst sehen: Liebe beginnt mit Selbst-Liebe. Kein:e Partner:in der Welt kann die negativen Gedanken, die du selbst über dich oder das Leben hast, kompensieren. Auch wenn wir das häufig erwarten. Er oder sie möge uns bitte glücklich machen. Erraten, was wir wann brauchen. Die schlechte Nachricht: Das wird nie passieren. Die gute Nachricht: Du kannst dich (mithilfe anderer) selbst glücklich machen.

Da passt es doch gut, dass Lieben ein »Tun-Wort« ist.[5] In diesem Buch wirst du deshalb immer wieder hilfreiche Fragen und Übungen finden, damit du das Gelesene besser auf dich übertragen und sofort anwenden kannst. Wir haben die Übungen allesamt selbst und auch mit Klientent:innen getestet, du bist also in guter Gesellschaft. Die Übungen sind nicht nur sehr wirksam, sondern machen sogar – meistens – Spaß. Versprochen.

Wir freuen uns sehr, dass du diese Zeilen liest. Dass du mit uns diese abenteuerliche Beziehungsreise unternimmst. Dass du dir für dich und deine Beziehung(en) Zeit nimmst, denn wir wissen, wie kostbar und endlich Lebenszeit ist. Und doch ist es die am besten investierte Zeit, weil die Qualität deiner Beziehungen maßgeblich die Qualität deines Lebens bestimmt.[6]

Von Herzen: Danke! Für deinen Mut. Und dein Vertrauen.

Wir sind der festen Überzeugung, dass Frieden zu Hause beginnt und dass erfüllte Beziehungen die Basis für eine friedliche, gesunde Welt sind. Wir versprechen dir neue Antworten auf alte Fragen. Und bewährtes Wissen auf neue Fragen.

Let's go deep.

1

Wie gelingt eine erfüllte Beziehung?

Was ist eigentlich Erfüllung? Erfüllung bedeutet, dass nichts fehlt. Das heißt aber nicht, dass du keine Wünsche mehr hast. Auch Probleme wird es immer geben, auch in der Erfüllung. Erfüllung folgt, wenn du den Standpunkt lebst:

Das, was es ist, ist es!

Es bedeutet, Frieden zu schließen. Es bedeutet, für uns im tiefen Vertrauen zu sein, dass das Leben dir wohlgesonnen und *für* dich ist und dass alles, was du jetzt gerade hast und eben auch gerade nicht hast, so sein darf. Du kannst etwas haben wollen und gleichzeitig wissen, *wozu* du es noch nicht hast. Das bringt den Frieden, den es für Erfüllung braucht. Weil du weißt, dass das, was du haben willst, es aber nicht hast, deine größte Weiterentwicklungsmöglichkeit ist, um Frieden, Vollständigkeit und Heilung mit dir zu finden. Du musst bei Weitem nicht alles gut finden, was du bis hierhin erlebt hast, und trotzdem kannst du sagen: Ich stimme zu, diese Erfahrungen gemacht zu haben. Es bedeutet, sich dem Leben ganz und gar hinzugeben, um zu lernen und zu wachsen. Alles hat Platz: der Streit, der Zweifel, die Trauer, die Wut, die Angst, die Liebe, die Freude, die

Ekstase und die Dankbarkeit. Du gibst dich hin. Allem, was das Leben für dich an Erfahrungen zu bieten hat. Es gibt keine guten und schlechten Gefühle. Es gibt nur Gefühle. Du bist nicht deine Gefühle, du hast welche. Du bist nicht deine Gedanken, du hast welche. Du bist nicht dein Körper, du hast einen.

Du brauchst auch keine:n Partner:in für Erfüllung. Wir können alleine erfüllt sein. Viele Probleme beginnen sogar erst, wenn du eine:n Partner:in hast und erschweren dadurch die Erfüllung temporär auch. Aber Erfüllung verlangt nach tiefen Beziehungen – um uns selbst zu erkennen und uns als Menschen zu spüren. Oder wie Daniel Schreiber es so wunderbar formuliert: »Freundinnen und Freunde helfen uns dabei, die innere narzisstische Schallmauer zu durchbrechen und die ganze Realität des Lebens wahrzunehmen. Ohne sie wäre es unmöglich, sich weiterzuentwickeln, unmöglich, wirklich Mensch zu sein.«[7]

Erfüllte Beziehung ist für jeden möglich

Tanja:

Ich sitze hier auf der Terrasse von unserem schwedischen Sommerhaus. Alle vier Kinder schlafen selig im Haus. Ich höre nur das Rauschen der Bäume, inhaliere den Waldduft, der mich so sehr an meine Kindheit erinnert, und blicke über den spiegelglatten See, über den mein Mann gerade mit dem Paddle Board gleitet. Hier und da sehe ich einen Fisch, der an die Oberfläche kommt. Die Sonne wärmt meine Haut, ab und an versteckt sie sich wieder hinter den Wolken. Die Vögel zwitschern. Ich trinke meinen Kaffee. Es ist friedlich. Im Außen wie in meinem Inneren.

Das war nicht immer so. Jahrelang war ich auf der Suche, war unglücklich, habe mich in meinen Beziehungen aufgerieben und meine Vorwürfe mein Leben bestimmen lassen. Habe gestritten, bis ich nicht mehr konnte. Ich habe mit dem Blick in die Vergangenheit gerichtet gelebt und hatte Angst vor der Zukunft. Ich konnte mir nicht vorstellen, wie eine glückliche, erfüllte Beziehung aussehen sollte. Wie ich eine glückliche, erfüllte Familie haben konnte. Diese Vorstellungen waren über lange Zeit ziemlich weit weg. Für andere erreichbar, für mich – mit meiner Geschichte – sicher nicht. Davon war ich lange felsenfest überzeugt.

Ich bin halb Österreicherin, halb Schwedin. Meine Mama ist unweit von hier, wo wir gerade unseren Sommerurlaub verbringen, aufgewachsen. Nach ihrem Abitur ist sie in die Schweiz gegangen und hat dort meinen Papa kennen- und lieben gelernt. Sie ist zu ihm nach Österreich gezogen, hat Deutsch gelernt, in Salzburg studiert und ist dort Lehrerin geworden, und sie haben meine Schwester und mich bekommen. Mein Papa war ein sensibler, liebevoller Mann. Außer wenn er getrunken hat – dann haben seine Dämonen überhandgenommen, die aus seiner eigenen schwierigen Kindheit stammten. Meine Mama war die Einzige, die wirklich an ihn herangekommen ist und seine Wunden ein Stück weit geheilt hat. Seine Alkoholkrankheit hat aber unsere ganze Familie zerstört. Hunderte Male hat er versprochen, aufzuhören und sich helfen zu lassen, und es doch nicht geschafft. Wir sind in einem kleinen österreichischen Ort aufgewachsen, wo es ein großes Tabu war, über derartige Probleme zu sprechen. Meine Eltern haben sich heiß geliebt, und doch hat ihre Liebe zueinander nicht ausgereicht. Ich kann mich an so viele Nächte erinnern, an denen mein Papa betrunken nach Hause kam, ich als kleines Kind voller Angst auf der Treppe saß und den beiden beim Streiten zugehört habe. Zwischen diesen Eskapaden hatten wir aber auch sehr glückliche Zeiten als Familie. Vor allem auch hier in Schweden. Doch kurz nach meinem 18. Geburtstag ist meine Mama an Leukämie erkrankt und innerhalb von drei Monaten gestorben. Sie hat fünf Tage wie eine Spitzensportlerin auf der Intensivstation der Uniklinik in Innsbruck im Tiefschlaf gekämpft. Wir waren alle rund um die Uhr bei ihr und haben bis zur letzten Sekunde auf ein Wunder gehofft, bis der Arzt sagte: »Es tut mir leid, Ihre Mama ist jetzt hirntot.« Sie wurde nur vierundvierzig. Es war der schlimmste Tag in meinem Leben. Mit achtzehn Halbwaise. Mein Papa hat sich die Schuld gegeben und sie schmerzlich vermisst. Es hat mir das Herz gebrochen, ihn so zu sehen. Eineinhalb Jahre lang habe ich mich jede Nacht über Stunden in den Schlaf geweint. Mal laut schluchzend, mal leise wimmernd. Mein damaliger Freund lag häufig hilflos daneben. Jedes Mal, wenn wir Sex hatten, fing ich danach an zu weinen. Die Trauer so groß. Eine Jugendliebe, die viel aushalten musste.

Sieben Jahre nach dem Tod meiner Mama, am 21. Oktober 2010, hat sich mein Papa in unserem Heimatort vor den Zug gelegt und sich so das Leben genommen. Ich war gerade bei meiner Schwester in Salzburg. An dem Tag wollten meine Mit-Gründerin und ich unser Start-up NECTAR & PULSE launchen. Dazu kam es nicht. Um 18.30 Uhr läutete die Polizei an der Tür und teilte uns mit, dass sich mein Papa das Leben genommen hat. Es war ein strahlend blauer Herbsttag mit Blättern in allen Farben. Statt einem Business-Launch musste ich mit meiner Schwester wieder ein Begräbnis organisieren. Das vierte in sieben Jahren. Mit fünfundzwanzig war ich jetzt Vollwaise. Ich musste immer wieder an unsere letzte Umarmung zwei Wochen vor seinem Tod denken. Noch heute kann ich sie bildlich abrufen. Er hat sich minimal weggedreht. So, als würde er sich gar nicht mehr ganz auf die Liebe und Nähe einlassen wollen. Rückblickend hat er das häufig so gemacht.

Er hat keinen Abschiedsbrief hinterlassen, nur einen Zettel, auf dem geschrieben stand: »Ich will an meinem Lebensabend nicht so enden wie mein Vater, und ich bewege mich dahin.«

Warum ich das alles in einem Buch über glückliche Beziehungen erzähle? Weil die Beziehung zu unseren Eltern maßgeblich unsere weiteren Beziehungen prägt. Und weil ich zur Zuversicht ermutigen will, dass eine erfüllte Beziehung immer möglich ist, egal, wie ausweglos es manchmal scheint. Egal, wo wir herkommen. Transformation ist immer möglich. Auch wenn die Ausgangsbedingungen unfair verteilt sind.

Sechs Monate nach dem Suizid meines Papas habe ich Chris kennengelernt. Der Beginn von etwas Neuem. Etwas Großem. Etwas Hellem. Ich habe mit und durch ihn meine Geschichte neu geschrieben. Eine große Liebesgeschichte. Nicht nur ein neues Kapitel in meinem Lebensbuch, sondern ein ganz neues Buch. Wir haben uns geschworen, eine erfüllte Beziehung zu erschaffen *oder* eine erfüllte Beziehung zu erschaffen und sind diesem Versprechen bis heute treu geblieben. Wir wollten uns auch nach heftigen Streits nicht trennen. Lieber wollten wir alles daransetzen, es hinzukriegen, Lösungen zu finden, wissend, dass wir uns eigentlich so guttun. Unsere persönliche Kindheitsgeschichte wäre die beste Rechtfertigung gewesen, sich niemals auf eine Paarbeziehung einzulassen, sondern lieber auf die allseits bekannte Bindungsangst und Verlustangst zu vertrauen. Aber wir wollten einander so sehr. Haben dafür gekämpft. Mit Wut und Liebe. Trauer und Angst. Und unerbittlicher Empathie. Wie beim Poker: All in. Volles Risiko. Auf dem teils holprigen Weg waren wir natürlich auch immer wieder traurig, wütend und resigniert, haben alles infrage gestellt, um dann noch mehr zu riskieren, noch mehr Nähe zuzulassen. Noch mehr Liebe zu spüren. Denn im Angesicht des Todes ist die Einsamkeit vermeintlich viel sicherer. Aber eben auch gefährlich, wenn wir uns bewusst machen, dass wir im alleinigen Alleinsein vieles, was das Leben so lebenswert macht, verpassen. Und wir haben doch nur dieses eine Leben.

Manchmal erschaffen wir lieber Distanz, um nicht verletzt werden zu können. Nicht sehend, dass wir dabei so viel mehr verlieren als gewinnen. Wenn wir mit angezogener Handbremse in einer Beziehung oder Freundschaft sind. Uns nicht voll und ganz ein- und kriegen lassen. Uns nicht authentisch und verletzlich zeigen. Wenn wir eine Mauer um unser Herz aufrechterhalten. Dann verpassen wir all das, was uns wahre Nähe, Hingabe, sich verletzlich zeigen und uns Hals über Kopf zu lieben geben kann. Das, was wir uns am allermeisten wünschen, liegt oft hinter unserer größten Angst.

Wir selbst haben als Paar so viel gestritten. Nächtelang. Lauthals im Zug. Auf dem Münchner Marienplatz mit Baby umgeschnallt und auf dem Wiener Stephansplatz mit Baby im Kinderwagen. Im Tuk-Tuk-Taxi in Thailand. Im Camperbus in Neuseeland und im Zelt auf Hawaii. Im Badezimmer nach dem Zähneputzen und im Auto in Berlin. Darüber, wer mehr erwerbsarbeitet und wer mehr care-arbeitet und umgekehrt. Über die Zahnpasta, die Unordnung und Aufgabenverteilungen. Darüber, was gerecht ist und wer sich gerade nicht gesehen fühlt. Über fehlende Anerkennung. Darüber, wer Sex initiiert und wie. Über Ex-Partner:innen. Über Me-Time. Über den falschen Ton und übers Schmatzen. Über Geburtstagsgeschenke, wer mit den Kindern aufsteht und über das liebe Geld. Über vermeintlich fehlendes Engagement, Unzuverlässigkeit und über die Gretchenfrage in Partnerschaften: Kannst du nicht anders, oder willst du einfach nicht? Wir haben uns gegenseitig entwertet, beleidigt, angeschrien und voneinander distanziert.

Dabei ging es (fast) nie um den inhaltlichen Auslöser des Streits, sondern immer um dahinterliegende Vorwürfe und Verletzungen aus der Vergangenheit. Und häufig über Verletzungen, die gar nichts mit dem:der Partner:in zu tun hatten. Keiner triggert einen so sehr wie der:die Partner:in. Deshalb sind Beziehungen auch die größte Möglichkeit, ganzheitlich zu heilen. Dein:e Partner:in ist dein bester Coach, weil er dein klarster Spiegel ist! Immer wieder haben wir so lange um den richtigen Weg gestritten, bis wir einen neuen dritten Weg gefunden haben, der für uns beide eine Win-win-Lösung war.

Wofür wir uns aber auch beide ins Unrecht setzen mussten. Eine wirkliche Erweiterung, in die wir hineinwachsen konnten. Denn keiner von uns wollte (faule) Kompromisse leben. Dafür war uns das Leben zu kurz und zu wertvoll. Wir wussten immer: Bevor eine Beziehung ein einziger großer Kompromiss wird, leben wir lieber alleine. Wenn Beziehung, dann so richtig: ALL IN! Es ist uns wichtig zu betonen, dass es zum einen Glück ist, dem:der »richtigen« Partner:in zu begegnen, und wir gleichzeitig die glückliche Partnerschaft erst selbst erschaffen haben. Es war ein langer, teils steiniger Weg dahin. Es war »Blood, Sweat, Tears«-Arbeit. All das hat sich aber gelohnt. Hoffentlich nicht nur für uns, sondern auch für dich.

Mit der Zeit ist es uns immer besser gelungen, unsere verletzten inneren Kinder aka *Schattenkinder*[8] zu verstehen, zu umarmen und zu integrieren. Es erforderte aber die Bereitschaft, ehrlich hinzuschauen, seinen eigenen »Shit« aufzuräumen, nicht mehr die Schuld beim anderen zu suchen, sondern die eigene Straßenseite zu kehren, ins kalte Wasser zu springen und in Vertrauensvorleistung zu gehen. Alte geglaubte Wahrheiten zu hinterfragen und aufzugeben und neue (vorerst) ungemütliche Standpunkte einzunehmen. Das bekannte Denken ist so bequem und vermeintlich sicher. Aber die Erfüllung liegt hinter der Bequemlichkeit. Dorthin zu gehen, fühlt sich manchmal an, wie aus dem Flugzeug zu springen – ohne Fallschirm. Ohne Absicherung. Nach dem Fall stellt es sich ein: das Gefühl der unendlichen Liebe. Das Einssein mit dem großen Ganzen. Nichts mehr beweisen müssen. Nichts mehr vortäuschen. Sein authentisches Selbst sein. Vertrauen. Wertschätzung. Co-Kreation. Der Himmel auf Erden, mit einem anderen Menschen.

Manchmal frage ich mich, was wohl gewesen wäre, wenn meine Eltern sich früher Hilfe geholt hätten. Wenn mein Papa früher Psychotherapie in Anspruch genommen hätte. Wenn er gelernt hätte, zu sprechen. Über seine Gefühle und Gedanken. Wenn Themen wie Alkoholismus und Depression nicht derart stigmatisiert wären.

Wenn er früher gelernt hätte, die durch seine kriegsgeschädigten Eltern verursachten Traumata aus der Kindheit aufzuarbeiten. Wenn meine Eltern Zugang zu Paartherapie und Coaching gehabt hätten, so wie wir heute. Meine Erfahrungen mit meinen Eltern sind ein maßgeblicher Grund, warum ich heute als Coachin arbeite und Menschen dabei helfe, ihre Vergangenheit zu transformieren und eine erfüllte Gegenwart zu erschaffen. Wir suchen so oft Ärzt:innen auf – zur Vorsorge oder wegen körperlicher Beschwerden. Alleine in meinen Schwangerschaften war ich um die 50 Mal bei Ärzt:innen. Obwohl das Gehirn mit Abstand das komplexeste Organ des menschlichen Körpers ist, nehmen wir dafür nur selten Hilfe in Anspruch. Ich bin fest davon überzeugt, dass die Welt ein besserer Ort wäre, hätten alle die Chance und die Methodik, regelmäßig ihr Hirn aufzuräumen. Und das nicht nur in einer Krise oder wenn schon alles zu spät ist, sondern schon lange vorher. Prophylaktisch. Eigentlich müsste es sowas wie Denk- und Gefühls-Vorsorgen geben.

Nirgends lernen wir, wie erfüllte Beziehungen funktionieren können. Bei unseren Eltern meistens nicht, in der Schule nicht, und auf einmal steckt man in einer und soll wissen, was zu tun ist. Das ist verrückt! Und so gut wie unmöglich!

Also, liebe Freund:innen, höchste Zeit, mal ordentlich in der Beziehungskiste aufzuräumen! Es gibt fast immer eine Lösung für das Problem. Man kriegt fast alles wieder hin. Und es gibt fast immer eine größere Dimension von Beziehung, mit viel mehr Nähe und Wertschätzung. Fast? Natürlich müssen wir das wollen. Niemand kann zu Veränderung gezwungen werden. Aber wir können Veränderung bewirken. Es reicht zu Beginn, wenn einer von beiden mehr sieht. Mehr will. Ein Risiko eingeht. Und wenn du schon lange vor dem gleichen Problem stehst, sei bitte großzügig mit dir. Wir alle haben Probleme in unseren Beziehungen. Bewusst oder unterbewusst. Alle. Probleme gehören zum Leben dazu. Durch Probleme wachsen wir, und Wachstum ist nie linear, sondern auf Durchbrüche folgen auch wieder Phasen der Stagnation. Du darfst dir vertrauen. Und wenn am Ende die glückliche Beziehung zu dir selbst steht, die nur durch eine Trennung möglich wurde: Dann geht es auch nach einer Zeit der Wut und Trauer immer wieder weiter und du stärker daraus hervor.

Wenn es uns gelungen ist, eine erfüllte Partnerschaft zu erschaffen, ist es auch für dich möglich. Lasst uns ganz neue Beziehungen erschaffen. Das Neue Wir.

Der Beziehungsbaum – unser Modell für erfüllte Beziehungen

»Die Menschen wissen, dass sie einen Baum angemessen pflegen müssen, damit er lebt und wächst. Aber was die eigene Seele betrifft, wissen sie nicht, wie sie sie angemessen behandeln müssen?« KONFUZIUS

Der Beziehungsbaum ist unsere Analogie, um dir zu veranschaulichen, wie erfüllte Partnerschaft gelingen kann und was es dazu braucht. (Funfact: Wir hatten beide beim Kennenlernen ein Facebook-Profilfoto, auf dem wir einen Baum umarmen.) Viele glauben, Bäume bräuchten keine Pflege und wüchsen von allein. Der gleiche Fehlglaube herrscht häufig bei Beziehungen und Liebe. Für die Vitalität und Widerstandskraft des Baumes aber sind vor allem die ersten Jahre und seine Wachstumsbedingungen entscheidend. Da wird die Grundlage für ein langes, gesundes Leben geschaffen. Auch erfüllte Beziehungen basieren auf einem täglichen Tun, einer Investition an Zeit und Aufmerksamkeit, um die Liebe lebendig zu halten. Wie ein Feuer, das einfach ausgeht, wenn kein Holz nachgelegt wird, geht die Liebe und Begeisterung füreinander verloren, wenn wir nicht aktiv Holz nachlegen in Form von Beziehungsarbeit.

> »*Wann ist die beste Zeit, einen Baum zu pflanzen? Vor zwanzig Jahren. Wann ist die zweitbeste Zeit? Heute.*« CHINESISCHES SPRICHWORT

Wenn du gerade keine:n Partner:in hast, kannst du den Beziehungsbaum auch auf dich selbst anwenden. Denn eine erfüllte Beziehung zu dir selbst unterliegt denselben Prinzipien und ist Grundlage für alle anderen Beziehungen in deinem Leben.

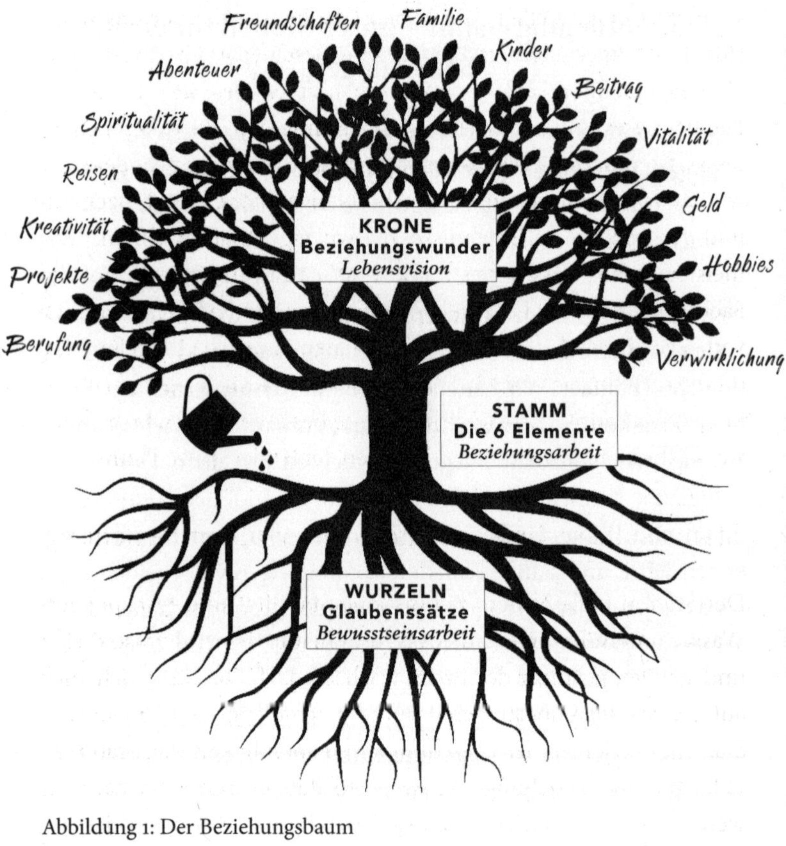

Abbildung 1: Der Beziehungsbaum

Wurzeln: deine Glaubenssätze

Der Baum erwächst aus seinen Wurzeln. Sie geben ihm Halt und Kraft und versorgen ihn. Die Wurzeln sind dabei häufig viel tiefer oder breiter gefächert, als wir auf den ersten Blick annehmen. In unserer Analogie stehen die Wurzeln des Baumes für unsere unterbewussten Glaubenssätze, die wir im Laufe unseres Lebens und vor allem in der Kindheit entwickelt haben. Glaubenssätze sind zunächst unsichtbar und unbewusst, weil sie für uns derart tiefe Wahrheiten sind, dass wir sie nicht infrage stellen. Wir haben Glaubenssätze über uns selbst (Identität), über unser und das andere Geschlecht, über Beziehung als Konzept, über Geld, über Menschen, über alles, was wir uns im Laufe unseres Lebens begreiflich machen mussten. Viele dieser Glaubenssätze funktionieren hervorragend für unser Leben, andere, die wir häufig in Enttäuschungen geschlussfolgert haben, begrenzen uns und verhindern die Ergebnisse, die wir eigentlich ersehnen. Und meistens, ohne dass wir es merken! Wir tun immer mehr auf der Sachebene, aber die Lösung liegt auf einer anderen Ebene, nämlich verborgen unter der Erde. Du kannst einen Baum so viel gießen, wie du willst, wenn das Wurzelwerk beschädigt ist, wird das Gießen nichts helfen. Du kannst noch so viel die Äste beschneiden und das Blattwerk pflegen, wenn die Wurzeln leiden, leidet der ganze Baum.

Stamm: die sechs Elemente einer erfüllten Beziehung

Der Stamm verleiht dem Baum seine Stabilität und transportiert Wasser und Nährstoffe in die Äste und Blätter. Er wird umso dicker und stabiler, je länger der Baum wachsen darf. Dies lässt sich auch auf Beziehungen übertragen: Die hier nachfolgenden Elemente des Stammes verleihen der Beziehung ihre Lebendigkeit und Stabilität. Je länger eine Beziehung wächst, desto stabiler und tiefer kann sie werden, und gleichzeitig bleibt sie lebendig und flexibel, sodass sie auch Stürme im Außen meistern kann. Mit der Zeit werdet ihr als Paar sicherer miteinander und könnt immer größere Abenteuer gemeinsam wagen. Doch Zeit alleine reicht dabei nicht aus, es braucht auch funktionierende Wachstumsbedingungen. Es heißt eben nicht, dass nur eine lange Beziehung erfüllt sein kann. Wie für so vieles im Leben geht es nicht alleinig um die Quantität und die Dauer einer Beziehung, sondern viel mehr um die Qualität und Tiefe. Es gibt Paare, die sehr lange zusammen sind und trotzdem nur nebeneinanderher leben, sich in Ruhe lassen, sich aus dem Weg gehen und in völliger Distanz, Resignation und mit Vorbehalten leben.

Aus persönlicher Erfahrung und Gesprächen mit Klient:innen haben wir sechs Elemente definiert, die für eine erfüllte, lebendige Beziehung optimal funktionieren und die damit den Stamm des Beziehungsbaumes ausmachen. Sie sind wie die Eckpfeiler eines sicheren Spielfeldes und spannen den Rahmen, in dem ihr euch ausgelassen, authentisch, verletzlich, lebendig und ekstatisch austoben und ausprobieren könnt.

Diese sechs Elemente sind in jeder Phase deiner Beziehung relevant und werden in jeder Beziehungsphase vertieft. Es gibt dabei kein Richtig und Falsch, es geht vielmehr darum, wie du diese Elemente mit deinem:r Partner:in oder alleine leben möchtest. Es ist wichtig, dafür Vereinbarungen zu treffen und Verständnis zu schaffen, damit ihr Missverständnisse und Enttäuschungen vermeiden und gleichzeitig die besten Voraussetzungen schaffen könnt, um gemeinsam Neues, Großes und Schönes zu erleben. Die sechs Elemente dienen auch dazu, für euch zu schauen, was ihr in eurer Beziehung schon lebt und wo ihr gemeinsam noch mehr (zusammen-)wachsen möchtet.

Nr. 1

Dein Leben ist die Summe deiner Tage. Wie und mit wem du deinen Tag verbringst, bestimmt dein Leben. Daher gilt es zu priorisieren: Wer und was ist dir wirklich wichtig, und wie zeigst du das? Bevor

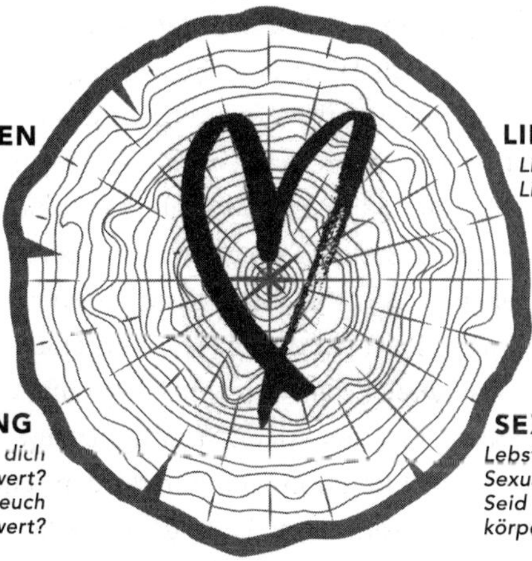

Abbildung 2: Die »sechs Elemente« des Baumstammes

du aber deine:n Partner:in / eure Beziehung priorisierst, ist es essenziell, dass du dir selbst wichtig bist. Was sind deine Bedürfnisse, und stehst du für diese ein?

Vielleicht stört dich der Begriff Nr. 1 irgendwie. Dann tut er aber genau, was er soll: Er bringt Klarheit! Verbindlichkeit zu unserer:m Partner:in bringt Wachstum auf allen Ebenen. Indem uns ein anderer Mensch wichtig ist, können wir uns in ihm erkennen, weil wir uns durch dieses Vertrauen erst ganz zeigen. Je höher ihr einander priorisiert, umso mehr emotionale Sicherheit werdet ihr haben. Die Erfahrung zeigt, dass ihr, sobald ihr darüber Klarheit habt, wieder mehr Energie und Ressourcen für alles andere habt, was euch auch wichtig ist. Wenn dein:e Partner:in die Nr. 1 ist, dann wählst du ihn:sie für dich als deine wichtigste Weiterentwicklungs- und Selbstverwirklichungs-Möglichkeit. Du entscheidest dich jeden Tag neu für sie:ihn und dafür, dieses eine Leben mit ihm:ihr zu teilen. Natürlich gibt es immer mehr Menschen, die das nicht so leben wollen oder können. Weil sie zum Beispiel jemanden pflegen (müssen), einem sehr herausfordernden Beruf nachgehen, Kinder aus vorherigen Beziehungen mitbringen, in Familienverbünden leben oder in polyamoren Beziehungen. Es gilt einfach herauszufinden, welche Priorisierung für dich am besten funktioniert. Und ob vielleicht doch noch negative Glaubenssätze über dich, deine Beziehung oder das andere Geschlecht wirken, sodass du deshalb deine:n Partner:in nicht zu deiner Nr. 1 deklarierst, obwohl du dich eigentlich danach sehnst und es auch gerne selbst für jemanden sein willst. Steckt also eine Vermeidungsstrategie oder ein unbewusstes Beziehungsmuster dahinter, oder bist du voll und ganz zufrieden, so wie es jetzt ist?

Die Frage nach deiner Nr. 1 regt einen inneren wie äußeren Dialog an, den jedes Paar irgendwann sowieso führt, mit der Leitfrage: Wie wichtig bin ich dir eigentlich?

Liebe

Liebe ist der größtmögliche universelle Rahmen, in dem all das hier passiert und wofür sich all die Beziehungsarbeit lohnt, und trotzdem reicht Liebe alleine nicht für eine erfüllte Partnerschaft. Lieben ist nämlich auch ein Tu-Wort. Die wunderbare Autorin bell hooks macht Liebe daran messbar, ob wir miteinander wachsen.[9] Je mehr du liebst, desto mehr Liebe spürst du in dir. An dieser Stelle machen wir es uns einfach: Möchtest du deiner:m Partner:in gern nah oder wieder näher sein? Du darfst auch sagen: »Ich liebe ihn:sie, *aber* …«, denn vielleicht habt ihr gerade einen Konflikt miteinander. Oder etwas funktioniert für dich nicht, obwohl du ihn:sie liebst. Stell dir für die Beantwortung dieser Frage vor, dass es eine Lösung für all eure Konflikte gibt. Wenn dir diese Vorstellung schwerfällt: Wir haben hier eine blaue Pille, und wenn du die schluckst, dann bist du wieder genauso verliebt in deine:n Partner:in, wie du es am Anfang einmal warst. Möchtest du diese Pille nehmen? Und dazu auch die Frage: Hast du ihn:sie schon einmal geliebt?

Vertrauen

Vertraust du deiner:m Partner:in? Was wäre deine Antwort, wenn du nur mit Ja oder Nein antworten könntest? Üblicherweise antworten unsere Klient:innen auf diese Frage entweder mit einem bestimmten Ja oder einer langen Pause. Die lange Pause zeigt häufig auf, dass es Lebensbereiche oder Situationen gibt, in denen ihr euch nicht vertraut. Das ist völlig in Ordnung, menschlich und sogar sehr wichtig. Es ermöglicht dir, euer Vertrauen ineinander zu vertiefen. Für Vertrauen braucht es zum einen eindeutige und beidseitig vereinbarte Spielregeln, auf deren Einhaltung ihr anschließend vertrauen könnt, und zum anderen braucht es eure beidseitige Bereitschaft, vertrauen zu wollen. Eine Entscheidung. Vielleicht denkst du jetzt: Wieso sollte jemand nicht vertrauen wollen? Weil zu vertrauen verletzlich macht. Der Gewinn ist Nähe, aber der Preis ist die Verletzlichkeit. Und wer einmal verletzt worden ist, als Kind oder als Erwachsener, der wird nur mit Bedacht vertrauen. Wird also nicht vollumfänglich vertrauen. Wird also misstrauen.

Wertschätzung

Wahre Wertschätzung ist, wenn dein:e Partner:in deine (dir noch unbekannten) Wünsche von den Augen abliest? *Genau nicht.* Das muss in einer desaströsen Enttäuschung mit lauten, vorwurfsvollen Streitereien enden. Wieso wir das wissen? Wir haben es selbst ausprobiert! Wertschätzung ist meistens ziemlich unromantisch: Hast du deinem:r Partner:in erklärt, was du von ihm brauchst, um dich von ihm wertgeschätzt und respektiert zu fühlen? Und hat er der Erfüllung dieser Bedürfnisse zugestimmt? Dient ihr euch gegenseitig gerne? Die eigenen Bedürfnisse zu kennen, die eigene Sprache der Liebe zu kennen und mit dem:der Partner:in eine Vereinbarung über deren Erfüllung zu verhandeln, ist Meisterklasse. Wir erklären dir, was es dafür braucht. Aber vorab: Wenn du etwas von deinem:r Partner:in nicht bekommst, was du gerne hättest, stell ihm doch mal folgende Frage: »Was bekommst du von mir nicht, sodass ich von dir nicht bekomme, was ich möchte?« Vielleicht könnt ihr einen Vergleich aushandeln. Denn so funktioniert erfüllte Partnerschaft eben auch: Der wahre Egoist kooperiert!

Sexualität

Auf einer Skala von 1 bis 10, wie happy bist du mit deinem Sexleben? Fühlst du dich mit deinem:r Partner:in geistig und körperlich verbunden? Sex kann wunderschön und heilsam sein, aber auch schambehaftet oder schlicht nicht stattfindend. Die Bandbreite ist groß. Wann hattet ihr euren letzten (Zungen-)Kuss? Haltet ihr Händchen, wenn ihr gemeinsam nebeneinander spaziert? Wie drückt ihr körperliche Zärtlichkeiten aus? Welche sexuellen Vorlieben und Fantasien hast du, und wisst ihr diese voneinander? Wie gut kannst du generell mit deinem:r Partner:in über Sex sprechen? Fühlst du dich nach eurem Sex erfüllt und befriedigt? Wann habt ihr sexuell das letzte Mal etwas Neues gewagt? Hast du Orgasmen mit deinem Partner? Wie vital fühlst du dich und wie wohl in deinem Körper? Habt ihr als Paar irgendwie den Kontakt verloren und funktioniert nur noch als Team-Einheit oder nur noch als Eltern? Sex und Kommunikation sind wie zwei Seiten der gleichen Medaille, wie zwei verschiedene Arten, um Nähe und Intimität herzustellen: die körperliche und geistige. Beides ist gleich wichtig.

Gleichberechtigung

Gleichberechtigung in Beziehungen bedeutet, dass beide sich ihrer Unabhängigkeit bewusst sind und sich frei entscheiden, eine:n Partner:in brauchen zu wollen. Gleichberechtigt zu leben, bedeutet nicht, gleich zu sein. Es bedeutet auch nicht, alles zwingend 50/50 aufzuteilen. Aber (vor allem als Eltern): Habt ihr gleich viel finanzielle (!) und emotionale Wertschätzung für Care-Arbeit und Erwerbsarbeit? Trefft ihr Entscheidungen einvernehmlich auf Basis eurer individuellen Bedürfnisse und in Rücksicht auf eure persönlichen Grenzen? Das System erhält alte Rollenbilder, die die Macht der Frau sowie die Gefühlswelt des Mannes unterdrücken. Es braucht daher dich! Jedes Paar, das es sich leisten kann und sich trotz aller (finanzieller) Einbußen und Anstrengungen dafür entscheidet, ein gleichberechtigte(re)s Modell zu leben, trägt zu einem Systemwandel bei. Wo wir einander brauchen wollen, anstatt brauchen zu müssen. So entsteht echte Nähe und ein Neues Wir.

Wir vertiefen die Bedeutung dieser wichtigen Elemente später im Buch und erklären dir anhand von persönlichen Erfahrungen, wie du sie im Leben etablierst.

Auch wie du sie wiederherstellen kannst, wenn ihr euch bereits gegenseitig enttäuscht habt. Wenn du es schon jetzt nicht mehr abwarten kannst und endlich wissen willst, wie du nun mehr Vertrauen oder Wertschätzung in deiner Beziehung erschaffen kannst, lass dich nicht zurückhalten und blätter gerne schon mal weiter in das Kapitel »Der Stamm« (S. 203).

Krone: Wofür sich erfüllte Beziehung lohnt

Die Krönung jeder erfüllten, glücklichen Beziehung sind die wunderschönen Äste und Blätter, die aus dem Zusammensein entstehen. Die Selbsterweiterung. Der schönste Ausdruck deiner Lebensvision. Unter der Prämisse, dass du dich im anderen erkennst (im Guten wie im Schlechten), dadurch deine Wurzeln nach und nach heilst, gemeinsam den starken Stamm erbaust, kann nun eine prachtvolle

Krone wachsen, die sich der Sonne entgegenstreckt und immer neue Blätter hervorbringt.

Hier sind deiner Kreativität und Individualität keine Grenzen gesetzt. Welcher Baum möchtest du sein? Wie wollt ihr leben, wo wollt ihr leben, was wollt ihr erschaffen, wollt ihr Kinder? Eigene? Wie viele? Oder lieber Hunde, Katzen und einen Esel? Wie wollt ihr Familie leben, was wollt ihr erleben, welche Projekte wollt ihr umsetzen, welchen Beitrag leisten, welchen Sex wollt ihr haben, wie häufig, wo? Noch mit anderen? Welche Länder wollt ihr bereisen, wie wollt ihr euren Alltag gestalten, welche Freundschaften wollt ihr vertiefen, was wollt ihr ausprobieren, wie wollt ihr Nähe leben, welche gemeinsamen Erlebnisse wollt ihr haben, was sind eure Kosenamen, eure Routinen, eure Hobbys, eure Rituale? Wie wollt ihr euch lieben? Was wollt ihr essen, was wollt ihr gemeinsam bewirken? Wofür könnt ihr eure Unterschiedlichkeit nutzen? Wie könnt ihr euch ergänzen und erweitern? Wie könnt ihr euch empowern und die schönsten Seiten und Fähigkeiten aus euch herauskitzeln? Was bringt eure Blätter zum Wachsen, zum Leuchten, zum Strahlen? Was ist die schönste gemeinsame Lebensvision? Welche Ziele habt ihr? Von welchen Werten sind diese getragen? Was für ein Baum wollt ihr sein? Wo wollt ihr hinwachsen? Wohin euch entwickeln? Was wollt ihr gemeinsam, und was wollt ihr getrennt machen?

Als Orientierung für diese Fragen stellen wir euch im Kapitel »Die Krone« das Lebensrad vor. Es strukturiert eure Lebensvision in verschiedene Lebensbereiche und gibt euch die Möglichkeit, zu sehen, wie weit ihr in der Realisierung eurer Vision vorangeschritten seid. Wir zeigen dabei anhand unserer eigenen Lebensvision auf, was es eigentlich bedeuten kann, frei und unabhängig sein Leben als Paar zu gestalten.

Wie auch in der Natur durch die Jahreszeiten, darf sich euer Beziehungsbaum mit der Zeit ändern. Manches hat sich erfüllt, darf gehen, und du darfst loslassen, so wie die Blätter im Herbst. Daraus kann wieder Neues entstehen, Neues geboren werden, Neues erblühen so wie die wunderschönen Knospen im Frühling. Ein ständiger Kreislauf. Eine Beziehung ist kein starres Konstrukt, sondern ein lebendiger Rahmen, in dem ihr euch weiterentwickeln, verändern, neu kennenlernen und immer wieder neu verlieben dürft. Es gibt kein Ankommen. Das individuelle und gemeinsame Wachsen ist das Ankommen.

Wachstum: Beziehung pflegen und vertiefen

Ein Baum braucht für sein Wachstum und seine Vitalität auch die passenden Wachstumsbedingungen. Er braucht Nährstoffe, Wasser, Sonne, aber auch manchmal eine helfende Hand, gepaart mit den richtigen Werkzeugen und dem erforderlichen Wissen. Aka Therapeut:in oder Coach:in. Was du dafür brauchst? Die Absicht und den Willen, einen gesunden Baum haben zu wollen und die Bereitschaft, dich selbst um deinen Baum zu kümmern. Dass du eben nicht darauf wartest, dass sich das Wetter ändert oder jemand kommt und deinen kränkelnden, schwachen Baum heilt. Du selbst tust das. Du leistest den Beitrag, damit dein Beziehungsbaum gedeihen kann. Du lebst eigenverantwortlich. Und Eigenverantwortung heißt dabei: Du hast nicht auf alles Einfluss, was dir geschieht. Aber immer darauf, wie du (re-)agierst und antwortest! Erfüllte Beziehungen sind keine Folge von schicksalhaften Begegnungen mit deinem Soulmate. Sie sind eine Folge von Beziehungsarbeit.

Manchmal kann ein Baum nicht mehr gerettet werden und muss gefällt werden. Ein befreundetes Paar von uns hatte einen *echten* Baum im Garten, den es ironischerweise zur Hochzeit geschenkt bekommen hatte. Er wollte und wollte nicht wachsen, bis sie ihn letztlich gefällt haben. Ein Jahr später haben sie sich scheiden lassen. Aber nicht, weil der Baum schlecht war, sondern weil er nicht ausreichend gepflegt wurde.

Wenn ihr gerade eine Krise durchlebt und du dich fragst, ob deine aktuelle Beziehung noch eine Chance hat, wenn ihr seit Längerem »stuck« seid, beantworte dir doch einmal folgende drei Fragen:

1. **»Hast du bereits alles gegeben?«**
2. **»Arbeitest nur du an der Beziehung oder ihr beide?«**
3. **»Würdest du diese Beziehung deinem Kind wünschen?«**

Manchmal bleiben Paare um der Kinder willen zusammen. Glaubt uns, Kinder merken alle Stimmungen ihrer Eltern. Häufig ist es für die Kinder dann besser, wenn sich die Eltern in Liebe trennen, als in Vorwurf zusammenzubleiben. Mehr dazu später in Chris' Geschichte.

Jedem ist bewusst, dass Geld nicht vom Himmel fällt, sondern dass man für beruflichen Erfolg etwas leisten muss. Es gilt, Fehler zu machen, um daraus zu lernen, es gilt, neue Fähigkeiten zu erlernen und die sichere Komfortzone zu verlassen – Risiken einzugehen. Es gilt, herauszufinden, was funktioniert, und bereit zu sein, unrecht zu haben, und es gilt, Zeit zu investieren. Für erfüllte Beziehungen ist es das Gleiche. Es ist kein »Hexenwerk«, keine Magie, es ist manchmal auch einfach ganz normale Arbeit. Und Arbeit teilt sich auf in kleine tägliche Tätigkeiten. Die Summe dieser Tage macht unser Leben aus. Oft sind es also nur kleine Gewohnheiten, die wir in unseren Alltag integrieren oder eben nicht und die über ein erfülltes Leben und erfüllte Beziehungen bestimmen.

So wie der Baum ein Leben lang wächst und sich über die Jahreszeiten und im Verlaufe seines Lebens verändert, so bedeuten auch erfüllte lebendige Beziehungen immer wieder Veränderung und Weiterentwicklung. Lebenslang. Den Weg zu genießen und daran gemeinsam zu wachsen, ist das Ankommen. Aber Achtung: Ankommen, mit der Absicht, unzertrennlich in vollständiger Sicherheit zueinanderzugehören, das ist die größte Gefahr für eine erfüllte Beziehung. Denn alles, was sich nicht mehr bewegt und starr ist, zerbricht auch leicht. Und mit der Sicherheit kommt auch die Gewohnheit, die ewige Harmonie und schließlich die leidenschaftslose Langeweile. So kann die Sicherheit auch zur größten Gefahr werden. Lasst uns also gemeinsam wachsen. Abenteuer leben. Und immer wieder neu das Risiko eingehen, enttäuscht zu werden. Uns ganz zu zeigen. Mit allen Schwächen. Ecken und Kanten. Hinzufallen. Unser Herz zu brechen. Nähe zuzulassen. Fast verrückt zu werden. Um am Ende ein Leben in Liebe gelebt und unser Geschenk Leben wirklich ausgepackt zu haben. So, wie *George Bernard Shaw* es so treffend formuliert:

> *»Dies ist die wahre Freude im Leben,*
> *gebraucht zu werden für einen Zweck,*
> *den Du selbst als einen machtvollen erkennst.*
> *Eine Kraft der Natur zu sein,*
> *anstelle eines fiebrigen, selbstsüchtigen, kleinen*
> *Bündels von Unpässlichkeiten und Beschwerden,*
> *sich beklagend,*
> *dass die Welt sich einfach nicht dem Zweck*
> *verschrieben hat, Dich glücklich zu machen.«*[10]

Diese Form von Wachstum gelingt auf zwei Wegen: (1) Streit in deiner Partnerschaft ist eine der wichtigsten Möglichkeiten, um persönlich zu wachsen. Denn hinter fast jedem Streit steckt auch eine emotionale Altlast, die du mit dir herumträgst und die nach Heilung verlangt. In Konflikten geht es um Lösungen, in einem Streit hin gegen geht es nicht mehr um Lösungen auf der Sachebene, sondern um die Lösung auf der Beziehungsebene. Der Konflikt erinnert uns an genau diese emotionale Altlast und das damalige Gefühl der Enttäuschung, das gelöst werden will. Streit ist ein Konflikt auf einer unterbewussten und tief emotionalen Ebene. Streit lässt sich daher auch nie mit Lösungen auf der Sachebene klären, ohne die Beziehungsebene zu berücksichtigen. (2) Die andere Möglichkeit sind Ziele und Visionen, die du oder ihr verwirklichen möchtet. Und die so groß sind, dass du hineinwachsen musst. Dich »strecken« musst. Wir gehen ab Seite 171 im Detail darauf ein. Auf dem Weg zur Realisierung dieser Ziele und Visionen werdet ihr allerdings auch wieder Herausforderungen haben, die höchstwahrscheinlich zu Konflikten und Streit führen. So oder so werdet ihr miteinander wachsen, wenn ihr dieses Buch oder eine andere Methode nutzt, um eure Streits an der Wurzel aufzulösen.

Die nachfolgende Abbildung visualisiert den beschriebenen Ablauf als Kreislauf, der sich immerfort wiederholt: Ihr nehmt euch einer neuen Herausforderung an (Challenge), und nach anfänglichen Bemühungen treten häufig erste Konflikte oder Missverständnisse auf, die sich vielleicht später zu Vorwürfen und Streit aufstauen (Konflikt). Indem ihr den Streit und die Vorwürfe eigenverantwortlich klärt, werdet ihr jeweils wichtige Erkenntnisse über euch und eure Denkmuster gewinnen (Wachstum). Erkenntnisse, die euch euer Leben leichter machen, mit denen ihr mehr euer Potenzial leben und zunehmend eure Wahrheit erkennen könnt. Das *Wozu ihr eigentlich hier seid*. Und indem ihr durch einander etwas erkennt, entsteht Nähe zwischen euch. In dieser Nähe und Verbundenheit seid ihr im *Flow*, so lange, bis wieder neue Ideen, Ziele oder Projekte daherkommen und realisiert werden wollen. Dann beginnt der Kreislauf von Neuem. Und je geübter ihr mit dem Auflösen von Konflikten werdet, desto kürzer wird diese Phase, und desto länger werden die Phasen des Flows. Lange Phasen des Streitens sind unendlich ermüdend und kräftezehrend, wir wissen es aus eigener Erfahrung.

Doch wie können wir Konflikte und Streit nutzen, um einander näherzukommen? Häufig ist ja erst mal das Gegenteil der Fall: Konflikte führen zu dauerhafter Distanz. Die Antwort ist leicht, die Um-

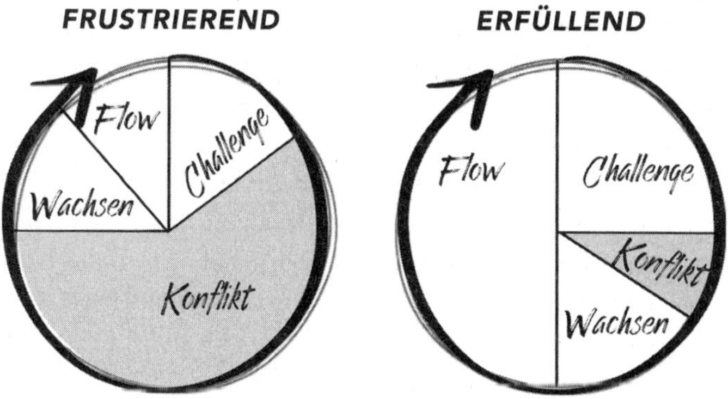

Abbildung 3: Die Beziehungsuhr (angepasst nach Tuckman[11])

setzung bedarf allerdings etwas Übung. Indem du eigenverantwortlich lebst und deine:n Partner:in als Spiegel deiner Glaubenssätze verstehst. Das ist der Schlüssel für erfüllte Beziehungen. In diesem Buch zeigen wir dir Wege auf, wie du diesen Standpunkt einnehmen kannst, und wir geben dir viele persönliche Geschichten und Übungsmöglichkeiten, um diesen Standpunkt für dich erlebbar zu machen und nachhaltig zu Hause umzusetzen. Wir nennen diesen Standpunkt:

DAS ICH IM DU

Mach dir immer wieder bewusst: Mit diesem Standpunkt hast du dein Beziehungsglück selbst in der Hand, denn dein Spiegelbild wird sich verändern, sobald du dich und dein Verhalten veränderst. Und wenn deine Veränderung dazu führt, dass du dich abgrenzen musst und dein:e Partner:in dir auf Dauer nicht in das Neue folgt, dann kann es in einigen Fällen auch Trennung bedeuten. Dann gilt es zunächst eine erfüllte Beziehung zu dir selbst zu leben.

Konflikte sind dabei unvermeidlich. Wir haben uns deshalb einst versprochen, dass wir in Konflikten immer bereit sein werden, unseren eigenen Anteil am Konflikt zu erkennen, also eigenverantwortlich zu sein. Das geschieht häufig zeitversetzt. So entsteht ein beidseitiger Wachstumsprozess, bei dem wir uns paradoxerweise selbst verwirklichen.

Auf diese Weise können wir unser höchstes Selbst ineinander zum Vorschein bringen. Wir versprechen uns, durch jedes Nadelöhr gemeinsam hindurchzugehen und nicht wegzurennen. Dazubleiben. Im Feuer stehen zu bleiben. Jedem Sturm zu trotzen. Den kurzfristigen Rückzug nur deshalb anzutreten, weil wir mit neuer Energie neue Lösungen finden wollen. Statt Kompromisse wollen wir Synthesen, also Win-win-Lösungen. Wir entwerfen eine gemeinsame Lebensvision, für die es sich lohnt zu kämpfen, Konflikte aufzulösen und aneinander zu wachsen, weil wir einen größeren Beitrag leisten wollen und uns durch den anderen ganz und gar als Mensch erfahren wollen. Wir sind bereit, dass dabei viele Ego-Tode gestorben werden. Wir überprüfen immer wieder aufs Neue, was wir für unser Wohlbefinden und Wachstum brauchen. Jeder für sich und gemeinsam. Wir entscheiden uns immer wieder neu füreinander. Jeden Tag sagen wir erneut JA zueinander. In dem Wissen, dass wir uns nicht um jeden Preis brauchen. Aber um jeden Preis brauchen wollen!

Wie ich mich durch eine erfüllte Beziehung selbst verwirklichte

Tanja:

Nie im Leben hätte ich erahnt, wohin mich die Partnerschaft mit Chris führt. Zu welcher Frau sie mich macht. Zu welchem Menschen ich durch die Beziehung mit diesem Mann werde. Was ich erkenne. Was ich lerne. Wie sehr ich getriggert werde. Wie sehr ich heile. Wie sehr ich an meine Grenzen stoße und sie immer wieder erweitere. Wie sehr ich aus meiner Komfortzone gehe und dadurch das Leben erfahre. Meine Wahrheit spüre. Und nach Hause komme. In mir.

Wir alle teilen eine Sehnsucht nach Selbsterweiterung, nach Liebe.[12] *Eine Sehnsucht, erkannt zu werden und uns selbst im anderen zu erkennen. Uns fallen lassen zu können. Berührt zu werden und zu berühren.*

Ich bin Feministin. Durch und durch. Meine Mama sagte stets zu mir: »Mach dich nie von einem Mann abhängig.« Auch mein Papa hat meiner Schwester und mir eingebläut, immer unser eigenes Ding zu machen und unabhängig zu bleiben. Es ist Ironie des Schicksals, dass ich mich genau im Zusammenleben mit einem Mann am besten als Frau kennengelernt habe. Ein Tanz zwischen Hingabe und Widerstand. Vertrautsein und Verlangen. Beständigkeit und Leidenschaft. Geben und Empfangen. recht haben und recht geben. Yin und Yang. Wir können uns gegenseitig so immens aufregen und zur Weißglut bringen und möchten uns gleichzeitig keinen Tag missen. Durch den anderen als Spiegel konnten wir immer wieder unsere dunkelsten Schatten, aber auch unser hellstes Licht erkennen. Eine:n Lebenspartner:in, die:der immer für dich da ist. Die:Der dich auffängt, wenn du fällst, und bejubelt, wenn du emporsteigst. Eine Seilschaft.

Mit Chris und durch unsere Partnerschaft bin ich aufgewacht. Ich habe erkannt, was ich alles gedacht habe. Was mich verletzt hat. Was mich begrenzt hat. Was mir im Weg gestanden ist. Was zu Unglücklichsein, Rastlosigkeit und Unzufriedenheit geführt hat. Wie ich mich selbst sabotierte und ausbeutete. Was ich will und was ich nicht will. Wer ich im Kern bin. Wir haben uns aneinander gerieben. So lange, bis aus dem Rohdiamanten ein glitzernder und vollständiger Brillant geworden ist. Er hat mich immer wieder auf die Probe gestellt, um nach und nach Schichten abzulegen. Mauern um mein Herz einzureißen, damit ich langsam zu der Frau werde, die ich immer sein wollte.

Eine starke, mutige, abenteuerlustige Frau großen Herzens, die weiß und sagt, was sie will. Die sich nicht mehr versteckt und klein macht. Die unperfekt und echt sein darf. Die keinem gefallen muss. Keinen Konflikt scheut. Die mal laut ist, mal ganz leise. Und alles sein darf. Mal wütend und stürmisch, dann wieder sanft und ruhig. Gleichzeitig Frau, Partnerin, Mutter, Geschäftsfrau, Schwester, Freundin, Heilerin, Abenteurerin, Rebellin, Verletzte, Heilige, Dienerin, Königin. Die keinem etwas vormacht und keinem etwas schuldig bleibt. Die nicht eine Rolle lebt, die andere für sie ausgesucht haben. Die nicht in ihrer Trauer, Angst, Wut, ihrem Mangel und Misstrauen verharrt, sondern immer wieder das Licht in sich findet, das Feuer entzündet und dann großzügig mit anderen teilt. Die das Leben voller Inbrunst liebt, ohne Angst vor dem Tod.

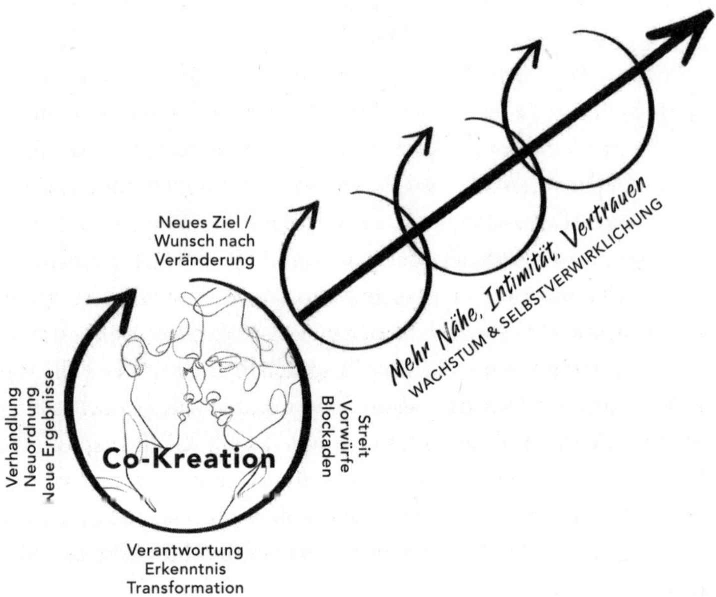

Abbildung 4: Wachstum durch Co-Kreation

2

Die Wurzeln: Alles, was du über unterbewusste Glaubenssätze und Beziehungsprobleme wissen musst

Wenn wir andere Ergebnisse haben wollen, müssen wir anders handeln. Um anders zu handeln, müssen wir anders denken. Um anders zu denken, müssen wir herausfinden, warum und vor allem *wozu* (!) wir so denken, wie wir es tun. Denn jeder Glaubenssatz, egal, wie negativ oder destruktiv er klingen mag, hat einen versteckten Gewinn für dich, erfüllt einen tieferen Zweck! Ja, genau richtig gelesen. Auch wenn es sich erst mal nicht so anfühlt, wissen wir nach Hunderten Coaching-Gesprächen: Das ist der Fall! Wir müssen uns wie Detektive selbst (und mithilfe eines Coaches oder Therapeuten) auf die Schliche kommen. Es gilt, Glaubenssätze, die nicht für ein erfülltes Leben funktionieren, zu erkennen und schrittweise zu transformieren und neue Glaubenssätze zu etablieren, die unsere gewünschte Beziehung und unser gewünschtes Leben ermöglichen.

Lebendigkeit und die Unterbrechung des Liebesflusses

Lieben und Verbundensein liegen tief verankert in unserer menschlichen Natur. Wir kommen von Liebe, wir sind Liebe, wir gehen nach Liebe. Es sind die inneren Verletzungen, Blockaden und Glaubenssätze, die uns von der Welt und uns selbst entlieben und distanzieren lassen. Die unsere Lebendigkeit dämpfen. Die unsere Lebensfreude schmälern. Die uns unsere Verbindung zu uns selbst und anderen Menschen verlieren lassen. Unterbrechungen, die diese Liebe temporär blockieren, sind unvermeidlich. Du kannst dir dein Leben wie einen Fluss vorstellen. Das Wasser fließt Tag und Nacht, in jeder Sekunde, wie die Liebe. Aber all deine Unterbrechungen sind wie große Steine, die den Liebesfluss stauen. Entferne die Steine, und die Liebe fließt wieder.

Mit Unterbrechungen meinen wir jene Ereignisse im Leben, wo etwas hätte anders sein sollen. Das können dramatische Erfahrungen sein, aber auch von außen betrachtet ganz »harmlose«, die für dich aber schlimm waren. Dann, wenn du enttäuscht wurdest. Wenn du betrogen oder hintergangen wurdest. Wenn du verletzt wurdest. Mit Worten oder Taten. Wenn du übersehen wurdest. Wenn du nicht gehört wurdest. Wenn du ignoriert wurdest. Wenn du verlassen wurdest. Wenn du belogen wurdest. Wenn du ausgeschlossen, gemobbt oder gar verstoßen wurdest. Wenn du weggegeben wurdest. Wenn du allein gelassen wurdest. Wenn du beleidigt wurdest. Wenn du angeschrien wurdest. Wenn du geschlagen wurdest. Wenn du unterminiert und kleingemacht wurdest. Wenn du missbraucht wurdest. Körperlich, seelisch oder geistig. Wenn du den Schmerz des Lebens in jeder Zelle deines Körpers gespürt hast und dein Geist laut geschrien hat: Leben ist soooooooo verdammt scheiße! Wenn der liebevolle Fluss des Lebens unterbrochen wurde. Wenn eine Erwartung, die wir ans Leben oder jemanden hatten, enttäuscht wurde. Wenn du maximal abhängig warst und diese Abhängigkeit ausgenutzt wurde. Und wenn du diese Unterbrechungen ziemlich sicher auf dich projiziert hast und dir selbst Vorwürfe machst: Wärst du lieber, netter, schlauer, besser, anders gewesen. Wäre es anders gelaufen! Wäre das nicht geschehen!, denkst du immer wieder unbewusst. Unterbrechungen sind unvermeidlich und tragen auch maßgeblich zu innerer Stärke, Resilienz und Weiterentwicklung bei. Die ersten Unterbrechungen erleben wir meistens mit unseren Eltern oder engsten Bezugspersonen. Doch jede Beziehung kennt Unterbrechungen: Momente, in denen Erwartungen enttäuscht werden oder in denen das nicht kontrollierbare Leben unsere eigenen Pläne durchkreuzt. In denen wir uns als Opfer der Welt erleben. In denen wir Opfer sind. Das ist die Quelle für jene Blockaden und negativen Glaubenssätze, die uns zu Distanz, Angst und Misstrauen führen. Manche sagen, dass die erste Kernunterbrechung das Abschneiden der Nabelschnur ist. Wenn wir also wieder Verbundenheit und Nähe leben möchten, gilt es, diese Unterbrechungen zu erkennen, anzuerkennen, diese Erfahrungen gemacht zu haben und schließlich irgendwann zu vergeben. Für dich. Um Frieden zu finden und wieder glücklich sein zu können. Denn solange wir das nicht machen, sind wir in einem »Bestätigungszustand«. Wir befinden uns dann häufig unbewusst immer wieder in Situationen, in denen wir die damaligen Schlussfolgerungen aus den Unterbrechungen bestätigen. In einer Dauer-Endlosschleife der gleichen Erfahrungen und Gefühle. Mit dem Blick in die Vergangenheit.

Die Macht deines Unterbewusstseins

»Unsere schmerzhaften Erfahrungen [...] *geben uns Perspektive und Sinn, eine Gelegenheit, unseren einzigartigen Zweck und unsere Stärke zu finden.«* – DR. EDITH EGER, PSYCHOLOGIN[13]

Wir Menschen wollen überleben. Insbesondere wollen wir Gefahren und negative Ereignisse vermeiden. Zum Beispiel, indem wir Zusammenhänge verstehen. Verstehen bedeutet, zu bewerten, wie Dinge sind und funktionieren, kausale Zusammenhänge zu erkennen, das Bekannte »in Schubladen zu stecken«, zu kategorisieren und Muster zu erkennen. Wir sind derart erfolgreich darin, dass wir uns an verschiedene Lebensräume anpassen können wie keine andere Spezies. Was unser Überleben sichert, ist also ein Glaubenssystem, mit dem wir die Welt verstehen. Ein Modell der Welt, das Voraussagen darüber erlaubt, was wir tun müssen, um zu überleben. Das vermittelt uns gefühlte Sicherheit.

Der Nobelpreisträger Daniel Kahneman beschreibt in seinem Besteller-Buch »Schnelles Denken, langsames Denken« die beiden Denksysteme unseres menschlichen Gehirns, die wir zu dem obigen Zweck entwickelt haben. Er unterscheidet dabei das schnelle, instinktive und emotionale Denksystem (unbewusstes System 1) und das langsamere, Dinge durchdenkende und logischere Denksystem (häufig überlastetes, bewusstes System 2). »System 1 liefert die Eindrücke, die oftmals zu unseren Überzeugungen werden, und es ist die Quelle der Impulse, die häufig unsere Entscheidungen und Handlungen bestimmen. (...) Es enthält das Weltmodell, das Ereignisse sofort als normal oder überraschend bewertet. (...) Und das meiste davon tut es, ohne dass wir uns seiner Aktivitäten bewusst wären.«[14]

Wir glauben also in der Regel mehr, als wir denken. Unser Unterbewusstsein (Glauben) hat größeren Einfluss auf unsere Entscheidungen, unser Verhalten und unsere Gefühle, als wir das oft wahrhaben wollen, als scheinbar so liberale, aufgeklärte und rationale Wesen, die so gern einen freien Willen haben wollen. Tatsächlich treffen wir deutlich mehr Entscheidungen unterbewusst als bewusst. Einige Neurowissenschaftler:innen schätzen, dass zwischen 90 und 99,9 % aller Gehirnprozesse unterbewusst im Autopilot ablaufen (System 1), also nur 0,1 bis 10 % bewusst erfolgen (System 2).[15] Denn Denken ist auch einfach anstrengend. Das bewusste Denken verbraucht etwa 80 % der Energie im Gehirn, deshalb schaltet das Hirn so oft wie möglich auf den weniger energieintensiven und weniger zeitaufwendigen Autopiloten, das Unterbewusstsein. Wir denken täglich mehrere Zehntausend Gedanken und treffen nahezu ähnlich viele Entscheidungen. Die meisten davon erfolgen unterbewusst, sonst wären wir ja völlig überfordert vom Leben. Das bewusste Denken hat längere Reaktionszeiten, als Erstes reagiert also das unterbewusste System 1. Studien zeigen, dass wir täglich nur eine gewisse Anzahl Entscheidungen bewusst treffen können, dann ist unser »Entscheidungstank« leer. Routinen helfen dabei, die Anzahl der bewussten anstrengenden Entscheidungen zu reduzieren. Unser Unterbewusstsein ist hingegen irre schnell, und obwohl wir denken, dass wir die meiste Zeit unseren bewussten Verstand benutzen, ist das nicht wirklich richtig, denn währenddessen verarbeitet unser Unterbewusstsein eine Vielzahl an Informationen. Unsere inneren Glaubenssätze sind dabei gewissermaßen die Algorithmen unseres Unterbewusstseins.

Doch wie gelangen wir zu diesem Glaubenssystem? Teilweise bekommen wir es vererbt, aber im Wesentlichen erlernen wir es in unseren ersten Lebensjahren. Bei keinem anderen Lebewesen auf der Welt verfügt das Gehirn nach der Geburt über eine derart hohe Plastizität, die noch viele Jahre andauern wird und in gewissem Maße lebenslang bestehen bleibt. Sie gewährleistet, dass wir uns an unsere Umwelt flexibel anpassen können, um unsere Überlebenswahrscheinlichkeit zu steigern. Ein sehr erfolgreiches Konzept, das uns als »Survivor of the fittest« gegenüber anderen Menschenarten einen wichtigen Vorteil verschafft hat.

Unsere ersten sieben Lebensjahre sind für das Erlernen von Glaubenssätzen und Überlebensstrategien ausschlaggebend. Unser Gehirn ist in dieser Zeit einfach auf Aufnahme programmiert. Wir nehmen alles auf, was wir bei unseren Eltern oder Bezugspersonen beobachten. Das Gute wie das Schlechte. Alles, egal, ob es für ein glückliches Leben und nahe Beziehungen funktioniert oder nicht. Warum? Weil wir insbesondere als Kinder durch Imitation lernen – und weniger durch »Erziehung«. Und evolutionär sind wir Menschen weit gekommen, indem wir einfach das nachahmten, was zumindest für das Überleben funktionierte. Wir bleiben zwar lebenslang lernfähig, allerdings nimmt die Bereitschaft ab, das erlernte Glaubenssystem zu korrigieren. Umso mehr Erfahrungen wir machen, die uns zeigen, dass wir mit diesen Glaubenssystemen im Leben zurechtkommen, desto weniger sind wir bereit, sie infrage zu stellen. Sprich: Wir »wollen« lieber recht haben, als Vertrautes infrage zu stellen, zu korrigieren und dadurch glücklicher zu werden.

Unser Unterbewusstsein »versteht sich hervorragend darauf, die bestmögliche Geschichte zu konstruieren, die momentan aktivierte Vorstellungen [Glaubenssätze] einbezieht (…). Die Menge und Qualität der Daten, auf denen die Geschichte beruht, ist weitgehend belanglos. (…) [Dies führt dazu,] dass unser System 2 [denkendes Bewusstsein] viele intuitive Überzeugungen unterstützt, in denen sich die von System 1 [Unterbewusstsein] erzeugten Eindrücke recht genau widerspiegeln.«[16]

Wir »erfinden« also eine Geschichte über uns und die Welt, in der die Glaubenssätze, die wir erlernt haben, immer wieder bestätigt werden. Wir interpretieren das Erlebte derart, dass die erlernten Glaubenssätze bestätigt werden, egal, wie irrational unsere Interpretation auch ausfallen mag. Diese Geschichten sind zwar nicht unbedingt wahr, lassen uns die komplexe Welt, in der wir leben, aber begreiflich machen. Wir richten unser Denken, Handeln und Fühlen nach ihr aus. Das gibt uns einen roten Faden und Sicherheit. Etwas, an das wir uns halten, an das wir uns ausrichten können. Sich selbst als »nicht wichtig« zu verstehen ist eine sehr leichte und vollumfängliche Erklärung dafür, wenn unsere Erwartungen gegenüber anderen Menschen enttäuscht werden. Ein Beispiel: Deine Freundin kommt zu spät zu eurem vereinbarten Treffen. Vielleicht zum wiederholten Mal. Eine schnelle Erklärung ist, dass du ihr einfach nicht wichtig bist. Allerdings kann deine Freundin auch unzählige andere Gründe haben, die viel wahrscheinlicher sind. Das taucht aber oft nicht in unserem »Kopfkino« auf, weil wir dafür nachfragen müssten, uns wirklich in sie hineinversetzen müssten, empathisch sein müssten mit ihr. Unser Glaubenssatz reicht als Erklärung aus, macht uns das Verhalten erklärbar und wird wieder bestätigt. Wir fragen auch nicht nach, weil wir davon ausgehen, dass unsere Freundin ihre Innenwelt gar nicht mit uns teilen will, denn: Wir sind ihr ja gar nicht wichtig. So leisten wir unseren eigenen Beitrag, um den Glaubenssatz zu verfestigen.

Das Problem an diesem Mechanismus ist, dass unser unterbewusstes Glaubenssystem immer begrenzend ist. Warum ist das so?

Die wichtigste Aufgabe unseres Unterbewusstseins ist es, unser Überleben zu sichern. Deshalb können wir uns an negative Erfahrungen besser erinnern als an positive. Die negativen Erfahrungen sind Gefahren, die unser Überleben bedrohen. Studien zeigen, dass wir sieben positive Erfahrungen brauchen, um eine einzige negative Erfahrung zu »überschreiben«. Es geht also eher darum, welche Pilzsorte giftig ist, als darum, welche Pilzsorte am besten schmeckt. Wäre das oberste evolutionäre Ziel ein erfülltes Leben gewesen, dann sähe das anders aus, und wir würden uns nur die wohlschmeckendsten Pilzarten und Beerenarten merken.

Glaubenssätze sind die Grundlage von so vielen unterbewussten Entscheidungen, die wir uns nicht bewusst machen, die wir aber in Hinblick auf Beziehung fortwährend kommunizieren und die unser:e Partner:in bewusst oder unterbewusst wahrnimmt. »Wir können nicht nicht kommunizieren!«[17] Denn nur ein geringer Bruchteil unserer Kommunikation ist verbal. Alles andere sind häufig unbewusste und unterbewusst gesteuerte Kommunikationskanäle wie Mimik, Blick, Körperhaltung, Betonung, Lautstärke und unsere »Stimmung«. Und nur weil uns ein Vorwurf nicht bewusst ist, bedeutet das im Umkehrschluss also nicht, dass wir ihn nicht kommunizieren! Unbewusste Vorwürfe können durch unser Unterbewusstsein auch unbewusst – aber sehr wohl wahrnehmbar für unsere:n Partner:in – kommuniziert werden. Ein »Würdest du bitte den Geschirrspüler ausräumen« kann also dem:der Partner:in auf viele Weisen kommuniziert werden.

Begrenzende Glaubenssysteme

Wir sind Beziehungswesen. Unser Überleben ist an allererster Stelle von anderen Menschen abhängig. Kein anderes Lebewesen braucht so lange, um selbstständig zu sein. Ist so lange von Brutpflege abhängig, bis es so weit ist, sich selbst zu versorgen. Unser Überleben ist evolutionär betrachtet in hohem Grad abhängig von unseren Beziehungen und unserer Fähigkeit, mit anderen zu kommunizieren, um Nähe und Liebe zu bekommen. Denn ohne Liebe und Nähe können wir nicht überleben. Das wichtigste Glaubenssystem bezieht sich also auf unsere Beziehungen zu anderen Menschen mit dem Ziel, die Beziehungsdynamiken zu verstehen und für das eigene Überleben zu nutzen. Das ist auch der Grund, warum beispielsweise für das Lesen von Gesichtsausdrücken im Wesentlichen das Unterbewusstsein zuständig ist. Die wichtigsten Glaubenssätze, die wir im Verlaufe unseres Lebens bilden, beziehen sich

- auf uns selbst (unsere Identität)
- auf Geschlechter
  (häufig binär, also Glaubenssätze über Männer und Frauen)

- auf Beziehung als Konzept
  (insbesondere hinsichtlich Freiheit und Unabhängigkeit)

Aufmerksamkeit und Zuneigung sind für Kinder überlebenswichtig. Wenn Eltern den Kindern diese nicht im erwarteten Umfang geben wollen oder können, muss sich das Kind entsprechend anpassen, um das eigene Überleben zu sichern. »Das Kind übernimmt die Verantwortung, indem es sich so auf seine Eltern einstellt und sich deren Bedürfnissen anpasst, dass es von ihnen angenommen oder zumindest nicht abgelehnt wird.«[18]

Die naheliegendste Erklärung ist häufig, sich selbst als die Ursache für eine ungewollte Situation zu begreifen, und so entwickeln wir einen Glaubenssatz über uns selbst. Indem wir uns selbst als Ursache für eine enttäuschende Situation empfinden, glauben wir, uns in die Lage zu versetzen, sie auch wiedergutzumachen oder zumindest positiv beeinflussen zu können. Auch wenn wir die Situation überhaupt nicht verursacht haben und wir auf das Geschehnis keinerlei kausalen Einfluss haben, entwickeln wir neben dem Glaubenssatz auch ein Handlungsversprechen. Beispielsweise: Meine Eltern ha-

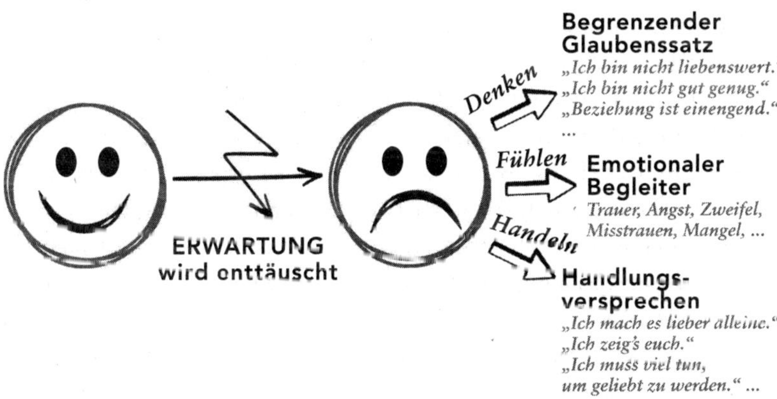

Abbildung 5: Begrenzende Schlussfolgerungen aus erlebten Enttäuschungen

ben sich getrennt (Enttäuschung), weil ich nicht liebenswert bin (begrenzender Glaubenssatz). Zukünftig muss ich deshalb lieb(er)/braver/angepasster sein und mehr mithelfen (Handlungsversprechen), damit es ihnen wieder besser geht oder damit sie wieder zusammenkommen. Oder zukünftig muss ich alles alleine machen (Handlungsversprechen), damit ich nicht mehr von geliebten Menschen enttäuscht und im Stich gelassen werden kann.

Die Handlungsversprechen sollen uns vor ähnlichen Enttäuschungen schützen. Dies können wir erreichen, wenn wir derartige Situationen zukünftig vermeiden (Resignation) oder wenn wir den über uns angenommenen Mangel auszugleichen versuchen (Kompensation). Derartige Handlungsversprechen werden in der Bindungstheorie als *Schutzstrategien* bezeichnet mit den beiden bekanntesten Vertretern, nämlich der Bindungsangst und Verlustangst. Wenn wir beispielsweise glauben, nicht liebenswert zu sein, und darüber resignieren, dann werden wir unterbewusst Nähe vermeiden (Bindungsangst). Wenn wir hingegen unterbewusst unseren Mangel zu kompensieren versuchen, dann werden wir alles Erdenkliche tun, damit unser:e Partner:in bei uns bleibt (Kontrollieren), obwohl wir nicht liebenswert sind (Verlustangst). Die Psychologin Stefanie Stahl gibt in ihrem Buch »Das Kind in dir muss Heimat finden« eine tiefe, aufschlussreiche Beschreibung dieser Zusammenhänge und der häufigsten Schutzstrategien.[19]

Was man sich als Kind am allermeisten wünscht, ist, dass die Eltern glücklich sind. Wenn sie das nicht sind, bezieht man das als Kind schnell auf sich. Der Großteil der Scheidungskinder glaubt, sie seien irgendwie schuld an der unglücklichen Beziehung der Eltern. Als Kind selbst die Schuld bei sich zu suchen, hat auch den vermeintlichen Zweck, wieder die gefühlte Kontrolle zu haben. Das Ohnmachtsgefühl des Verlustes mit einem Machtgefühl auszugleichen. Im Sinne von: Wenn es an mir liegt, dann kann ich es auch ändern. In Tanjas Fall ging es sogar so weit, dass sie über Jahre dachte, dass wenn sie nur irgendwie anders gewesen wäre (machtvoller), die Eltern noch am Leben wären. Derartige Schuldgefühle haben sehr oft einen unbewussten prägenden Einfluss bis in unser Erwachsenenleben und auf unsere Beziehungen.

Somit bilden wir anhand von negativen Erlebnissen einen Glaubenssatz über uns selbst: unsere geglaubte Identität. Mit dem gleichen Mechanismus bilden wir auch Glaubenssätze über Säbelzahntiger, Sicherheitsgurte, Helmtragen und Viren (das ist gut!). Aber eben auch über Männer und über Frauen. Über Familie, Freunde und Fremde. Das wiederum ist oft sehr begrenzend, weil die negativen Erlebnisse aus den beschriebenen Gründen größeren Einfluss auf unser Glaubenssystem haben als positive Erlebnisse. Wir sind eben auf Überleben programmiert, nicht auf Erfüllung.

Wir bilden dabei meist keine Glaubenssätze über Individuen, sondern über Kategorien. In der Psychologie gibt es das Konzept des *Konstruktivismus,* welches insbesondere durch den Psychologen und Philosophen Paul Watzlawick Verbreitung fand. Wir konstruieren demnach unsere Wirklichkeit anhand von Beobachtungen. Demnach fällt es uns sehr schwer, zwischen unserer Mutter und unserer Partnerin zu unterscheiden, weil wir die Beobachtung von einer Situation unterbewusst verallgemeinern, um die Welt – auch in vermeintlicher Vorausschau für die Zukunft – verstehen zu können. Wenn wir also einen Vorwurf an unsere Mutter haben, dann kommunizieren wir den unterbewusst auch an unsere Partnerin. Warum? Weil es sich das Unterbewusstsein leicht macht und kategorisiert. Es spart mit dieser unzulässigen Pauschalisierung Zeit und Energie. Dass Geschlecht ein Spektrum besitzt, hat unser Unterbewusstsein in den allermeisten Fällen ebenfalls noch nicht verstanden. Daher teilen viele nach wie vor sehr klassisch in »männliche« und »weibliche« Eigenschaften. Unser bewusstes Denken erkennt natürlich den Unsinn, die Ungültigkeit und die Irrationalität in dieser krassen Pauschalisierung. Doch das ist unserem Unterbewusstsein egal. Es möchte uns schützen, und dafür nimmt es schlechte Beziehungen und destruktive Gedanken über uns und andere in Kauf.

Ein Glaubenssatz ist ein Gedanke, den du so oft gedacht und bestätigt hast, dass du ihn nicht mehr hinterfragst, sondern als vermeintliche Wahrheit akzeptierst. So, wie du weißt, dass Wasser nass ist. Du glaubst es nicht nur, sondern du weißt es ganz sicher. Die Glaubenssätze sind tief in unserem Gehirn und in unserem Körper programmiert, und jedes Mal, wenn wir vermeintlich in Gefahr sind, insbesondere in Stresssituationen, greifen diese Glaubenssätze. Unser Unterbewusstsein gibt die entsprechenden Impulse. Wir handeln dabei nicht auf eine Weise, die für Erfüllung funktioniert, sondern auf eine Weise, die für unseren Schutz funktioniert. Wir wollen die einmal erlebte Enttäuschung und den damit verbundenen Schmerz nicht wiederholen und finden uns doch oft in genau diesen Situationen wieder. Es sind also unsere negativen Glaubenssätze und Handlungsversprechen, die uns begrenzen, nicht unsere Persönlichkeit und schon gar nicht unser Sein.

Wir entwickeln unser Glaubenssystem (Glaubenssätze und Handlungsversprechen) an allererster Stelle in unserer Herkunftsfamilie. Der Großteil unseres Glaubenssystems wird hier erlernt. Aber auch in allen anderen Beziehungen (Freund:innen, Lehrer:innen, Chef:innen, Kolleg:innen), durch unser kulturelles Wissen, unsere Gesellschaft und unser Wirtschaftssystem. Wir haben Glaubenssätze über uns selbst (unsere Identität), aber auch über Geld, Reiche, Arme, Politiker:innen, Fliegen, Chef:innen, Influencer:innen, Länder, Hunde, aber auch über abstrakte Konzepte (Liebe, Beziehung, Verbindlichkeit, Ehe oder Macht). Wir können nicht keine Glaubenssätze haben, denn sie sind für unser Denken und Leben erforderlich, aber wir können uns ihrer bewusst werden und prüfen, ob sie für die Ergebnisse und Gefühle, die wir haben möchten, förderlich sind.

Unser Glaubenssystem erschafft unsere Realität

Wir sehen die Welt nicht, wie sie ist, sondern wie wir sind.

ANAÏS NIN[20]

Wahrnehmung durch Interpretationen

Das Selbst: Wir sind nicht unsere Gefühle, denn wir können unsere Gefühle spüren. Wir sind nicht ein Gedanke, denn wir können den Gedanken ja wahrnehmen. Wir sind auch nicht unsere Bewegungen, denn wir können die Bewegungen sehen. Wir sind also weder der Körper noch der Verstand oder die Gefühle. Wir haben einen Körper, Gefühle und einen Verstand. Wir sind das Bewusstsein, das die Gedanken, Bewegungen und Gefühle wahrnehmen und beeinflussen kann. Der:die Beobachter:in dessen. Das Selbst erfährt sich durch Gedanken, Bewegungen und Gefühle und bestimmt, wessen es bewusst werden möchte. Das Selbst erschafft seine wahrgenommene Realität.

Wir nehmen die Realität über unsere fünf Sinnesorgane wahr. Unsere Wahrnehmung ist dabei höchst individuell. So unterscheiden wir uns nicht nur durch das, was wir von der Welt wahrnehmen, sondern auch, wie wir sie wahrnehmen. Je nachdem wie ich mich fühle, wer ich auf Basis meiner Herkunft und Kindheit zu sein glaube, was ich tue, was für mich gerade in meinem Leben wichtig zu sein scheint oder welche Bedürfnisse ich gerade habe, sehe ich die Welt mit anderen Augen. Wenn ich hungrig bin, gilt meine volle Aufmerksamkeit den Essensmöglichkeiten, wenn ich eine:n Partner:in suche, verschiebt sich mein Fokus dahingehend, wenn ich gerade schwanger bin, sehe ich auf einmal lauter Schwangere und wenn ich auf der Suche nach einem bestimmten Fahrrad bin, sehe ich nur noch dieses Fahrrad.

Deine Wahrnehmung ist also von deinem Denken, Fühlen und Handeln abhängig. Diese drei Komponenten deines Selbst beeinflussen sich dabei gegenseitig und sind stark abhängig von den ge-

Abbildung 6: Der Raum zwischen Reiz und Reaktion. Die drei Elemente unseres Selbstbewusstseins

danklichen und emotionalen Schlussfolgerungen, die du in deinem Leben gezogen hast.

Der wichtigste Einflussfaktor auf unsere Wahrnehmung ist dabei unser Denken. Das Denken steht hier für alle inneren Bewertungen und Glaubenssätze, die uns bewusst oder in vielen Fällen unbewusst sind. Unser Denken beeinflusst nun unsere Wahrnehmung derart, dass unsere wahrgenommene Realität unseren bewussten oder unbewussten Erwartungen entspricht (Kontingenz). Unerwartete Dinge, die nicht in unser erinnertes Weltbild passen, erreichen besondere Aufmerksamkeit. Dabei gibt es auch bestimmte Korrekturfunktionen in unserem Gehirn, die das Gesehene mit unseren Erwartungen und unserem Vorwissen abgleichen, sodass eine Rose vorzugsweise rot erscheint, auch wenn sie mal mit blauem Licht bestrahlt werden sollte (Farbwahrnehmung). Wir gehen also sogar so weit, dass wir die Realität korrigieren und vereinfachen, um sie für uns einheitlicher zu machen.

Erst wenn etwas in der Realität wichtig und besonders ist, gelangt es in unser Bewusstsein. Ob etwas unsere Aufmerksamkeit erhält, entscheidet sich im sogenannten retikulären Aktivierungssystem. Davor kann es beispielsweise unser Auge erfassen, aber es wird von uns nicht »wahr-genommen«, es existiert also für uns nicht. Diese Filter sind elementar wichtig für uns, denn Neurowissenschaftler:innen der Universität Princeton haben berechnet, dass der Sehnerv eine Datenrate von 1 Million Bit, also 1 MBit/Sek an unser Gehirn überträgt, was der Leistung einer Standard-DSL-Leitung entspricht. Um diese Datenflut zu verarbeiten, braucht es sehr effiziente Filter, damit unser Bewusstsein von der Wahrnehmung nicht völlig überlastet wird.[21]

Unser ganz persönlicher Algorithmus. Unsere Glaubenssätze wurden durch Erfahrungen in der Vergangenheit gebildet und werden durch diese Erinnerungen gerechtfertigt. In der Gegenwart laufen sie dann wie auf Autopilot. Wir sehen unsere Realität somit wie durch eine Brille der Vergangenheit, sofern wir unsere Glaubenssätze nicht revidieren. Das ist auch der Grund, warum sich die einmal erlebten Dramen oft in immer neuen Szenen wiederholen und wir häufig den Satz hören: Jetzt bin ich schon wieder dem Falschen begegnet. Unser Leben soll eine kohärente Geschichte sein, deren roten Faden wir stetig fortspinnen. So schreiben wir die Geschichte immer fort, die wir schon kennen. »Streng genommen reagieren wir also auf unsere eigenen Gedanken und Interpretationen, die sich vor allem aus unseren persönlichen Erinnerungen ergeben.«[22] Wir denken bis zu mehrere Zehntausend Gedanken pro Tag, wovon die allermeisten dieselben sind wie am Tag davor. Wenn wir über uns und unsere Probleme nachdenken, dann haben wir bestimmte Gefühle und bestätigen damit unsere Identität. Gefühle sind dabei das Resultat von vergangener Erfahrung, denn Probleme entstehen aus den negativen Erfahrungen, die wir in der Vergangenheit gemacht haben. Wir leben also emotional in der Vergangenheit. Deshalb wird unser Selbst von der Vergangenheit definiert.[23]

Unsere äußere Welt ist immer ein Spiegel unserer inneren Welt. Wie du auf eine Situation reagierst, ist also individuell abhängig von deiner Wahrnehmung. Verschiedene Menschen reagieren unterschiedlich auf den gleichen Auslöser. Dazu ein Beispiel: Stell dir vor, du wärst ein Angestellter, der über sein:e Chef:in denkt, sie sei eine Egoistin. Nun läuft dein:e Chef:in morgens wortlos an dir vorbei. Du denkst: »So ein:e Egoist:in, die nimmt sich nicht mal die Zeit, zu grüßen!« Am nächsten Tag geht sie an dir vorbei, lächelt dir zu und grüßt dich. Du denkst: »Jetzt will er:sie sicher wieder irgendwas von mir!« In beiden Fällen bestimmt deine innere Welt deine äußere Welt. Deine Interpretation folgt deiner inneren Welt, und deine innere Welt wird durch die äußere Welt wieder bestärkt. Denn deine Laune sinkt in beiden Fällen, egal, wie dein:e Chef:in sich verhält. Letztlich hast du aber keine Ahnung, was dein:e Chef:in gerade durchlebt, warum sie dich grüßt oder nicht. Vielleicht ist am Vortag ihre Katze gestorben.

Gefühle: die Sprache des Körpers

> *»Nicht die Dinge, die sich ereignen, machen uns zu schaffen – sondern die Art und Weise, wie wir diese Dinge wahrnehmen.«*
>
> ALBERT ELLIS[24]

Der amerikanische Psychologe Albert Ellis begründete in den 1950er-Jahren die Rational-Emotive-Therapie, woraus er das heute weitverbreitete ABC-Modell zur Entstehung von Gefühlen entwickelt hat. Er beschreibt darin, wie wir einen Reiz in der äußeren Welt wahrnehmen (Auslöser) und gemäß unseren Glaubenssätzen (orig. *Belief*) derart (unbewusst) bewerten, dass daraus ein entsprechendes Denken, Fühlen und Handeln folgt (orig. *Consequences*).[25]

Im ABC-Modell wird also zwischen einem Reiz oder Ereignis (A für A*ctivating experience*), ihrer Bewertung (B für *Beliefs*) und den hervorgerufenen Reaktionen in deinem Denken, Fühlen und Handeln (C für *Consequences*) unterschieden. Es ist dementsprechend nicht der augenblickliche Reiz, der bestimmt, wie wir uns fühlen und verhalten, sondern unsere Bewertung dieses Reizes. Ein Beispiel: Stell dir vor, du machst Sommerurlaub auf dem Bauernhof mit deiner Familie. Es regnet (Reiz). Alle ärgern sich (Konsequenz: negative Bewertung und Gefühl der Enttäuschung), weil die Kinder nicht rausgehen können zum Spielen und ihr nicht in der Sonne sitzen könnt. Zeitgleich freut sich das Landwirtspaar immens (Konsequenz: positive Bewertung und Gefühl der Freude) über den gleichen Reiz (den Regen), weil die kürzliche Trockenheit der Ernte sehr zu schaffen gemacht hat. Du kannst dir auch das Chef:in-Beispiel aus dem vorigen Kapitel zur Verdeutlichung vergegenwärtigen.

Indem du das ABC-Modell anwendest, kannst du deine Lebensqualität massiv steigern! Im ersten Schritt betrittst du den Raum zwischen Reiz und Reaktion. Das gelingt dir, indem du achtsam bist und dir selbst gewahr wirst. Du nimmst dein Gefühl und deine Gedanken wahr, ohne an ihnen festzuhalten oder sie zu bewerten. Du atmest ganz bewusst und nimmst dir etwas Zeit für die Reaktion. Im zweiten Schritt kannst du dann Einfluss auf deine Interpretation nehmen und dich bewusst fragen, ob Auslöser und Konsequenzen zwangsläufig aufeinanderfolgen müssen. Durch die hohe Kunst der Achtsamkeit erweiterst du massiv deine Handlungsoptionen! Es setzt allerdings voraus, dass du den im vorangegangenen Kapitel beschriebenen Wahrnehmungs-Automatismus zwischen Realität und der Interpretation unterbrichst. Das ist sehr viel verlangt und erfordert etwas Training.

Das Modell ermöglicht auf geniale Weise, unsere Gefühle, unser Denken und unser Verhalten (unser Selbstbewusstsein) zu ändern, wenn wir nur unsere Glaubenssätze ändern.

Was bringt dir das jetzt für eine erfüllte Partnerschaft? Ellis sagt, dass es zwischen dem Auslöser und der Konsequenz einen Raum gibt, in dem dein ganzes Potenzial liegt, weil du hier bewusst entscheidest, wie du handeln und wer du sein willst. In diesem Raum kannst du deine Glaubenssätze und Bewertungen wahrnehmen. Denn Ellis versteht unter »Beliefs« jegliche Bewertungen, insbesondere auch Glaubenssätze.[26] Auch ein Vorwurf bedeutet eine automatische Bewertung, die du in diesem Raum zwischen Reiz und Reaktion wahrnehmen kannst. Glaubenssätze und Vorwürfe bedienen sich in Beziehungen natürlich immer gegenseitig, wie wir in Kapitel »Das Ich im Du« sehen werden. Die Bewusstwerdung ist immer der erste Schritt für eine Veränderung. Wie du derartige Vorwürfe und negative Glaubenssätze schließlich auflöst, das erfährst du im Kapitel »Glaubenssysteme wandeln«.

Achtsamkeit bedeutet, dass es dir gelingt, manche Dinge aus einer Beobachter:innenperspektive heraus wahrzunehmen, und du nicht ständig im Autopilot-Modus unterwegs bist, wo dein Unterbewusstsein die Entscheidungen für dich trifft. Du nimmst deine Gedanken und Gefühle aktiv wahr, ohne dich direkt mit ihnen zu identifizieren. Nach dem Motto »Glaube nicht alles, was du denkst«. Das ermöglicht dir, Abstand zu nehmen und dich zu fragen: Möchte ich das wirklich denken? Möchte ich das fühlen? Ist es wirklich die einzige Möglichkeit, wie ich über dieses Ereignis denken kann? Was könnte ich alternativ denken? Wie möchte ich mich fühlen? Ist zu 100 % wahr, was ich denke?

> *»Wenn ich meinen Gedanken glaube, leide ich. Wenn ich meine Gedanken hinterfrage, nicht.«* BYRON KATIE[27]

So triffst du Entscheidungen proaktiv und lässt dich nicht von Gedanken oder Gefühlen fehlleiten, mit denen du vielleicht bisher ganz gut klargekommen bist und die dir mittlerweile vermutlich auch ganz natürlich erscheinen, die deiner Erfüllung aber massiv im Weg stehen. Je achtsamer du bist, umso mehr kannst du wahrnehmen, dass es einen Reiz (A) gibt, und – anstatt sofort zur unterbewusst vorprogrammierten Reaktion (C) zu springen – durch deine Neu-Bewertung (B) bewusst wählen, wie du sein möchtest und wie du die Situation und die Welt sehen möchtest. Denn wir sehen die Welt nicht, wie sie ist, sondern so, wie wir sind. Es gibt für eine Realität verschiedene

Wahrnehmungen und Interpretationen. Es ist sehr kraftvoll, wenn du dir erst mal über deine eigenen Bewertungen bewusst wirst, diese transformierst, sodass du das bekommst, was du eigentlich möchtest. So kannst du ganz andere Ergebnisse und Beziehungen in deinem Leben erschaffen, denn deine Reaktion macht einen immensen Unterschied. Deine Reaktion ist der Reiz deines Gegenübers.

Es war für uns ein absoluter Gamechanger, zu verstehen, dass wir nicht unsere Gefühle *sind*, sondern dass wir Gefühle *haben* – auf die wir häufig Einfluss nehmen können. Es liegt so nahe, uns einzig über unsere Gefühle zu identifizieren. Unser Selbst aus unseren Gefühlen abzuleiten. Andere mit unseren Gefühlen zu erpressen. Zu glauben, ich bin, weil ich fühle. Und doch sind wir Menschen so viel mehr. Wir können Liebe fühlen wollen. Wir entlieben uns nicht zufällig, auch wenn das eine tolle Rechtfertigung für eine Trennung ist, weil uns selbst dabei keine »Schuld« trifft. Entlieben ist auch eine Entscheidung. Es ist die Entscheidung, nicht mehr die Dinge zu tun, die bei dir das Gefühl von Liebe auslösen (mehr dazu ab S. 225). Und nicht mehr zu sagen, was du brauchst, damit du Liebe für den anderen empfindest. Es ist die Art, wie du deine:n Partner:in und eure Beziehung bewertest (Vorwürfe), die zu Distanz führt. Und das ist völlig normal. Das machen wir alle.

Übung: Mach dir doch mal gute Gefühle!

Zu welchem Auslöser A hast du eine Bewertung B, die bei dir zu freudigen Gefühlen C führt? Unser persönlicher Tipp: Singen und/oder Tanzen, auch wenn du dich gerade nicht danach fühlen solltest. Mach dir laut dein Lieblingslied an, und los geht's. Kennst du das Lied »Der perfekte Moment« von Max Raabe (mit Samy Deluxe)? Nimm dein Handy, such dir den Text raus, mach das Lied an und sing mit. Laut. Dann beobachte mal, was das mit deinen Gefühlen macht. Du wirst schnell selbst merken: Dein Handeln hat großen Einfluss auf dein Fühlen und Denken.

Übung: Gefühlsspringen

Wenn du noch einen Schritt weiter gehen willst, dann mach dir vier Markierungen auf dem Boden. Ein A für Angst, ein F für Freude, ein W für Wut, ein T für Traurigkeit. Springe von einem zum nächsten und stelle das jeweilige Gefühl zu 100 % dar wie eine oscarverdächtige Schauspielerin. Du wirst sehen: Gefühle können sich einstellen, wenn wir uns auf sie einstellen.

Das Spiel kann übrigens auch sehr lustig sein für einen Abend mit Freund:innen. Ein neues Activity-Spiel. Es kann befreiend für uns sein, zu erkennen, dass wir mit unserem Denken und Handeln sehr wohl auch Einfluss auf unsere Gefühle nehmen können. Kinder sind übrigens wahre Meister im Gefühlsspringen. Wie so oft können wir von ihnen lernen.

Lass uns doch noch einen Schritt weiter gehen. Wir haben erkannt, wie unser Selbst (Denken, Fühlen, Handeln) Einfluss auf unsere Wahrnehmung und die daraus folgenden Bewertungen hat. Nun können wir auch das Denken und Fühlen als Auslöser begreifen, die wiederum unser Verhalten (Handeln) beeinflussen. Das ist eine wichtige Erkenntnis, um zuzustimmen, dass du in deinem Leben verantwortlich bist. Dass also viele Ergebnisse in deinem Leben mit dir zu tun haben oder du in gewissem Rahmen auch die Quelle dieser Ergebnisse bist. Natürlich gibt es Ereignisse in deinem Leben, auf die du absolut keinen Einfluss hast – positive wie negative. Aber auf die allermeisten für dich relevanten Situationen hast du einen sehr großen Einfluss. Das meiste Leiden entsteht durch unsere wiederkehrenden Gedanken und Muster. Wenn wir aus diesem Kontext heraus handeln, verstärken wir das Leiden. Negative Gedanken und Gefühle erzeugen noch mehr negative Gedanken und Gefühle. Das Handeln verstärkt in diesem Fall den negativen Seinszustand. Lasst es uns anhand eines Beispiels verstehen:

Chris:

Wir sind im Urlaub in Schweden. Ich habe auf unerklärliche Weise starke Kopfschmerzen und fühle mich müde, weil ich morgens ab 6 Uhr mit den vier Kids aufstehen »musste«, nachdem ich die ganze Nacht schon mit zahnendem Baby gemacht und »zu wenig« Schlaf bekommen habe. (Die Anführungszeichen drücken die unterbewussten Bewertungen aus.) Tanja sagt dann üblicherweise zu mir: »Geh doch mal alleine zum See und schwimm 'ne Runde im kalten Wasser!« Ich entgegne: »So'n Scheiß, du verstehst gar nicht, wie dreckig es mir gerade geht. Ich will ins Bett und eine Kopfschmerztablette.« Das Ganze würde vielleicht zum Streit ausarten, weil ich ihr auch noch vorwerfe, dass ich heute schon viel mehr Care-Arbeit gemacht habe als sie, und dann würde ich ins Bett gehen, und nach einer Stunde Schlaf hätte ich mehr Kopfschmerzen als vorher. Mein Denken (ich habe zu wenig geschlafen, weniger als Tanja, ich brauche Ruhe, Tanja ist schuld) und meine Gefühle (ich bin müde und erschöpft) verleiten mich zu einem Streit mit Tanja (mehr schlechte Gefühle, mehr vorwurfsvolle Gedanken), was wiederum zu schlechteren Konsequenzen führt (unruhiger Schlaf, Streit im Urlaub, vielleicht mehr Kopfschmerzen, mehr Erschöp-

fung, genervte Kinder und Resignation). Alternativ könnte ich auf Tanja hören, was mir heute und grundsätzlich immer häufiger tatsächlich super gelingt. Ich bedanke mich für Tanjas liebevollen und weisen Vorschlag, hole mir einen Kuss ab, gehe zum See, überwinde mich, in das 14 Grad kalte Wasser zu springen, und tauche wie neugeboren wieder auf. Ich unterbreche also die Gemüts-/Ergebnis-Spirale nach unten. Ich handle also entgegen meinem Autopilot.

»Meditiere täglich zwanzig Minuten. Außer wenn du keine Zeit hast. Dann zwei Stunden.« BUDDHISTISCHES SPRICHWORT

Natürlich hast du keine Garantie dafür, aber zumindest erhöhst du drastisch die Wahrscheinlichkeit für eine positive Veränderung, wenn du deinen Autopiloten unterbrichst. Vorwürfe verleiten uns in diesem Zusammenhang zu besonders schlechten, automatischen und völlig irrationalen Handlungen, die unseren negativen Seins-Zustand weiter verstärken. Ein eskalierender Beziehungsstreit kommt uns hier sofort in den Sinn! Die meisten von uns haben es schon erlebt. Dami Charf vergleicht die Streit-Eskalation damit, eine Rutsche hochzuklettern und dann hinunterzusausen.[28] Während wir die Leiter hinaufklettern, sind wir uns der Konfliktsituation und des Auslösers auf der Sachebene noch mehr oder weniger bewusst. Wir nehmen Gefühle und Gedanken wahr und nehmen uns vielleicht vor: Heute wird es nicht eskalieren, ich werde ruhig bleiben. Doch wenn wir die aufkommenden Gedanken und Gefühle nicht unterbrechen, sind wir dabei, hinunterzusausen, und in dem Moment verlieren wir die Möglichkeit, uns wieder zu regulieren. Dann ist der einzige Weg: abwärts. Denn Gedanken und Gefühle verstärken sich, und wir schaukeln uns gegenseitig hoch, wenn wir nicht aktiv etwas dagegen tun und den Autopiloten unterbrechen. Das können wir jedoch nur, solange wir noch dabei sind zu klettern.

Es ist wichtig, negative Gedanken und Gefühle wahrzunehmen. Dazu betreten wir den Raum zwischen Reiz und Reaktion. Wir atmen, wir gehen raus und spazieren, wir bitten um eine Pause. Des Öfteren hat das bei uns allerdings überhaupt gar nichts gebracht. Nach der Pause ging die Eskalation in diesen Fällen leider weiter. Aber warum funktioniert »die Pause« manchmal nicht?

Was du dann brauchst, ist Geduld. Denn Enttäuschungen und Verletzungen sind auch in unserem Körper gespeichert.

Übung: Bewusste Reaktion

Wenn du dich in deiner Beziehung also vielleicht fragst, warum du in letzter Zeit mit deiner:m Partner:in so viel ungeduldiger bist als mit Freund:innen, dann benutze doch das Modell, um deinen Bewertungen oder Glaubenssätzen auf die Schliche zu kommen. Wiederkehrendes Verhalten ist immer die perfekte Grundlage, um unserem Denksystem auf die Schliche zu kommen. Was ist passiert, und seit wann reagierst du so? Was stört dich *eigentlich,* und was hättest du gerne anders?

1. Trainiere dich bewusst darin, den Autopiloten in deinem Kopf regelmäßig im Alltag zu unterbrechen und zu beobachten. Welche Gedanken hast du gerade und welche Gefühle? Schreib sie auf. Wo in deinem Körper spürst du die Gefühle, gib ihnen gerne Farbe, Form und Konsistenz. Höre deinem inneren Kommentator zu.
2. Sei bewusst im Hier und Jetzt. Nimm deinen Atem bewusst wahr. Trainiere, so oft es geht, im jetzigen Augenblick präsent zu sein. Welche Details siehst du in dem Raum, in dem du gerade bist? Wo im Körper spürst du was? Wo ist eine Enge, Verkrampftheit, Angespanntheit,

Druck, Schmerz? Zähle deine Atemzüge. Spüre deine Füße auf dem Boden.

3. Lerne, die Spanne zwischen Auslöser und Handlung immer größer werden zu lassen, für bewusste Entscheidungen. Nimm dir erst mal eine kurze Pause. Zum Beispiel im Streit mit deinem:r Partner:in, um über deine Gefühle und Gedanken reflektieren zu können, bevor du nach ihnen agierst. Atme. Zähle. Gehe raus in die Natur. Gehe spazieren. Bewege dich. Schüttle dich. Schaffe dadurch neue Handlungsroutinen. Wenn dich jemand etwas fragt oder dich um etwas bittet, kannst du immer um fünf Minuten Bedenkzeit bitten. Wenn es kein überzeugtes Ja ist, ist es häufig ein Nein.

Deine emotionale Lebendigkeit (wieder) zulassen

Lebendigkeit bedeutet, unsere Gefühle zu erleben. Aber wie kommt es so häufig, dass wir unsere Gefühle unterdrücken und damit an Lebendigkeit und Lebensfreude einbüßen? Kleinkinder sind Meister darin, ihre Gefühle auszuleben. Sie können vier unterschiedliche Gefühle in einer Minute in intensivster Art und Weise ausleben. Pure Lebendigkeit. In einem Moment sind sie traurig, dann wütend, im nächsten Moment schäumen sie schier über vor Freude. Dieses Von-Emotion-zu-Emotion-Springen verlernen wir später bzw. wird es uns abtrainiert. Die Gefühle sind jedoch ein wichtiger Hinweis auf unsere Bedürfnisse und ermöglichen erst die Nähe zu unseren Mitmenschen.

Mögliche Anzeichen, dass du Gefühle unterdrückst, sind: innerliche Unruhe, Leere, Schlafstörungen, Kieferpressen, Muskelverspannungen, tiefe Erschöpfung, unerklärliche Schmerzen, schlechtes Immunsystem, negative Gedankenkarussells, Verlorenheit, Verwirrtheit, Stress, »People Pleasing«, Perfektionismus, Selbstzweifel, Schwierigkeiten, sich abzugrenzen, nicht alleine sein können, übermäßige Ablenkung in jeglicher Form (Rauchen, Shopping, Überanstrengung durch Arbeit, Alkohol, Social Media, Streaming, usw.).

Unterbrechungen führen zu negativen Gefühlen, die wir Menschen natürlich vermeiden möchten. Wir entwickeln zu unserem Schutz individuelle Handlungsversprechen, um diesen Schmerz nicht mehr fühlen zu müssen und um uns davon abzulenken. Weil der Schmerz größer war, als wir hätten verarbeiten können, indem wir das Gefühl ausgelebt hätten. Vielleicht wurden wir auch daran gehindert, diese Gefühle auszuleben, es war sicherer, sie nicht zu zeigen, oder keiner hat uns angemessen begleitet, wenn wir sie zeigten. Wir konnten mit sechs Jahren nicht sagen: »Fuck you, ihr seid scheiße, ich zieh aus und such mir andere Eltern, die mich liebevoller behandeln.« Stattdessen zeigen wir uns nicht mehr ganz. Auch um nicht mehr verletzt zu werden. Hinzu kommt die soziale Konditionierung: Mädchen hören oft: »Benimm dich gut«, »Zieh dir was Schönes an«, »Mädchen machen so etwas nicht«, »Sei nicht so zickig« »Kümmere dich auch um andere«, »Sei nicht so eingebildet«. Jungs hören wiederum: »Heul nicht wie ein Mädchen«, »Steh deinen Mann«, »Starke Jungs kennen keinen Schmerz«. Sätze, die sich tief einbrennen und zerstörerisch sein können. Wir schrauben also das gesamte Spektrum der Gefühligkeit zurück und damit auch unsere Lebendigkeit und unsere Verbundenheit. Unsere Lebensfreude, Begeisterungsfähigkeit und unser Ausschwingen.

Für viele unserer Klient:innen ist es eine große Herausforderung, sich ihre Unterbrechungen wieder ins Bewusstsein zu holen. Tief vergraben in unserem Unterbewusstsein haben wir diese Unterbrechungen abgespeichert. Körperlich. Gedanklich. Vielleicht können wir uns nicht explizit daran erinnern. Gefühle sind ein wichtiges Tor in diese implizite Erinnerungswelt. Denn der Körper vergisst nicht.[29] Oft sind es negative Erlebnisse und stark negative Gefühle, die uns auf unsere Unterbrechungen aufmerksam machen. In einem krassen Streit mit deinem:r Partner:in oder deinen Freund:innen. Während du dich zu Hause einsam fühlst. Wenn du betrogen wirst oder betrügst. Oder den Jakobsweg gehst. Oder frustriert über deine langjährige Ehe bist. Oder dich für dein Aussehen und dein Denken schämst. Oder Geld verlierst. Oder einen Unfall hast. Oder du bist höchst unzufrieden im Job. Oder du wirst krank. Oft haben wir einen emotionalen Begleiter, der uns in solch intensiven Erfahrungen bewusst wird und uns genau an jene Unterbrechungen erinnert, die unser Leben lange geprägt haben.

Wenn du deine Gefühle ignorierst, wird vielleicht auch dein Körper dich mehr und mehr darauf hinweisen. Das Leiden wird sich erhöhen, bis es dich zwingt, es wahrzunehmen und hinzuschauen. Wir Menschen sind ziemlich leidensfähig, und manchmal braucht es auch eine Krankheit, einen Burn-out oder andere körperliche Symptome, um uns bewusster und liebevoller werden zu lassen mit uns selbst. Die Welt ist da gewissermaßen unerbittlich für uns. Sie bewegt uns immer mehr dazu, zu heilen und stößt uns unaufhörlich auf die Unterbrechungen in unserem Leben an, die geheilt bzw. vollständig gemacht werden wollen. So lange, bis wir verstehen. Das heißt natürlich nicht, dass jede Krankheit auf negative Glaubenssätze zurückzuführen ist. Sonst hätten wir ja besonders viele negative Glaubenssätze, jedes Mal, wenn unser Kind in die Kita kommt und die Kitakrankheiten mit nach Hause bringt.

Wir brauchen Gefühle, um mit uns und anderen in Verbindung zu sein. Fühlen muss auch trainiert werden! Und nicht nur am Abend nach getaner Arbeit, sondern wir müssen mal raus aus dem System. Ausflüge und Reisen, Elternzeit für Väter und Mütter, Begegnungen mit neuen Menschen, Systemwechsel jeglicher Art. Je nach Möglichkeiten. Das muss man sich nämlich auch leisten können und leisten wollen. Arbeiten ist in den seltensten Fällen ein Training für mehr Verbundenheit. David Graeber[30] schreibt in seinem

Buch »Bullshit Jobs« sogar darüber, dass die Berufe mit hohen Gehältern grundsätzlich zu besonders hoher Unverbundenheit führen und das Gehalt als Schadensersatz zu verstehen ist. Berufe mit geringem Einkommen (soziale Arbeit) bilden den Gegensatz dazu. Man kann diese These bewerten, wie man möchte, aber der Standpunkt birgt eine radikal neue Sichtweise auf unsere Gesellschaft und erklärt auch vieles. Leider. Nicht umsonst hat Diana Kinnert ein erfolgreiches Buch über das neue gesellschaftliche Phänomen der Vereinsamung geschrieben, das insbesondere in der jungen Generation auffällt.[31] Ebenjene Generation, die sich mit Flexibilität, Globalisierung, Klimakrise und Digitalisierung ganz besonderen Herausforderung stellen muss, um Emotionalität zu trainieren, zu ermöglichen, sich zu erlauben und zu zelebrieren.

Das Ich im Du

> *»Einer hat immer Unrecht: aber mit zweien beginnt die Wahrheit.«*[32] FRIEDRICH NIETZSCHE

Ich werde am Du

Der Philosoph Martin Buber beschreibt, wie wir uns selbst nur in Beziehung erleben können und ist damit auch die Inspiration für unseren Buchtitel gewesen.[33] In Beziehung zu unserer Umwelt und in Beziehung zu anderen Menschen. Natürlich können wir uns selbst lieben und wertschätzen. Doch in Beziehung können wir diese Wahrnehmung verstärken. Ohne einen Spiegel können wir uns selbst nicht in Gänze sehen. Es ist ein emotionaler Unterschied, ob ich mich selbst streichle oder gestreichelt werde. Und wenn du gestreichelt wirst, spürst du doch nur die Liebe in dir (die du bereits in dir trägst) und nicht die Liebe des anderen. Du nimmst dich selbst durch den anderen wahr. Wenn wir jemanden lieben, spüren wir die Liebe in uns. Um dich im größtmöglichen Rahmen zu erfahren, brauchst du andere Menschen. Freund:innen, Partner:innen, Kinder, Eltern, Kolleg:innen.

Ein Mensch, der mit sich unzufrieden ist, ist auch mit anderen unzufrieden. Ein Mensch, der sich schuldig fühlt, beschuldigt andere. Ein Mensch, der sich selbst hasst, hasst andere. Menschen, die wütend über sich sind, schreien mit anderen. »Hurt people hurt people«: »Verletzte Menschen verletzen Menschen.«[34] Menschen, die sich selbst lieben, lieben andere. Sie sind freudvoll mit dem, wer sie sind. In jeder Beziehung kannst du letztlich trotzdem nur dich selbst anhand deiner Um-Welt und deiner Mitmenschen wahrnehmen. Jedes Gefühl, das du erlebst, ist in dir. Du kannst nicht das Gefühl eines anderen erleben. Du kannst es versuchen, aber am Ende ist es deine eigene Welt, die du wahrnimmst. Die einzige Zeit, die wir in Verschmelzung verbracht haben, ist im Mutterbauch. Beziehungsprobleme sind also Probleme in dir. Veränderst du dich, so wird sich dein Spiegelbild verändern. Selbst wenn das in der schlimmsten Konsequenz bedeuten kann, dass du einen neuen Spiegel wählen musst, vielleicht also die Trennung von einem:r Partner:in.

Dein:e Partner:in ist deshalb dein bester Coach, denn niemand spiegelt dich mehr. Auch deine Kinder, deine Freunde, deine Familie, deine Kollegen spiegeln deine Glaubenssysteme wider. Du hast deine:n Partner:in also nicht zufällig gewählt, auch wenn wir das manchmal gerne glauben. Menschen wollen heilen und wachsen, und dazu haben wir eine:n Partner:in und andere Mitmenschen in unserem Leben, mit denen das optimal gelingt, denn »in mancher Hinsicht können (…) [wir unser] Potenzial nur für und mit jemandem verwirklichen. (…) Die Liebesbeziehung richtet sich auf das Ich, das am Du wird (…). Liebespartner stehen nicht bedingungslos zueinander, sondern fordern sich wechselseitig in ihrer persönlichen Entfaltung heraus.«[35] Im gegenseitigen Herausfordern liegt das Wachstum und die Heilung.

Streiten

»Nicht jene, die streiten, sind zu fürchten, sondern jene, die ausweichen.«[36] MARIE VON EBNER-ESCHENBACH

Beziehung ohne Streit ist ein bisschen wie der Versuch, zu duschen, ohne dabei nass zu werden. Wir sind absolute Streit-Fans, denn Streit ist auch Liebe, Streit ist Ausdruck von »sich näher sein wollen«. Nicht immer. Aber häufig. Eine Beziehung mit regelmäßigen Streitereien ist häufig gesünder als eine Beziehung ganz ohne Streit und in völliger Harmonie. Vielleicht habt ihr auch einen Weg gefunden, Konflikte zu lösen, ohne zu streiten, dann gehört ihr damit zu den wenigen, denen das gelingt. Wir werden nicht müde, zu unterstreichen, dass wir nur deshalb so ein verbundenes Paar sind, weil wir regelmäßig streiten. Früher natürlich deutlich häufiger, länger und intensiver als heute. Ewige Harmonie ist langweilig, und Langeweile ist gefährlich für jede lebendige erfüllte Beziehung. Solange ihr gemeinsam etwas vorhabt, werdet ihr streiten. Wenn wir Veränderung verweigern, überleben wir im Stillstand. Und wenn wir als Paar etwas vorhaben, dann sind Enttäuschungen und Missverständnisse garantiert, die temporär zu Distanz führen. Wahre Nähe entsteht, indem wir Distanz wahrnehmen und überbrücken. Es braucht Distanz, um Nähe zu erleben. Es braucht die Risikobereitschaft und den Mut, authentisch, also man selbst, zu sein, für sich und seine Bedürfnisse einzustehen und damit Distanz zu riskieren, auf Ablehnung zu stoßen, um dann die Erfahrung zu machen, mit all seinem Sein, seiner Verletzlichkeit, seinen Ansprüchen und Bedürfnissen angenommen zu werden, das ist Nähe. Das bedeutet Verständnis. *Ich* bleiben, um *wir* sein zu können.

Aber es braucht natürlich Lösungen. Denn langer Beziehungsstreit ist unerträglich anstrengend. Nichts ist schlimmer. Er zermürbt einen. Macht uns wütend, traurig und verängstigt zur gleichen Zeit.

Das halten wir nur über begrenzte Zeit aus, ohne daran zugrunde zu gehen. Wir haben zu konstruktiven Streits in den ersten Jahren unserer Beziehung nur mit Hilfe von Dritten (Coaches) gefunden, heute schaffen wir das alleine. Wenn ihr seit Wochen und Monaten immer über das Gleiche auf der Sachebene streitet und dazwischen keine Phasen von Nähe und Verständnis habt, dann führt ihr einen destruktiven Streit, bei dem ihr euch immer weiter voneinander entfernt, bis ihr irgendwann derart desillusioniert und resigniert oder wütend seid, dass ihr die Beziehung innerlich kündigt. Sich innerlich zu trennen ist vielleicht die schlimmste Form der Trennung. Es aufgeben, verstanden werden zu wollen, und sich damit abzufinden, ohnehin nicht zu bekommen, was man will. Und oft dauert es noch viele, viele Jahre, bis die Paare sich dann tatsächlich auch physisch trennen. Die meisten Paare trennen sich nicht, weil sie so viel streiten, sondern wenn sie resigniert aufhören zu streiten.[37]

Übung: Regeln, die fürs Streiten gut funktionieren

- Stellt euch dem Streit: Streit vermeiden ist auf Dauer keine Lösung.
- Lieber zerstritten ins Bett als unausgeschlafen streiten.
- Wenn ihr so emotional werdet, dass ihr nicht mehr klar denken könnt: Pause. Spazieren gehen, bewegen, (kalt) duschen, runterkommen. In ein Kissen oder Sandsack boxen oder die Wut in ein Kissen schreien hilft auch.
- Nicht hungrig streiten.
- Schreibe deine Gedanken auf, bereite dich schriftlich vor. Was willst du, was ist dein Vorwurf, was hast du für Fragen, was sind deine Bedingungen an das Gespräch?
- Zustimmen, dass manche Streits einige Tage andauern, bis sie vollständig geklärt sind.

- Hilfe holen: Manche Konflikte lassen sich besser mit einer:m Therapeut:in oder Coach klären.
- Manchmal geht es nicht um »Lösungen«, sondern erst mal darum, gehört zu werden.

Unterscheidung Streit versus Konflikt

Ich sage im Streit häufig sinngemäß zu Tanja: »Jetzt lass uns doch mal wieder leise miteinander sprechen und *einfach* eine Lösung für das Problem finden.« Das ist üblicherweise der Beginn der weiteren Eskalation. Gern sage ich den Satz auch etwas lauter und vorwurfsvoll. Das ist natürlich absolut paradox und letztlich witziger Irrsinn, nur dass man in dem Moment nicht darüber lachen kann! Wäre aber viel konstruktiver. Humor ist im Streit ohnehin eine absolute Wunderwaffe. Manchmal gelingt mir das: Ich schlüpfe dann in eine Rolle und tue so, als wäre ich ein österreichischer Skilehrer oder Ähnliches. Mein Österreichisch ist jedenfalls schlecht genug, dass man darüber lachen kann, und gut genug, dass man es zumindest für Bayerisch halten kann. Zurück zum Thema.

Warum eskalieren Konflikte also überhaupt, für die es doch so oft rationale Lösungen gibt? In einem Streit wird häufig eine unbewusste oder unvollständig integrierte Enttäuschung aus deiner Vergangenheit durch deine:n Partner:in angesprochen, die oft derartig starke negative Gefühle und Stress hervorruft, dass klares Denken und Lösungen unmöglich werden. Stattdessen willst du recht haben und Schuld zuweisen. Dabei geht es jedoch mehr um den Vorwurf an die Vergangenheit als um den Konflikt im JETZT. Zusammengefasst: Du wirst durch deine:n Partner:in getriggert und projizierst deine Gedankenwelt auf sein Verhalten.

Es geht also nie nur um die offene, liegen gelassene Zahnpastatube. Oft genug eskalieren Konflikte genau über derartige Kleinigkeiten. Wir werden irrational emotional, weil wir uns angegriffen fühlen. Der andere würde uns nicht sehen, nicht verstehen, würde uns etwas Böses wollen. Uns nicht anerkennen in allem, was wir tun. Vielleicht siehst du in der offenen Zahnpastatube den traurigen Beweis dafür, dass du deinem:r Partner:in nicht wichtig genug bist. Oder du bist resigniert darüber, dass er:sie dir nicht zuhört, weil du ihr:ihm das schon tausendmal gesagt hast. Es ist *der* Beweis, dass du ihr:ihm einfach nicht wichtig bist. Oder du empfindest es als ungerecht, dass er:sie das nicht tut, obwohl du so viel für ihn:sie tust. Die Zahnpasta ist ein Exempel, an dem es auf der Beziehungsebene etwas viel Tieferes zu lernen gibt. Um das Problem mit der Zahnpastatube in der Wurzel zu lösen, gilt es, einen tiefen Prozess zu durchlaufen. Das sagen wir auch aus persönlicher Erfahrung: Heute sind bei uns die Zahnpastatuben der Kinder häufig offen und zugetrocknet und die der Eltern meistens geschlossen. Wobei wir aus geschmacklichen Gründen unterschiedliche Zahnpastatuben verwenden, was das oben beschriebene Problem deutlich vereinfacht.

Die Zahnpastatube steht hier natürlich sinnbildlich auch für die nicht aufgeräumte Wäsche, für das »zu viel« an Handyzeit, für die ständige Unpünktlichkeit oder den falschen Wocheneinkauf. Also die häufigsten Ursachen für Beziehungsstreit auf der Sachebene.[38] An Zahnpastatuben sind schon Beziehungen gescheitert, weil wir uns der eigentlichen Verletzung, die hier angesprochen wird, nicht bewusst sind und nicht bewusst sein wollen, um den Schmerz zu vermeiden. Der Schmerz durch eine Ablehnung oder der Schmerz durch den enttäuschten Wunsch nach Nähe werden in der Zahnpastatube wiedergeboren und führen zu körperlichen Reaktionen wie Wut, Angst und Trauer. Alle anderen Erklärungen für das Verhalten des Partners scheiden kategorisch aus. Wir nehmen es persönlich, weil es uns in unserem Glauben bestätigt. Subjektive Wahrnehmung. Die Wahrscheinlichkeit, dass unser:e Partner:in die Tube schließt oder zukünftig schließen wird, sinkt dadurch immens. Denn wer lässt sich schon gerne unterstellen, dass der:die Partner:in einem nicht wichtig wäre? Vielleicht entwickelt dein:e Partner:in genau deshalb einen Vorwurf und macht nächstes Mal nicht nur die Tube nicht zu, sondern lässt auch noch seine dreckige Kaffeetasse auf dem Waschbeckenrand stehen oder benutzt on top die WC-Bürste nach einem großen Geschäft nicht. Dieses gegenseitige Heimzahlen steigert sich ins Unermessliche. Das Zusammenleben wird immer anstrengender und der:die Partner:in immer nerviger. Oder wie wir häufig zu hören bekommen: wie ein zusätzliches Kind! Das bringt uns zu einem sehr wichtigen Element der Beziehungsdynamik, dem Prinzip der ausgleichenden Gerechtigkeit.

Übung: Dein Partner war auch mal ein Kind
Wenn du mit deinem:r Partner:in mehr streitest, als dir lieb ist, nehmt euch jeweils ein Kinderfoto des anderen und stellt es an einen Ort, den ihr häufig seht, oder steckt es in euren Geldbeutel. Der Blick darauf erinnert euch daran, dass ihr eigentlich nur zwei verletzte Kinder seid, die miteinander kämpfen. Vielleicht kannst du dann milder, empathischer, verständnisvoller auf deine:n Partner:in reagieren, und so leichter neue Lösungen finden. Auf jeden Fall bringt es etwas Humor und Milde in festgefahrene Beziehungsdynamiken.

Vorwürfe und ausgleichende Gerechtigkeit

Auf der Sachebene geht es bei Streitereien ums recht haben. Recht haben darüber, welches oder wessen Verhalten falsch oder ungenügend war und wer schuld an der Situation ist. Natürlich ist immer der andere schuld. Aus nicht gelösten Streitereien entstehen Vorwürfe. Oft tun wir so, als wäre ein Streit gelöst, obwohl er das nicht ist. Der Streit wird oberflächlich beendet und im Verdeckten weitergeführt. Es entsteht ein Vorwurf, bewusst oder unbewusst.

Wenn ihr verdeckt streitet, dann drückt ihr eure gegenseitigen Vorwürfe nicht direkt verbal aus, sondern über euer Verhalten und verbale Sticheleien, kleine Entwertungen und Demütigungen. Auch gern vor anderen, um die Blamage leidvoller zu machen. Du kennst sicher diese Paare, die sich im Beisein von anderen gegenseitig unermüdlich »einen einschenken«. Das bedeutet, ihr streitet, indem ihr nicht über das redet, was den Streit verursacht hat, sondern indem ihr die Vorwürfe nach unten ausgleicht. Diese Dynamik wird bezeichnet als das Prinzip der ausgleichenden Gerechtigkeit oder, treffender, das Vergeltungsprinzip. Ziel des Ganzen ist, wieder ein Gleichgewicht herzustellen, und wir Menschen haben ein besonders gutes Gespür dafür. Für Gerechtigkeit. Dieser Prozess ist der Kern eines jeden guten Dramas, in dem sich der Konflikt weiter und weiter hochschaukelt und eskaliert und deshalb auch im Modell des Dramadreiecks beschrieben wird, das der kalifornische Psychologe Stephen Karpman[39] entwickelte und Eric Berne[40] in der Transaktionsanalyse erweiterte. Denn natürlich wird unser:e Partner:in die Rache, die ihr:ihm angetan wurde, auch wieder ausgleichen. Dies führt zu einem dramatischen Hin-und-her-Schieben von Schuld und zu einem wechselseitigen Rächen. Die Netflix-Serie »Beef« mit Ali Wong verdeutlicht dieses Spiel auf fantastisch unterhaltsame Weise.[41]

In jedem ungelösten Streit erleben wir uns selbst als Opfer, den Gegenpart des Konflikts als Täter. Das Drama entsteht, indem wir in diesen Rollen hin und her wechseln, denn als Opfer können wir uns instinktiv nicht davon abhalten, die an uns begangene Schuld auszugleichen. Dieses Prinzip des Ausgleichens, man könnte es auch archaisch als Rache bezeichnen, ist für uns Menschen ein unterbewusster Automatismus. Dein bewusstes Ich, das gerade diese Zeilen liest, würde das nie tun. Aber ein unbewusster und unterbewusster Teil in dir, dein tiefstes archaisches Verhaltensprogramm, tut es ständig. Und es ist unsere Aufgabe, uns diesen irrationalen Überlebensinstinkten entgegenzustellen.[42] Erst wenn wir die Schuld-Verstrickung auflösen, können wir die Überlebensebene verlassen und wieder zum Gestalter unseres Lebens werden.

> »*Wenn du niemals von deinen Verletzungen heilst, wirst du ewig auf jene Menschen bluten, die dich nicht geschnitten haben.*« UNBEKANNT[43]

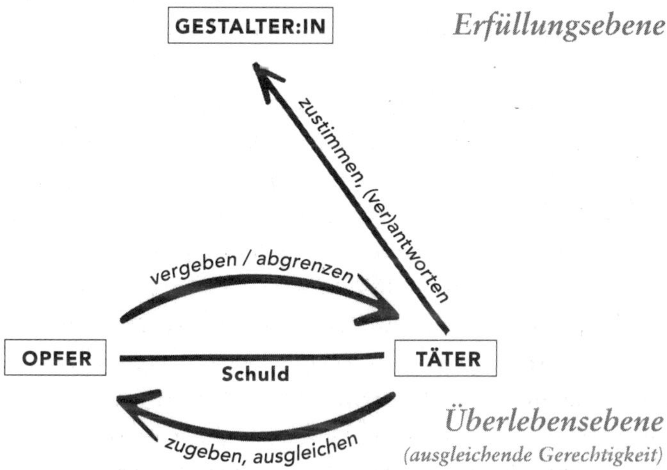

Abbildung 7: Opfer-Täter-Gestalter-Modell (erweitertes Karpman-Dreieck zur Transaktionsanalyse nach Karpman, Berne und Craemer)[44]

Wichtig: Wir nutzen dieses Modell, um Beziehungsstreit und Beziehungsdynamiken zu untersuchen. Es geht hier also keinesfalls im juristischen Sinn um Opfer und Täter. Es geht auch vielmehr um Sichtweisen: um Opfer-Denken und unbewusstes Täter-Verhalten. *Opfer* und *Täter* sind hilfreiche Perspektiven, aus denen wir unser

Leben, eine Dynamik oder ein Ereignis betrachten und besser verstehen können. Zuzugeben, dass Opfer-Denken auch zu Täter-Verhalten führen kann, ist oft ein Tabu für unsere Wahrnehmung und kann sehr unbewusst verletzendes Verhalten offenlegen. Wir machen dir das im nächsten Kapitel an unserer eigenen Geschichte bewusst. (Wir möchten diese Betrachtungsweise übrigens dringend von dem toxischen Denken der Opfer-Täter-Umkehr abgrenzen, bei dem die Schuld für eine Straftat dem Opfer zugewiesen wird und dadurch das Leid des Opfers immens verstärkt wird. Wo ein Trauma dadurch zu weiteren Re-Traumatisierungen führen kann. Also noch mal: Strafrechtlich gibt es natürlich immer Opfer und Täter, klar voneinander getrennt!)

Das Opfer-Denken hat den großen Preis, dass etwas oder jemand anders deine Gefühle bestimmt; dass du in deiner Lebendigkeit gedämpft bist; dass du dich ausgeliefert fühlst. Der oft unbewusste Gewinn der Opferrolle ist es, Verantwortung abgeben zu können und anderen die Schuld zu geben für alles in unserem Leben, das uns nicht gefällt. Ähnliches gilt für das Täter-Denken: Der Gewinn ist, dass wir alles vermeintlich unter Kontrolle haben und selbstbestimmt sind. Gleichzeitig plagen uns Schuldgefühle, die unsere Lebendigkeit stark dämpfen. Den meisten Menschen ist das Opfer-Denken eher bekannt.

Wir denken zurück an das harmlose Beispiel mit der nicht geschlossenen Zahnpastatube: Wir fühlen uns gegenüber unserem:r Partner:in als »Opfer«, weil wir ihr:ihm unterstellen (subjektive Wahrnehmung und Interpretation), dass er die Tube nicht geschlossen hat, weil wir für sie:ihn »nicht wichtig genug sind« oder weil er:sie uns »nicht genug in unseren Bedürfnissen sieht« oder weil er:sie »immer schon egoistisch und rücksichtslos« war. Das Prinzip der ausgleichenden Gerechtigkeit besagt nun, dass wir uns an unserem:r Partner:in bewusst oder unbewusst rächen werden: Vielleicht werden wir wütend auf sie:ihn, vielleicht entziehen wir uns und reagieren mit Distanz, vielleicht waschen wir »ganz aus Versehen« seinen Lieblings-Wollpulli bei 60 Grad. Wenn wir als Paar diesen Konflikt auflösen wollen, müssen beide jeweils beide Perspektiven einnehmen: Wo erlebten sie sich als Opfer, und wo haben sie sich auch als Täter verhalten? Denn natürlich kann man sich auch fragen, wozu man die Tube häufig offen lässt, obwohl der Partnerin das wichtig ist. Was will man damit eigentlich sagen?

Übung: Zwiegespräch

Das Zwiegespräch ist eine sehr powervolle Übung, um die beschriebene Dynamik und die Abwärtsspirale der ausgleichenden Gerechtigkeit zu stoppen. Oder euch generell zu verbinden und eure Innenwelt miteinander zu teilen.
Ihr nehmt euch gemeinsam 60 Minuten Zeit, in der ihr euch mit voller Aufmerksamkeit dem:r Partner:in widmen könnt. Ihr setzt euch einander gegenüber und blickt euch in die Augen. Ihr stoppt die Uhr. Nun hat jeder abwechselnd 10 Minuten Zeit, all seine Gedanken und Gefühle auszusprechen. Was bewegt dich? Was fehlt dir? Was wünschst du dir? Welche Freuden und welche Ängste erlebst du? Dein:e Partner:in hört einfach nur zu und sagt am Ende der Zeit jeweils: »Ich höre dich.« Du kannst deine Redezeit einläuten mit: »Die Geschichte, die ich mir gerade erzähle über …, ist folgende …«. Um zu unterstreichen, dass es *deine* Interpretation ist und nicht zwingend der Wahrheit entspricht. Formuliere also gern mit »Ich empfinde, dass …« anstatt deine:n Partner:in mit deinen Vorwürfen ggf. stark vor den Kopf zu stoßen. Detailliertere Anleitungen zum Ablauf eines Zwiegespräches findest du online … im Downloadbereich auf unserer Website.

Der Ursprung von Vorwürfen

> *»Wenn du getriggert wirst, dann erlebst du eine Verletzung aus der Vergangenheit und bekommst dadurch die Möglichkeit, sie zu heilen.«* GABOR MATÉ[45]

Egal, worum es auf der Sachebene geht – Betreuungszeiten, Ordnung, Geschenke, Pünktlichkeit, die Schwiegereltern, Entwertungen, Vereinbarungen, die Familie oder die Erziehung –, darum geht es meist nur oberflächlich. Um den Konflikt in seiner Wurzel aufzulösen, daraus zu lernen und zu wachsen, müssen wir noch tiefer tauchen und mehr verstehen.

Wenn zwei sich streiten, also beide emotional sind und recht haben wollen, werden beide durch den jeweils anderen in ihren Verletzungen angesprochen. Zum Streiten braucht es demnach zwei. Es braucht aber nur einen, um den Streit zu beenden. Doch um als Paar aus dem Streit größer, mit mehr Nähe und einer Win-win-Lösung herauszukommen, braucht es beidseitige Eigenverantwortung. Das ist immer das Schwierigste, denn wir sind uns ja so sicher, dass der andere schuld ist. Aber das bringt uns nicht weiter, wir müssen unser System verstehen, und das ist erst mal unser Problem. Unser:e Partner:in hat ein eigenes/anderes Problem, das sich auf der Sachebene zwar mit unserem überschneidet, aber ansonsten haben die beiden Probleme erst mal nicht viel miteinander zu tun. Auch wenn wir später sehen werden, dass die Begrenzungen auf der Metaebene wie zwei magische Puzzleteile zusammenpassen.

Die folgende Abbildung veranschaulicht diesen Prozess der eigenverantwortlichen Beziehungsarbeit anhand des Beziehungs-Eisbergs.

Der sichtbare Anteil des Eisbergs beträgt nur etwa 20 % und symbolisiert alle sichtbaren und bewusst wahrgenommenen Ergebnisse in deinem Leben (Sachebene). 80 % des Eisbergs befinden sich nicht

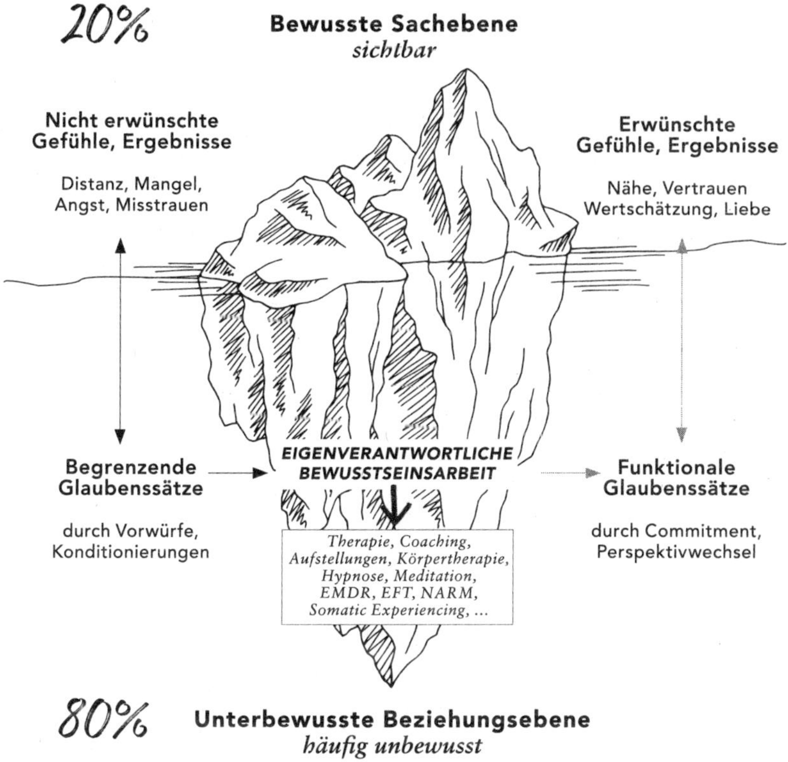

Abbildung 8: Das Eisbergmodell für Beziehungen[44]

sichtbar unter Wasser und symbolisieren die unbewussten inneren Glaubenssätze und die damit verbundenen Vorwürfe und Rechtfertigungen, die für uns die Richtigkeit des Glaubenssatzes beweisen (Beziehungsebene). Die sichtbaren Ergebnisse basieren in diesem Bild auf den unbewussten Glaubenssätzen. Wenn wir andere Ergebnisse möchten, so gilt es, uns den begrenzenden Glaubenssätzen bewusst zu werden und diese in neue Glaubenssätze zu wandeln. Vorwürfe und Rechtfertigungen für die begrenzenden Glaubenssätze gilt es dabei aufzugeben und neue emotionale Erfahrungen für die neuen Glaubenssätze zu erschaffen.

Wir erinnern uns hier an die Zahnpastatube: Die unerwünschten Gefühle und der daraus folgende Streit sind die unerwünschten sichtbaren Ergebnisse. Die begrenzenden Glaubenssätze könnten sein »Ich bin nicht wichtig« oder »Männer/Frauen sind egoistisch und rücksichtslos«. Die Rechtfertigungsgeschichte ist ebenso individuell: beispielsweise ein gefühlter Mangel an Zuneigung der Eltern, ein Vater, der »nie« zu Hause war oder ein fehlendes Lob für eine gute Note bei der Mathe-Klassenarbeit. Der:die Partner:in kann dabei den gleichen Prozess durchlaufen: Welches Gefühl bekommt er:sie, wenn ihm unterstellt wird, dass er:sie die Tube aus Egoismus und Ignoranz nicht schließt? Wie lange kennt er:sie das Gefühl schon? Und welcher Glaubenssatz löst dieses Gefühl aus (Stichwort ABC-Modell). Erst wenn beide diesen Prozess durchlaufen, können daraus neue Ergebnisse und Lösungen gewonnen werden.

Der Schweizer Psychiater Jürg Willi sagt, dass unsere »Wahrnehmung unseres Partners nur eine Projektion des Bildes ist, das wir von ihm haben. Wie wir unseren Partner wahrnehmen, sind Interpretationen und damit nur rein subjektive personenabhängige Wahrheiten. Entscheidend ist, ob man bereit ist, das Bild, das man sich vom anderen gemacht hat, laufend zu überprüfen und zu korrigieren.«[46] Um diese Korrektur durchführen zu können, gilt es immer wieder unsere Glaubenssätze zu überprüfen.

Aber natürlich sind unsere Vorwürfe an den:die Partner:in nicht völlig bei den Haaren herbeigezogen. Und deshalb wird es jetzt spannend, denn in jedem Vorwurf liegt ein Eigenanteil und ein Fremdanteil. Willi schreibt dazu weiter: »Aus der Erfahrung der Paartherapie bin ich immer wieder über die Treffsicherheit von Vorwürfen erstaunt. Diese Treffsicherheit bedarf allerdings der Relativierung durch die Treffsicherheit dagegen. Die Wahrheit muss im dialektischen Diskurs von den Partnern erarbeitet werden. Die Partner sind sich wechselseitig die Stimme des unbewussten, d. h. die Stimme des verdrängten Anteils.«[47]

Wir lassen einander so lange nicht in Ruhe und streiten weiter, bis die Wahrheit gefunden ist, denn dort findet Heilung statt. Die Wahrheit ist immer dann gefunden, wenn beide gleichermaßen recht und unrecht hatten. Indem beide demütig voreinanderstehen und sich entschuldigen. »Partner sind in diesem Prozess sehr liebevoll miteinander, denn sie fordern einander alles ab, um zu heilen und zu wachsen. Sie fordern einander genau die Weiterentwicklung ab, der man neigt, ausweichen zu wollen.«[48]

Oft muss der Leidensdruck (Streit, Distanz oder die mögliche Konsequenz der Trennung) nämlich erst groß genug sein, damit die Bereitschaft für Eigenverantwortung und Heilung entsteht. Wir wehren uns innerlich gegen die Heilung, weil die immer auch beinhaltet, alte Verletzungen wahrzunehmen und das Risiko einzugehen, dass der:die Partner:in uns ablehnt, wenn wir zugeben, etwas Rücksichtloses gemacht zu haben, das eigentlich nichts mit unserem:r Partner:in zu tun hatte. Wieso das? Das Prinzip der ausgleichenden Gerechtigkeit (vgl. S. 77) wirkt nämlich auch, indem wir das, was uns bei unseren Eltern »angetan« wurde, an unserem:r Partner:in auslassen oder »rächen«. Auch wenn dieser erst mal rein gar nichts damit zu tun hat. Das Opfer-Denken führt häufig zu unbewusstem Täter-Verhalten (vgl. Abbildung 7).

Der Psychologe Carl Rogers gilt als Mitbegründer der humanistischen Psychologie und plädiert für die bedingungslose Akzeptanz des Partners als Ausdruck von bedingungsloser Liebe. Er sieht darin die besten Rahmenbedingungen für Wachstum. Aufgrund unserer eigenen Erfahrung und vielen Coaching-Sessions mit unseren Klient:innen halten wir diesen Anspruch für unrealistisch. Wer Vorwürfe an den:die Partner:in richtet, »ist auf einem Auge blind, auf dem anderen Auge aber in besonderer Weise sehend«[49]. Nun können wir uns mit der Unpünktlichkeit unseres Partners arrangieren und versuchen, unseren Frieden mit ihr zu finden. Oder wir regen uns über die häufige Unpünktlichkeit des Partners auf, machen Vorwürfe. Sachlich haben wir recht, denn die immer wieder stattfindende Unpünktlichkeit ist schließlich messbar und nicht »wegzuinterpretieren«. Pünktlichkeit zu verlangen – wenn sie dir wichtig ist – ist ein Ausdruck von Liebe zu dir, aber auch der Liebe zu deiner:m Partner:in. Denn häufiges Zuspätkommen macht nie Spaß, führt zu Stress, lässt uns unachtsam sein, erzeugt das Gefühl von Schuld oder einem schlechten Gewissen und dämpft somit unsere Lebendigkeit. Aber diese *sichtbare* Unpünktlichkeit erfüllt eine Funktion und findet ihre Quelle vielleicht auch in einem begrenzenden Glaubenssatz. Pünktlichkeit zu fordern, birgt die Möglichkeit, diese Begrenzung zu erkennen und aufzulösen. Der Vorwurf kann also zu Wachstum führen! Auch wenn sich das im Eifer des Gefechts ganz anders anfühlt. Wir sprechen aus Erfahrung.

Pauschalisierungen sind immer auch falsch, und doch können sie Verständnis bringen. So ist ein häufiger Vorwurf an Männer, sie müssten anders sein (empathischer, engagierter, mitteilungsfreudiger) und würden sich den Wünschen der Partnerin widersetzen und verweigern und ihr so das Leben schwer machen. In Richtung Frauen wird oft formuliert, es sei ihr nie genug, weil, egal, was es ist, es reiche nie aus. Immer wolle sie kontrollieren und einen verändern.

Das Spannende an Vorwürfen ist, dass sie sich immer gegenseitig bedienen und neutralisieren, weil sich Paare gegenseitig spiegeln (Das Ich im Du). Er argumentiert: »Ich verweigere mich, weil du mich verändern willst und mich nicht so liebst, wie ich bin.« Sie entgegnet: »Würdest du mich mehr lieben, würdest du auf meine Wünsche stärker eingehen, und ich müsste nicht ständig alles alleine machen.« Beide haben in den meisten Fällen recht (und auch unrecht). Studien zeigen tatsächlich, dass die Vorwürfe in den meisten Fällen zutreffend sind und dass in den meisten Fällen Dinge gefordert werden, die erfüllbar und angemessen sind.[50] Der Mann argumentiert weiter: »Ich engagiere mich nicht mehr, weil ich es bei dir sowieso nur falsch machen kann.« Die Frau entgegnet: »Wenn ich nichts mehr sage, machst du ja von dir aus gar nichts mehr.«

Weil sich Paare gegenseitig spiegeln, braucht es auch zwei für eine neue Lösung. Beide müssen eigenverantwortlich sein und ihren Anteil am Problem erkennen. Ein Partner allein kann zwar eine Streitdynamik beenden, aber für die Lösung eines Konflikts und eine neue Beziehungsqualität braucht es letztlich beide. Wenn einer seinen Anteil in einem Streit zugibt, erhöht er damit die Wahrscheinlichkeit immens, dass der:die Partner:in es ihm später gleichtut. Wenn eine:r jedoch dauerhaft nicht bereit ist, ihren:seinen Anteil zu verstehen und zuzugeben, wird der andere sich nur weiter abgrenzen. Gegebenenfalls bis zur Trennung.

Wozu? Die wichtigste Frage deines Lebens

Die Frage nach dem »Wozu?« ist für uns die wichtigste Frage unseres Lebens. All das Wissen, das wir dir bis hierhin vermittelt haben, dient dazu, dir diese Frage stellen zu können. Die Frage nach dem Zweck. Die Frage nach dem Zweck ist ungewöhnlich. Sie untersucht deine Verantwortung. Am liebsten möchten wir doch wissen, »Wie?« Wie bekommen wir mehr Nähe, oder wie bekommen wir mehr Wertschätzung? Wir möchten Tipps und Kochrezepte, wie wir das bekommen, was wir wollen. In unserer Praxis machen wir die Erfahrung, dass das leider nur sehr begrenzt funktioniert. Es ist manchmal möglich, durch neues Handeln neue Ergebnisse zu bekommen. Aber meistens gelingt das nur für kurze Dauer, oberflächlich oder eben gar nicht. Das ist auch der Grund, warum die vielen Beziehungstipps aus Magazinen, Instagram und von guten Freunden kaum bis gar nicht das gewünschte Ergebnis bringen. Weil unser Glaubenssystem darunter dasselbe bleibt. Beispielsweise kannst du deine:n Partner:in küssen und in dem Kuss deine ganzen Vorwürfe zum Ausdruck bringen. Ein Kuss kann Ausdruck von Distanz sein. Du spürst, wenn ein Kuss Nähe herstellen soll und wenn er nur mehr vom gleichen alten Vorwurfsfilm ist. Wenn wir in der jetzigen Beziehung unglücklich sind und uns trennen, erleben wir mit einem:r neuen Partner:in häufig nach der Verliebtheitsphase ähnliche Muster. Wenn das Darunter nicht transformiert wird, bringt alle Veränderung auf der Eisspitze nichts.

Ebenso gern beschäftigen wir uns mit der Frage nach dem »Warum?« Die Frage richtet sich in die Vergangenheit, und es gibt unzählige interessante Antworten darauf, die jedoch zu keinerlei Veränderung führen, außer vielleicht zu Reue und weiteren Vorwürfen an uns selbst oder andere, dass die Vergangenheit eben so war, wie sie war. Warum habe ich mich nur für diese:n Partner:in entschieden anstatt für die:den anderen, mit dem ich viel glücklicher wäre? Warum habe ich keine Nähe mit meiner:m Partner? Wegen der Trennung meiner Eltern, wegen der Arbeitssucht, wegen der Hobbys, wegen der:dem Ex, wegen der Freund:innen, wegen meiner Minderwertigkeitsgefühle. Das Warum liefert uns Begründungen, mit denen wir mehr Verständnis für die Situation oder das Problem erhalten, aber keinen Lösungsweg.

Die Frage nach dem Zweck gibt uns hingegen das Lenkrad des Lebens wieder in die Hand. Wenn wir verstehen, *wozu* wir die wiederkehrenden gleichen Ergebnisse und Muster in unserem Leben haben, können wir uns auch einem neuen Zweck zuwenden, der neue Ergebnisse und Situationen hervorbringt.

Achtung: Die Frage nach dem »Wozu?« richtet sich an Muster und wiederkehrende Ereignisse. Das Leben lässt sich nicht kontrollieren. Wenn du einmalig etwa ein Leid erfahren hast, dann beginne nicht mit der Frage nach dem Wozu. Das wäre grausam und unempathisch, wird aber im modernen Coaching manchmal so suggeriert. Davon nehmen wir großen Abstand! Erst wenn dir zum dritten Mal in einem Monat die Handtasche gestohlen wurde oder du schon wieder von deinem:r Partner:in betrogen wurdest, lohnt sich der Blick in tiefere Ebenen.

Die Frage nach dem Zweck fragt auf der Ebene der Eigenverantwortung. Sie dient dazu das Opfer-Täter-Denken zu verlassen und dich als Gestalter:in zu erfahren (vgl. Abbildung 7 auf Seite 79). Weiterhin sucht die Frage nach dem Zweck nach einem persönlichen Gewinn. Sie macht dich also zum:r Gestalter:in deines Lebens, denn sie geht davon aus, dass alles, was du tust oder erlebst, in irgendeiner Form auch einen Gewinn für dich hat. Warum sonst solltest du etwas tun? Unser Denken, Fühlen und Handeln dient immer einem Zweck. Auch wenn der Zweck uns oft zunächst unbewusst ist.

Solange er uns unbewusst ist, geben wir gerne den äußeren Umständen die Schuld: Ich kann nicht vertrauen, weil … Ich kann nicht mehr Geld verdienen, weil … Ich kann mich nicht trennen, weil … Ich kann nicht anders, weil ich keine Wahl habe. Wenn wir für einen Moment die Begründung streichen und uns auf die Ebene der Eigenverantwortung und des Nutzenprinzips bringen, dann müssten wir fragen: Wozu will ich nicht vertrauen? Wozu will ich nicht mehr Geld verdienen? Wozu will ich mich nicht trennen? Wozu will ich glauben, keine Wahl zu haben?

Gabor Maté und Marisa Peer wenden diese Strategie auf einen sehr sensiblen Therapiebereich an, die Suchttherapie.[51] Viele Alkoholkranke stellen sich die Frage »Warum höre ich nicht einfach auf zu trinken?« oder »Wie gelingt es mir, endlich mit dem Trinken aufzuhören?« Auf Basis ihrer jeweils jahrzehntelangen Erfahrung in der Suchttherapie haben die beiden Psychotherapeuten sich darauf festgelegt, den Zweck hinter einer Sucht zu ergründen. Wozu trinkst du überhaupt Alkohol? In dieser radikalen Frage wird der:die Klient:in sofort nicht mehr als Opfer der Sucht behandelt, sondern als Gestalter:in. Es gibt natürlich keine pauschale Antwort auf die Frage, aber damit du ein Verständnis entwickeln kannst: Sucht hat häufig den Zweck zu verdrängen. Er hat gewissermaßen eine Schutzfunktion, es ist ein Coping-Mechanismus, um mit Schmerzen oder negativen Gefühlen umgehen zu können, anstatt ihren wahren Grund zu identifizieren und sich mit ihnen zu konfrontieren oder zu versöhnen. Erneut, diese Antwort gilt nicht für alle. Aber du verstehst das Prinzip.

Jetzt mal zu einem Klassiker: *Warum* streiten wir immer über das Gleiche? Weil wir keine Lösung finden *können. Wozu* streiten wir immer über das Gleiche? Weil wir keine Lösung finden *wollen*. Wozu wollen wir keine Lösung finden? Damit wir Distanz haben. Wozu Distanz? Um sicher zu sein. Wie kommst du auf die Idee, dass Nähe unsicher sein könnte? Durch *Wozu* erreichen wir die Wurzel des Konflikts.

Es gilt nun, um die Ecke zu denken und das Wissen aus den vorangegangenen Kapiteln in Anwendung zu bringen. Keine Lösungen zu finden ist sicher. Die Vorwürfe und negativen Glaubenssätze, die immer wieder zu Streit führen, haben bis hierhin für deinen Schutz, deine Sicherheit und eine okaye Beziehung funktioniert. Die Schutzfunktion ist wichtiger als eine Streitbeilegung. Denn die Streitbeilegung würde bedeuten, lang vergangene Verletzungen wieder zu öffnen, um sie neu zu erleben und nachhaltig zu heilen. Denn die wahre Ursache für wiederkehrende Streitereien liegt genau dort: in der Vergangenheit. Vielleicht erfüllt auch der Streit selbst den Zweck nach »Nähe« und Aufmerksamkeit, die man glaubt, anders nicht bekommen zu können. Oder aber es entsteht dieselbe Thermik, die man schon von seinem Elternhaus kennt und die, obwohl sie unangenehm ist, sich trotzdem heimelig und paradoxerweise sicher anfühlt. Vielleicht erfüllt der immer gleiche Streit auch den Zweck, sich endlich begründeterweise trennen zu können, um sich nicht auf einen anderen Menschen wirklich einlassen zu müssen. Um ihn:sie doof finden zu können. Das sind zwar alles meist irrationale Zwecke, aber sie basieren eben auch auf irrationalen Glaubenssätzen. Denn wenn wir wegen unserer Eltern glauben, dem:r Partner:in nicht vertrauen zu können, dann ist es sicherer, sich zu trennen, als sich ganz auf ihn oder sie einzulassen. Der immer gleiche Streit bewahrt eine gewisse sichere Distanz. Vielleicht bist du auch immer wieder unpünktlich, wenn du dich mit deiner Partnerin triffst. Dann stell dir doch mal die Frage: »Wozu komme ich eigentlich immer unpünktlich? Was will ich damit bezwecken?« Unangenehme Frage, aber vielleicht führt sie dich auf einen Vorwurf, den du an sie hast oder an dich oder an deine Mutter, weil du diesen Vorwurf unterbewusst ausgleichen willst (Prinzip der ausgleichenden Gerechtigkeit). Vielleicht wendest du auch ein, dass du nicht absichtlich zu spät kommst, sondern dass immer etwas dazwischenkommt, auf das du keinen Einfluss hast. Du hast damit recht und unrecht zugleich. Ja, du kommst nicht absichtlich zu spät – mit absichtlich sei die bewusste Entscheidung gemeint. Aber dein Unterbewusstseins-Autopilot lässt dich zu spät kommen. Deinem Date ist das natürlich egal. Dein Date wird sich denken, dass du unzuverlässig bist oder ihm zeigen willst, dass es dir nicht so wichtig ist. Und mit diesem Unverständnis und mit dieser Vorwurfshaltung wird dein Date auch irgendwo recht haben. Denn dein Denken bestimmt dein Handeln, du hast die volle Verantwortung. Du hast Einfluss darauf, pünktlich zu kommen. Du bist es sogar, der den größten Einfluss auf die Wahrscheinlichkeit deines Pünktlichkommens hat.

Aber du musst dir die Frage des Wozu nur stellen, wenn du wirklich etwas verändern willst. Wenn du eine neue Qualität leben möchtest. Niemand kann dich dazu zwingen. Nur du kannst es wollen. Und dein:e Partner:in kann natürlich wieder um die Wahrscheinlichkeit erhöhen, dass du dir diese Frage stellst, indem er:sie sich die Frage stellt: »Wozu habe ich eine:n Partner:in, der:die immer zu spät kommt?« Vielleicht kommt sie auf einen negativen Glaubenssatz, den sie über sich hat und den sie sich durch den mangelnden Respekt der Unpünktlichkeit bestätigt. Oder er:sie denkt so was wie »Männer sind sowieso unzuverlässig«, weil sie Ähnliches von früher kennt. Spätestens wenn sie ihren negativen Glaubenssatz gewandelt hat, wird es eng für dich, und du wirst bei deiner Unpünktlichkeit mit Konsequenzen rechnen müssen. So oder so passen eure Glaubenssysteme als Paar perfekt zusammen. Das eine bedient und bestätigt das andere. Aber eine:r muss den ersten Schritt in ein besseres Leben machen.

Die Frage nach dem »Wozu?« ist die beste Strategie, um deinen Glaubenssätzen und der dafür benötigten *Rechtfertigungsgeschichte* (Vorwürfe und Erfahrungen, die diese Schlussfolgerungen beweisen) auf die Schliche zu kommen. Sie führt dich in jedem Konflikt zielsicher auf die Beziehungsebene, also die Ebene des Unterbewusstseins, wo die eigentlichen Ursachen für einen Streit liegen und wo sich deshalb auch die nachhaltige Lösung finden lässt.

Was immer wieder erstaunlich ist in unserer Praxis: Auch wenn die Klient:innen es erst mal ungewöhnlich und konfrontierend finden, nach dem Wozu gefragt zu werden, kommen nach einem kurzen Irritiert-Sein schnell die Antworten. Und immer mit einer enormen Erleichterung einhergehend. So, als würden sie denken: Endlich fragt das mal einer! Endlich fragt mal wer was Neues, das dadurch auch neue Lösungen für mein Problem eröffnet!

Aber wie lassen sich Glaubenssätze denn nun wandeln, damit wir neue Ergebnisse in unserem Leben erzielen und die Beziehungstipps erfolgreich anwenden können, die die Frage nach dem »Wie?« beantworten?

Übung: Impulsfragen

Wozu hast du nicht die Nähe mit deinem:r Partner:in, die du dir wünschst?

Wozu hast du eine:n Partner:in, der:dem du nicht vertraust?

Wozu bekommst du nicht die Wertschätzung, die du gern hättest?
Wozu streitet ihr immer über das Gleiche?
Wozu?

Übung: Ho'oponopono

Das Hawaiianische Vergebungsritual kennt vier Schritte, die wunderbar das zuvor beschriebene Wissen über das vollständige Klären eines Streits zusammenfassen. Wenn ihr die Hintergründe eines Streits (eventuell mit externer Hilfe) verstanden habt, stellt euch gerne voreinander und sprecht die folgenden Worte mir der Beantwortung der nachfolgenden Fragen:

- »Es tut mir leid.« Zugeben und Ausgleichen. Welches Täter-Verhalten hat dein Partner abbekommen?
- »Bitte verzeih mir.« Ende des alten Glaubenssystems. Wie hast du dich als Opfer erlebt, sodass du dich in der Gegenwart als benachteiligt wahrgenommen hast?
- »Ich liebe dich.« Beginn des neuen Glaubenssystems: Was ist nun Ausdruck von Liebe, was willst du ändern, wie wollt ihr miteinander sein?
- »Danke.« Wozu? Erkenntnis. Was konntest du durch diesen Streit lernen, wie konntest du durch deinen Partner wachsen?

Zum Abschluss: Umarmt euch. Lange. 2 Minuten. Ihr werdet die neue Nähe zwischen euch spüren.[52]

Glaubenssysteme wandeln

»Es ist nie zu spät für eine glückliche Kindheit«

THICH NHAT HANH[53]

Das Wort »Glaubenssatz« wird aktuell so häufig und alltäglich verwendet, dass man meinen könnte, es gäbe nichts Alltäglicheres, als seine Glaubenssätze zu ändern. Als ob du einen Glaubenssatz wechseln könntest wie einen Pulli, der dir nicht mehr gefällt. So viel vorab: Das ist Quatsch! Du »bist« gefühlt dein Glaubenssatz. Für dein Unterbewusstsein ist die Veränderung von Glaubenssätzen eine derart große Gefahr und tiefe Veränderung, dass wir deren Veränderung erst unter hohem Leidensdruck bereit sind anzugehen, oder wenn wir wirklich etwas Neues vorhaben, bei dem sie hinderlich sind. Wir sind nur bereit, etwas in unserem Unterbewusstsein zu erkennen und zu wandeln, wenn die Situation für uns schlimm genug oder ein Traum groß genug ist. Wenn der Leidensdruck groß genug ist, die Lebenskrise tief genug, die Vision stark genug oder die Konsequenzen drastisch genug, sodass wir beginnen, hinzuschauen. Und uns kritisch hinterfragen, ob da vielleicht noch mehr ist, das es zu erkennen und transformieren gilt.

Vielleicht hast du eine derart starke Vision von dem im Kopf, was du unbedingt verwirklichen willst: Du bist bereit, alle Kräfte dafür einzusetzen, einfach weil du das von ganzem Herzen willst. Dann sind wir auch bereit, das Risiko einzugehen, neue Glaubenssätze zu etablieren, für die wir noch keine Beweise haben, dass sie auch für unser sicheres Überleben funktionieren.

Ohne Hilfestellung einer Person von außen ist das kaum möglich. Ohne kontinuierliche Bewusstseinsarbeit auch nicht. Bei uns hat es etwa sieben Jahre gedauert, unser Glaubenssystem grundlegend zu erneuern. Dies bedeutet auch nicht, dass die alten Glaubenssätze einfach weg sind. Sobald du neue Herausforderungen in deinem Leben annimmst oder sobald du herausfordernde Umstände in deinem Leben hast, wird dein Verstand noch immer auf alte negative Glaubenssätze zurückgreifen. Warum ist das so? Herausfordernde Ereignisse bedeuten Stress, und sobald das Stressniveau ein bestimmtes verträgliches Maß übersteigt, geht unser Körper in einen Alarmzustand und verwendet am liebsten die altbekannten und ebenso begrenzenden Handlungsversprechen. Die Kunst eines wachen, »erfüllten« Geistes besteht nun darin, sowohl aus den negativen Gedanken wie auch aus den negativen Gefühlen sehr schnell wieder aktiv auszusteigen. Wenn das bei uns früher Wochen und Monate gedauert hat, so gelingt uns das heute in Stunden oder Minuten. Wie die Gefühlsübung auf Seite 64. Du kennst deine Glaubenssätze und die dazugehörigen Handlungsversprechen. Weil wir uns darüber schneller bewusst sind und weil wir diese geistige und körperliche Flexibilität trainiert haben. Du kennst die Wege, die dich aus der Negativität herausführen. Du bist sie inzwischen schon etliche Male gegangen. Es scheint Licht am Wegesrand, wo vorher nur Dunkelheit und gar kein Weg waren.

In diesen sieben Jahren des Trainings haben wir sehr, sehr viel Zeit in unsere Beziehung gesteckt. Denn deine Beziehung ist das beste Trainingslager, um dir negative Glaubenssätze bewusst zu machen und neue Glaubenssätze anzutrainieren, so lange, bis sie in jeder Zelle deines Körpers angekommen sind und eben nicht nur als Erkenntnis in einem abstrakten, theoretischen Coaching-Prozess. Deine Beziehung ist deine Feldübung. Dein Bootcamp.

Dein:e Partner:in ist die Superpower, die dir die nachhaltige Transformation von negativen Glaubenssätzen ermöglicht. Alleine geht das nicht. Du brauchst andere Menschen. Und wenn du keine:n Partner:in hast, dann brauchst du nahe Freunde oder einen Therapeuten oder Coach. In jedem Fall einen anderen Menschen, der dir dein Verhalten widerspiegeln kann. Deine Kinder spiegeln dich übrigens auch immer wider.

Nur du kannst Glaubenssätze ändern wollen und diese Veränderung einläuten. Niemand kann dich dazu bringen. Weder dein:e Partner:in noch dein Coach noch dein:e Therapeut:in. Wie das konkret gelingt, zeigen wir dir anhand der folgenden Schritte und unserer persönlichen Geschichte in Kapitel 3.

Vorwürfe sind der Ursprung von negativen Glaubenssätzen

Um einen negativen Glaubenssatz zu wandeln, gilt es, auch einen Vorwurf, der bereits weit in der Vergangenheit liegt, aufzulösen. Denn jeder negative, begrenzende Glaubenssatz findet seinen Ursprung auch in einem Vorwurf an jemanden oder an etwas, das hätte anders sein sollen oder müssen. Solange wir den Vorwurf in uns tragen, ist es nicht möglich, neue Glaubenssätze zu etablieren. Das wäre sonst wie »schönreden«, denn der Vorwurf ist der Beweis für die Richtigkeit des negativen Glaubenssatzes.

Vielleicht sind diese Vorwürfe sogar berechtigt: Vielleicht hättest du von deinen Eltern mehr Liebe und Aufmerksamkeit bekommen müssen. Deine Mutter hätte länger leben müssen. Dein Vater hätte mehr da sein sollen. Du hättest dieses Barbie-Traumschiff geschenkt bekommen sollen. Deine Mutter hätte finanziell unabhängiger von deinem Vater sein sollen. Deine Eltern hätten sich nicht trennen oder weniger streiten sollen. Deine Eltern hätten glücklich sein sollen. Dein Vater hätte dich nicht schlagen dürfen. Weniger Alkohol trinken sollen. Deine Mutter hätte dich öfter umarmen und streicheln sollen. Sie hätten dir mehr Fragen stellen sollen und wahres Interesse an dir zeigen. Die enttäuschte Erwartung wird zu einem Vorwurf an denjenigen, der hätte anders sein sollen. Vorzugsweise deine Eltern, nahe Bezugspersonen oder deine (Ex-)Partner:in, die anders hätten sein sollen. Aber auch das Leben an sich, Freund:innen, Geschwister, Lehrer:innen und andere Menschen, die dich geprägt haben. Diese Vorwürfe – berechtigt oder nicht – werden zu Glaubenssätzen, indem wir immer mehr Beweise dafür sammeln: unsere Rechtfertigungsgeschichte. Denn das ist wie ein Automatismus: Unser unterbewusster Verstand hat gerne recht und interpretiert die Realität derart, dass bestehende Meinungen bestärkt werden. Die negativen Glaubenssätze schmälern den Selbstwert und hinterlassen ein Gefühl von Angst, Wut, Ohnmacht, Hilflosigkeit.

Das Streben, den Gegenbeweis für unsere negative Identität zu liefern, löst gleichzeitig Stress und große Kräfte aus, denn unsere Identität ist wie beschrieben eng mit unserem Überleben verstrickt. Die negative Identität war unsere Überlebensstrategie, und sie versetzt uns ins Handeln. Je nachdem, welche Identität du über dich geschlussfolgert hast, lenkst du dein Handeln auf unterschiedliche Lebensbereiche, sie ist wie ein Motor für dich, der dich immer wieder antreibt oder dich zurückziehen lässt. Auch wenn diese Form des Beweisenmüssens natürlich sehr anstrengend ist, können wir damit sehr viel erreichen! Diesen Motor aufzugeben, fühlt sich an, als würdest du ins Vakuum springen. Und doch sind mit dieser Identität natürlich viele Erfahrungen ausgeschlossen. Sie begrenzt dich immens, und das ist frustrierend. Du weißt, während du diese Zeilen liest, wahrscheinlich genau, was wir meinen. Es ist wahrscheinlich auch der Grund, warum du dieses Buch liest. Du willst etwas verändern. Du bist es leid, immer an die gleiche Grenze zu stoßen. Du bist nicht mehr bereit, diesen Preis zu zahlen. Du möchtest eine höhere Beziehungsqualität! Bessere Gefühle. Und genau dafür ist es wichtig, dir bewusst zu machen, für welchen Gewinn und für welches »Wozu« deine alte negative Identität gedient hat. Erst wenn du diese alte Identität umarmen kannst, kannst du sie verabschieden. Sie hat dir nämlich auch genutzt, dich beschützt, sie war für dich da. Auch wenn sie ihren Preis hatte.

> *»Von allen Urteilen, die wir im Leben fällen, ist keines so wichtig wie jenes, das wir über uns selbst fällen.«*[54] NATHANIEL BRANDEN

Wir halten fest: Der wichtigste Glaubenssatz, der den größten Einfluss auf dein Leben und deine Beziehungen hat, ist deine Identität: Was denkst du (eigentlich) über dich? Wer glaubst du zu sein? Dieser Glaubenssatz zieht sich wie ein roter Faden durch dein Leben und ist in deinen Erfahrungen immer wieder erkennbar. Die Identität drückt sich in einem immer wiederkehrenden Problem, negativen Gedanken oder Gefühlen aus. Sie richtet dein ganzes Handeln danach aus, zu beweisen, dass du doch nicht so bist, wie du fürchtest zu sein. Egal, welches Ergebnis du aber erzielst, wirst du es wieder derart interpretieren, dass dein alter Glaubenssatz über dich

Abbildung 9: Dein Glaubenssatz ist wie ein getöntes Gefäß. Alles erscheint dir darin in derselben Färbung.

selbst bestätigt wird. Deine Identität ist die getönte Brille, durch die du die Realität wahrnimmst. Deine gefärbte Glasvase, in die du alles reinpackst, wodurch es die gleiche Färbung bekommt. Deshalb ist es so wichtig, dass du deine bisherige gedachte Identität (er-)kennst und anerkennst. Damit ist schon sehr sehr, sehr viel gewonnen! Um jetzt herauszufinden, welchen negativen Glaubenssatz du mit dir herumträgst, nutze die folgenden Impulsfragen zur Selbstreflexion:

Übung: Eigene Identität reflektieren

Wie will ich auf keinen Fall von anderen wahrgenommen werden? Was will ich um jeden Preis vermeiden? Was bestätigen mir meine unerwünschten Ergebnisse in meinem Leben über mich selbst? Welche Unterbrechung bzw. Enttäuschung habe ich als Kind erlebt, und was habe ich daraus über mich geschlussfolgert?

Im Bonusmaterial zum Buch findest du eine angeleitete kraftvolle Meditation, die dich bei der Beantwortung dieser Fragen unterstützt.

Was ist deine geglaubte Identität? Und welchen Einfluss hat sie auf deine Beziehung?

Auch wenn die Identität für jeden Menschen höchst individuell ist, so haben wir alle häufig eine Gemeinsamkeit: Wir glauben in irgendeiner Weise, nicht genug zu sein. Fehlerhaft zu sein und nicht auszureichen. Es lassen sich in dieser Hinsicht sieben Hauptkategorien unterscheiden, denen wir uns häufig sehr intuitiv zuordnen können[55]:

1. **„Ich bin nicht gut genug, unzulänglich, nichts Besonderes." (Frage über Kompetenz)**

2. **„Ich bin nicht liebenswert, wertlos." (Frage über Selbstwert)**

3. **„Ich bin machtlos, hilflos, ohnmächtig." (Frage über Macht)**

4. **„Ich bin nicht wichtig, ungewollt, unerwünscht." (Frage über Existenzberechtigung)**

5. **„Ich bin was Besseres, etwas Besonderes, ein Sonderling." (Frage über Exklusivität)**

6. **„Ich bin schwach, dumm, minderwertig." (Frage über geistige / körperliche Kapazität)**

7. **„Ich bin schlecht, böse, falsch." (Frage über Moral)"**

Abbildung 10: Häufige Glaubenssätze zur Identität. Nach Craemer, Schwarz-Schilling.

Vielleicht hast du aber auch einen konkreten anderen Glaubenssatz im Kopf, der dich in deinem Sein begrenzt. Man kann davon ausgehen, dass jeder Mensch in irgendeiner Weise in seinem Selbstwert verletzt ist.[56] *Jeder!* Wir kennen wirklich niemanden, der nicht auf irgendeine Weise auch Zweifel an sich hat. Das eint uns als Menschen, und in Gruppen-Coachings ist es ein magischer, berührender Moment, wenn alle Teilnehmer:innen erkennen, wie wir diesen Schmerz gemeinsam teilen, der uns täglich mal mehr und mal weniger begleitet, und dessen Ursprung die Sehnsucht nach vollkommener Liebe und vollständigem Angenommensein ist.

Am stärksten erlebst du diese negative Identität leider in deinen engsten Beziehungen, allen voran mit deinem:r Partner:in oder, wenn du Single bist, mit Freunden oder den Menschen, die als mögliche Kandidat:innen in dein Leben kommen oder eben nicht. Dein:e Partner:in erfüllt dann die Rolle einer Projektionsfläche. Du siehst dann sein:ihr Verhalten durch die Brille deiner negativen Identität. Du interpretierst das Verhalten deines:r Partners:in derart, dass dein negativer Glaubenssatz bestätigt wird. Das Ich im Du. Wir erkennen uns in seinem:ihrem Verhalten. Und umso mehr wir das nicht erkennen, umso zäher wird das Ganze. Der:die Partner:in spiegelt uns manchmal genau das, was wir doch so gar nicht sein wollen. Wir können uns nun selbst verändern, oder wir können dem Spiegelbild sinnbildlich aus dem Weg gehen – also Distanz erzeugen und uns im Zweifel trennen.

In der Psychologie wird dieses Phänomen als Projektion bezeichnet. Du glaubst, dass dein Gegenüber das Gleiche über dich denkt wie du und unternimmst alle möglichen Anstrengungen, um dein Gegenüber und dich selbst vom Gegenteil zu überzeugen. Oft erreichen wir damit aber genau das Gegenteil.

Fünf Schritte, um deinen negativen Glaubenssatz zu wandeln

Du *bist* nicht dein Glaubenssatz, sondern du *hast* einen Glaubenssatz. Du *hast* auch die passenden negativen Gefühle dazu, doch du *bist* nicht deine Gefühle. Du bist das Bewusstsein dahinter. Du kannst alles sein. Du bist wie die Leinwand, auf dem dein Pinsel das Bild malt. Du bist du. Du wählst, wer du sein willst. Du kannst alles sein. Du darfst alles sein. Deine bisherigen negativen Glaubenssätze über dich sind vor allem eines: QUATSCH.

Glaubenssätze auflösen gelingt in fünf Schritten und häufig am effektivsten in Eins-zu-eins-Coaching- oder Therapiegesprächen. Diese fünf Schritte finden sich auch in unseren persönlichen Geschichten wieder, sodass du persönliche Beispiele hast, was es bedeutet, den jeweiligen Schritt zu gehen. In der persönlichen Weiterentwicklungsreise fühlt es sich auch manchmal so an, als ginge man zwei Schritte nach vorne und wieder vier zurück. Das ist ganz normal! Bei diesen fünf Schritten lässt sich kaum erahnen, wie viel emotionale und gedankliche Arbeit dahintersteht. Schweiß und Tränen braucht es nämlich manchmal dafür – und eine ordentliche Portion Mut, Leidensdruck und Zeit. Und die Bereitschaft, das Ego hintenanzustellen. Es lohnt sich so immens. Dahinter ist das Paradies auf Erden. Versprochen.

Schritt 1: Bewusstsein für deine Opfererfahrung entwickeln

Was passiert dir immer wieder, und was ruft hohe emotionale Reaktionen in dir hervor? Welche Enttäuschung hat bei dir zu einem begrenzenden Glaubenssystem geführt? Oft verdrängen wir diese schmerzlichen Erfahrungen und wollen uns nicht mehr an sie erinnern. Doch eigentlich erleben wir eine Kopie des damaligen Gefühls in der Gegenwart jedes Mal, wenn wir unseren Glaubenssatz im Jetzt bestätigen. Im ersten Schritt gilt es, ein Bewusstsein für dieses negative Gefühl zu entwickeln und herauszufinden, seit wann uns dieses Gefühl begleitet, welche Erfahrung wir gemacht haben und welche gedanklichen Schlüsse wir daraus gezogen haben. Es kann für dich essenziell wichtig sein, diese Erfahrungen in einem geschützten Raum unter therapeutischer Anleitung zu erinnern und körperlich erneut zu erfühlen. Mit all der Trauer, Wut, Scham oder Angst, die die Erinnerung an sie hervorbringt. Denn: Wir müssen wissen, was es zu vergeben gilt, von was wir loslassen wollen. Es kann auch bedeuten, dass wir uns zum ersten Mal trauen, ein Unrecht, das an uns begangen wurde, als solches anzuerkennen. Ohne es weiter zu beschönigen.

Schritt 2: Neues Verständnis entwickeln

Leidensdruck

Wir sind Opfer einer Erfahrung, und mit dem daraus resultierenden Glaubenssatz entstehen negative Gefühle und Erfahrungen. In diesem zweiten Schritt gilt es, dir diesen Preis, den du für den Glaubenssatz »bezahlst«, bewusst zu machen. Umso höher dieser Preis, desto höher ist dein Leidensdruck und desto höher deine innere Bereitschaft für eine Veränderung. Welche Erfahrungen sind mit dem jetzigen Glaubenssatz nicht möglich, oder welche negativen Erfahrungen möchtest du zukünftig nicht mehr erleben?

Wozu?

Jeder Glaubenssatz hat nicht nur einen Preis, sondern auch einen meist unbewussten Zweck. In erster Linie soll er uns davor schützen, ähnliche Enttäuschungen noch mal zu erleben. Das tut er, indem er die Enttäuschung vorwegnimmt, anstatt das Risiko der vollen Enttäuschung einzugehen. Doch wer nicht wagt, der nicht gewinnt: Denn das, wonach du dich sehnst, liegt hinter deiner größten Angst. Wir müssen zuerst den Zweck verstehen, um dann bewusst zu wählen, dass wir den bisherigen Schutz nicht mehr brauchen. Das Risiko eingehen. Weil wir erwachsen sind, mit neuen Möglichkeiten und anderem Wissen. Weil wir Neues vorhaben. Eines der elementarsten Bedürfnisse des Menschen ist der Wunsch nach Zugehörigkeit und Anerkennung. Ablehnung möchten wir vermeiden. Entsprechend herausfordernd ist dieser Schritt.

Zum anderen ist dein Glaubenssatz häufig auch ein starker Antrieb, um deinen vermeintlichen Mangel auszugleichen oder zu kompensieren. Frage dich daher: Wie hast du deinen vermeintlichen Mangel kompensiert? Oder: Was hat dir der Glaubenssatz ermöglicht, was musstest du deswegen nicht tun oder sein? Willst du wirklich deine bequeme Komfortzone verlassen? Mach dir noch mal bewusst, wie angenehm es dort auch war.

Eigenverantwortung erkennen

Opfer-Denken bedeutet, zu leiden. Es bedeutet auch, dass die Menschen, die wir am meisten lieben, auch unter unseren Vorwürfen leiden. Denn wenn wir uns als Opfer erleben, so werden wir auch zum Täter (vgl. S. 79). Natürlich nicht in der enttäuschenden Situation, wo wir unseren Glaubenssatz gebildet haben, sondern danach und häufig bei den Menschen, die nichts mit der ursprünglichen Situation zu tun hatten. Auch wenn wir das niemals wollen, so wirkt dieser unterbewusste, verletzte Teil in uns, und unser Verhalten führt zu negativen Konsequenzen für unsere Liebsten. Frage gerne auch deine:n Partner:in oder enge Freund:innen, welches Verhalten oder welche Denkweisen sie an dir stören. Die Antwort zu hören erfordert viel innere Stärke, kann aber sehr erleuchtend sein, wenn wir es hören können, ohne uns gleich schuldig fühlen zu müssen (vgl. Übung »Zwiegespräch«, S. 81).

Schritt 3: Perspektivwechsel

Der zweite Schritt erzeugt die Bereitschaft für Wandel. Im dritten Schritt gilt es nun, das, was dir passiert ist, nicht auf dich zu beziehen. Es hatte nichts mit dir zu tun. Dich trifft keine Schuld. Egal, an wen sich dein Vorwurf richtet: Kein Baby wird böse geboren, Menschen sind im Grunde gut.[57] Wir werden zu dem, wer wir sind, auch maßgeblich durch die Rahmenbedingungen, unter denen wir aufwachsen. Der Film »Wisdom of Trauma« von Gabor Maté zeigt dies berührend und eindrücklich. Und manche Menschen wiederum leiden auch schlicht unter einer Krankheit.[58] Du kannst Verständnis für deine Eltern haben, ohne dabei gut zu finden, was sie getan haben, und ohne mit ihnen Kontakt haben zu müssen. Und auch wenn ihr »falsches« Verhalten für dich unverständlich ist, so gelingt es dir vielleicht zwischen ihrem Sein und ihrem Tun zu unterscheiden, um Frieden in dir zu finden. Um schließlich vergeben zu können. Für dich. Und vielleicht findest du eine neue Perspektive, sodass du die Liebe für dich darin erkennst.

Auch wenn ihr Verhalten nicht immer liebevoll ist, sondern uns in Form von Vernachlässigung, übermäßiger Kritik, Ausgrenzung, Verletzung oder Missachtung trifft. Die Wahrheit, an die wir glauben, ist häufig eine subjektive Wahrnehmung von vielen möglichen. Ebenso deine Erinnerungen. Wir meinen damit nicht, dass du die

Realität verdrängst oder schönredest. Wir meinen damit, dass du deine Wahrnehmung der Realität überprüfst und auch andere Geschehnisse berücksichtigst. Bist du bereit, einen neuen Standpunkt einzunehmen? Einen Standpunkt, der dir Verständnis erlaubt? Der den Vorwurf in einen größeren Rahmen einordnet? Du »sollst« dabei nicht gutheißen, was passiert ist, sondern es gilt, das größere Ganze zu verstehen, indem wir eine neue Realität wahrnehmen. Das Leben ist nicht gegen dich, auch wenn es sich manchmal unfair, hart und unerbittlich anfühlt. Folgende Fragen helfen dir, deine Glaubenssätze kritisch zu überprüfen:

Ist dieser Glaubenssatz zu 100 % wahr?
Gilt dieser Glaubenssatz immer und in jeder Situation?
Wie wäre dein Leben ohne diesen Glaubenssatz?
Gibt es auch Gegenbeispiele zu diesem Glaubenssatz?
Gibt es auch Menschen, die Ähnliches erlebt haben und eine komplett andere Schlussfolgerung daraus gezogen haben?

Also liegt es nicht zwingend am Ereignis, sondern an dem, was danach in dir geschehen ist. Genau deshalb hast auch du die Macht, die Schlussfolgerung zu ändern. Für dein besseres Leben.

Schritt 4: Verantwortlich handeln

Mit diesem Wissen gilt es nun, verantwortlich zu handeln. Verantwortlich dir selbst gegenüber, aber auch gegenüber deinen Liebsten.

Vergebung

Bist du bereit zu vergeben? Erneut: Vergeben bedeutet nicht, dass du gut findest, was passiert ist! Es ist eine Entscheidung und bedeutet, dein Recht auf Rache aufzugeben. Du vergibst für dich und deine Liebsten. Vergib erst, wenn es sich emotional richtig und stimmig anfühlt, denn sonst führt das weiter zu Selbstvorwürfen, weil du dir die Wut gegen den Beschuldigten durch die verfrühte Vergebung verboten hast. Es gilt auch, dir selbst zu vergeben. Dir keine Schuldgefühle mehr zu machen, sondern loszulassen.

Vergebung »bedeutet nicht, die Erfahrung gut zu finden, das Erlittene zu verharmlosen, das geschehene Unglück zu verleugnen, das Unterdrücken von Gefühlen oder das Wiederherstellen der Beziehung (Versöhnung) im Sinne von ›ist schon wieder alles in Ordnung‹. Es ist freiwillig trotz der Wut und des Schmerzes, der bleibt. Es bedeutet Loslassen von Rache und Bitterkeit. Es bedeutet die Weigerung, Opfer zu sein, und ist eine Entscheidung.«[59]

Abgrenzen

Stelle deine Bedingungen an den Beschuldigten, wenn er:sie noch lebt. Willst du einen Ausgleich? Soll die Person es anerkennen? Soll die Person sich entschuldigen? Und wenn sie es nicht tut, was sind deine Konsequenzen? Mach dir dabei bewusst, was du willst. Wenn du dich nicht erst mal von diesem Unrecht, das dir widerfahren ist, abgrenzt, setzt du dich selbst ins Unrecht und musst es automatisch auf dich selbst beziehen und dir Selbstvorwürfe machen: Wenn wir vergeben, ohne Grenzen zu setzen, dann setzen wir uns selbst ins Unrecht, indem wir das erlebte Unrecht als angemessen bewerten. Wir müssen uns abgrenzen für Erfüllung, dann kann wieder Nähe entstehen. Und deine Tür ist offen, über deine Bedingungen. Oft führt die Abgrenzung paradoxerweise zu Liebe. Denn wir unterscheiden plötzlich zwischen dem Tun und dem Sein. Ich kann mich von einem Verhalten abgrenzen und den Menschen trotzdem lieben.

In manchen Fällen ist nach dem Perspektivwechsel aus Schritt 3 auch kein Ausgleich mehr erforderlich. Auch keine Vergebung. Denn wie Byron Katie es in diesem Fall so radikal formuliert: »Vergebung bedeutet zu erkennen, dass das, was deiner Ansicht nach passierte, niemals geschehen ist.«[60]

Übung: Vorwurfsbrief

Schreib gerne einen Brief an die Menschen, mit denen du noch »offene Rechnungen« hast. Schreib alle Vorwürfe hinein und wo und wie sie dich verletzt haben. Aber vielleicht auch, wofür du ihnen dankbar bist. Wenn du mehr Nähe mit diesem Menschen leben willst, müsst ihr miteinander reden. Vielleicht lebt dieser Mensch aber auch nicht mehr. Dann kannst du den Brief verbrennen. Vielleicht möchtest du die Gedanken des Briefes für dich behalten und symbolisch auflösen, oder du möchtest dich von diesem Menschen mehr abgrenzen. Auch dann empfehlen wir, dir diesen Brief zu verbrennen. Das kann einen sehr schönen, selbstermächtigenden Loslassprozess initiieren.

Zugeben und anerkennen

Verantwortungsvoll zu handeln bedeutet auch, zuzugeben oder anzuerkennen, dass andere stellvertretend unter unserem Opfer-Denken leiden mussten. Wem hast du durch dein Denken, Fühlen, Handeln das Leben erschwert? Wen zu Unrecht auf Distanz gehalten? Wem hast du dadurch nicht dein Vertrauen geschenkt? Wie kannst du das anerkennen? Vielleicht reicht ein aufrichtiges »Es tut mir leid!« Oder dir fällt ein kleines Geschenk ein, das deine Anerkennung und Dankbarkeit ausdrückt, dass er oder sie trotzdem geblieben ist, obwohl du dich manchmal wie ein »Arschloch« verhalten hast? Lass den Worten Taten folgen. Dieser Schritt fällt häufig sehr schwer, aber er ermöglicht zugleich große emotionale Freiheit.

Schritt 5: Zustimmen und neuen Glaubenssatz verankern

In welcher neuen Realität möchtest du leben? Wie willst du den Menschen, dem dein Vorwurf galt, nun wahrnehmen oder in Erinnerung behalten? Und vor allem: Wie willst du dich selbst in Zukunft wahrnehmen? Sammle dafür Beweise. Täglich. Alles Neue musst du mit Achtsamkeit und Bewusstheit im Neuen wahrnehme. Es braucht etwa dreihundert Bestätigungen deines neuen Glaubenssatzes, damit dein Unterbewusstsein daran glaubt.[61] Anfangs fühlt sich das wie luftleerer Raum an. Denn dein Unterbewusstsein muss sich erst umstellen und neu lernen. Aber indem du deine Vorwürfe aufgegeben hast, hast du wieder die Freiheit, zu wählen, wer du sein willst.

Versuche die neuen Glaubenssätze so oft wie möglich zu wiederholen und sichtbar zu machen. Lies dir deinen neuen Glaubenssatz für etwa sechs Wochen morgens und abends einmal laut vor. Nach und nach verinnerlicht dein Unterbewusstsein so diese neuen Glaubenssätze. Und suche nach Beweisen. Abschließend kannst du dir eine für viele unserer Klient:innen sehr zentrale Frage stellen:

Hat deine Mutter verdient, dass du glücklich bist?
Hat dein Vater verdient, dass du glücklich bist?

Hinweis: Sobald du glücklich wärest, könntest du nicht mehr behaupten, dass sie etwas derart falsch gemacht haben, dass es dich lebenslang begrenzt und du heute noch einen Schaden davon hast.

Geschlechterverständnis

Ein hilfreiches Konzept, um sich von dem patriarchalen, binären Geschlechterverständnis von »männlich« und »weiblich« zu verabschieden ist die Unterscheidung in *Yin und Yang*. Sie basiert auf dem universellen Gesetz der Polarität, welches besagt, dass alles im Leben zwei Seiten oder Pole hat: Licht und Dunkelheit, Gesundheit und Krankheit, Geben und Empfangen, Geburt und Tod, Frau und Mann. Das Yin-Yang-Symbol aus dem chinesischen Daoismus drückt dieses Prinzip perfekt aus. Die Prinzipien stehen dabei nicht im Widerspruch, sondern vereinigen sich zu einem Ganzen. Als

Mensch, egal, mit welchem Geschlecht man sich identifiziert, trägt man immer beide Energien in sich, und jeder tariert die individuelle Balance aus. Auf diese Weise wird Geschlecht zu einem Spektrum anstatt einer binären Entweder-oder-Entscheidung. Die Therapeutin Michaela Riedl beschreibt dies schön in ihren Worten: »Die Welle steht dafür, dass Yin und Yang ineinander übergehen, und die Punkte weisen darauf hin, dass das eine im anderen verwurzelt ist. Yin nährt Yang, Yang schützt Yin.«[62] Wir können das eine nicht ohne das andere leben. Früher wurden die Geschlechter sehr viel »fluider« betrachtet und nicht starr an bestimmten Eigenschaften festgemacht. Es wäre schön, wenn wir dahin zurückkehren. Es ist wichtig, um unseren wahren Selbstausdruck zu leben, um eine gleichberechtigte Beziehung zu leben. Unabhängig davon, was in unserer Gesellschaft als »männlich« oder »weiblich« konditioniert wurde.

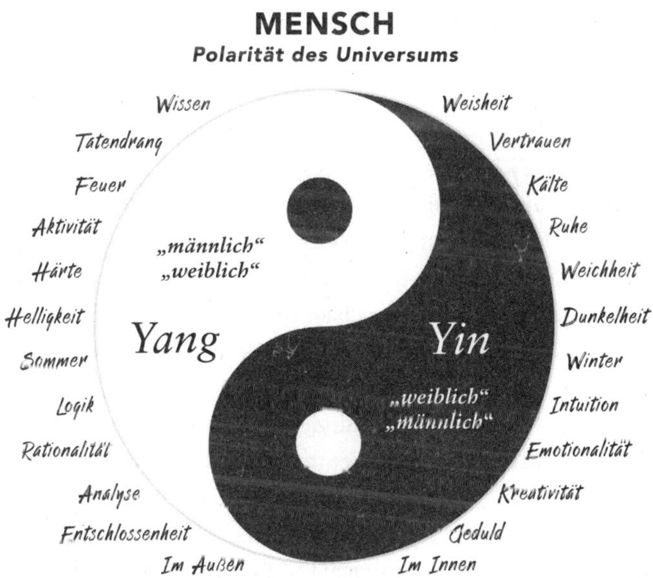

Abbildung 11: Gleichberechtigung bedeutet für uns, die Gegenteile zu integrieren.

Die zwei polaren und komplementären Kräfte treten immer gemeinsam auf und steuern unser Denken, Fühlen und Handeln sowie unseren Körper. Je mehr die beiden Pole in Balance sind, desto ausgeglichener schreiten wir durchs Leben, fühlen uns wohl und zeigen uns authentisch in Beziehungen.

Wir sprechen in diesem Buch oft über Männer und Frauen, weil wir alle in diesen Kategorien konditioniert wurden. Weil es begrenzende Glaubenssätze sind, die wir zuerst benennen müssen, um sie dann aufzulösen. Im Kapitel »Gleichberechtigung« blicken wir tiefer in dieses fundamental wichtige Thema.

Für die Anwendbarkeit dieses Buches spielt es keine Rolle, welche Form von Beziehung du lebst. Ob gegengeschlechtliche, gleichgeschlechtliche oder queere Beziehungen. Letztlich funktioniert die Verwendung der Begriffe »Männer« und »Frauen« an sich nicht, sie ist einschränkend, denn wir alle tragen »männliche« und »weibliche« Energien in uns, unabhängig davon, ob wir in einem Männer- oder Frauenkörper geboren wurden und mit welchem wir uns mehr identifizieren. Wenn überhaupt.

Was denkst du über das andere Geschlecht?

Ebenso wie die Identitäten sind auch die Glaubenssätze über das andere Geschlecht individuell verschieden und abhängig von deiner persönlichen Geschichte. Damit du dir selbst besser auf die Schliche kommst, haben wir dir mal ein paar negative Eigenschaften zur »Inspiration« aufgelistet. Was dabei spannend ist: Unser Bewusstsein macht es sich eben gern einfach (siehe S. 50) und denkt gern in vereinfachenden Gegenteilen. Und vielleicht bist du dir sehr bewusst über deine Vorwürfe und hast entschieden, das Gegenteil von dem leben zu wollen, was du als Kind erlebt hast. Auch wenn das zu einem ähnlich begrenzten Ergebnis führen wird. Die Glaubenssätze über das andere Geschlecht sind also oft gegensätzliche Begriffspaare wie dominant/unterwürfig, stark/schwach. Beide Begriffe sind jedoch begrenzend, denn wer will schon immer stark oder immer schwach sein? Wir wollen doch vielmehr beides sein dürfen. Und solange wir Vorwürfe haben, verbieten wir uns dies. Denn wir wollen ja um keinen Preis so sein wie der Beschuldigte. Ich (Chris) hatte lange den Vorwurf an meinen Vater, dass er egoistisch und rücksichtslos war. Wenn ich also um keinen Preis so sein wollte wie er, dann blieb mir nur die Selbstaufopferung. Wir suchen meist nicht nach neuen Begriffen (die Synthese), sondern wir machen einfach das Gegenteil. Dass ich aber durch die Selbstaufopferung meine Grenzen übertrete und dann Tanja dafür die Schuld gebe, das ließ mich am Ende wieder so sein wie ich selbst auf keinen Fall sein wollte: egoistisch und rücksichtslos.

Typische negative Glaubenssätze von Frauen über Männer:

Ihr hört und versteht uns nicht, ihr seid ignorant, ihr unterdrückt uns, ihr beginnt Kriege und bringt Zerstörung, ihr nutzt uns aus, ihr seid gewalttätig, ihr demütigt uns, ihr entwertet und diskriminiert uns, ihr betrügt uns, ihr verlasst uns für Jüngere, ihr degradiert uns, ihr schließt uns aus, ihr seid alkoholkrank und drogensüchtig, ihr seid gefährlich, ihr attackiert uns, ihr objektiviert uns, ihr seid schwach, dumm und bemitleidet euch, ihr beutet die Erde aus, ihr stellt euch über uns, ihr könnt keine Gefühle ausdrücken, ihr tyrannisiert, ihr seid größenwahnsinnig, ihr seid egoistisch, ihr beschämt uns, ihr lügt, ihr seid toxisch, ihr seid irrational, ihr seid Zerstörer, ihr grenzt aus, ihr seid krank, ihr seid dominant, ihr seid lächerlich, …

Typische negative Glaubenssätze von Männern über Frauen:

Ihr seid gemein, ihr nutzt uns aus, ihr seht uns nicht, ihr versteht uns nicht, ihr missversteht uns, ihr lasst uns am langen Arm verhungern, ihr manipuliert und erpresst uns, ihr stellt euch über uns, ihr lügt, ihr seid irrational emotional, ihr entwertet uns, ihr macht euch über uns lustig, ihr nutzt eure Emotionen gegen uns, ihr kritisiert uns, ihr nörgelt herum, wir können es euch nie recht machen, ihr schickt uns vor, ihr versteckt euch hinter uns, ihr gebt uns unklare Aufträge, ihr entscheidet über Leben und Tod, ihr seid machtvoller, ihr verlasst uns, ihr lasst uns auflaufen, ihr führt uns vor, ihr verarscht uns, ihr betrügt uns, ihr braucht uns nicht, ihr seid stärker, ihr spielt das arme Opfer, ihr seid hinterhältige Miststücke, ihr seid anspruchsvolle Diven, ihr seid Zicken, ihr lasst euch versorgen, ihr bestraft uns, ihr seid mehrdeutig und unklar, damit ihr immer im Recht sein könnt, …

All das oder auch nur manches davon wirkt in unseren Systemen. Denn auch die Generationen vor uns und unsere Sozialisation prägen unsere Beziehungen, und so haben die gesellschaftlichen Bilder, die wir vermittelt bekommen, natürlich auch einen starken Einfluss auf unsere Glaubenssätze. Glaubenssätze und Vorwürfe zwischen den Geschlechtern. Der Geschlechterkampf ist real. Der Graben ist tief. Daher kannst du dich auch fragen: Mit welchem Rollenbild über Frauen/Männer bin ich aufgewachsen? Wie dürfen Männer/Frauen nicht sein, und wie sollten sie sein?

Dein Glaubenssatz über die Geschlechter ist neben deiner Identität prägend für deine Beziehungen. Denn durch diese Brille nimmst du deine:n Partner:in auch wahr. Und gleichzeitig bekommst du die wunderbare Möglichkeit, diesen dysfunktionalen Glaubenssatz durch deinen Partner täglich widergespiegelt zu bekommen, damit du ihn eines Tages erkennst und wandelst. Auch dein Verhalten wird tatsächlich dazu führen, dass dein Partner mehr und mehr diesem Glaubenssatz in deiner Wahrnehmung entspricht. Denn: Unsere Gedanken erschaffen unsere wahrgenommene Realität. Der erste und wichtigste Schritt ist also wieder das bewusste Wahrnehmen. Dazu kannst du dir folgende Fragen stellen:

Was denkst du (eigentlich) über deinen Partner?
Vertraust du Männern/Frauen? Was ist passiert, dass du es nicht tust?
Wer von deinen Eltern hatte es (vermeintlich) leichter, und wer hat in deiner Wahrnehmung den größeren Preis gezahlt und warum?

Toxische Kultur und die Grenzen von Glaubenssätzen

> *»Gott, gib mir die Gelassenheit, Dinge hinzunehmen, die ich nicht ändern kann, den Mut, Dinge zu ändern, die ich ändern kann, und die Weisheit, das eine vom anderen zu unterscheiden.«*[63] REINHOLD NIEBUHR

Gabor Maté ist ein viel gehörter Psychotherapeut. Er sieht in der toxischen Kultur, in der wir leben, die Kernursache für viel Leiden, Sorgen und Stress in unseren zwischenmenschlichen Beziehungen.[64]

Es ist wichtig, zu verstehen, dass die persönliche Verantwortung und die innere Arbeit nur ein Teil der Gleichung für eine erfüllte Beziehung ist. Diese Demut vergessen wir heute häufig, wenn überall von der Eigenverantwortung die Rede ist und von Transformation und Manifestation. Wir dürfen nicht vergessen, dass es gesellschaftliche und wirtschaftliche Begrenzungen gibt für jeden von uns. Dass wir göttlich sind, aber keine allmächtigen Götter. Und manche sind durch dieses System gegenüber anderen derart benachteiligt, dass ihr Gestaltungsraum sehr, sehr stark eingeschränkt ist.

Whitney Goodman bringt mit ihrem Begriff der toxischen Positivität die Grenzen von Glaubenssätzen und innerer Arbeit auf den Punkt, indem sie von der toxischen Positivität als einer kulturellen Kraft spricht, die Menschen in Gedanken bestärkt, die den eigenen Selbstwert reduzieren: Wenn du daran glaubst, kannst du es erreichen! Das Einzige, was dir im Weg steht, bist du! Du bist der Schlüssel zum Erfolg! Wer gesund sein will, muss positiv sein![65] Toxische Positivität nimmt uns die Empathie mit uns selbst und unseren Mitmenschen. Denn jeder ist an seinem eigenen Schicksal selbst »schuld«. Diese fehlgeleitete Lebensansicht führt dazu, dass wir uns einsam und getrennt fühlen. Sie hält uns davon ab, zu kommunizieren. Sie bringt die Menschen zum Schweigen.

Diese dogmatische Sichtweise verhindert sogar politische Veränderung, indem wir alle Probleme auf den Einzelnen abwälzen (individualisieren), anstatt das System zu hinterfragen und zu kritisieren. Wir verdrängen die Nachteile und die Ungerechtigkeit eines Systems, indem wir uns als Einzelne die Schuld geben. Wir nehmen uns dadurch die Möglichkeit, wütend auf ein System zu sein, um es zu verändern, weil wir glauben, alles »herbeimanifestieren« zu können. Das Manifestieren wird in diesem Kontext zu einer Kontrollillusion, die vom eigentlichen Problem ablenkt.

Es gibt dafür viele Beispiele. »Die Ursache für die vielen Kaiserschnitte liegt an der Kontrolle, die die Frau nicht bereit ist aufzugeben.« »Die Scheidungsquote ist so hoch, weil Paare nicht genug Innere-Kind-Arbeit machen.« »Wir schaffen keinen Wandel in der globalen Klimakrise, weil der Einzelne nicht bereit ist, etwas zu ändern.« Natürlich haben wir persönliche innerliche Blockaden, die uns bestimmte Ergebnisse verunmöglichen. Natürlich können wir durch Bewusstseinsarbeit und unseren Beitrag viel bewirken. Und trotzdem sind wir Teil von etwas Größerem. Trotzdem sind uns Grenzen gesetzt. Der Pflegenotstand, die Unterfinanzierung und die schlechte Ausstattung der Kliniken führen zu mehr Stress, weniger Zeit und dadurch zu mehr Kaiserschnitten. Die steigende hohe finanzielle Belastung von Familien führt zu Stress (doppelte Erwerbstätigkeit, Inflation, anteilig höhere Mieten am Netto-Einkommen etc.) und weniger verfügbarer Paarzeit, was wiederum zu mehr Paarkonflikten und Scheidungen führt. Für einen globalen Wandel fehlt es an staatlichen Regulierungen und wirtschaftlichem Engagement und nicht nur an der Absicht des Einzelnen, seinen Müll zu trennen und weniger zu fliegen.

Rassismus ist eine Tatsache. Die Begrenzung deiner Zukunftsgestaltung durch deine soziale Herkunft ist eine Tatsache. Existenzängste, soziale Ungerechtigkeit und die Zunahme des Unterschieds zwischen Reichen und Armen in Deutschland und auf der Welt sind Tatsachen. Das Patriarchat und die Unterdrückung der Frau sind Tatsachen. Der Gender-Pay-Gap ist eine Tatsache. Unsere Gesundheit und die Zunahme chronischer Krankheiten als Folge systemischer Einflüsse sind Tatsachen. Der Kapitalismus, der uns zu ständigem wirtschaftlichen Wachstum zwingt und dabei von uns fordert, Geld über zwischenmenschliche Beziehungen und unsere Gesundheit zu priorisieren, ist eine Tatsache.[66] Tatsachen, die wir verändern müssen. Aber nicht, indem wir sie durch einen Über-Fokus auf das Individuum verdrängen, sondern indem wir etwas dafür tun: demonstrieren, wählen, Petitionen unterzeichnen, laut werden, wütend sind, einfordern. Überhaupt Zeit und Geld in Beziehungsarbeit investieren und seinen Partner frei wählen zu können, ohne dass die Existenz dadurch gefährdet wird, ist ein Privileg! Es ist an uns, auf Missstände aufmerksam zu machen.

Unser Buch beschränkt sich auf den Gestaltungsfreiraum, den jeder von uns hat. Auch wenn dieser bei manchen sehr viel größer ist als bei anderen. In deine Beziehung zu investieren ist ein Privileg, dass du dir erst mal leisten können musst. Denn das wertvollste Investment ist Zeit. Und Zeit ist eine Ressource, die gesellschaftlich sehr ungleich und ungerecht verteilt ist[67]. Jeder hat sein Beziehungsglück selbst in der Hand. Und doch bedeutet es für jeden andere Konsequenzen, dieses Beziehungsglück zu erschaffen. Beziehung zur Priorität zu machen in einem Wirtschaftssystem, wo Beziehungen keine Priorität sind. Das macht dich zum Außenseiter, der diesen Widerstand spürt. Täglich. Es ist wünschenswert, statt in »entweder-oder« lieber in »und« zu denken, aber die Mär davon, alles gleichzeitig wuppen zu können, gehört ebenfalls zu unserer toxischen Gesellschaft. Social Media lässt uns in dem Glauben, alles sei gleichzeitig möglich, es ginge immer noch mehr und wir müssten uns nur noch weiter optimieren. Doch dem ist nicht so. Jeder hat Probleme. Keiner hat alles, auch wenn wenige sehr viel haben. Das Leben, das viele vorgaukeln bzw. in Social Media verkaufen, findet so nur vor der Kamera statt – sicher nicht in den eigenen vier Wänden. Social Media wird damit auch zum Gesundheitsrisiko.[68] Der Preis, Beziehungen zu priorisieren, bedeutet für viele, in materieller Hinsicht zu verzichten. Insbesondere wenn du kleine Kinder hast, deine Eltern pflegen musst oder irgendwie nicht der »Norm« entsprichst. In unserem System heißt das konsequenterweise zu verzichten: auf Möglichkeiten, auf Einkommen, auf Status. Das muss man sich leisten können und wollen. Wir leben in einem Wirtschaftssystem, das Beziehungsarbeit weniger wertschätzt als Erwerbsarbeit und Profit. Es ist wichtig, das anzuerkennen. Denn es bedeutet ein systematisches Entweder-oder.

Unser Einfluss als Einzelner ist unermesslich hoch und gleichzeitig verschwindend gering. In diesem Sinne glauben wir daran, dass politischer Wandel zu Hause beginnt. Wir vertrauen darauf, dass wir Lösungen finden werden, wenn wir in unsere Beziehungen investieren. Wir glauben an Demokratie und daran, dass politische Veränderung auch bei jedem Einzelnen beginnt. Lasst uns also bei uns selbst beginnen und gleichzeitig vom Druck frei machen, alles alleine wuppen zu müssen.

3

Unsere Glaubenssätze: Wer wir waren und wie wir heilten

Deine Kindheit hat manchmal mehr damit zu tun, ob du eine erfüllte Partnerschaft hast, als dein:e Partner:in. Die Erfahrungen und daraus resultierenden Schlussfolgerungen mit deinen Eltern haben oft mehr Einfluss auf dein Beziehungsglück als dein Partner. Der erste Schritt für das Erschaffen einer erfüllten Beziehung ist es, deiner Vergangenheit gewahr zu sein. Zurückgehen und deine Enttäuschungen mit einer ganz neuen Brille sehen. Es ist Zeit, dir eine neue Geschichte zu erzählen, die dir mehr hilft, im Hier und Jetzt glücklich zu leben.

Du musst dich nicht selbst lieben, um eine erfüllte Beziehung zu führen. Du musst dafür auch nicht »durchtherapiert« oder »durchgecoacht« sein. Du kannst einen anderen Menschen leichter lieben, wenn du dich selbst liebst. Und trotzdem kannst du eben gerade in einer Beziehung wunderbar lernen, dich selbst zu lieben. Wir hatten zu Beginn unserer Beziehung beide große Rucksäcke mit emotionalen und mentalen Blockaden, die wir streitend und liebend miteinander ausgepackt und abgestreift haben. Letztlich kannst du nicht nicht lieben, denn du bist Liebe. Ob du willst oder nicht. Nur durch die Tatsache, dass du hier bist, bist du Ausdruck von Liebe. Denn würdest du dich nicht in irgendeiner Art und Weise lieben, könntest du nicht sein. Für eine Beziehung musst du es erst mal »nur« wollen. Dich dafür entscheiden, eine Beziehung leben zu wollen, die du auch für deine und eure persönliche Heilung nutzen willst. Und das ist schon ein großer Schritt: sich auf einen anderen Menschen einlassen zu wollen. Hut ab dafür, denn bestimmt hast du tausend gute Gründe aus deiner Erfahrung, warum es sicherer und einfacher wäre, es sein zu lassen. Das ist auch so, Liebesbeziehungen sind »hardcore«! Lasst uns Beziehungen als einen eigenen spirituellen Weg begreifen!

Wir möchten dir anhand unserer Beziehungsgeschichte zeigen, wie wir diesen »Jakobsweg« gegangen sind. Über Stock und über Stein, teilweise mit wunden Blasen an den Füßen, aber immer mit dem Ziel vor Augen: Es muss doch möglich sein, eine erfüllte Beziehung zu leben, wenn man sich so liebt.

Und das begann bei uns natürlich mit den Traumata und Enttäuschungen, mit denen unsere Rucksäcke voll gepackt waren. Die Beschreibung der Heilung dieser Traumata und Enttäuschungen liest sich innerhalb weniger Minuten, aber um diese Zeilen so schreiben zu können, hat es etwa zehn Jahre gedauert. Bitte vergiss das nicht, denn beim Lesen kann der Eindruck entstehen, es sei einfach, zu heilen. Ist es nicht. Es braucht viel Zeit, Energie und Mühe. Hilfe von außen. Es gilt auch, bereit zu sein, den Schmerz noch mal zu fühlen, den es zu fühlen gilt in Zusammenhang mit den erlebten Enttäuschungen. Und manchmal braucht es dafür erst den richtigen Zeitpunkt im Leben, und bis dahin lebt es sich besser mit erfolgreichen Coping-Mechanismen, als sich mit der harten echten Wahrheit zu konfrontieren.

Sei also bitte großzügig mit dir. Denn selbst wenn du den Erkenntnisprozess kognitiv verstanden hast, braucht dein Körper Zeit zum Heilen. So wie auch das Wachstum eines Baumes sich nicht beschleunigen lässt, ohne an Stabilität einzubüßen. Oder um es anders zu sagen: Ein Baum wächst nicht schneller, wenn man daran zieht.

Aber die Wurzeln zu heilen ist der erste Schritt für ein gesundes prachtvolles Wachstum.

Wir teilen hier mit dir unsere ganz persönlichen Geschichten. Wo wir herkommen, was wir gedacht haben, was uns geprägt hat und wie das unsere Beziehung zueinander (negativ) beeinflusst hat. Auch wenn du natürlich ganz andere Erfahrungen gemacht hast, ähneln sich unsere menschlichen Ängste, unsere Identitäten, unsere Vermeidungs- und Nahe-Strategien in Beziehungen. Vor allem sollen dir unsere persönlichen Geschichten zeigen, wie sehr deine Vergangenheit deine Gegenwart und damit deine Zukunft prägt und wie es dir gelingen kann, diese nachhaltig zu transformieren, und dadurch eine ganz neue Beziehungs- und Lebensqualität zu etablieren. Manchmal dauert es eine Weile, um die Kernvorwürfe herauszufinden. Oft haben wir dazu die Hilfe eines Coaches in Anspruch genommen. Ein anfängliches »Ich habe keine Vorwürfe« endet häufig nach einer Weile der inneren Arbeit in einer Flut an Vorwürfen. Wenn wir sie nicht aussprechen, leben wir sie trotzdem. Oder anders gesagt: Die Vorwürfe leben uns. Würden wir so, wie wir mit uns selbst sprechen, mit anderen sprechen, hätten wir keine Freunde mehr. Alle Unterbrechungen aus der Kindheit und dadurch entstandenen Vorwürfe hemmen unsere Lebensfreude und Begeisterung. Sie zu identifizieren und aufzulösen ist daher der Schlüssel. Es braucht die Wurzelarbeit, um wieder voller Liebe, Fülle und Vertrauen in der Gegenwart zu sein und eine erfüllte Zukunft zu erschaffen.

Chris' Identität: »Ich bin nicht gut genug«

Meine alte Realität

Ich kann mein Leben klar in die Zeit vor Tanja und die Zeit nach Tanja einteilen. Davor waren es meine Ausbildung, mein Sport, mein

Beruf und mein Aussehen, also die Ergebnisse meiner äußeren Welt, über die ich mich definierte. Mein Status, meine Noten, mein Erfolg im Vergleich zu anderen. Auf die Frage »Wer bin ich?« hätte ich vermutlich mit all diesen Äußerlichkeiten geantwortet. Mir waren auch tiefe Freundschaften wichtig, und ich war auch die meiste Zeit in festen Beziehungen, weil mir Nähe zu anderen schon immer wichtig war. Aber meine oberste Priorität und meine Identität bestand primär aus den Ergebnissen der äußeren Welt.

Ich wollte ein guter Mann sein. Eigentlich wollte ich sogar ein besserer Mann sein. Besser als der Mann neben mir. Also eigentlich wollte ich der beste Mann sein. Der Sieger. Oje, bitte seht mir diese damals so unbewusste und unabsichtliche Überheblichkeit nach. Denn dahinter steht nämlich die eigentliche Überzeugung, eben genau das nicht zu sein. Sondern ein schlechter Mann. Schlechter als alle anderen. Ein Versager. Das ist ein bedrückendes Gefängnis.

Ich kann das auch nur heute rückblickend so formulieren, nach vielen, vielen Stunden intensiver Coaching-Arbeit, denn damals hätte ich mich einfach nur als »nicht gut genug« oder »selbstzweifelbehaftet« bezeichnet. Das war für mich real. Mein innerer Kommentator war zu einem großen Teil damit beschäftigt, Wege zu finden, wie ich mir beweisen konnte, doch gut genug zu sein. Und doch: Meine Ergebnisse konnten dabei so gut sein, wie sie wollten, denn ich war ein ausgezeichneter Sportler, machte ein Abitur mit 1,8, hatte einen tollen Freundeskreis und beneidenswerte Freundinnen. Doch all das machte in mir keinen Unterschied. Selbst mein Doktortitel in Lasertechnik und meine Patente viele Jahre später waren kein ausreichender Beweis. Gute Ergebnisse bewirken immer einen kurzen Moment des Friedens von der Last der Unzulänglichkeit. Denn kurz danach redete ich mir ein, dass das Erreichte vielleicht einfach gar nicht so schwer war, denn sonst hätte ich es ja nicht erreichen können. Ich entwertete die Ergebnisse, damit meine Realität wieder stimmte. Wie gesagt, ich tat das nicht bewusst, es war ein unterbewusster Automatismus, sodass ich mich als »nicht gut genug« wahrnahm. Ich liebte es schon immer, Menschen zu begegnen, sie wahrhaftig kennenzulernen und Nähe herzustellen. Die Beziehung zu anderen Menschen wurde aber natürlich durch meine negative Identität stark begrenzt, denn mein Selbstbewusstsein war abhängig davon, wie ich meine Ergebnisse im Vergleich zu anderen bewertete. Dies führte automatisch dazu, dass ich im Gespräch abgelenkt war. Ein unbewusster Teil in mir (mein innerer Kommentator) musste die Ergebnisse meines Gegenübers mit meinen eigenen vergleichen. Mit dem Ziel zu überprüfen, ob ich im Vergleich noch gut genug war. Eine ständige Angst. Heute weiß ich aus unzähligen Coaching-Gesprächen, die ich führen durfte, dass ich mit derartigen Gedanken und Ängsten nicht allein bin. Sehr viele Menschen kennen ähnliche Gedankenkarusselle in verschiedenen Intensitäten, Ausprägungen und Themen.

Das ist wahnsinnig anstrengend! Sich zu vergleichen aus der Angst heraus, nicht auszureichen, ist eine tägliche Qual. Instagram macht das noch unerträglicher, weil die Anzahl der Personen, denen man sich unterlegen fühlt, schier unendlich erscheint. Dabei ist es egal, was du über dich denkst, ob du glaubst, »nicht liebenswert« zu sein oder »wertlos« oder »unwichtig« oder »unerwünscht« oder »dumm« oder »hässlich«. Im Kern ist jeder dieser Gedanken das gleiche Gefängnis, denn sie begrenzen unser Denken, Fühlen und Erleben:

1. Es verhinderte Nähe, weil ich in Gedanken viel zu sehr mit mir beschäftigt war, und das stand aufrichtiger Neugierde am Gegenüber im Weg. Wir kommunizieren außerdem nicht nur über Worte, also wird mein Gegenüber meine negativen Vibes auch irgendwie mitbekommen haben. »Jede Nachricht enthält auch eine Selbstoffenbarung, durch das jedes Wort zum Bekenntnis und jede Äußerung zur Kostprobe der Persönlichkeit wird.«[69]

2. Ich tendierte dazu, Dinge zu tun, die ich mir anstrengender machte als erforderlich. Warum? Weil es die Ergebnisse wertvoller machte. Da ich meine Identität aus den Bewertungen über meine Ergebnisse ableitete, war das ein Zugewinn meines Selbstwertes. Auch wenn ich so für das gleiche Ergebnis mehr Aufwand betreiben musste.
3. Ein weiteres wichtiges Ergebnis war Anerkennung von außen. Das bedeutete, dass ich meine Ziele auch wesentlich danach ausrichtete, ob und wie viel Anerkennung ich dafür bekam. Die Anerkennung meines Vaters zählte dabei überproportional. Dies führte natürlich dazu, dass ich nicht meine Berufung lebte, sondern (s)eine Alternative.
4. In Beziehungen führte es dazu, dass die Ergebnisse für mich oberste Priorität hatten und nicht die Beziehung. Das drückte sich natürlich in meinem Verhalten aus. Aufmerksamkeiten, die meine Ex-Freundinnen verlangten, empfand ich als Stein in meinem Weg, bremsend auf dem Weg, den ich ging. Ablenkungen als eine Gefahr dafür, am Ende nicht gut genug zu sein und deshalb verlassen zu werden. Nicht sehend, dass ich verlassen wurde, weil ich so nicht ausreichend aufmerksam sein konnte.

Während meiner Zeit in Japan schrieb ich ein halbes Jahr sehr intensiv Tagebuch. Dort schrieb ich am 28. 12. 2010: »Vielleicht kannst du endlich mal du selbst sein?!« Diese Frage stellte mir auch eine meiner Ex-Freundinnen, nachdem wir uns getrennt hatten. Rilke schreibt in seinem Gedicht »Über die Geduld«: »Wenn man die Fragen lebt, lebt man vielleicht allmählich, ohne es zu merken, eines fremden Tages in die Antworten hinein.«[70] Der erste Schritt war also meine Begrenzung zu erahnen und diese Frage zu stellen. Die Antwort(en) fand ich erst mit Tanja.

Zuvor ist es noch wichtig anzuerkennen, dass der negative Glaubenssatz auch einen hohen Gewinn hatte: nämlich die Anerkennung und die sehr guten Ergebnisse. Denn auch wenn ich die sehr guten Ergebnisse nicht als solche wahrnahm, waren sie es objektiv betrachtet. Den Glaubenssatz »Ich bin nicht gut genug« aufzugeben, bedeutet, einen großen Motor aufzugeben. Denn ein Ziel, das ich einmal erreiche, wird schnell wertlos, und es muss sofort das nächste her. Warum wird es wertlos? Weil es nicht schwer genug war, sonst hätte ich es ja nicht erreichen können. Der Hamsterrad-Effekt ist zwar anstrengend, aber hat auch den Vorteil, schnell viel zu erreichen im Außen und einen ständigen Motor zu haben, der einen durchs Leben zieht. Mit Blick auf unsere Leistungsgesellschaft liegt die Vermutung nahe, dass viele Menschen diesen Glaubenssatz teilen.

Es ist letztlich wie eine Sucht, wie ein Coping-Mechanismus, um ein Trauma zu verdrängen: Ich bekomme die Anerkennung von außen, um mich nicht dem eigentlichen Problem stellen zu müssen. Anerkennung als Droge. Für die Anerkennung muss ich zwar große Anstrengungen unternehmen und einen hohen Preis zahlen, aber dafür muss ich mich nicht den unangenehmen Gedanken und schmerzlichen Gefühlen stellen, nicht gut genug zu sein. Solange ich in diesem Hamsterrad derart beschäftigt bin, muss ich mich nicht den traurigen und wütenden Gefühlen widmen, die aufkämen, würde ich mich mit den Situationen beschäftigen, die dieses negative Selbstwertgefühl überhaupt erst ausgelöst haben.

Das war so lange so, bis ich Tanja traf und ich mir durch sie keine Wahl ließ, als mich mit mir zu konfrontieren.

Beziehungsstreit

Wir hatten unseren ersten krassen Beziehungsstreit bei Ikea. Während der ersten Monate unseres Verliebtseins verbrachten wir natürlich auch sehr viel leidenschaftliche Zeit im Bett. Nachdem zum wiederholten Male Latten in Tanjas Bettgestell gebrochen waren, war klar: Wir brauchen ein neues Bett, das unserer Liebe standhält. Wir kauften uns auf Basis unserer Verliebtheitsgefühle ein sündhaft teures maßgeschneidertes Bett aus Nussholz, und um beim Lattenrost etwas Geld zu sparen, kauften wir die beiden einzelnen Lattenroste bei Ikea. Ikea hatte damals schon eine besondere emotionale Rolle bei Tanja, weil ihre Mutter ja Schwedin war und Ikea gewissermaßen einen Safe Place in ihrem Bewusstsein darstellte, weil ihr Papa da regelmäßig nach dem Tod seiner Frau hinfuhr.

Okay, also die Maße des Bettgestells waren bekannt, und ich als Ingenieur nahm die Bestellung der Lattenroste in die Hand. Wir holten die Pakete zur Abholung aus den Regalen, hievten sie millimetergenau in unser Auto und fuhren nach Hause. Jeder weiß, was Ikea immer für eine Action ist, aber: We made it.

Voller Vorfreude stellten wir in Tanjas Wohnung plötzlich fest, dass die beiden Lattenroste zu breit waren. Ich legte sie in das Bettgestell, sie berührten sich in der Mitte und bildeten dann ein »V«, weil die Roste jeweils 20 cm auf beiden Seiten hinausragten. Die Länge stimmte, immerhin. Das Ganze eskalierte sehr schnell. Anstatt meinen Fehler einfach zuzugeben, gab ich Tanja die Schuld. Sie habe gedrängelt, abgelenkt, sich nicht eingebracht. Die Ikea-Mitarbeiterin sei inkompetent und das Planungstool umständlich gewesen. Die Verliebtheitsgefühle waren also schnell verflogen, und es drängte sich die Frage auf: Wozu habe ich meinen offensichtlichen Fehler nicht einfach zugegeben, was war da los?

Meine erste innere Reaktion war Scham. Hitze stieg mir ins Gesicht, als ich meinen peinlichen Fehler erkannte. Wie konnte mir das passieren?! Zudem fühlte ich mich irgendwie »ertappt«. Als ob etwas offensichtlich würde, was ich schon längst wusste, aber verstecken wollte. Meinen Fehler zuzugeben, wäre ein Eingeständnis gewesen, dass ich »inkompetent« und »nicht gut genug« wäre. Das wollte ich um jeden Preis vermeiden und verbergen. Denn welche Frau will schon mit einem inkompetenten Typen zusammen sein? Anstatt also Verantwortung für mein Handeln zu übernehmen, begann ich lieber einen Streit, um zu beweisen, dass es nicht meine Schuld gewesen war. Und das, was ich eigentlich vermeiden will, nämlich dass sich Tanja von mir trennt, wird somit so viel wahrscheinlicher. Denn wer will schon mit einem rechthaberischen, sturen Ignoranten zusammen sein, der zudem nicht in der Lage ist, die richtigen Lattenroste zu bestellen, geschweige denn einen einfachen Fehler zuzugeben? Wir bestätigen unsere größte Angst, indem wir sie um jeden Preis vermeiden wollen. Noch mal: Wir bestätigen unsere größte Angst, indem wir sie um jeden Preis vermeiden wollen. Und gleichzeitig würde mich das Verlassen-Werden wieder in meinem negativen Glaubenssatz über Frauen bestätigen – nämlich dass Frauen unzuverlässig sind –, wie ich es bei meiner Mutter schlussfolgerte. Aber dazu später mehr.

Eigenverantwortung: meine gefühlte Unzulänglichkeit

Die Frage, die sich nun aufdrängt, ist, wieso ich glaubte, inkompetent zu sein. Bei dieser Frage taucht ein Bild aus meiner Kindheit auf: Ich bin etwa zehn Jahre alt, es ist Samstagvormittag, und ich stehe mit meinem Vater an unserer riesigen Veranda-Glastür, wo wir mit Filzstiften Mathematik üben. Einheiten umrechnen, Kilometer in Millimeter und wieder zurück in Dezimeter. Mein Vater ist promovierter Ingenieur, er weiß, wie das geht. Ich heute auch, nachdem ich mehr oder weniger extra dafür in Maschinenbau promovierte. Eine Ironie des Lebens. Damals konnte ich es nur bedingt. Ich fühle noch heute den Kloß im Hals, blicke zu Boden, schäme mich, resigniere, probiere es weiter. Diese scheiß Dezimeter. Noch heute denke ich bei Dezimetern an diese Situation. Das war für mich eine prägende Situation, in der ich schlussfolgerte, nicht gut genug zu sein.

Es gab viele weitere Situationen in meinem Leben – ob zuhause, in der Schule, beim Sport oder mit Freunden –, in denen ich den Glaubenssatz verfestigte: Weil ich nicht gut genug bin, muss ich an mir zweifeln und mich mehr anstrengen.

Ich war zum Beispiel im Schwimmverein und meine jeweiligen Best-Zeiten wurden notiert, um die gewünschte Verbesserung deutlicher visualisieren zu können und um mein ungenutztes Potenzial aufzuzeigen. Ich muss etwa acht Jahre alt gewesen sein. Auch bei schulischen Leistungen blieb ich vermeintlich stets unter meinem Potenzial. – Abitur mit 1,8.

Ständig der O-Ton: »Du musst dich besser konzentrieren, um keine Flüchtigkeitsfehler mehr zu machen. Du könntest im Kampfsport richtig gut sein, wenn du dich nicht mehr mit Basketball ablenkst …« Statt Lob für das Erreichte, hörte ich die Kritik für das stets Unerreichte. Statt stolz zu sein auf mein Engagement und meinen Antrieb, war ich resigniert über mein wohl ungenügendes Sein.

Kinder nehmen die Welt in ihrer natürlichen Neugier anders war. Sie machen sich nur bedingt Gedanken über die Konsequenzen ihres Handelns. Und genau das ist so wichtig, denn es ermöglicht voll und ganz im Jetzt zu sein. Manchmal hat das Verhalten dann unbeabsichtigte Konsequenzen, die uns als Fehler vorgeführt werden. Geschieht das zu oft und zu konfrontativ, beginnen Kinder an sich zu zweifeln. Sie beziehen es auf sich und denken, dass sie »immer wieder« Fehler machen, weil sie beispielsweise unzulänglich oder schlicht zu dumm sind. Kinder möchten von ihrem Umfeld so gern Anerkennung. Sie möchten hören »Ich bin stolz auf dich« und »Das hast du gut gemacht«. Egal in welchem Alter, es tut gut das zu hören.

Nach dem Abitur hatte ich den Wunsch Koch zu werden. Am Ende wurde es Maschinenbau. Wie mein Vater. Warum? Auch weil ich mir seine Anerkennung wünschte. Das hat nur bedingt funktioniert. Und für ein erfülltes und eigenverantwortliches Leben war mir dieser übersteigerte Wunsch nach Anerkennung sogar eine Blockade.

Abgrenzung und Empathie

Der erste Schritt zur Heilung ist, Empathie mit sich selbst zu haben. Ich erinnere mich an den traurigen Abschied, als mich mein Vater zum Flughafen gebracht hatte, von dem aus ich für meinen Forschungsaufenthalt nach Japan flog. Er brachte mich bis zur Sicherheitskontrolle, wir schauten einander ein vorerst letztes Mal in die Augen, und ich vermisste ihn schon dort. Vielleicht ahnte ich schon damals, dass ich für Erfüllung einen neuen Lebensweg gehen würde, der mich mehr und mehr von ihm entfernen würde. Mein Vater und ich standen uns bis zu diesem Zeitpunkt sehr nah. Mein Wunsch nach seiner Anerkennung war vermutlich mein Halt. Ihn zum Vorbild zu haben, war meine Lebensorientierung. Mir fällt erst jetzt auf, dass ich mich in Japan erstmals gegen die Ingenieurswissenschaften und diese Karriere entschied, indem ich dort nach einer Weile die allermeiste Zeit in Kunstgalerien und mit Menschen aus der kreativen Szene verbrachte. Es rührt mich, das jetzt zu schreiben, weil ich dort begann, mich lieben zu lernen und somit ich selbst zu sein, mein Licht wieder erstrahlen zu lassen. Erst durch die geografische Distanz zu meinem Vater begann ich mich neu wahrzunehmen. Ich bin den liebevollen Menschen, denen ich dort begegnet bin, bis heute unendlich dankbar, dass sie mir einen anderen Chris zeigten. Dass sie mir einen anderen Spiegel vorgehalten haben. Einen liebevollen, sensiblen, kreativen Chris. Das Ich im Du. Wir erkennen uns im anderen. Celina, Celio, Joshi, Taichi, Emiko, Mariko, Eriko. Danke!

Glaubenssatz auflösen / transformieren

Die physische Abgrenzung war allerdings nur der erste wichtige Schritt, um diesen Glaubenssatz hinter mir zu lassen. Natürlich nahm ich diese negative Identität mit nach Japan. Das kennst du sicherlich auch: Du fährst in den Urlaub oder ziehst um oder beginnst das neue Jahr mit neuen Vorsätzen, aber am Ende nehmen wir unseren Rucksack immer mit. Den Rucksack mit alten Vorwürfen, Enttäuschungen und negativen Glaubenssätzen. Mein Vater nutzte dieses Bild oft, um mir zu sagen, dass mein Rucksack nach dem Studium prall gefüllt sei – mit Methoden und Wissen. Das war so, allerdings war in dem Rucksack keine Methode, die mir sagte, wie ich glücklich werde und erfüllte Beziehungen erschaffe. Das lernte ich erst in der Beziehung mit Tanja, wo wir gemeinsam genau diese Methoden trainierten. Der erste und wichtigste Schritt war es, anzuerkennen, dass das Verhalten meiner Mitmenschen oft mehr mit ihnen tun tun hatte als mit mir. Das ist ein großer Schritt, denn ich hörte damit auf, die Schuld bei mir zu suchen, wie Kinder es instinktiv tun. Es fiel mir irre schwer, weil es häufig Menschen waren, die ich liebte, die ich gern hatte oder zu denen ich aufschaute. Es galt also auch, ein Verständnis dafür zu entwickeln, warum Menschen sich manchmal unangemessen verhielten, wenn sie mich doch liebten oder unterstützen wollten. Warum und wozu verhielten sie sich auf eine solche Weise?

Immer wieder erleben wir Klient:innen, die das Verhalten zum Beispiel der eigenen Eltern als völlig normal bewerten. Und das sogar, obwohl das Verhalten der Eltern im manchen Fällen klar unangemessen war. Das Gesetz verbietet physische und auch verbale Gewalt gegenüber Kindern. Verbale Gewalt, Beschimpfungen und Entwertungen können zu seelischen Schäden führen. Es ist oft ein schwerer Schritt sich dies einzugestehen. Aber es ist manchmal wichtig und notwendig. Es ist dann wichtig die Vorwürfe zu formulieren, manchmal in einem persönlichen Gespräch, manchmal in Form eines Briefes, der nie abgeschickt wird oder in Form einer Familienaufstellung, wo Klient:innen die Möglichkeit haben mit Stellvertretern in einen sehr emotionalen Dialog zu treten. Um die Beziehung zu den Eltern zu reparieren braucht es schließlich auch ein Eingeständnis des beteiligten Elternteils. Das Zugeben und eine Entschuldigung. Erfolgt das in diesen Fällen nicht, wird es zu mehr Distanz führen. Oder zum Sich-wieder-klein-Machen, nur um weiter oder wieder Kontakt haben zu können.

Heute haben mein Vater und ich keinen Kontakt mehr. Das war damals emotional sehr schwierig für mich und ein langer Prozess. Und keinen Kontakt mehr zu haben, hieß natürlich auch nicht, dass sich damit Vorwürfe in Luft auflösten. Noch die Liebe. Die Vorwürfe würden noch zu viel Streit mit Tanja führen und seien an dieser Stelle zurückgestellt. Denn es ist wieder ein eigener Glaubenssatz, nämlich der über Männer. Und insbesondere wenn es später um das Thema Gleichberechtigung geht, wird mir dieser negative Glaubenssatz über Männer erst mal sehr im Weg stehen.

Mein Verstand hatte mir zwanzig Jahre lang erklärt, dass meine eigene Unzulänglichkeit die Ursache für die Nicht-Erreichung der gewünschten Ergebnisse war (bessere Noten, besser Leistung, weniger Fehler). Mein Verstand forderte neue Erklärungen, die zu einem neuen Schluss kommen sollten. Einen Perspektivwechsel. Und umso öfter man diesen Perspektivwechsel in verschiedenen Situationen vollzieht, desto mehr glaubt der Verstand die neue Schlussfolgerung über sich und eine Situation, zum Beispiel, dass ich eben doch »gut genug war und bin«.

1. Perspektivwechsel
   Hätte mein Vater tatsächlich geglaubt, dass ich zu doof bin, so hätte er diese unzähligen Wochenenden nicht in mich investiert. Er hätte die Schultern gezuckt und aufgehört, mir Dinge beibringen zu wollen. Hätte er tatsächlich geglaubt, ich wäre nicht gut genug oder zu dumm, um das Umrechnen von Einheiten zu erlernen, hätte er nicht seine Energie darauf »verschwendet«, am Wochenende mit seinem Sohn Mathe zu üben, nachdem er die ganze Woche bei der Arbeit stark beansprucht wurde. Er hätte sich mit meiner »Inkompetenz« abgefunden

und sich nicht die Mühe gemacht, sich selbst mit meiner Inkompetenz zu konfrontieren und zu nerven.
Das Bild eines Vaters, der sich Zeit für seinen Sohn nimmt und ihn unterstützt, war für mich zudem später wichtig, um ihm seine Art vergeben zu können, um meinen Vorwurf an ihn aufgeben und um ihm trotzdem dankbar sein zu können. Denn wenn wir wegen Vorwürfen um keinen Preis so sein wollen wie unsere Eltern, dann werden wir, Überraschung: wie unsere Eltern! Was uns dann auch übrigens unser:e Partner:in häufig an den Kopf wirft.

2. Perspektivwechsel
Ich erinnere mich, dass mich das Thema auch einfach überhaupt nicht interessierte. Anstatt Zweifel über meine Kompetenz zu bilden, hätte ich auch anerkennen können, dass ich am Wochenende auch einfach andere Sachen machen wollte, als mit meinem Vater Mathe zu üben. Mir war nie klar, wozu es in dieser Welt Dezimeter braucht (verstehe ich bis heute nicht), noch wozu ich lernen sollte, km in mm umzurechnen. Wir sind nur gut in etwas, wenn wir gut sein wollen. Wenn wir es können wollen. Wenn wir einen Sinn darin erkennen. Wenn wir damit eine Absicht verfolgen, auch wenn diese Absicht einfach nur darin besteht, dass es Spaß macht. Es hat allerdings keinen Spaß gemacht.

3. Perspektivwechsel
Grundsätzlich macht es mir Freude, gut in etwas zu sein. Ich mag auch heute noch die Herausforderung, das Abenteuer, das Neue. Auch wenn es mich nicht interessiert hatte, so wollte ich doch einfach gut sein und im Test eine gute Note haben. Einfach weil ich gerne gut in etwas bin. So wie ich mich freue, wenn ich alleine Basketball spiele und der Dreier ins Netz geht. Das ist

bis heute so, ich verstehe gern Dinge und bin gern gut in dem, was ich tue. Einfach weil ich es kann, nicht weil ich es muss. Als Ausdruck meiner selbst. Und weil es einen Beitrag leistet. Menschen lernen auch durch Druck. Das heißt natürlich nicht, dass ich die Aussagen meines Vaters gutheiße, aber zumindest haben sie mich dahingehend gepusht, dass ich viele Jahre später erfolgreich mit Auszeichnung im Fach Ingenieurwissenschaften promoviert habe. Mit Einheiten habe ich heute keine Probleme mehr, und just in dieser Zeit übe ich sie mit meinem Sohn. Euros in Cents umrechnen. Ein wichtiges Thema mit einem offensichtlichen Sinn.

4. Perspektivwechsel
   Zuletzt war es für mich wichtig, ein Verständnis für das Verhalten meines Vaters zu bekommen. Hier half mir ein Gespräch mit der Schwester meines Vaters sehr, die mir mehr über seine familiären Hintergründe erzählte.
   Der Künstler @sakoasko hat auf Instagram eine beeindruckende Grafik von einem Mann, der eine Maske nach der anderen absetzt: zuerst den Unmut, dann die Wut, dann die Trauer und zuletzt die Angst, noch mal verletzt zu werden. Hinter der letzten Maske verbirgt sich das verletzte kleine Kind.[71]

Noch wichtiger ist es, anzuerkennen, dass Tanja unter diesem Glaubenssatz, wie oben beschrieben, leiden musste, weil ich ihr Vorwürfe machte und keine Fehler zugab. Obwohl sie nichts damit zu tun hatte. Ich bin ihr dankbar, dass sie sich davon abgrenzte und doch die Empathie mit mir hatte, um herauszufinden, was wirklich in mir vorging. Ein Begriff, der dies treffend zusammenfasst, ist die *unerbittliche Empathie.*[72] Unerbittlich in den eigenen Grenzen und dabei empathisch mit dem Partner. Nach der Erkenntnis standen eine Entschuldigung und ein Ausgleich an. Der Ausgleich war in diesem Fall, den Fehler zuzugeben, die neuen Lattenroste zu holen und sie mit einem Frühstück am nächsten Morgen zu verwöhnen.

Neuen Glaubenssatz bilden und erleben

Um einen nachhaltigen Wandel zu vollziehen, ist es wichtig, einen neuen Glaubenssatz über sich zu »erfinden«, um diesen mit neuen Erfahrungen zu füllen und alte Erfahrungen in diesem neuen Licht zu sehen. Unser Verstand benutzt dafür oft das direkte Gegenteil als Lösung. Warum? Weil diese Lösung einfach ist, und wie auf Seite 50 beschrieben, ist die Einfachheit eines Gedankenkonzepts ein sehr wichtiges Kriterium für dessen Gültigkeit in unserem in dieser Hinsicht leider faulem Gehirn. Das Gegenteil zu meiner alten Identität von »Ich bin nicht gut genug« wäre also »Ich bin gut genug«. Klingt erst mal passend, und doch steckt darin eine gewisse Resignation. Eine Annahme, schon alles zu können. Wer zuvor immer gezweifelt hat, der zweifelt nun gar nicht mehr? Das ist weit weg von der Realität, und zudem würde dies zu Arroganz und Ignoranz führen.

Ein Werkzeug, das uns bei solchen Problemen hilft, ist die Hegelsche Dialektik, die zwei gegensätzliche Begriffe (These und Antithese) in einem dritten Begriff auflöst (der Synthese). In der Synthese sind die beiden gegensätzlichen Begriffe auf neue Weise integriert. Die Synthese für meine neue Identität war: »Ich bin erfolgreich.« Abbildung 12 stellt dies grafisch dar.

Für jede Identität gibt es eine andere Synthese, also dritte Lösung, die sich als Auflösung und neue Affirmation am besten eignet. Es fordert deine Kreativität, spielerisch einen Begriff zu finden, der für dich die perfekte Auflösung bietet. Das Charmante an dieser Auflösung ist, dass ich selbst auch definieren muss, was für mich Erfolg ist und wofür ich mich engagieren will. Wenn ich also beispielsweise ein deklariertes Ziel nicht erreicht habe, dann gilt es herauszufinden, warum ich dieses Ziel nicht erreichen wollte. Denn für jedes Ergebnis gilt es, die richtigen Bedingungen zu erfüllen. Die Frage danach, ob ich gut genug bin,

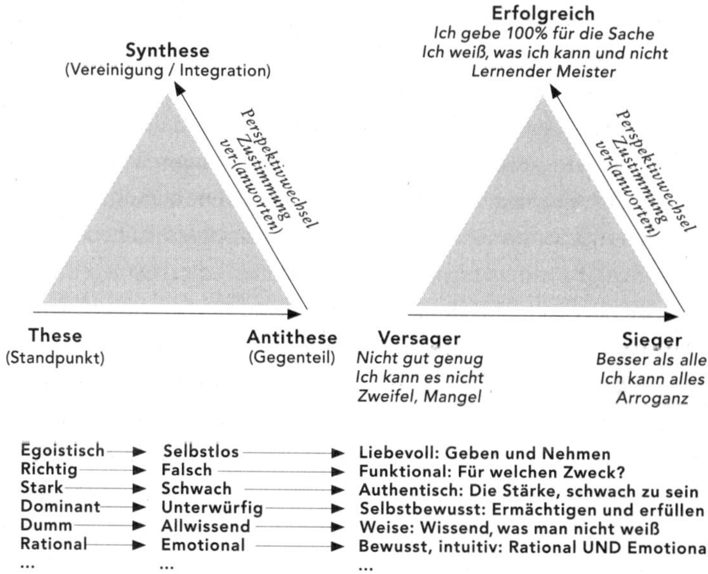

Abbildung 12: Dialektische Auflösung nach Hegel am Beispiel des Glaubenssatzes von »Ich bin nicht gut genug«.

ist letztlich irrelevant, am Ende geht es darum, ob ich bereit bin, die Bedingungen für den für mich definierten Erfolg zu erfüllen oder nicht. Wir können alles erreichen. Aber wollen wir den Preis dafür bezahlen? Malcolm Gladwell beschreibt in seinem Buch eindringlich und provokant, dass wir mit einem Zeitaufwand von etwa zehntausend Stunden zum Meister in einer Fähigkeit werden können – unabhängig davon, ob wir dafür Talent haben oder nicht. Es stellt sich einzig die Frage: Willst du diese Bedingung erfüllen, willst du das wirklich?[73]

Körperliche Symptome

Der beschriebene Erkenntnisprozess hat in Japan begonnen und etwa sieben Jahre gedauert. Das Faszinierende daran ist, dass mich über genau diesen Zeitraum meine Neurodermitis begleitet hat. Sie hat in Japan begonnen, und ich führte sie zunächst auf die Umstellung meiner Ernährung zurück, aber dann wurde es immer schlimmer. Zunächst hatte ich Rötungen an den Waden, dann am Rücken, an den Augen, Achseln, Händen. Aus den Rötungen wurden Risse, aus den Rissen wurden Entzündungen, aus den Entzündungen wurden handflächengroße eiternde und irre juckende Flächen. Ich litt unter Schlafstörungen, zog auch im Sommer langärmlige Hemden an, weil die Wunden mir unangenehm waren. Das Jucken lenkte mich ab, es machte mich teilweise sehr unruhig. Die Haut steht für Abgrenzung. Es war die Zeit, als ich noch Kontakt mit meinem Vater hielt. Mich von seinem falschen Verhalten eben nicht abgrenzte. Und zudem ein Sog war für weitere Menschen, die mir nicht guttaten.

Mit jedem kognitiven Erkenntnisschritt ging bei mir die körperliche Heilung der Neurodermitis einher. Ich konnte das Hautbild tatsächlich häufig als Indikator für meinen Bewusstseinszustand nehmen. Insgesamt habe ich bestimmt zehn verschiedene Therapien ausprobieren müssen, und jedes Mal stand die neue Therapie in direktem Zusammenhang mit meinem Erkenntnisprozess. »Der Kopf ist Teil des Körpers«, schreibt die Traumatherapeutin Dami Charf so schön und meint damit die Verbindung zwischen Geist und Körper.[74]

Der emotionalste Moment war mein letzter Arztbesuch. Ich hatte mich damit abgefunden, dass an einigen wenigen Stellen die Neurodermitis regelmäßig wiederkehrte, doch Tanja drängte mich zum Arzt. Ich verweigerte das, doch sie ließ nicht locker. Sie suchte mir den Arzt raus, ließ mich den Termin bei Dr. Lee machen, und da saß ich dann. Ich fragte ihn, warum ich eigentlich kratzen würde, obwohl das doch wissentlich kontraproduktiv war? Da erklärte er mir, dass es erträglicher sei, den Nervenbahnen Schmerz zuzufügen in Form von Kratzen oder Hitze, anstatt das Jucken auszuhalten. Diese Aussage traf einen Kern, ich begann noch beim Arzt zu weinen. Die

Tatsache, dass ich mir Schmerzen zufügte, stand sinnbildlich dafür, dass ich lieber selbst den Schmerz ertrug, es lieber zuließ, dass mir Schmerzen zugefügt werden, als mich abzugrenzen. Das klingt nun alles sehr interpretativ, aber für mich war es eine fundamentale, erlösende Erkenntnis. Er verschrieb mir damals ein einfaches Cortison-Mittel in Kombination mit einer alltäglichen Feuchtigkeitscreme. Et voilà, nach zwei Wochen waren die letzten Reste der Neurodermitis verschwunden, und sie kehrte nie wieder zurück. Wie von Zauberhand. Jetzt schreibe ich diese Zeilen und streiche über meine geheilte Haut, die auch Ausdruck meines geheilten Inneren ist.

Chris' Glaubenssatz über Frauen

Mein Vorwurf an meine Mutter und der damit verbundene negative Glaubenssatz über Frauen hat mich etwa zehn Jahre meines Lebens belastet. Heute lebe ich eine andere Wahrheit und auch eine liebevolle Beziehung mit meiner Mutter. Während ich diese Zeilen schreibe, merke ich, wie sehr wir unsere Realität selbst erschaffen. Ich sah Frauen als »schwache, rücksichtslose Egoistinnen«. Heute bin ich in demütiger Dankbarkeit für alles, was Frauen in meine Welt gebracht haben und wer ich durch sie sein darf. Aber damals war das für mich meine Wahrheit. Frauen waren in diesen Jahren einfach »so« für mich, in meiner gefühlten Realität. Das war wahnsinnig anstrengend. Entsprechend mussten meine Beziehungen auch immer weiter zu Distanz führen, bis zur Trennung.

Ich möchte dir mit meiner Geschichte zeigen, wie sehr wir selbst darüber entscheiden können, wie wir die Welt wahrnehmen und welche Wahrheit wir leben wollen. Ob wir lieber im Recht sein wollen oder glücklich. Wir sehen die Welt nicht, wie sie ist, sondern wie wir sie sehen wollen. Also wie wir sind. Durch unsere Brille. Meine Brille war in diesen Jahren eher düster gefärbt. Die Nähe, die ich leben konnte, war dadurch immer begrenzt. Es machte mich traurig, ratlos, resigniert und war für mich rückblickend wie ein Gefängnis. Denn mein Denken beeinflusst meine Gefühle und mein Verhalten, und entsprechend waren Distanz, Trennung, Einsamkeit, Vorwürfe, Wut und Trauer die Folge meines so problematischen Glaubenssatzes über Frauen.

Meine größte Unterbrechung: die Trennung meiner Eltern

Meine Eltern hatten eine funktionierende Beziehung, bis ich etwa vierzehn Jahre alt war. Mit »funktionierend« meine ich stabil: Die beiden hatten einen Rhythmus gefunden, in dem beide halbwegs zufrieden sein konnten. Beide arbeiteten viel und gern, mein Vater war häufig unter der Woche bei seinem Arbeitgeber 300 km entfernt. Ich erinnere mich daran, wie er freitags nach Hause kam in seinem frisch gebügelten Anzug, mit seinem coolen Pilotenkoffer, den er mit den goldenen Scharnieren aufklappte und eine kleine Überraschung vom Flughafen für mich herauszauberte. Er roch nach frischer Luft, nach draußen. Er war viel unterwegs. Später war auch meine Mutter unter der Woche bei ihrem 300 km entfernten Arbeitgeber. Sie begann eine vielversprechende Stelle als Journalistin, der Grundstein für ihre Karriere, die bis heute Quelle ihrer Erfüllung ist. Ich hatte unter der Woche meinen Schwimmtrainer, der auf mich aufpasste, was mir meistens Spaß gemacht hat. Natürlich hätte ich mir Eltern gewünscht, die knutschend in der Küche stehen, wenn ich von der Schule nach Hause komme und die mit Geschenken, Worten und Gesten Wertschätzung füreinander ausdrücken – so machen Tanja und ich es häufig heute (so ist es möglich, den Kindern zu schenken, was man sich selbst einmal gewünscht hat), aber es war okay. Vor allem war es sicher.

Unsere Erinnerungen sind immer trügerisch, aber für unsere Glaubenssätze ist erst mal entscheidend, was wir erinnern und nicht, ob das Erinnerte vollständig der Realität entspricht. Als ich vierzehn Jahre alt war, sind wir nach Hamburg gezogen. Meine Eltern arbeiteten beide von zu Hause aus und die Dynamik zwischen ihnen veränderte sich.

Streitereien der Eltern hinterlassen häufig einen Schatten im Leben der Kinder. Die Erfahrung mit unseren Klient:innen zeigt, dass wir in diesen Streits häufig einen Elternteil haben, den wir als dominanten Part in der Beziehung erleben, der:die seine:ihre eigenen Bedürfnisse ohne Rücksicht durchsetzt. Den anderen Elternteil nehmen wir entsprechend als schwach, hilflos und selbstaufgebend wahr. Diese Dynamik wird häufig im Laufe der Zeit stärker. Für Kinder ist diese Kombination aus dauernden Streits und andauernder emotionaler Distanz zwischen den Eltern besonders anstrengend und prägend. Wir entwickeln oft Vorwürfe gegenüber beiden Elternteilen.

Es war 2002, als sich meine Mutter nach einigen vergeblichen Versuchen trennte. Ich war für einige Tage unterwegs und bei meiner Rückkehr stellte ich fest, dass meine Mutter die Tage genutzt hatte, um zu gehen. Sich zu trennen. Sie hatte das Nötigste mitgenommen und keine Nachricht hinterlassen.

Etwa ein Jahr später nahm meine Mutter über ihren Bruder ersten Kontakt zu mir auf. Ich hatte mich in dieser Zeit sehr mit meinem Vater solidarisiert. Ich war damals schon erwachsen, und doch war es emotional prägend. Ich nahm in diesen Jahren kaum bewusst war, was sich in mir veränderte. Ich kann nur rückblickend erkennen, wie ich mich innerlich abschottete, mich mit meiner beruflichen Karriere ablenkte und mich auf sie versteifte. Das war mein trauriger Coping-Mechanismus. Ohne, dass ich es bewusst bemerkte, entwickelte ich eine Enttäuschung und Wut über meine Mutter und damit über Frauen im Allgemeinen, die sich in meiner Beziehung zu Tanja drastisch zeigte.

Das Verhältnis mit meiner Mutter war dann etwa sechs Jahre

ziemlich distanziert, unterkühlt und unterbrochen, bis ich Tanja traf. Ich studierte in diesen Jahren in Schweden, München und Japan. Egal, wo ich war, ich lud meine Mutter nie ein, entzog mich ihr. Emotional und physisch. Sie lernte auch meine damalige Freundin, mit der ich eine Zukunft plante, nie kennen. Sie nahm nicht mehr an meinem Leben teil, mein Vater hingegen schon. Ich bat ihn um Rat bezüglich meiner beruflichen Pläne, traf ihn regelmäßig mit meiner Freundin, wir unternahmen Reisen und Projekte zusammen.

Ich erinnere mich an das erste gemeinsame Treffen mit Tanja und meiner Mutter. Es war an den Isarauen in München. Tanja wollte sie gern kennenlernen, genauso wie meinen Vater. Es fühlte sich extrem komisch an, derart distanziert zu dem Menschen zu sein, der mich geboren und gestillt hat. Ich umarmte sie zur Begrüßung kurz. Luise, nicht meine Mutter und schon gar nicht meine Mama. Meine ganze Distanz, all meine Vorwürfe und meine innerlichen Verletzungen lagen in dieser Umarmung. Zum Glück war Tanja dabei.

Empathie und Vorwürfe

Während ich diese Geschichte aufschreibe, tut mir der junge Christian leid, wie er seine Trauer mit Wut und Ehrgeiz verdrängt hat. Als ich das erste Mal Mitleid mit mir hatte, flossen die Tränen seit vielen Jahren wieder. Ich, der nie weinte, schaute in den Spiegel und weinte. Damals hätte ich nicht vermutet, welchen tiefen Eindruck die Erfahrung in mir hinterlassen hat. Nicht die Scheidung an sich, sondern die vielen Jahre davor und die plötzliche Art und Weise der Trennung. Ich hatte im Wesentlichen drei Vorwürfe, die sich zu Glaubenssätzen verfestigten, die über zehn Jahre lang mein Leben bestimmten, ohne dass es mir bewusst war:

1. Die Schwäche meiner Mutter, die ich in Streits immer wieder schmerzlich miterleben musste. Ihre Resignation über diese Dynamik und dem damit verbundenen Stress, den es für mich als Kind über viele Jahre bedeutete. (Schwäche)

2. Dass sie mein Vertrauen enttäuscht hatte, indem sie mich nicht in ihre Pläne der Trennung eingeweiht hatte. (Unzuverlässigkeit, Misstrauen)
3. Ihren Egoismus, dass sie ihr eigenes Wohlergehen, über meines gestellt hatte, indem sie sich getrennt hatte, ein Jahr lang keinen Kontakt zu mir hatte und dabei eine neue berufliche Karriere begann und eine neue Liebesbeziehung eingegangen war.

Puh! Das tut weh. Bitte lies dieses Kapitel an einem Stück, damit diese Vorwürfe sich auch bald als irrational herausstellen werden und du auch die liebevolle und hingebungsvolle Natur meiner Mama erkennst.

Wir alle erleben Enttäuschungen. Das ist absolut unvermeidlich, solange wir leben. Schon die Aussicht auf den Tod kann enttäuschend sein. Unsere instinktiven Erklärungen für diese Enttäuschungen sind jedoch in den allermeisten Fällen vollständiger Unsinn. Sie sind zwar irgendwie logisch, aber auch nicht logischer als irgendwelche anderen Begründungen. Oft greifen diese Erklärungen viel zu kurz, damit unser Verstand sie verarbeiten kann. Aber lasst es uns am Beispiel meiner Geschichte im Folgenden etwas konkreter beleuchten.

Perspektivwechsel

In der Beziehung mit Tanja kam ich immer wieder an Grenzen. Wir hatten heftige Streitereien, ohne Lösungen zu finden. Wir haben nächtelang gestritten, es wurde immer hitziger, Türen wurden geknallt, und Geschirr ist manchmal in die Brüche gegangen, und wir hatten noch immer keine Lösungen. Coaching hat uns da rausgeholfen. Es hat mir aufgezeigt, dass meine Streits mit Tanja direkt mit den Vorwürfen aus meiner Vergangenheit zusammenhängen. Um die Streits zu lösen, galt es, meine Vorwürfe zu verstehen und aufzulösen bzw. zu transformieren. Sowohl meinen Eltern gegenüber wie auch mir. Denn die Vorwürfe waren die Wurzel meiner negativen Glaubenssätze über Frauen und Männer. Und wie wir schon gelernt haben, aus einer »vorwurfsvollen« Wurzel kann nie ein schöner Baum werden, sosehr wir auch im Außen versuchen, den Baum schön zu machen …

Die neuen Sichtweisen, die ich auf die oben beschriebenen Vorwürfe und die Geschichte dahinter gewinnen konnte, waren ein langer und oft anstrengender, aber auch sehr erlösender Prozess. Begleitet von Coaching-Seminaren, vielen schwierigen Gesprächen mit Tanja, sehr herausfordernden und auch emotionalen Gesprächen mit meiner Mutter. All das war erforderlich, bis ich die viel logischeren und zudem rückversicherten Interpretationen für das Verhalten meiner Mutter gefunden hatte, die mir heute erlauben, sie als liebevolle, hingebungsvolle und bestärkende Frau wahrnehmen zu können. Wieder: Es gilt dabei nicht, sich die Erfahrung schönzureden und sich einzureden, dass das Erlebte ja gar nicht so schlimm gewesen sei, weil ich ja kein Kind mehr war (toxische Positivität). Es gilt, eine neue logische Erklärung für die Geschichte zu finden, die nicht von der Prämisse ausgeht, dass Frauen »unempathische, unzuverlässige, schwache Egoistinnen« sind, und so zu neuen positiven Schlussfolgerungen zu kommen. In der Psychologie wird diese Methodik als kognitive Umstrukturierung bezeichnet. Eine Geschichte, die einem fürs weitere Leben besser dient als die bisherige. Eine Geschichte, die neue Ergebnisse und Erfahrungen erlaubt. Schlicht: eine Geschichte, die mich nachhaltig glücklicher macht als die bisherige.

Neue Sichtweisen auf meine Mutter:

1. Den Streit und die Anstrengung in ihrer Beziehung auszuhalten, war größter Ausdruck von Stärke und Liebe. Es war ihre Absicht, mir während meiner Kindheit eine stabile Welt aufrechtzuerhalten, und das ist ihr gelungen. Statt sich zu trennen

und den »leichteren« Weg zu gehen, der für mich bedeutet hätte, sie schon viel früher zu verlieren, ist sie geblieben. Es war offensichtlich ihr größter Wunsch, dass ich beide Elternteile erleben kann. Dies erlaubte mir, eine neue Perspektive einzunehmen, nämlich dass meine Mutter (und damit Frauen im Allgemeinen) mein Bestes wollen und ihre Stärke genau dafür bereit sind einzusetzen. Dass meine Mutter diese enorme innere Stärke besaß, sich ihre Unabhängigkeit zurückzuerkämpfen, als es für sie und mich an der Zeit war.

2. Indem sie mich nicht eingeweiht hat, hat sie mir ermöglicht, mich nicht zwischen ihr und meinem Vater entscheiden zu müssen. Im Zweifel hätte ich gerade in jenen Jahren, in denen es für mich als Jugendlicher und junger Erwachsener besonders wichtig war, dann eben kein Vater-Vorbild zur Orientierung gehabt. Ich kann ihr deshalb umso mehr vertrauen, weil sie in diesem Sinne wieder das Beste für mich wollte und dafür sogar bereit war, meine Vorwürfe auszuhalten, dass sie den Kontakt zu mir beendet hatte. Ich kann ihr vertrauen, dass sie sogar bereit war, zu ihrem eigenen Nachteil zu handeln, damit es mir besser ging. Das ist in diesem Fall der größte Ausdruck von Vertrauen und Liebe.
3. Es braucht manchmal ein starkes Wozu bzw. ein großes Ganzes, um den Mut zu finden, neu anzufangen und sich von altem abzugrenzen. Ich bin meiner Mutter heute dankbar dafür, dass sie die Kraft besaß, dieses große Ganze neu zu erschaffen. Indem sie ihre Berufung neu lebte und neue liebevolle Menschen in ihre Leben integrierte. Meine Mama hatte den Mut, sich Hilfe zu holen. Gesund »egoistisch« zu sein, anstatt sich selbst aufzugeben. Ein neues Leben für sich zu sehen. Emotionale Nähe ist nur möglich, wenn der Rahmen dafür besteht. Ansonsten ist es Selbstaufgabe. Meine Mutter hat sich nie aufgegeben. Ich bin sehr stolz auf meine Mutter, dass sie diese

innere Stärke aufgebracht hat. Sie lebt heute ein sehr selbstbestimmtes, unabhängiges und kreatives Leben und ist mit über 65 beruflich so erfolgreich wie nie zuvor. Sie produziert sehr sehenswerte Wissenschafts-Dokumentationen fürs öffentliche Fernsehen und inspiriert mich mit ihrer Leidenschaft und ihrem unbändigen Wissensdurst.

Eigenverantwortung

Die neue Perspektive führt mich zu Liebe, Dankbarkeit und Vertrauen statt zu den alten Vorwürfen. Das ist doch Wahnsinn im wahrsten Sinne! Obwohl nichts Neues passiert ist. Durch diese Form der Beziehungsarbeit ist es mir gelungen, ihr und mir zu vergeben und damit eine ganz neue Lebensqualität für mich zu erlangen. Es ändert sich nur die Bewertung des Geschehenen. Und meine ganze Welt ändert sich mit diesen neuen Bewertungen mit, denn wir nehmen die Welt so wahr, wie wir sie sehen wollen. Durch unsere persönliche Brille. Mit diesem neuen Standpunkt ist es sogar nicht mal mehr erforderlich, meiner Mutter ihre vermeintliche Schwäche und ihr Verhalten zu vergeben. Streng genommen gilt es vielmehr, mich bei ihr für meinen Vorwurf zu entschuldigen. Denn wenn wir einen Vorwurf haben, lassen wir es die Person auch deutlich spüren. Ich habe mich sicherlich als Sohn emotional entzogen und habe meine Welt nicht mehr mit ihr geteilt, wie ich es ohne diesen Vorwurf getan hätte. Und trotzdem war mein Verhalten legitim und auch nicht falsch. Es ist sogar wichtig für Kinder, zwischenzeitlich Vorwürfe an die eigenen Eltern zu haben, um sich abnabeln und ein eigenes Leben aufbauen zu können. Irgendwann stellen wir fest, dass unsere Eltern auch nicht perfekt sind und sein müssen, sondern einfach auch Menschen sind. Die primäre Aufgabe von Eltern ist es, dass du als Kind immer selbstständiger wirst und als Erwachsener alleine klarkommst. Häufig machen wir uns das Leben mit den immens hohen Ansprüchen an unsere Eltern selbst schwer. Es gab aber sehr viel später ein Gespräch, in dem ich von meiner Mutter einfach nur hören wollte, wie leid es ihr tut, wie auch mich diese Erfahrung belastet hat – die Anerkennung dessen, was man einer anderen Person manchmal, ohne es anders gekonnt zu haben, angetan hat, kann Wunder wirken.

Das sogenannte *Reframing* oder die kognitive Umstrukturierung ist etwas völlig anderes, als sich die Dinge schönzureden. Die neuen Standpunkte bedeuten nicht, dass es nicht auch eine enttäuschende Erfahrung für mich war mit vielen negativen Gefühlen. Sie bedeuten nur, dass ich daraus neue Schlussfolgerungen ziehe. Das Schönreden oder die »toxische Positivität« hingegen versucht, mir die Enttäuschung abzusprechen, aber die Schlussfolgerungen bleiben gleich. Folgende Standpunkte zu obigen Schlussfolgerungen wären Ausdruck toxischer Positivität: »Es war ja gar nicht so schlimm, dass sie plötzlich gegangen ist« oder »Schwach sein ist ja auch okay«, wir sind ja alle irgendwie schwach. Oder »Ich war ja schon alt genug«. Ich versuche also mit den gleichen Schlussfolgerungen neue Ergebnisse zu bekommen und wende meine ganze Energie darauf auf, mich davon zu überzeugen, dass die Enttäuschung doch gar nicht so schlimm war. Und muss sie dann die ganze Zeit positiv denken. Obwohl sie emotional schlimm für mich war. Obwohl meine Lebendigkeit immens gedämpft war. Die weitverbreitete Forderung auch unter vielen Motivations-Coaches, einfach »positiv zu denken«, ist häufig grausam. Und verursacht mehr Leiden.

Manchmal empfinde ich mein »Leiden« an meiner Geschichte als lächerlich und peinlich, wenn ich mir Tanjas Geschichte bewusst mache. Sie hat ihre Eltern so früh und auf so dramatische Weise verloren, dass es mir gar nicht zusteht, derart zu »jammern« oder meine Kindheit teilweise auch schlimm zu finden. Aber das fällt unter *Whataboutism* (also eine ausweichende Reaktion oder Gegenfrage, ohne auf die Sache selbst einzugehen: »What about Tanja?«) und ist letztlich auch wieder toxisch, hart und dysfunktional. Es würde dazu führen, dass ich Tanja gegenüber einen Vorwurf entwickle, weil ja nur sie das Recht hat, zu trauern und manchmal schlechte Gefühle zu haben, weil ich es mir selbst abspreche. Auch das ist letztlich toxische Positivität. Leiden lässt sich nicht vergleichen. Leid fühlt sich für jeden real an. Der schlimmste Verlust ist immer dein Verlust. Die schlimmste Trennung ist immer deine Trennung. Das Leid, das ich mir über meine Bewertungen zugefügt habe, fühlt sich subjektiv nicht viel anders an als ein tatsächlich erfolgtes Leid, wie Tanja es erfahren hat. Das zu schreiben ist anmaßend. Aber ich möchte damit sagen, dass es unsere Gedanken sind, die Traumata auslösen. In der Psychologie wird zwischen capital-T-Trauma und little-t-Trauma unterschieden.[75] Beides sind Traumata. Es sind die gedanklichen Schlussfolgerungen und körperlichen Folgen, die ein Trauma definieren, nicht das Ereignis selbst. Für den einen ist ein Ereignis ein Spaziergang, was für den anderen einen Weltuntergang bedeutet. Diese Sichtweise bringt Empathie und Verständnis füreinander und führt letztlich zu EINEM NEUEN WIR. Diese Sichtweise bringt Frieden. Und gipfelt im Zwischenmenschlichen in der so powervollen Aufforderung: Erzähl mir mehr!

Tanjas Identität: »Ich bin machtlos«

> *»Wenn Leben überhaupt einen Sinn hat, muss auch Leiden einen Sinn haben. Es kommt nicht darauf an, was man leidet, sondern wie man es auf sich nimmt.«* VIKTOR FRANKL[76]

Triggerwarnung: Meine folgenden Darstellungen beschäftigen sich mit Tod, Verlust, Krankheit, Suizid und Gewalt. Ich verfolge damit die Absicht, dass Menschen einen neuen Umgang mit diesen Themen lernen und so ein erfülltes Leben wieder möglich wird. Sollten diese Themen dich triggern oder möchtest du eine Retraumatisierung ver-

meiden, dann verstehe ich das, und du kannst gern auf Seite 171 weiterlesen, ohne dass das Buch an Verständlichkeit für dich verliert.

Mein Verlust: Mamas Tod

Bei meiner Mama wurde kurz nach meinem 18. Geburtstag akute Leukämie diagnostiziert. Sie war 44. Durch Beschwerden hat der Hausarzt zufällig ihre alarmierenden Blutwerte entdeckt, und sie kam noch am selben Tag per Rettungswagen nach Innsbruck in die Uniklinik für eine Chemotherapie. Ihr Zustand war so kritisch, dass sie ohne sofortige Behandlung innerhalb weniger Tage gestorben wäre. Wir waren im Schock von der Diagnose und machten irgendwie weiter. Und doch konnte ich mir zu diesem Zeitpunkt das Ausmaß des kommenden Schmerzes kaum ausmalen.

Mein Papa, meine Schwester und ich fuhren fast jedes Wochenende ins Krankenhaus. Sie verlor nach und nach ihre prachtvollen Haare. Meine geliebte Mama, eine 1,82 m große, wunderschöne, charismatische, starke, lustige, sportliche und von Grund auf positive Frau, die jeden Raum mit Sonne geflutet hat. Kurz vor Weihnachten, zwei Monate nach der Diagnose kam der Anruf der Klinik, ihr ging es auf einmal schlechter. Sie hatte eine Lungenentzündung bekommen und wurde in einen künstlichen Tiefschlaf versetzt. Wir fuhren sofort hin, und einer der Ärzte meinte: »Das Leben Ihrer Mutter hängt an einem seidenen Faden, aber sie kämpft wie eine Spitzensportlerin.« Noch heute, zwanzig Jahre später, kann ich die Situation abrufen, als wäre sie gestern gewesen.

Wir waren Tag und Nacht bei ihr. Drei Monate nach der Diagnose, wenige Wochen nach meinem 18. Geburtstag, ist meine Mutter nach fünf Tagen im Tiefschlaf gestorben. Wir waren alle dabei. Meine Welt ist zusammengebrochen. Ich habe so laut und lange geschrien wie noch nie zuvor. Habe hysterisch auf ihren Bauch gehauen und geschrien: »Da habe ich drin gelegen. Ich bin dein Kind. Du darfst nicht sterben! Du darfst mich nicht alleine lassen. Ich brauche dich.«

Die Jalousie vom Krankenhauszimmer ist hochgeflogen und ihre Seele zum Fenster hinaus.

Erfüllung erfordert einen bewussten Umgang mit Verlust und Trauer

Vielleicht hast du noch nie einen geliebten Menschen beerdigen müssen. Aber sicherlich kennst auch du das Gefühl des Verlustes allzu gut. Egal, welchen Verlust du in deinem Leben erfahren hast, es tut mir sehr leid. Ich hoffe, du hast dir die Zeit genommen, darüber zu trauern, wütend zu sein, resigniert zu sein. Egal, was du verloren hast oder worüber du trauerst: eine Beziehung, die ewig halten sollte, oder eine junge Liebe, die nicht erwidert wurde; ein Haustier, das dich durch viele Zeiten begleitet hat; eine Vision, die unmöglich geworden ist; ein Job, bei dem du gekündigt wurdest; ein Babywunsch, der unrealistisch ist; ein Baby, das vor der Geburt abgegangen ist; eine Ehe, die gelingen sollte; ein Zuhause, das du verlassen musstest; ein Kind, das auszieht; eine Krankheit, die dein Leben verändert; eine enge Freundin, zu der du den Kontakt verloren hast; eine Schwester oder ein Bruder, der sich nicht mehr meldet. Generell sollte Leid und Leid nie verglichen werden. Die Welt ist groß genug für alle Leiderfahrungen. Natürlich gibt es unterschiedlich schweres Leid, und doch ist dein Leid immer das schwerste. Nur weil es jemand anderem noch viel schlechter geht, geht es dir dadurch häufig nicht besser. Im Gegenteil: Durch das Verdrängen, Relativieren oder Verharmlosen von schmerzvollen Erfahrungen kann sich das Leiden sogar noch steigern. Trauer will wahrgenommen werden. Dazu gilt es, sich diese einzugestehen, darüber zu sprechen, sich mitzuteilen, sich zuzumuten, ihr zuzustimmen und sie zu durchleben. Trauer, Schmerz, Verlust und Enttäuschung tun immer weh. Trauer geht nicht einfach weg und wird kleiner. Sondern *wir* werden größer, *wir* wachsen, und die Verluste werden in Relation kleiner, sodass wir sie zu integrieren lernen. Wir durchleben die Gefühle, um danach wieder zu vertrauen und uns dem Leben irgendwann wieder öffnen zu können.

Wir laden dich deshalb in diesem Kapitel ein, auch deine eigenen Trauererfahrungen zu reflektieren. Sie aufzuschreiben. Sie mit deinem Partner oder einem Freund zu teilen. Noch mal hineinzufühlen, alle negativen Gefühle anzunehmen, um sie dann wieder gehen lassen zu können und wieder Platz für Neues zu schaffen. Damit aus dem Leid nicht endloses Leiden wird.

Wie sich Schmerz, Trauer und Verlust anfühlen, ist individuell verschieden, aber die Psychiaterin Elisabeth Kübler-Ross hat ein Modell entwickelt, das mir damals sehr geholfen hat, zu verstehen. Diese Phasen kommen in unterschiedlicher Intensität, Reihenfolge, und sind auch bei jedem anders. Es gibt keinen richtigen oder falschen Weg beim Thema Trauern. Manchmal durchleben wir gefühlt alles auf einmal. Auch Gefühle von Dankbarkeit, Gelöstheit, Berührtsein, Ruhe und Lachkrämpfe können Teil von Trauer sein. Gefolgt von schweren Gefühlen. Im Wechsel unkontrollierbar. Trauer ist ein wahnsinniges Potpourri von vielen unterschiedlichen Gefühlen, dass uns ganz schwindelig werden kann. Alles ist menschlich.

1. Leugnen: Nicht-wahrhaben-Wollen.
2. Zorn: Wer hat mir das angetan?
3. Verhandeln: Wie kann ich es wiedergutmachen?
4. Depression: Ich bin ohnmächtig.
5. Annahme: Ich stimme der Situation zu.[77]

Leid ist zutiefst menschlich und gehört zum Leben dazu. Manchmal bleiben wir jedoch im Leiden »stecken« und kommen nur mit fremder Hilfe aus diesem Gefühlsloch wieder raus. Wenn wir Gefühle nach ihrer Funktion bewerten, gibt es keine guten und schlechten Gefühle, nur Gefühle. Gefühle möchten uns etwas mitteilen. Wenn wir Trauer, Wut, Angst und Ohnmacht verdrängen und ihre Mitteilung nicht wahrnehmen, finden sie einen anderen, oft schmerzhafteren Kanal, damit wir ihre Botschaft verstehen. Wenn wir diese Gefühle nicht zulassen, verwehren wir uns auch Freude und Liebe. Sie kommen im Paket. Wir alle kennen die Reaktion auf die Frage »Wie geht es dir?« Einfach mit »Gut« zu antworten, nur um nicht auszupacken, wie es uns gerade wirklich geht. Um den anderen nicht mit deinen negativen Gefühlen und Gedanken zu belasten. Um stark zu wirken und um selbst nicht hinsehen zu müssen. Manchmal haben wir Angst, wenn wir zu weinen beginnen, nie wieder aufhören zu können, und unterdrücken die Tränen dann lieber. Aber kein Gefühl dauert für ewig an, außer wir verdrängen es. Weinen befreit. Jede Träne macht dich leichter.

Drei Monate von Diagnose bis zum Tod!! Fuck you, life! Es war so unfassbar grausam. Es fühlte sich an, als würde der Boden unter meinen Füßen weggerissen, und ich würde fallen. In ein unendlich tiefes schwarzes Loch. Der Schock übermannte mich. Ich bekam Beruhigungstabletten. Es war der 14. Dezember 2003. Sie war meine engste Bezugsperson, meine Heldin, meine beste Freundin. Und jetzt war sie weg. Und ich alleine. Es war die schlimmste Zeit meines Lebens. Meinen Papa so traurig und hilflos zu sehen, brach mir das Herz, das bereits in eine Million Stücke gebrochen war. Mit meiner Mama starb auch seine Ehefrau, seine große Liebe und beste Freundin. Ihre Ehe war bei Weitem nicht perfekt, aber sie waren immer die große Liebe füreinander gewesen.

Ich habe mich eineinhalb Jahre lang jede Nacht in den Schlaf geweint. Dazwischen war ich wütend. Auf sie, dass sie gestorben war und ich mich nicht mal mehr verabschieden konnte, weil sie ja bereits im künstlichen Tiefschlaf war. Auf mich, dass ich nicht öfter »Ich liebe dich« zu ihr gesagt oder sie in den Arm genommen hatte oder auch einfach nicht stark genug war, »um sie zu retten«. Wütend über meine eigene Ohnmacht.

Der Tod meiner Mutter hat über Jahre alles überschattet. Ich trauerte nicht nur über die gemeinsame Vergangenheit, sondern auch über die nicht stattfindende Zukunft. Nichts war gut oder schön im Angesicht ihres Todes. Ich ließ keinen mehr an mich heran, um nicht Gefahr zu laufen, wieder jemanden verlieren zu müssen. Ich habe eine Mauer um mich gebaut. Wurde ziemlich hart und hatte dadurch nur begrenzt Nähe zu Menschen. Zog mich häufig zurück. Wollte am liebsten gar nichts mehr fühlen. Ich wurde zynisch. Das Leben der anderen erschien mir profan und oberflächlich. Ich fand, jeder jammerte über Nichtigkeiten. Ich wurde richtig wütend, wenn sich jemand über seine noch lebenden Eltern beklagte. All die Vorwürfe dämpften meine Lebendigkeit massiv.

Für jegliches Verhalten war der Tod meiner Mutter eine Art »Freischein« und Rechtfertigung. Ich konnte gefühlt machen, was ich wollte, ohne Rücksicht auf Verluste. Ich habe sehr intensiv gelebt – weil eh nichts mehr zu verlieren war. Habe wild gefeiert, viel gearbeitet, viel getrunken und bin fremdgegangen.

Oft habe ich mich aber auch einfach überarbeitet. Viel zu arbeiten und über meine Grenzen zu gehen war meine jahrelange erfolgreiche Coping-Strategie. Ich habe mich dadurch von meinen eigentlichen Gefühlen abgelenkt, was sich auch in körperlicher Erschöpfung und Schlafstörungen bemerkbar machte. Häufig habe ich auch künstlich Stress erzeugt, weil ich das ja gekannt habe: immer bereit für den nächsten Notfall, die nächste schlechte Nachricht … süchtig nach Cortisol. Weil mein Körper darauf konditioniert war.

Den tief sitzenden Glaubenssatz »Ich bin machtlos« habe ich in allen möglichen Situationen wiedererlebt. Auch in den Streits mit Chris, in Freundschaften, bei meinen Geburten (viermal ungewollter Kaiserschnitt), mit meinen Kindern. Ich habe immer wieder Erfahrungen gemacht, bei denen Gefühle von Ohnmacht in mir aufkamen und dazu Gedanken, dass ich irgendwie keinen Einfluss darauf habe, ob ich gesehen oder gehört werde, ob wir streiten oder nicht und in welcher Qualität. Ob ich erfüllt oder erfolgreich bin. Ob Chris bei mir bleibt. Ob wir glücklich sind. Ich dachte lange Zeit, das ist alles einfach von Glück oder den äußeren Umständen abhängig, nicht sehend, wie sehr meine Vergangenheit, die negativen Schlussfolgerungen und damit verbundenen negativen Gefühle über all die Ereignisse in meiner Gegenwart bestimmt haben.

Ich war es irgendwann satt, zu leiden. Ich war es satt, immer wieder an die gleichen Grenzen zu stoßen und die gleichen Muster auch in Beziehungen wiederzuerleben. Ich wollte nicht mehr nur das Opfer einer Geschichte sein, die ich selbst nicht geschrieben hatte. Ich wollte mein Leben wieder in die Hand nehmen und eine eigene Geschichte schreiben.

Perspektivwechsel

Ich weiß heute, dass wir vieles im Leben beeinflussen können, auf vieles aber auch gar keinen Einfluss haben. Das macht mich demütig. Ich habe keinen Einfluss darauf, ob jemand stirbt oder nicht, ob jemand krank wird oder nicht, ob sich jemand verändert oder nicht, wie eine Geburt verläuft. Aber ich habe immer Einfluss darauf, wie ich reagiere. Wie ich mit Situationen umgehe. Und ich weiß jetzt: Ich kann mir vertrauen. Auf meine Resilienz. Auf meine Intuition. Auf mich. Ich finde immer irgendwann eine Lösung, oder die Lösung findet mich, und es gibt immer einen Weg. So dunkel und aussichtslos es manchmal auch scheint. In vielem kann ich irgendwann ein Geschenk erkennen, egal, wie hässlich es verpackt ist. Und ich durchlebe wieder alle Gefühle. Bin nicht mehr abgeschnitten von einem Teil von mir, sondern habe diesen durch viel Beziehungsarbeit integriert. Es ist so schön, wieder alles fühlen zu können. Die Trauer, die eigentlich Liebe ist. Die Wut, die so viel Power hat. Die Angst, die mich aufmerksam macht. Die gefühlte Machtlosigkeit, die mich demütig und weich macht. Die Freude, die häufig überschäumt.

Ich bin weder machtlos noch allmächtig. Ich bin erfüllt. Erfüllt sein bedeutet für mich, alle Gefühle fühlen zu dürfen und allen Er-

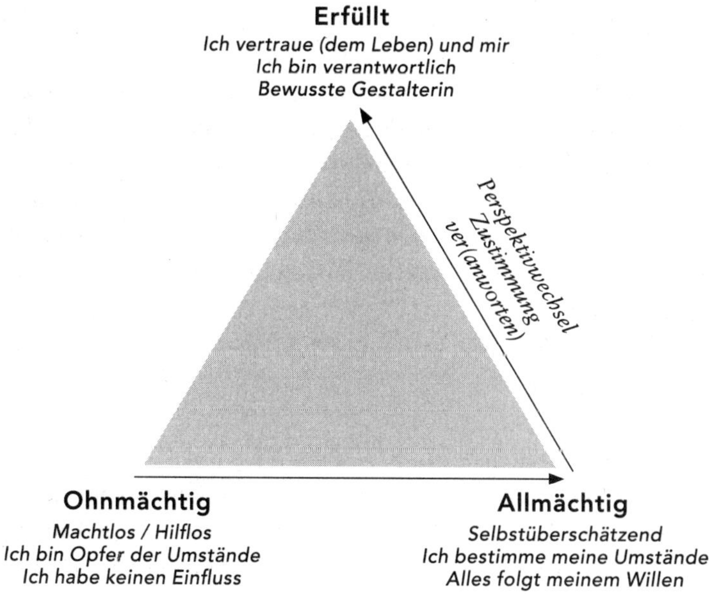

Abbildung 13: Dialektische Auflösung der Identität »Ich bin machtlos«.

fahrungen zuzustimmen, ohne sie gut finden zu müssen. Es bedeutet für mich, alles sein zu dürfen. Es liegt bei mir, wie ich Erfahrungen interpretiere. Welche Brille ich aufsetze. Welche Geschichte ich mir erzähle. Wie ich auf schwierige Situationen antworte. Wie ich wähle zu leben. Welche täglichen Entscheidungen ich treffe. Ob ich überhaupt lebe.

Ich habe auch »schnell« gemerkt, dass, sobald ich mich verändere und mich anders verhalte, Chris ganz anders reagiert. Dass ich sehr wohl großen Einfluss darauf habe, ob wir streiten und wie wir streiten. Dass ich sehr wohl Einfluss darauf habe, wie er mir antwortet und was er macht. Wir haben viel Coaching in Anspruch genommen, und so konnte ich meine Landkarte nach und nach immer besser verstehen, langsam lernen, wieder liebevoll mit mir und anderen zu sein und mein verletztes *inneres Kind* zu umarmen. Es muss jetzt nicht mehr um sich schlagen, weil es einen sicheren Platz in mir bekommen hat. Weil es Raum bekommen hat, zu fühlen. Zu trauern. Zu wüten. Zu weinen. Zu lachen und zu tanzen. Mein innerer Veränderungs- und Heilungsprozess hat auch Chris' Heilungsprozess in Gang gesetzt und beschleunigt. Und so konnten wir, uns gegenseitig als Spiegel nutzend, einander immer näher kommen und dabei unser Selbst erweitern. Das Ich im Du.

Sinn finden, zustimmen und Zukunft gestalten

> *»Wir müssen zwischen Leiden und Verzweifeln unterscheiden. Ein Leiden mag unheilbar sein, aber der Patient verzweifelt erst dann, wenn er im Leiden keinen Sinn mehr sehen kann.«*[78]
>
> VIKTOR FRANKL

Trauer-Experte David Kessler hat dem Kübler-Ross-Modell eine sechste Phase hinzugefügt, die für viele Menschen einen großen Unterschied macht: Sinn finden.[79] Nicht der Verlust an sich hat Sinn. Nicht das Trauma hat Sinn. Nicht der Schmerz hat Sinn. Aber wie wir darauf antworten. Welchen Sinn wir danach für uns und in uns finden können. Eine Entscheidung steht an. Bin ich bereit zu wachsen? Bin ich bereit, wieder etwas Glück zu empfinden? Bin ich bereit, wieder mitzuspielen, anstatt das Leben und andere nur von außen wie durch eine Glasglocke zu beobachten? Bin ich bereit, das in irgendeiner Form zu ehren, was ich verloren habe? Bin ich bereit, der Liebe Ausdruck zu verleihen? Kessler definiert dafür sieben Parameter:

1. Sinn ist relativ und persönlich.
2. Sinn braucht Zeit.
3. Sinn heißt nicht, dass du es verstehen musst.

4. Selbst wenn du einen Sinn findest, kannst du noch immer denken, dass es den Preis nicht wert war.
5. Dein Verlust ist kein Test, keine Lektion, nichts, was du lernen solltest, kein Geschenk, kein Segen.
6. Nur du kannst Sinn finden.
7. Bedeutsame Beziehungen können die schmerzhaften Erinnerungen ersetzen.[80]

»You never know how strong you are.
Until being strong is the only choice you have.« BOB MARLEY[81]

Rückblickend habe ich auch schon lange bevor ich von Kesslers Buch »Finding Meaning« erfuhr, genau das getan. Sinn finden.

Durch meine Arbeit als Coach kann ich heute so vielen Menschen helfen und mich in sie und besonders auch ihr Leiden hineinversetzen. Nichts schockiert mich, und daher öffnen sich die Menschen mir gerne.

Durch den frühen Tod meiner Mama weiß ich, wie kostbar das Leben ist und wie schnell es vorbei sein kann. Ich habe gelernt, im Angesicht des Todes das Leben voll auszukosten, zu genießen und zu lieben. Weil man nie weiß, wie lange man hier sein darf, sehe ich das Leben heute meistens als großartiges Geschenk und den Tod als besten Coach. Ich ersetze meistens die Wörter »Ich muss« mit »Ich darf«. Das macht einen großen Unterschied. Ich weiß, was für mich wirklich zählt im Leben, und kann dadurch andere Prioritäten setzen, obwohl es uns das System manchmal schwierig macht, ALL IN für die Liebe und Beziehungen zu gehen. Geleitet von der Frage: Was macht in diesem Leben überhaupt noch Sinn, wenn es ohnehin keine Sicherheit gibt? Keine Garantie für nichts. Für mich ergibt sich als Konsequenz auf diese Frage, dass ich nur »Ja« zu Dingen und Menschen sage, wo ich auch Ja meine. Ganz nach dem Motto »If it's not a Hell Yes, it's a No!«

Ich habe erfahren, wie stark Liebe ist, weil sie eben unsterblich ist. Wie auch Chimamanda Ngozi Adichie so schön schreibt: »Trauer ist das Glück, geliebt zu haben.«[82] Ich spüre jeden Tag, dass meine Mutter in anderer Form bei mir ist. Ich bin seitdem sehr viel »angebundener« und lebe meine Spiritualität viel intensiver. Ich bin der festen Überzeugung, dass wir alle miteinander verbunden sind und dass jede:r von uns ein Tropfen im großen Universums-Ozean ist.

Ich habe die Dualität und Widersprüchlichkeit des Lebens verstanden. Dass Licht nur durch Dunkelheit existieren kann. Dass Leben nur durch Tod möglich ist. Alles ist im ewigen Kreislauf. Ich habe keine Angst vor dem Tod. Leid, Verlust und Tod ausklammern zu wollen bedeutet gleichzeitig Freude, Fülle und Leben auszuklammern. Das eine nicht ohne das andere. Leben heißt, bereit zu sein, irgendwann zu sterben. Lieben heißt, bereit zu sein, irgendwann Abschied zu nehmen. Man hat immer zwei Möglichkeiten, wenn man Leid erfährt: daran zugrunde zu gehen oder sich weiterzuentwickeln. Trauma oder Transformation. Ich habe Weiterentwicklung gewählt und möchte für Menschen, die ähnliche Erfahrungen gemacht haben, ein Lichtblick sein.

All das versteht Kessler unter der sechsten Stufe des Trauerns: »Sinn finden«.

Verantwortung: Zukunft gestalten, trotz oder gerade wegen der Verlustangst

Für mich war die Beziehung zu Chris mein Gegengift – meine Heilung. In unserer Beziehung (und durch viele Stunden intensives Coaching) konnte ich nach und nach lernen, meine Gefühle zu regulieren, indem ich mich ganz authentisch zeigen durfte. Konnte das Drama nach und nach bewusst abwählen und immer wieder aktiv in einen Erfüllungsmodus wechseln und mich so davon überzeugen, wie machtvoll ich bin. Ich brauche heute das Drama und die Thermik nicht mehr künstlich erzeugen, um mich sicher zu fühlen, um ein aufregendes Leben und eine leidenschaftliche Beziehung zu führen, sondern stecke meine Energie lieber in inspirierende Gespräche, für mich sinnvolle Projekte, körperliche Freuden und Erkenntnisaustausch.

Die Liebe meines Lebens zu heiraten und vier Kindern das Leben zu schenken, ist wohl mein größter Sinn nach all der Trauer. Ich habe natürlich auch weiterhin manchmal Angst, geliebte Menschen zu verlieren, und lasse mich dann Hand in Hand mit der Angst an meiner Seite trotzdem zu 100 % auf sie ein, weil mir der Preis von Distanz und Einsamkeit zu hoch ist. Ich lebe lieber Nähe zu Menschen mit dem Risiko, sie irgendwann zu verlieren, weil ich eben weiß, wie kurz das Leben sein kann und wie wichtig darin tiefe Beziehungen sind. Heute bin ich mir meist selbst eine liebevolle Mama.

Tanjas Glaubenssatz über Männer

Papas Alkoholkrankheit

2007 habe ich ein halbes Jahr in London studiert und mich dort seit Langem wieder ganz und gar frei gefühlt. Für meine Diplomarbeit bin ich schließlich ein letztes Mal nach Österreich in mein Elternhaus zurückgekehrt, wo mein Vater gemeinsam mit meiner Oma noch wohnte. Meine Diplomarbeit war der letzte Schritt, um mein Studium abzuschließen und endlich frei zu sein. Mein Freifahrtschein in ein neues, selbstbestimmtes, erfolgreiches Leben.

Mein Vater litt seit einigen Jahren neben seiner Alkoholsucht auch an einer Alkoholunverträglichkeit, und es reichten schon ein paar Schlucke zu viel, damit er komplett zu einer anderen Person mit Halluzinationen wurde. Wir haben jahrelang versucht, ihn zu überreden, sich Hilfe zu holen und seine Alkoholkrankheit anzuerkennen. Er hat die Ernsthaftigkeit des Problems auch krankheitsbedingt immer wieder abgestritten oder verharmlost. Behauptet, er bekäme es alleine hin und er wäre gar nicht krank. Und das, obwohl wir immer wieder so sehr unter seinem Verhalten leiden mussten.

Für eine Weile ging es scheinbar gut. Mein Papa bemühte sich. Er kochte sogar ab und zu für mich und hinterließ mir schöne Nachrichten, wenn er frühmorgens rausging, um Sport zu machen. Sport war seine einzige Therapie. Manchmal acht oder mehr Stunden am Tag. Wir näherten uns wieder an. Aber seine Dämonen waren schließlich stärker.

Eines Nachts saß ich noch am Rechner, es war Mitternacht, da hörte ich unten die üblichen Geräusche – er trank mal wieder. Auf einmal hörte ich, wie er hochkam. Ich hatte die zwei Zimmer im zweiten Stock. Stufe für Stufe. Ich bekam das übliche Herzrasen. Schwitzende Hände. Wusste, dass dies kein gutes Zeichen war. Ich stand vom Rechner auf, um mich gewappneter zu fühlen. Er torkelte rein. Ich versuchte so zu tun, als wäre nichts. Er hatte einen wahnsinnigen Blick, den ich schon von den Malen zuvor kannte, der immer schlimmer wurde und vor dem ich riesige Angst hatte. Er packte mich am Arm, schüttelte mich und schrie mich an, ob ich die Polizei verständigt hätte. Was hier los wäre. Ob ich ihn verraten hätte. Ob das alles eine Verschwörung gegen ihn wäre. Ich wusste nicht, wovon er sprach. Er war wie in einem anderen Film. Verfolgt von bösen Mächten. Paranoid. Im Wahn. Ich sagte, so ruhig ich konnte: Nein, und dass er bitte wieder gehen solle, weil ich noch arbeiten müsse. Er wurde immer wütender und unzurechnungsfähiger. Ich wusste instinktiv, dass ich jetzt die Flucht ergreifen müsse, um Ernsteres zu verhindern. Ich erkannte ihn gar nicht mehr wieder und konnte ihn nicht erreichen. Er ließ kurz meinen Arm los, ich packte meinen Rechner – die Abgabe meiner Arbeit sollte in einer Woche sein. Und lief so schnell ich konnte, schweißgebadet mit Herzrasen die Treppe hinunter. Er folgte mir. Mein Vater schrie wie ein Ungeheuer und rannte mir nach. In letzter Sekunde fand ich den Autoschlüssel in meiner Tasche, sperrte auf, sprang ins Auto und sperrte zu. Er klopfte wie wild an die Fensterscheibe. Ich konnte es einfach nicht glauben. Dass ich vor meinem eigenen geliebten Papa flüchten musste, weil er eine Gefahr für mich, sich und alle anderen darstellte.

Ich machte den Motor an und fuhr los zu meiner Patentante. Dort angekommen, blieb ich stehen, machte den Motor aus und schluchzte, als gäbe es kein Morgen. Ich war so fassungslos, traurig, wütend, geschockt. Ich zitterte am ganzen Körper. Nach dem Tod meiner Mutter, um die ich noch trauerte, war ich jetzt auch noch drauf und dran, meinen Vater zu verlieren. Es fühlte sich wie ein einziger riesengroßer, nicht endend wollender Albtraum an, aus dem ich endlich aufwachen wollte. Nachdem ich mich wieder etwas gefasst hatte, stieg ich aus und läutete. Es war ein Uhr morgens. Meine Patentante machte die Tür auf und umarmte mich lange. Sie machte mir ein Bett. Die ganze Nacht machte ich kein Auge zu und stand immer wieder auf, um zu prüfen, ob alle Türen verschlossen waren.

Zwei Wochen später hatte ich meine Diplomprüfung, die ich mit Auszeichnung abschloss. Kurz danach bin ich nach Stockholm gezogen, und wir sollten uns nur noch wenige Male sehen.

Papas Freitod, Tanja

Am 21. Oktober 2010 war ich gerade nach zwei Jahren in Stockholm auf Besuch in Salzburg bei meiner Schwester. Um 18.30 Uhr läutete die Polizei an der Tür und teilte uns mit, dass sich mein Papa das Leben genommen hatte. Es war ein strahlend blauer Herbsttag mit Blättern in allen Farben. Zwei Stunden davor hatte ich noch mit ihm telefoniert und ihn gefragt, ob er mir beim Umzug nach München helfen würde. Er meine: Ja klar. Ich hab ihn danach noch mal angerufen, weil ich fand, dass seine Stimme irgendwie komisch klang. Ich fragte, ob alles okay sei. Er meinte, ja. Wir haben uns mit »Ich liebe dich und bis morgen« verabschiedet. Nur wenig später haben sie ihn am Bahnhof in unserem Heimatort geborgen. Statt einem Business Launch musste ich mit meiner Schwester wieder ein Begräbnis organisieren. Das vierte in sieben Jahren, nachdem auch meine zwei Omas verstorben waren. Dieses Gedicht haben wir mit allen, die ihn geliebt haben, geteilt. Damals hat der Text für mich wenig Sinn gemacht. Heute kann ich sagen: Ja, ich habe in die Frage hineingelebt.

Habe Geduld gegen alles Ungelöste
in deinem Herzen und versuche,
die Fragen selbst lieb zu haben
wie verschlossene Stuben und wie Bücher,
die in einer sehr fremden Sprache geschrieben sind.
Forsche jetzt nicht nach den Antworten,
die dir nicht gegeben werden können,
weil du sie nicht leben kannst.
Und es handelt sich darum, alles zu leben.
Lebe jetzt die Fragen.
Vielleicht lebst du dann allmählich,
ohne es zu merken,
eines Tages in die Antwort hinein.[83]
RAINER MARIA RILKE

Immer am Todestag muss ich besonders stark an ihn denken. An die Beziehung, die wir hatten. An die schönen Momente, aber auch an die schweren Zeiten. An seine Alkoholkrankheit, seine Schuldgefühle nach Mamas Tod, seine leeren Versprechungen und seinen Suizid. Ich denke daran, wie sehr er mein Männerbild geprägt hat. Wie lange ich dadurch Männern nicht vertraut habe. Und wie sehr auch meine Großeltern daran beteiligt waren. Wie unsere Glaubenssätze über uns und das andere Geschlecht generationenübergreifend weitergereicht werden. Wie sehr sie unsere jetzigen Beziehungen beeinflussen. Ich erinnere mich, wo ich mal stand und wie sehr ich mich weiterentwickelt habe.

Bewusstsein und Verständnis entwickeln: Selbstliebe und Empathie

Über Jahre habe ich mir eingeredet, es wäre gar nicht sooo schlimm. Es war ein Ausrutscher. Dass es alle zwei bis drei Wochen solche Ausrutscher gab, ignorierte ich. Wir redeten es alle schön. Die Tragweite dessen und dass dies alles über Jahre so ging, über unsere gesamte Kindheit, begriff ich erst viel später. Dass es eben nicht *normal* ist, derartige Nächte als zehnjähriges Kind zu erleben und am nächsten Tag übermüdet in der Schule zu sitzen. Dass ich Herzrasen hatte und Angst vorm Abend. Mein »Normal« war nicht normal. Mein Normal war ein Trauma. Das geht vielen faktischen Opfern so, dass sie ihre Erfahrungen verharmlosen oder noch nicht mal als solche überhaupt wahrnehmen. Auf Seite 167 finden sich die schockierenden Zahlen zu häuslicher Gewalt. Erst wenn wir unser Opfer-Sein vollständig anerkennen und lernen, wieder liebevoll mit uns zu sein, ehrlich hinsehen und hinfühlen, überhaupt wieder fühlen lernen und uns schließlich abgrenzen, ist Heilung möglich.

Nach seinem Freitod habe ich einen Brief gefunden in seinem Auto, den ich ihm als zehnjähriges Mädchen geschrieben hatte. Er hat ihn bis zu seinem Tod sechzehn Jahre lang im Auto herumgefahren. Darin flehte ich ihn an, mit dem Alkohol aufzuhören und sich endlich Hilfe zu suchen, weil er sonst unsere Familie kaputtmachen würde.

Aber du kannst niemandem helfen, der keine Hilfe annimmt. Du kannst keinen dazu kriegen, sich helfen zu lassen, wenn der nicht bereit dazu ist. Du kannst dich dann nur ABGRENZEN. Für dich. Du kannst ein Angebot machen, aber Menschen müssen sich ändern wollen! Du kannst niemanden zur Veränderung zwingen, sosehr wir uns das manchmal wünschen. Als Kind ist es natürlich unmöglich, sich von den Eltern abzugrenzen, daher sind diese Jahre so immens prägend. Und so schmerzhaft, wenn sie unschön sind.

Ich war gleichzeitig wütend und hatte unendliches Mitleid mit meinem Vater. Ich weiß, was für eine sensible, gute Seele er eigentlich auch war, mit einem riesigen Herzen. Es gibt eine Filmsequenz von mir als dreijährigem Mädchen, in der er mich im Arm hält und wir uns zwei Minuten lang einfach in die Augen sehen und uns anlächeln. Es geht mir nicht in den Kopf, wie mein liebevoller Vater gleichzeitig ein so wütender Tyrann sein konnte. Aber Trauma wird über Generationen weitergegeben. Von meinem Opa, der selbst ein kriegstraumatisierter, geschädigter und gewalttätiger Alkoholiker war, an ihn. Von ihm an mich und meine Schwester. Und schließlich meine Beziehung mit Chris. Jeder Täter war auch ein Opfer, und jedes Opfer wird auch zum Täter. Man ist nie NUR das eine oder das andere. Wir müssen uns eingestehen, wie sehr die Nachkriegsgeneration und alle darauffolgenden Generationen noch unter den Folgen des Krieges gelitten haben und leiden. Das zeigt sich auch immer wieder in Aufstellungen (eine powervolle Methode aus der Systemischen Therapie oder Familientherapie, bei der Personen stellvertretend für Familienmitglieder im Raum positioniert – aufgestellt – und miteinander in Beziehung gesetzt werden, um mehr Klarheit und Verständnis über die Familienbeziehungen zu gewinnen). Ich hasste zwischenzeitlich meinen Großvater, dass er meinen Vater so schlecht behandelt hatte. Dass er ihn von seiner Zeit als Baby an geschlagen hat. Sein Geschrei nicht ausgehalten hat, weil er in Russland im Krieg an der Schläfe angeschossen worden ist und seitdem extrem geräuschempfindlich war. Dass er meine Großmutter betrogen hat. Dass er jeden Tag zwei Liter billigen Wein gesoffen und zwei Packungen Zigaretten geraucht hat. Dass er mit uns in einem Haus wohnte und meine schwedische Mama regelmäßig fremdenfeindlich beschimpft hat.

Schon als kleines Mädchen hatte ich Angst vor ihm. Und doch kann ich ihn heute auch als das Opfer wahrnehmen, das er eben auch war. Ohne dabei zu verharmlosen, was er getan hat. Wie sehr der Krieg ihn verändert und traumatisiert hat. Sein bester Freund wurde in Russland neben ihm erschossen und er ist über Monate zu Fuß zurück nach Österreich gegangen. Unsägliches Leid. Zu Hause angekommen, war er mit seinen traumatischen Erfahrungen auf sich alleine gestellt. Ich frage mich immer wieder, wie man selbst wäre, hätte man Gleiches erlebt. Wir leben in einer Zeit, in der Coaching und Psychotherapie zum Glück immer normaler und präsenter werden. Damals in unserem Dorf gab es das nicht, und Probleme wurden verdrängt und tabuisiert. Posttraumatische Belastungsstörung war ein Fremdwort. Schwer traumatisierte Menschen waren komplett auf sich alleine gestellt. Hochgradig mit sich überfordert. Wir dürfen nicht mit unserem heutigen Maßstab die damaligen Generationen messen. Das führt zu Arroganz und Ignoranz.

Die Wut, den Schock, das Trauma über die Kriegsgeschehnisse musste mein Papa ausbaden. All unsere Vergangenheit und die Vergangenheit unserer Vorfahren »steckt« noch in uns. Körperlich wie auch geistig. In unseren Genen (Stichwort: Epigenetik) wie auch in unseren Glaubenssätzen. Schwere Traumata schlagen sich dauerhaft in Körper und Verhalten nieder und werden sogar an den Nachwuchs vererbt.[84]

Eigenverantwortung: Begrenzung in Beziehung

Durch meine Erfahrungen mit meinem Papa und Opa war mein Glaubenssatz lange: »Männer sind schwache, unzuverlässige Arschlöcher.«

Nur ein halbes Jahr nach dem Suizid meines Vaters habe ich Chris kennengelernt, und so hatte ich viel unverarbeitetes schweres Gepäck mit in die Beziehung gebracht. Ich bin Chris unendlich dankbar, dass er im Feuer stehen geblieben ist und meine Wut und Trauer, die erst mal nichts mit ihm direkt zu tun hatten, ausgehalten hat. Stellvertretend für meinen Vater musste er ganz schön viel einstecken und über sich ergehen lassen. Warum? Weil ich sein Verhalten stets mit meinen negativen Glaubenssätzen interpretierte. Ich empfand auch sein Verhalten als schwach, unzuverlässig und arschlochmäßig, wodurch ich mich verletzt fühlte und zurückkämpfte. Das führte immer wieder zu heftigen Streitereien, und damit konnte ich mich nach und nach an meinen negativen Schlussfolgerungen über Männer »abarbeiten«. Er war mein bester Therapeut, einfach indem er da war und ein Mann ist. Ohne Coaching, also Hilfe von außen, hätten wir die Streitereien niemals in dieser Tiefe klären können, und ich bin unendlich dankbar, dass wir dieses powervolle Werkzeug und die Methoden, die wir hier vorstellen, nutzen konnten. Der Coaching-Prozess war dabei immer beidseitig. Denn unsere jeweiligen Vorwürfe über das andere Geschlecht haben sich zu jeder Zeit perfekt ergänzt (vgl. Chris' Glaubenssatz über Frauen). So habe ich ihn mit meinem Verhalten in seinen Vorwürfen bestätigt und umgekehrt. Wir haben uns dadurch gegenseitig immer wieder immens getriggert, und Streits sind dadurch schnell explodiert und eskaliert. Teller, Tassen und Türen sind geflogen, Lampen zerbrochen und Stühle umgefallen. Es war unfassbar emotional, laut, wütend und beleidigend. Manchmal hat so ein Streit auch Tage angedauert. Das hat uns ausgezehrt und die letzte Kraft gekostet. Instinktiv wussten wir immer, dass es nicht um das nebensächliche Problem auf der Sachebene geht, sondern um unsere tief sitzenden destruktiven Überzeugungen, die miteinander aufgelöst werden wollten. Wir haben uns wortwörtlich gegenseitig zugemutet. Vielleicht kennst du das auch mit deinem:r Partner:in – hoffentlich in abgeschwächter Form. Er regt dich so maßlos auf in seiner Art und durch seine Aussagen, und dabei fühlst du dich zurückerinnert. An ein Gefühl, das du schon lange kennst und mit dir herumträgst. Ein Teil in deinem System fühlt sich dadurch extrem bestätigt und du dich dadurch auf paradoxe Weise »sicher«, weil es eben altbekannt ist. Weil es dein Weltbild bekräftigt.

So sind unsere Beziehungen immer wieder die Möglichkeit zur größten persönlichen Weiterentwicklung und schließlich für inneren Frieden. Heute kann ich sagen: Ich liebe Männer. Ich liebe meinen Mann. Ich liebe unsere Söhne. Ich liebe meine Neffen. Ich liebe meine männlichen Freunde. Das war ein langer Weg. Und ein lohnender.

Den Vorwurf loslassen und Vergebung

Wenn wir einen Glaubenssatz wandeln möchten, müssen wir den Vorwurf, der zu diesem Glaubenssatz geführt hat, loslassen. Das gelingt mit Vergebung. Vergebung bedeutet zuzustimmen, eine verletzende Erfahrung gemacht zu haben. Es bedeutet auch, das Recht auf Rache aufzugeben (vgl. S. 105), indem ich durch Vergebungsarbeit und einen Perspektivwechsel meinen Handlungsspielraum wieder erweitere. Erst dann resultiert gemäß dem Prinzip der ausgleichenden Gerechtigkeit (vgl. S. 77) kein verletzendes Täter-Verhalten aus meinem ehemaligen Opfer-Sein. Der Verstand kann Mann und Mann schwer unterscheiden (vgl. S. 55). Deshalb ist es so wichtig, den Vorwurf an meinen Vater zu vergeben, um mit Chris etwas Neues leben zu können. Aber wie kann das gelingen?

Immer wieder begegnet uns die Botschaft auf Instagram und Co., man könne »ohne viel Weiteres« vergeben. Wir möchten betonen: Vergebung braucht Zeit, es erfordert oft, dass wir erst mal vollständig fühlen und uns bewusst machen, was es zu vergeben gilt. Dabei ist es sehr wichtig, nicht »zu früh« zu vergeben. Sondern erst mal die unangenehmen Gefühle auf das Geschehene und die Menschen, die uns enttäuscht haben, auszuleben und neue Perspektiven einzunehmen. Zu frühe Vergebung führt dazu, dass wir wütend auf uns selbst sind, weil wir doch schon (vermeintlich) vergeben haben, aber dennoch keine neuen Ergebnisse haben. Es kann also nur wieder an uns liegen, denken wir.

Erst wenn wir eine Tat vergeben und das Recht auf Rache aufgeben, können wir frei wählen, wie wir leben möchten. Denn erst wenn unser Blick nicht mehr in die Vergangenheit gerichtet ist, um dabei ständig gedanklich aufzuzählen, was hätte anders sein sollen, erst dann können wir Zukunft gestalten und in der Gegenwart ankommen. Wir lassen die Vorwürfe und Verstrickungen in der Vergangenheit los und drehen uns 180 Grad in Richtung Zukunft. In Bezug auf meinen Vater heißt das: Ich muss dafür nicht gut finden, wie er gehandelt hat. Ich kann es sogar nach wie vor »scheiße« finden. Ich beziehe es aber nicht mehr auf mich. Nicht weil ich machtlos war, hat er getrunken, ist aggressiv geworden und hat sich das Leben genommen, sondern weil ER krank war. Ich gebe die Verantwortung zurück, wo sie hingehört. An ihn und wo er herkommt. Nicht ich war eine Versagerin, weil ich ihn nicht retten konnte, sondern er konnte und wollte sich nicht retten lassen, weil er krank war.

Perspektivwechsel

Der Perspektivwechsel ist ein sensibler Schritt beim Wandeln von Glaubenssätzen. Wir brauchen eine neue Perspektive auf das Erlebte, um unser Unterbewusstsein bewusst umtrainieren zu können. Es ist wichtig zu verstehen, dass unser Unterbewusstsein es sich gern leicht macht: Es verallgemeinert gern, differenziert besonders ungern und interpretiert gern im Sinne der Verallgemeinerung. Das bedeutet, dass (1) nicht nur mein Vater dem negativen Glaubenssatz zum Opfer fällt, sondern auch alle anderen Männer – auch Chris (unzulässige Verallgemeinerung). Es bedeutet auch, dass (2) ich meinen Vater nur oder hauptsächlich als gewalttätiges Arschloch wahrnehme, ohne andere Seiten seiner Persönlichkeit in mein Bewusstsein zu rufen (Differenzierung), und es bedeutet, dass ich (3) meine Erinnerung zugunsten des negativen Glaubenssatzes interpretiere, weshalb negative Erinnerungen häufig präsenter werden und positive weiter wegrücken.

Mit diesem Wissen im Hintergrund hilft es im ersten Schritt zwischen dem Sein und dem Tun eines Menschen zu unterscheiden. Wir zwingen unser Bewusstsein damit zur Differenzierung. Sie ist eine Brücke, die es unserem Verstand ermöglicht, die irrationale

Pauschalisierung und Vereinfachung des Unterbewusstseins aufzulösen.

Es ermöglicht mir, meinen Vater *trotz* seiner Taten heute *auch* als liebevollen Vater sehen zu können. Sein Verhalten war häufig, vor allem wenn er getrunken hat, gewalttätig und verletzend. Aber ihn einzig als Gewalttäter zu bezeichnen, würde ihm nicht gerecht. Auch wenn es unserem Verstand, insbesondere unserem stark vereinfachenden unterbewussten Denksystem, sehr schwerfällt, dass ein Mensch für eine vollständige Beschreibung mehr als nur eine Bewertung braucht. Für beide Perspektiven kann ich Beispiele finden. Beides ist je nach Situation wahr oder falsch. Es ist häufig eine Frage der Perspektive: Er konnte genauso *auch* ein ganz feiner, sensibler, kreativer, witziger, intelligenter, liebevoller, charmanter Kerl sein – eben nicht *immer* wie ein alkoholisierter, dissoziierter Tyrann. Er war eben nicht *nur so*, sondern *auch anders*. Einmal hat er mir am Morgen eine Notiz in der Küche hinterlassen. Ein weißer Zettel, auf den er mit rotem Nagellack geschrieben hat: *Ich liebe dich. Ich bin so stolz auf dich.* Ich weiß, Papa. Ich liebe dich auch.

Mein Vater hat sein Möglichstes gegeben. Obwohl er schon als Kleinkind geschlagen wurde, konnte er sich als Vater beherrschen und diese Gewalt nicht an uns Töchter weitergeben. Ja, er hat sich vor allem unter Alkoholeinfluss wie ein Irrer verhalten und damit sehr viel Leid und Angst verursacht. Aber seine Alkoholsucht hatte eben auch eine Funktion: zu verdrängen, zu betäuben und zumindest eine Zeit lang dadurch zu überleben, um uns Vater zu sein. Der uns Tennis, Langlaufen, Skifahren und Golf beibrachte. Der mit uns Reisen und Ausflüge unternahm. Der uns auf Berggipfel hochtrug und zum Geburtstag Torten mit den schönsten Verzierungen backte. Der mit uns reiten ging und malte. Sein Verhalten war in keiner Weise zu dulden, schönzureden oder zu entschuldigen. Von da, wo er herkommt, ist er aber schon einen riesigen Schritt gegangen. Vielleicht hat die Liebe ihn diesen Schritt gehen lassen. Vielleicht hat er sich auch aus Liebe für uns umgebracht, um den Weg für den nächsten Schritt frei machen zu können – um nicht so werden zu müssen wie sein Vater. Um uns nicht mehr zur Last zu fallen und sturzbetrunken um vier Uhr morgens anzurufen. Um uns die Angst zu nehmen, dass er betrunken einen Autounfall hatte. Um uns keine Sorgen mehr zu bereiten. Wer von sich glaubt, eine einzige Last zu sein, glaubt mit seinem Suizid auch die Dinge besser zu machen. Meine Schwester und ich gehen diesen nächsten großen Schritt. Gefühlt waren es viele nächste Schritte. Und unsere Kinder wieder die nächsten. Wir sind nie nur schwarz oder weiß. Wir kommen nie böse auf die Welt. Wir handeln auch aus Liebe. Das möchte ich glauben.

Freiheit bedeutet für mich, die Perspektive einnehmen zu können, die ich einnehmen will. Welche mir dienlich ist für das, was ich heute erschaffen will. Je nachdem, welche Perspektive ich heute einnehme, welche Wahrheit ich lebe, habe ich andere Ergebnisse in meinem Leben. Was will ich? Was willst du? Und wie erleichternd ist es, dass ich mit der Erkenntnis wieder selbst am Steuer sitze.

Neuen Glaubenssatz etablieren

Um eine erfüllte Beziehung mit Chris zu leben, wollte ich Männer als liebevolle Erfüller erfahren. Ich malte mir ein neues inneres Bild davon, wie Männer sein sollten: liebevoll, fürsorglich, unterstützend, ehrlich, integer, mutig, klug, effizient, lösungsorientiert, erfüllend, präsent, nächstenliebend, kalkulierbar, zuverlässig.

Wenn wir einen neuen Glaubenssatz wählen, wie zum Beispiel »Männer sind liebevolle Erfüller« wird sich das erst mal ganz schön komisch und unnatürlich anfühlen. Bis jetzt hast du viele Beweise für deine Überzeugung gesammelt, wir nennen es deine Rechtfertigungsgeschichte. Jetzt etwas Neues zu denken, ist für dein System erst mal superkomisch, und auch deine Gefühle werden dir erst mal ein schlechter Ratgeber sein. Deswegen darfst du nicht alles glauben, was du denkst und fühlst. Du musst sehr, sehr bewusst neue Beispiele sammeln, warum dein neuer Glaubenssatz auch wahr und legitim ist. Die Beweise findest du in deiner jetzigen Partnerschaft, aber eben auch in deiner Vergangenheit durch einen Perspektivwechsel, der dich Männer auch als liebevoll wahrnehmen lassen kann. Wir mussten die ersten Jahre unserer Beziehung genau dafür externe Hilfe eines Coaches in Anspruch nehmen, und erst nach einiger Zeit sind wir dazu selbst in der Lage.

Ich bin aufgewachsen im Glaubenssatz »Männer sind unberechenbar«. Mein Vater war dafür der Beweis. Ich war unsicher bei ihm, weil es sein konnte, dass er sich oder mich verletzt. Für eine erfüllte Beziehung funktionierte dieser Glaubenssatz aber nicht mehr. Er führte dazu, dass ich auch bei Chris immer in Habtachtstellung war und misstraute. Heute auf dem Standpunkt zu leben »Männer sind liebevolle Erfüller« bedeutet nicht, dass alle Männer ungefährlich sind und da draußen nicht auch massive Arschlöcher und Gewalttäter herumlaufen. Das wäre naiv und blindes Vertrauen. 2022 gab es 143.000 Opfer häuslicher Gewalt, 80 % der Gewalttäter waren Männer. Fast jeden dritten Tag wird eine Frau von ihrem (Ex-)Partner getötet.[85] Zu viele Männer sind gewalttätig. Aber viel mehr Männer, nämlich zwischen 99 bis 96 %[86], sind nicht gewalttätig, sondern »sicher« oder sogar Beschützer, so wie mein Mann Chris. Ich habe ihn oft genug getestet, um zu wissen, dass ich bei ihm geborgen und sicher bin. Es ist irrational, weiter auf dem verallgemeinernden Standpunkt zu leben, (alle) Männer sind bedrohlich. Das bedeutet nicht, dass ich naiv bin und Bedrohungen verdränge, denn unsere subjektive Wahrnehmung nimmt abnormale Situationen besonders gut wahr. Unnormales Verhalten gerät dadurch automatisch in das Blickfeld unserer bewussten Wahrnehmung. Falls ich Bedrohung wahrnehme, kann ich also entsprechend reagieren und mich schützen. Ich kann mich davon abgrenzen. Ich kann Straftaten anzeigen.

Wenn wir uns unbewusst in Sicherheit glauben, können wir in

größter Gefahr sein, und wenn wir uns bewusst in Gefahr begeben, können wir besonders sicher sein. Sicherheit und Gefahr sind also keine verlässlichen Kriterien. Es geht viel mehr um unser Bewusstsein und bewusste Wahrnehmung.

Diese Geschichte haben wir beim Begräbnis nach dem Suizid meines Papas vorgelesen, und ich möchte sie gerne auch hier mit dir teilen:

Ein alter Indianer saß mit seinem Enkelsohn am Lagerfeuer. Er sagte: »Weißt du, in deinem Leben wird dir vieles widerfahren, so wie auch mir vieles widerfahren ist. Manchmal fühlt es sich an, als ob da zwei Wölfe in meinem Herzen gegeneinander kämpften. Der eine Wolf ist der Wolf der Dunkelheit, der Ängste, des Misstrauens und der Verzweiflung. Er bringt dir böse Träume, viel Leid und Schmerz. Der andere Wolf ist der Wolf der Lebensfreude, der Hoffnung und der Liebe. Er schenkt dir Mut und Hoffnung, zeigt dir den Weg und gibt dir weisen Rat. Diese beiden werden immer wieder kämpfen.« Der Junge fragte voller Ungeduld: »Erzähl weiter, Großvater. Welcher Wolf wird den Kampf gewinnen?« Der Alte lächelte und sagte: »Der Wolf, der am häufigsten gefüttert wird. Darum lebe achtsam und lerne beide Wölfe gut kennen. Und dann wähle jeden Tag von Neuem, welchen Wolf du füttern möchtest.«[87]

Ich habe gelernt, dass man die Vergangenheit nicht ändern kann, dass man die Scheiße, die einem passiert, nicht einfach golden anmalen kann, es jedoch sehr wohl möglich ist, die Schlussfolgerungen nach und nach darüber zu wandeln und sich aus dem Gefängnis der Angst, des Mangels und des Misstrauens zu befreien. Heute füttere ich mit Begeisterung den Wolf der Liebe, Lebensfreude und der Hoffnung. Indem ich als Coachin zur Transformation anderer Menschen beitrage. Indem ich für unsere vier Söhne die Mutter bin, die unser Papa nie hatte. Indem ich meinen Ehemann Chris zu dem Vater mache, den unser Papa gebraucht hätte. Indem ich meinen Mann zu dem glücklichen, gefühlvollen und liebevollen Mann »gemacht« habe, der mein Vater nie sein konnte. Meine Freude ist sein Trost. Er lebt durch mich und meine Kinder weiter. Ich gehe heute den Weg der Erfüllung, den er für sich nicht mehr gesehen hat, und stelle mir vor, wie er auf einer himmlischen Almhütte in der Abendsonne sitzt, uns dabei zusieht und befreit lächelt.

4

Am Anfang: sich begegnen und eine Beziehung erschaffen

Vision ist die Kunst, Unsichtbares zu sehen. JONATHAN SWIFT[88]

Deine Lebensvision ist die Basis für deine Beziehung

Wir waren schon »vollständige« Menschen, bevor wir uns trafen, so wie jeder andere auch. Wir brauchten uns nicht, um uns komplett zu machen, um den anderen zu ergänzen, sondern um etwas ganz Neues zu erschaffen und uns gegenseitig zu erweitern. Dafür ist es hilfreich, dich zu fragen, in welche Richtung du dich erweitern willst:

»Welchem Sinn gebe ich meinem Leben?«[89]
Wo will ich hin? Was will ich, wenn ich nicht scheitern kann
und mir erlaube, groß zu träumen? Was ist mein wahrer
Ausdruck von Erfüllung?
Wie stelle ich mir mein Leben vor?

Die wahrhaftigste Antwort darauf gibt nicht dein ängstliches Ego, sondern dein liebevolles Selbst. Denn dein Ego will dich beschützen, es will, dass du überlebst. Es steht dir im Weg, deine Wahrheit zu leben. Erfüllung zu leben. Um unser Selbst zu hören, müssen wir erst unser Ego zur friedlichen Stille bringen, indem wir ihm zuhören und seinen Zweck und seine größte Angst (Wozu?) verstehen. Was will es um jeden Preis vermeiden? Vor was will es dich schützen? Indem wir unser Glaubenssystem verstehen, können wir anders handeln. Erst dann kannst du Entscheidungen treffen, die nicht aus Mangel, Angst und Misstrauen entstehen, sondern aus Fülle, Liebe und Vertrauen. Neue Entscheidungen, mit denen du das Leben erschaffen kannst, von dem du eigentlich träumst. Wir nehmen uns dabei häufig zu viel für ein Jahr vor und zu wenig für die nächsten zehn Jahre.

Je genauer und emotionaler du dir dein Leben heute in zehn Jahren vorstellst, desto eher bewegst du dich dahin. Wer und wo bist du heute in zehn Jahren? Mit wem bist du zusammen? Wie sieht es da aus, wie riecht es, und was schmeckst du? Wie fühlst du dich? Worin besteht deine Arbeit? Willst du eigene Kinder, und wenn ja, wie viele, oder lieber keine? Willst du ein Haustier, welches? Wie möchtest du deinen Geburtstag feiern? Vision Boards können dafür sehr hilfreich sein, ihr Nutzen ist wissenschaftlich erwiesen. Neurowissenschaftlerin Tara Swart hat dazu umfangreiche Studien gemacht und kommt zu dem Schluss, dass Vision Boards dein Gehirn derart beeinflussen (vgl. das retikuläre Aktivierungssystem auf Seite 58), dass du Möglichkeiten wahrnimmst, die sonst unberücksichtigt geblieben wären.[90] Dafür fügst du Bilder, die dich für deine Zukunft inspirieren, auf einem großen Blatt zusammen und betrachtest diese jeden Tag bewusst. Vision Boards können auch verschiedene Formen haben: Schauspieler Jim Carrey trug als noch erfolgloser Schauspieler und »Nobody« einen selbst gemalten Zehn-Millionen-Dollar-Scheck mit sich herum, um sich daran zu erinnern, was seine Vision ist. Tanja bastelte für mich zum Geburtstag eine Visitenkarte, auf der meine unterschiedlichen Rollen standen, in die ich (hinein-)leben wollte (ermächtigender Coach, liebevoller Ehemann, erfüllter Papa, inspirierter Freund, erfolgreicher Unternehmer usw.). Ich trage sie jeden Tag bei mir, auf der Rückseite ist ein Foto unserer Familie.

Probleme hast du immer. Egal, ob als Single, als Paar oder in der Polyamorie. Jede Beziehungsform stellt dich vor andere Herausforderungen (oder sagen wir, wie es ist: Probleme). Und die Lösung jedes Problems verlangt nach Arbeit, nach Einsatz, nach Aufmerksamkeit. Deshalb können wir vieles nicht gleichzeitig haben, wie es uns diverse Social-Media-Kanäle manchmal glauben lassen. Aber sehr wohl hintereinander. Alles hat einen Preis und einen Gewinn. Also: Welche Arbeit willst du lieber machen? Wozu willst du in Partnerschaft leben, wenn du jetzt schon komplett bist? Beziehung gibt es nicht kostenlos. Und nicht bedingungslos. Du brauchst auch keine Kinder für dein Lebensglück. Unabhängig von der persönlichen und gesellschaftlichen Konditionierung: Was willst *du*? Esther Perel unterscheidet so treffend zwischen »Lifestory« und »Lovestory«. Du kannst viele Lovestorys haben, aber mit wem willst du eine »Lifestory«?[91]

Tanja:

Nach dem tragischen Verlust beider Elternteile wusste ich insgeheim, ich will ein neues Lebenskapitel schreiben. Ein neues Kapitel, in dem ich nicht mehr Opfer bin, sondern Gestalterin. Auch wenn ich noch keine Ahnung hatte, wie das gehen sollte, spürte ich, dass mehr auf mich wartete. Dass in mir der Wunsch nach einem Lebenspartner aufkam, nach einem Zuhause, nach einer Familie, nach Geborgensein. Ein schönes Leben. Glücklich sein. Ich stellte mir immer wieder ein Bild vor: wie ich mit meinem Partner im Auto durch die Alpen fahre und er seine Hand auf meinen Nacken legt. Damals war ich Single, arbeitete Tag und Nacht und war mitten im Trauerprozess. Das Bild sollte sechs Monate später wahr werden.

Übung: Vision Board
Mach gerne die Meditation aus dem Bonusmaterial und erstelle danach ein für dich inspirierendes Vision Board für deine Zukunft, auch anhand der genannten Fragen. Lebe dabei deine Kreativität aus und wähle dafür das Medium deiner Wahl.

Vertraue dem Timing deines Lebens

Chris:

2009 (zwei Jahre vor unserem Kennenlernen) war ich eines Abends auf der WG-Party einer Freundin in München. Ich war sturzbetrunken und schlief auf einer Matratze im Flur ein. Am nächsten Morgen weckte mich Anna auf, die ich bis dahin nicht kannte. Sie machte aus einem intuitiven Impuls ein Foto von mir und schickte es an Tanja. Das war ihre beste Freundin. Sie fügte den Text hinzu: »Dieser Typ würde gut zu dir passen« (!) Tanja lebte zu der Zeit gerade in Stockholm und war in der Gründungsphase ihres Start-ups NECTAR & PULSE. Sie hatte für solche Träumereien keinen Sinn. Sie löschte die Nachricht ohne Weiteres!

Ein halbes Jahr später feierte sie in Stockholm mit der besagten Freundin und vielen anderen eine Silvesterparty. Ich war ebenfalls in Schweden, zu Besuch, nachdem ich dort ein Auslandssemester gemacht hatte, und Anna lud mich kurzerhand zur Party ein, das war 2009. Doch ich hatte ein paar andere Frauen kennengelernt, bei denen ich eher mein Glück versuchen wollte. Anna probierte es im Sommer darauf ein drittes Mal, als ich im Englischen Garten mit Freunden saß und Tanja wenige Hundert Meter entfernt mit ihren Freunden war. Doch meine Gruppe wollte sich nicht bewegen, ebenso wenig wie Tanjas Freunde. In jeder der Situationen näherten wir uns an. Immer weiter. Rückblickend waren wir auch zur gleichen Zeit in Japan und wohnten früher sogar zeitgleich in Hamburg, und es hätte noch viel mehr Gelegenheiten gegeben, dass wir uns kennenlernen. Es sollte aber nicht sein. Bis wir am 2. April 2011 im Restaurant Charlie in München – der Spitzname von Tanjas Vater – eines Abends schließlich »zufällig schicksalsvoll« endlich nebeneinandersaßen. Wieder war es Anna, die mich davon überzeugte, noch in das Restaurant zu kommen. Ich hatte keine Lust auf so viele Menschen. In großen Gruppen fühlte ich mich damals unwohl.

In einer erfüllten Partnerschaft geht es darum, die Distanz weiter zu reduzieren und Nähe herzustellen. Du kannst dieses Bild auch schon nutzen, wenn du noch nicht physisch mit deinem Partner verbunden bist. Räume alles aus dem Weg, was einer Partnerschaft im Weg stehen könnte. Genauso wie du es tun »müsstest«, wenn du schon deine:n Partner:in neben dir hättest, um die Beziehungsqualität zu steigern. Und dann übe dich in Geduld. Ein Beziehungsbaum wächst nicht schneller, wenn man daran zieht. Und ja, manchmal kann das Singledasein unglaublich frustrierend, einsam, traurig und kräftezehrend sein. Deshalb ist es so wichtig, dir sehr bewusst zu machen, wofür sich die Anstrengung lohnt! Sowohl die Suche nach dem »Richtigen« als auch die Aufrechterhaltung von Nähe. Du brauchst ein starkes Bild, das dich durch die vielen Enttäuschungen auf dem Weg trägt. Durch die vielen Täler hindurch und auf die hoffentlich lang andauernden Anhöhen. Du magst zu Recht einwenden, dass Glück auch dazu gehört. Aber Glück ist letztlich das Wahrnehmen von Möglichkeiten, die dir geboten werden. Und natürlich hat nicht jeder gleich viele Möglichkeiten. Aber die Anzahl der Möglichkeiten kannst du erhöhen, indem du aktiv bist, indem du Begegnungen beabsichtigst, Menschen triffst, dich zeigst. Worte erschaffen Realität. Statt eine:n Partner:in zu *suchen*, kannst du auch deklarieren, einen passenden Partner zu *finden*. Doch einigen werden die Möglichkeiten geboten, ohne dass sie wahrgenommen werden. Tanja bekam schon so früh eine Möglichkeit, mich zu treffen, und doch hat sie die Möglichkeit vor lauter Arbeit nicht wahrgenommen. Weil Beziehung in dem Moment nicht wichtig für sie war. Wir erschaffen unsere Realität und nehmen nur sehr subjektiv wahr, was uns gerade wichtig ist. Aber selbst wenn du die Möglichkeit wahrnimmst, heißt es nicht auch, dass du sie nutzt. Hätte ich Tanja vorher getroffen, wäre ich vermutlich mental und emotional noch nicht bereit gewesen, die Möglichkeit auch angemessen zu nutzen. Ich war so in meinem Film, dass wir uns zwar getroffen hätten, aber eben nicht begegnet wären oder erkannt hätten. Du hast also auch Einfluss auf dein Glück beziehungsweise auf die Wahrscheinlichkeit, deinen Partner zu treffen, ihn wahrzunehmen und dann eine Begegnung daraus zu erschaffen, in der ihr einander erkennt. Du hast dein Beziehungsglück also im wahrsten Sinne selbst in der Hand!

In Coaching-Gesprächen bitten wir unsere Single-Klient:innen mit Sehnsucht nach Beziehung manchmal ganz bewusst, sich vorzustellen, dass der:die spätere Partner:in ja schon in diesem Moment irgendwo auf der Welt ist. Dass er:sie jetzt schon lebt, in einem parallelen Raum. Wenn die Zeit reif ist, und ihr durch einige Türen durch seid, steht ihr plötzlich im gleichen Raum. Es geht letztlich nur darum, die Distanz zu reduzieren, bis sich zwei treffen. Wenn wir uns alles als Energie vorstellen, sind wir schon in der Energie der Menschen, die wir später treffen werden. Es gibt für nichts im Leben einen »Overnight-Erfolg«. Wir lieben die Geschichten, wenn der:die Partner:in plötzlich wie aus heiterem Himmel vor uns steht. Aber wir kennen oft nicht die ganze Geschichte, was es an Aufwand gebraucht hat, um bis zu diesem Punkt zu gelangen. Weder im Berufsleben noch im Beziehungsleben gibt es Overnight-Erfolge. Nur in Märchen, Hollywoodproduktionen oder auf Instagram. Lass dich nicht blenden.

Die Sehnsucht nach Beziehungen zulassen

Chris:

Es gab für mich unterbewusst einen Moment auf meiner Lebensreise, in dem ich zum ersten Mal den tiefen Wunsch nach dauerhafter Verbindung spürte. Ich saß auf einer Bahnbrücke. In Japan. Tokio. 2010. Ich war gerade für ein halbes Jahr in Osaka für einen Forschungsaufenthalt gewesen, und diese Zeit bedeutete für mich einen Neubeginn. Ich war 27 Jahre alt. Eigentlich ein so menschliches Bedürfnis, doch wie du als Leser:in vermutlich auch erlebt hast, ist es so leicht, eine Mauer um sich zu bauen, die uns unerreichbar werden lässt. Die Distanz aufbaut, im Glauben, sie möge uns schützen, und in Wahrheit lässt sie uns einsam und unverbunden sein. Mit uns selbst und anderen. Die Liebe, Güte und das Wohlwollen der Menschen, die mich dort in der Fremde begleiteten und annahmen, stellten diese Mauer erstmals infrage. Sie waren der Funke, der meine Sehnsucht nach Verbindung wieder entfachte. Der mich wieder fühlen ließ.

Einen solchen Moment braucht es. Und vielleicht ist es kein Moment, sondern ein Prozess, der über Jahre wirkt. Bis zu dem Punkt, an dem du bewusst oder unbewusst beschließt, ich will wieder wahre Nähe leben. So, wie es ist, reicht es mir nicht. Ich will etwas Neues. Das gilt sowohl für Singles wie auch für Menschen in Partnerschaft, die sich gemeinsam einsam fühlen. Die nebeneinanderher leben, statt miteinander zu sein. Für mich war das auf der Brücke in Tokio. Für dich ist es vielleicht eine Beziehungskrise, eine Krankheit, eine Midlife-Crisis, ein Film, ein Verlust, eine Affäre, eine Reise, ein Schweige-Retreat oder einfach das Bewusstsein, dass wir nur dieses eine Leben haben und dass du ab jetzt ein »ALL-IN-Leben« willst. Es ist der Moment der Empfindung, des Wieder-lebendig-Werdens. In dem du unendlich traurig oder wütend oder verängstigt oder freudig aufgeregt bist. In dem ein tiefes Gefühl dich wieder zurück in die Lebendigkeit holt. Zurück in die Gegenwart. Zurück aufs Spielfeld.

Ich begegnete Menschen, die mich anders sahen, als ich mich bisher selbst wahrnahm. Mir kommen vor lauter Dankbarkeit an diese Menschen schon wieder Tränen beim Schreiben.

Der Beziehungsphilosoph Martin Buber behauptet, dass wir uns im anderen erkennen. Nicht nur in Partnerschaft, sondern grundsätzlich in allen anderen Menschen, denen wir begegnen.[92] *Ich begann mich dort wieder selbst zu erkennen, unabhängig davon, was ich leistete. Sondern einzig dafür, wer ich war. Mein Sein wurde gesehen. Mein Tun war nebensächlich. Ich begann durch die anderen zu erkennen, wie liebenswert, feinfühlig und verletzlich dieser Mensch ist, der ich eigentlich bin und immer war.*

Es war die Nacht vor meinem Rückflug nach Deutschland. Ich saß dort oben auf dem Geländer dieser Brücke, blickte in die Flucht der Bahngleise und starrte in die funkelnden Lichter Tokios. Ich spürte tiefe Trauer und Einsamkeit. Trauer darüber, dass ich niemanden Beständiges an meiner Seite hatte, mit dem ich mein Leben, meine Momente, meine Gefühle, meine Gedanken teilen konnte. Ich hatte plötzlich eine Ahnung, wie wichtig mir Verbundenheit als Qualität war und wie sehr ich sie vermisste. Sie war vergraben gewesen unter Vorwürfen und Schmerz. Ich kann die Bedeutung dieser Trauer damals gar nicht überschätzen, denn sie ließ mich wieder fühlen. Fühlen ist Ausdruck von Verbundenheit zu sich selbst. Aber ich spürte damals auch eine gewisse Resignation und Hilflosigkeit, weil ich keine Beziehung der Art mehr leben wollte, wie ich es in der Vergangenheit getan hatte. Ich kann all das nur rückblickend so reflektiert schreiben, damals schrieb ich Tagebuch. Hunderte Seiten voller Gedanken.

Ich wollte keine Beziehung wie meine Eltern, aber es gelang mir nicht, wahre Nähe in dauerhaften Beziehungen zu erschaffen. Es gelang mir nicht, die größer werdende Distanz wieder zu überbrücken. Um unlösbare Streits zu vermeiden, machten wir es uns bequem in einer freundlichen, scheinharmonischen Gemütlichkeit. Zu viele Vorwürfe standen zwischen mir und meinen damaligen Partnerinnen. Zwischen mir und Frauen. Zwischen mir und meiner Mutter. Zwischen mir und dem Konzept »langfristige Beziehung«. Ich war resigniert über mich als Partner, aber auch über Frauen, bei denen ich nicht bekam, wonach ich suchte: Dauerhafte Verbundenheit. Abenteuer. Wahre Nähe. Herausforderung. Liebevolles Verständnis. Verwirklichung.

Hätte ich auch mit einer meiner Ex-Freundinnen glücklich werden können? Vielleicht schon. Ich glaube nicht an die Idee des one-and-only. Ich glaube daran, dass Nähe immer Arbeit bedeutet und dass man sich den one-and-only erschafft – nicht nur findet. Damals waren weder ich noch meine Ex-Freundin bereit für die dafür erforderliche Beziehungsarbeit an unseren Glaubenssätzen. Und letztlich bin ich unendlich dankbar, dass daraus damals nichts geworden ist, sonst hätte ich ja nicht meine one-and-only treffen können: Tanja.

Erst in Japan wurde mir bewusst, wie sehr meine Vergangenheit meine Beziehungen und gegenwartige Frustration bestimmt. Auch durch das viele Tagebuchschreiben, das ich eigentlich für meine Erinnerungen an Japan angefangen hatte, das aber zunehmend zu einem Mittel wurde, meine Gefühle und Gedanken zu ordnen und zu dokumentieren.

Ein halbes Jahr später traf ich Tanja. Sie sollte meine große

Lebensliebe werden. Sie sollte die Frau sein, für die ich bereit war, die Beziehungsarbeit zu machen, die dauerhafte Nähe in Partnerschaft erfordert. Weil es und sie mir wichtig war und weil ich verstanden hatte, dass es ohne nicht funktionierte. Nach wenigen Monaten, noch mitten in unserer Verliebtheitsphase, fragte sie mich, ob ich nicht auch mal ein Coaching-Seminar besuchen möchte, um zu untersuchen, welchen begrenzenden Einfluss meine Vergangenheit noch auf mich hatte und wie ich mich davon befreien konnte. In Gesprächen war ich immer beeindruckt, wie klar Tanja ihre »psychologische Landkarte« kannte und wie sie neue Wege ging. Das wollte ich auch. Und so fand ich endlich die Antworten auf meine Fragen.

Seit Beginn unserer Beziehung haben wir Coaching als Werkzeug benutzt, um Konflikte zu klären. Für uns hat das grandios funktioniert. Später kamen dann andere Methoden hinzu, die uns mal mehr, mal weniger begleitet haben: Hypnose, systemische Familien-Aufstellungen, Meditation, Yoga, EMDR, EFT, Akupunktur, Shiatsu, Breath Work, Qi Gong, Somatic Experiencing, Theta Healing und Tantra. Der Dauerbegleiter war für uns jedoch immer Coaching mit dem Schwerpunkt auf der kognitiven Verhaltenstherapie und RET (Rational-Emotive Therapie). Insgesamt haben wir mehrere Hundert Stunden Coaching zu Selbsterfahrungszwecken gemacht. Das allermeiste davon hat in Gruppenseminaren stattgefunden, Einzel- oder Paargespräche haben wir aber auch immer wieder in Anspruch genommen. Es hat etwa sieben Jahre gedauert, bis wir selbstständig in der Lage waren, unsere Konflikte im Kern und nachhaltig zu lösen.

Die Kraft eurer Kennenlerngeschichte

Wir lieben es, Paare danach zu fragen, wie sie sich kennengelernt haben. Je mehr wir an die Schönheit der Kennenlerngeschichte glauben, desto mehr Kraft verleiht sie uns für die Beziehung. Dabei spielt es überhaupt keine Rolle, ob ihr euch über Tinder kennengelernt habt oder ob ihr seit eurer Jugend zusammen seid. Ob es Liebe auf den ersten Blick war, eine wilde Nacht im Club oder erst nach Jahren der Freundschaft. Erzählt euch eine Geschichte dazu, die euch bestärkt. Die euch Freude bereitet und einen tieferen Sinn ergibt und euch in Krisen daran erinnert, warum ihr euch gefunden habt, ineinander verliebt habt und euch so großartig fandet. Was genau hat euch sich verlieben lassen? Das hilft ungemein, wenn man eigentlich gerade denkt: »Was für ein Vollidiot!« Anhand der Art und Weise, wie ein Paar seine Kennenlerngeschichte erzählt, lässt sich sogar mit sehr hoher Wahrscheinlichkeit voraussagen, ob es auf Dauer zusammenbleibt oder sich trennt.[93]

Chris:

Nach meiner Rückkehr aus Japan dauerte es noch ein knappes Jahr, bis ich eines Abends durch eine Verkettung glücklicher Zufälle neben einer Frau saß, die die Frau meines Lebens werden sollte. Ich hätte sie schon einige Jahre früher treffen können, aber so sollte es eben nicht sein. Das Timing war perfekt. Vor meinen Erfahrungen aus Japan wäre ich eben niemals bereit gewesen für diese Frau. Mich faszinierte Tanjas Power und unglaubliche Begeisterung über ihr neu gegründetes Unternehmen NECTAR & PULSE und die Vision, die sie dafür hatte. Ein Freund hatte mir danach erzählt, dass sich ihr Vater wenige Monate zuvor das Leben genommen hatte: Ich war schockiert und beeindruckt zugleich, wie man trotz eines solchen Verlustes so viel Energie und Lebensfreude ausstrahlen konnte. Wie sie daran nicht zugrunde ging, sondern wieder aufstand und sich zurück ins Leben kämpfte. Ich war fasziniert von ihr. Nicht einen Gedanken hatte ich daran verschwendet, ob ich mir eine Beziehung mit ihr vorstellen konnte. Deshalb erzählten wir einander in den ersten zehn Minuten auch von unseren jeweiligen Ex-Partner:innen, mit denen wir eventuell wieder zusammenkommen wollten. Jeder Date-Profi würde abraten, beim Kennenlernen als Erstes von deinem Ex-Partner:innen zu erzählen, aber so war es bei uns. Das war nicht strategisch, sondern wir waren beide einfach nicht bewusst auf der Suche nach einer Beziehung. Gar nicht. Sex ja, eine Affäre vielleicht.

Sie entsprach übrigens nicht meinem bisherigen Dating-Profil. Aber: Wir waren inspiriert voneinander und genossen das tiefe und sehr offene, ehrliche Gespräch miteinander. Sie war außerhalb meiner Vorstellungsmöglichkeiten dessen, was ich für mich suchte. Und irgendwie auch einfach viel zu viel. Von allem. Eine Überforderung. Ich addete sie auf Facebook. Trotzdem. Wir trafen uns dann einige Wochen später im Nage und Sauge in München. Sie kam zu spät. Unser erstes Date war am gleichen Tag wie mein Bewerbungsgespräch für eine Doktorandenstelle in München. Der Tag fühlte sich deshalb für mich an wie der Beginn eines neuen Lebensabschnittes. Ich glaube nicht an das Schicksal, aber wir können uns unser Leben oder das Kennenlernen als schicksalshafte Fügung erzählen. Das verleiht euch Kraft, die euch auch schwere Zeiten überdauern lässt. Während des ganzen Abends reizte mich diese Frau durch intensive Gespräche, manchmal entstand eine hitzige Diskussion, wie wir sie bis heute miteinander pflegen. Auch für dieses Buch. Oder in Bezug auf Coaching-Gespräche. Aber auch über alle anderen Themen. Herausfordernd. Reizvoll. Aufregend. Es ist eine schöne Erfahrung, neugierig zu widersprechen, einander zu hinterfragen und dann emotionale Gemeinsamkeiten auf einer tieferen Ebene zu finden.

Den plötzlich so auffordernden Blick von Tanja werde ich nie vergessen: Das Gefühl, wie kurz vor dem Biss in eine verbotene, gefährliche, krass leckere, halluzinogene, leicht giftige Frucht. All in. Wir knutschten wild auf der Straße. Wir sind mit den Fahrrädern liebestrunken zu Tanja gefahren und haben eine wilde, ekstatische Nacht miteinander verbracht. Bis sie mich mit den Worten »Du musst jetzt gehen, ich fahre nach Zagreb zum Junggesellinnenabschied meiner Freundin« um sechs Uhr morgens rausschmiss. What a woman! Die schmeißt mich einfach raus, haha, wow! Es war alles so plötzlich, als träfen zwei Planeten aufeinander, die schon lange umeinander kreisten und sich durch ihre Gravitationskräfte in ihren Umlaufbahnen immer näher kamen. Aber dann plötzlich diese Explosion und der Beginn einer »Verschmelzung«.

Wir haben in unserer Praxis von sehr vielen Paaren ihre jeweilige Kennenlerngeschichte erfahren, die uns immer wieder so sehr fasziniert. Oft sind die Paare über unsere Faszination darüber total überrascht, weil sie das alles als »nichts Besonderes« abtun. Aber: Deine Geschichte besitzt genauso Magie wie unsere. Es gilt nur, sie dir bewusst zu machen und aufzudecken. Dein Leben ist eine einzigartige Geschichte! Du bist einzigartig. Es gibt keinen Menschen wie dich auf der ganzen weiten Welt. Und es gibt keine Partnerschaft wie eure. Vielleicht glaubst du das gerade nicht, aber deine Innenwelt ist eine unendliche Schatztruhe an Sehnsüchten, Gefühlen, Glauben und Erfahrungen – und dein:e Partner:in spielt darin eine zentrale Rolle! Ein Paradiesgarten, in dem es noch so viel zu entdecken gibt.

Liebe beginnt mit dem Ende der Verliebtheit

Verliebtheit ist ein besonderer chemischer Zustand zu Beginn einer Beziehung und keine Liebe im eigentlichen Sinn. Die Anthropologin Helen Fisher konnte nachweisen, dass Liebe und Verliebtheit sogar in unterschiedlichen Gehirnarealen stattfinden. Während die Verliebtheit im Stammhirn angeordnet ist (dem älteren und archaischen Teil unseres Gehirns), ist die Liebe in der Großhirnrinde verortet (dem jüngeren Teil des Gehirns, das mehr dem rationalen Denken zugeordnet wird).[94]

Verliebtheit ist wichtig, um eine Verbindung aufzubauen. Um all das, was die Liebe von uns fordert, eingehen zu wollen. Sie hat die Macht, ganz neue Lebenskapitel für uns zu eröffnen. So oft führt uns die Verliebtheit dazu, Grenzen zu überwinden oder Herausforderungen anzunehmen, vor denen wir sonst zu viel Angst gehabt hätten. Wir kennen viele Beispiele, wo die Verliebtheit Menschen aus toxischen Beziehungen oder Phasen tiefer Resignation herausgeholt hat. Der Funke, der ein dauerhaftes Feuer entfachen kann. Doch die Verliebtheit muss enden, damit wir überleben. Damit wir unseren Beruf und die sonstige alltägliche Realität nicht einfach vergessen und auf Dauer vernachlässigen. Sie endet mit der ersten Enttäuschung, die wir nicht blind übersehen können, weil wir nicht mehr von unseren Hormonen überschwemmt werden. Und genau hier beginnt die Liebe. Wollen wir einen unperfekten Menschen lieben? In einen vermeintlich perfekten Menschen von der Ferne verliebt zu sein, ist leicht. Einen wissentlich unperfekten Menschen in einem stressigen Alltag zu lieben, ist Meisterschaft. Dieser unperfekte Mensch jedoch vertraut sich an, macht sich verletzlich, liebt mit echtem Herzen und Leidenschaft. Und darin besteht die Schönheit der Liebe.

Diese Liebe verlangt uns einiges ab. Deshalb sollten deine Verliebtheitsgefühle nicht die alleinige Entscheidungsgrundlage dafür sein, ob er oder sie der oder die Richtige ist. Der Richtige, den du lieben willst. Nimm deine Verliebtheitsgefühle nur als Indikator. Das gilt auch dann, wenn du gar keine Verliebtheitsgefühle hattest: Denn auch das ist normal. Manche Menschen waren nie im klassischen Sinne verliebt und leben trotzdem in glücklichen Beziehungen.

Das Verlieben ist ein unterbewusster Prozess, der mich zu bestimmten Menschen und schließlich dem Verliebtheitsgefühl verleitet. Wieso wir uns in bestimmte Menschen verlieben und eben nicht in jeden beliebigen, ist wissenschaftlich nicht vollständig geklärt. Unterbewusste Wahrnehmungen und genetische Prägungen wie der Duft, aus dem wir auch Rückschlüsse über den Gesundheitszustand des Kandidaten ziehen, spielen ebenso eine Rolle wie unsere frühkindliche Prägung: Wir finden dabei attraktiv, was wir kennen und was funktioniert hat.

Auch wenn das Verlieben unterbewusst stattfindet, so ist es doch auf keinen Fall willkürlich. Sonst wäre es auch nicht zu erklären, warum manche unserer Klienten sich immer in den »Falschen« verlieben (beispielsweise Menschen, die schon in fester Partnerschaft leben). Falsch also in Hinblick auf verbindliche Beziehung, aber richtig für Unverbindlichkeit. Welche Frage du dir dann stellen kannst: Wozu willst du vergebene Partner? Wozu willst du dich nicht ganz auf einen Partner einlassen müssen? Wozu dient dir die Unverbindlichkeit deines Partners? Oft stehen begrenzende Glaubenssätze wie »Beziehung ist ein Gefängnis« oder »Männer/Frauen sind egoistisch« hinter derartigen Kennenlernmustern.

Wir verlieben uns nicht willkürlich, und trotzdem kommt irgendwann der Punkt in der Kennenlernphase, an dem wir entscheiden müssen, ob nach der Verliebtheitsphase Liebe entstehen soll. Wenn wir das nicht einzig von den Verliebtheitsgefühlen abhängig machen wollen, woran machen wir es dann fest? Es braucht Werte und Kriterien.

Tanja:

Die ersten Monate waren Chris und ich Hals über Kopf verliebt. Wir haben uns in einem Restaurant in München kennengelernt. Danach hatten wir berauschende, außergewöhnlich schöne Dates. Abwechselnd hat sich einer von uns was Cooles einfallen lassen: Von selbst gemachte Cocktails trinken im Hofgarten zu

Klaviermusik bis Sex im Freien an der Isar. Von Museumsbesuchen mit der gleichen Playlist im Ohr bis zu romantischen Fahrrad-Dates war alles dabei. Die Schmetterlinge sind wild im Bauch herumgeflogen, und der Sex war stürmisch, aufregend und hat uns nächtelang wach gehalten. Voller Aufregung und Vorfreude hat man in den Zeiten, in denen wir nicht zusammen waren, aufs Handy oder in den Mail-Eingang geschaut, ob der andere geschrieben hat. Lieder, Filme und Bücher rausgesucht, die man miteinander teilen wollte. Sechs Monate später ist Chris dann zu mir gezogen. Erste gemeinsame Anschaffung: ein Bett. Ich liebte unsere Gespräche, unseren Flow, unser Sich-gegenseitig-blind-Verstehen und gleichzeitig komplett Neues entdecken. Ich liebte seine Intelligenz, seine Wortgewandtheit, seinen Humor, seinen Geruch, sein lautes Lachen, sein Aussehen, seine Wissbegierde, seine Reflektiertheit, seine Sensibilität. Ich liebte es, dass er promovieren und einen Doktortitel machen wollte, als Zeichen, dass er Dinge durchzieht und sich committet. Ich liebte seine Liebe zu Menschen und dass er mit jedem mühelos ins Gespräch kam. Ich liebte seine Spontaneität und seine Verrücktheit. Ich liebte, dass er seinen Zivildienst in einem Kinderhospiz gemacht hatte. Dass er Kinder liebte und sich auch schwierigen Aufgaben stellte. Dass er sich berühren ließ. Ich liebte es, in seinen dunkelbraunen Augen zu versinken und unendliche Tiefe darin zu entdecken. Ich liebte unseren schlagfertigen Mail-Austausch. Unser gegenseitiges Necken. Dass er mich immer wieder überraschte. Unser gegenseitiges Herausfordern. Ich liebte, dass wir auch streiten konnten. Ich spürte, endlich einen Mann auf Augenhöhe getroffen zu haben. Mit dem ich meine tiefsten Verletzungen heilen, Großes bewirken und meine Lebensziele umsetzen könnte. Mein perfekter Spiegel. Der Anfang vom Ich im Du. Auszug aus unserem Mail-Verkehr, 12. 8. 2011:

Guten Morgen, meine liebste Tanja, ich fühle innere Ruhe und ein warmes Gefühl. Meine Fingerspitzen erinnern sich an den schwindenden Kontakt an deinen Brustwarzen, mein Bauch an den heißen Hauch deines Atems, und mein Geist erinnert sich an das nackte Gefühl der liebevollen nächtlichen Nähe zu DIR. Starte in den Morgen mit einem Stück dieses wunderbar leckeren Käsekuchens und viel Erfolg. Bis heute Abend, Dein Christian

Übung: Eure Lovestory
Wie erzählt ihr euch eure Kennenlerngeschichte? Welche Erinnerung hast du an euer erstes Treffen? Erzählt es euch. Was ist das Magische an eurer Verbindung? Habt ihr noch Fotos aus dieser Zeit? In welcher Lebensphase habt ihr euch kennengelernt? Was hat euch euch ineinander verlieben lassen?

Deine Werte: Ist er:sie der:die Richtige?

Irgendwann fragen wir uns: Ist er:sie der:die »Richtige«? Wir wählen sehr bewusst und rational, welche:n Partner:in wir lieben wollen. Wir nehmen eben nicht zufällig die:den nächstbeste:n, sondern suchen, prüfen, zweifeln, entscheiden. Vielleicht verliebst du dich auch gar nicht erst, weil du dir deiner Bewertungen so bewusst bist, dass kein:e Kandidat:in dieses Profil erfüllt und sich dein Geist und Körper weigern, sich zu verlieben. Weil es nach deinen Kriterien keine:n »Richtige:n« gibt oder weil auf der Gefühlsebene noch etwas gefehlt hat. Oft versuchen wir einen inneren Suchfilter anzulegen mit Kriterien wie Körpergröße, Beruf, Alter, Hobbys und der »richtigen und verlässlichen« Beziehungs-Vorgeschichte. Dating-Apps verstärken diesen Prozess der Objektivierung von potenziellen Liebespartnern.

Tanja:

Ich stellte mir einen Kreativen an meiner Seite als Partner vor. Zuvor datete ich Fotografen, Musiker, Designer, Sportler … Chris war ein Nerd, als ich ihn kennenlernte. Abgeschnittene kurze Jeanshose, eine nerdige Brille (Modell war schon sehr vom Typ Maschinenbauer), mit beiden Beinen in seiner Laser-Forschung. Von seiner Doktorarbeit verstehe ich genau eine Sache: die Widmung.

Er entsprach also eigentlich nicht meinen Kriterien. Und doch fühlte ich, wie sehr er in meine Lebensvision passte. Er erzählte mir bei den ersten Dates von seinem Zivildienst als Pfleger im Kinderhospiz, und dann erzählte er auch von seinen vorigen Beziehungen und wieso diese immer spätestens nach zwei Jahren in Trennung endeten. Er war dabei ehrlich, reflektiert und verantwortungsbewusst. Ich habe vielleicht mehr in ihm gesehen als er zu diesem Zeitpunkt.

Oft haben wir also ein Bild unseres potenziellen Partners, obwohl wir doch eigentlich besser ein Bild unserer Lebensvision haben sollten. In das der Kandidat mit seinem Spirit dann reinpasst oder die Vision erweitert. Es stellt sich also nicht die Frage, ob es der »Richtige« ist und wie er so ist, sondern ob er der Richtige für die eigene Lebensvision ist und welche Werte er lebt. Also erneut die altbekannte Wozu-Frage:

Der:die Richtige wozu?
Für welche Lebensvision? Welche Ziele? Welche Werte?
Was sind deine obersten drei Werte für deine Lebensvision?

Mit deiner Lebensvision bist du attraktiv für die Person, die du suchst. Alles ist Energie. Du ziehst das an, was du aussendest. Wenn du nicht weißt, was du willst, ziehst du Menschen an, die ebenfalls nicht wissen, was sie wollen. Teste mit Bedingungen und Fragen, ob du mit ihm:ihr deine Vision realisieren kannst. Glaube dabei weniger den Worten und mehr den Taten. Wie zeigt sich die Person?

Werte, die aus unserer Erfahrung gut für eine erfüllte Beziehung funktionieren, sind: Verantwortungsbewusstsein, Weiterentwicklung, Abenteuer, Liebe, Freude, Klarheit, Risikobereitschaft, Integrität, Loyalität, Vertrauen und die Lieblinge: Erfolg und Erfüllung!

> *»Liebe besteht nicht darin, dass man einander ansieht, sondern dass man gemeinsam in die gleiche Richtung blickt.«*[95]
>
> ANTOINE DE SAINT-EXUPÉRY

Es ist sehr hilfreich für den Beginn einer neuen Beziehung, sich seiner eigenen Werte bewusst zu sein und die dann mit der:dem neuen Partner:in abzustimmen. Wenn ihr gemeinsame Werte teilt, führt es dazu, dass ihr in die gleiche Richtung blickt, aufbauend darauf leichter eine gemeinsame Lebensvision entwickeln könnt und einfach mehr miteinander im Flow seid. Werte dürfen sich auch immer wieder verändern, und ihr könnt euch gegenseitig inspirieren. Auch kann natürlich ein gegensätzlicher Wert befruchtend wirken. Tanja ist zum Beispiel Visionärin und sehr risikofreudig. Ich bin Analytiker und Macher und wäge die Risiken gerne ab. Die Unterschiedlichkeit bringt für beide einen Gewinn. Die Andersartigkeit führt natürlich auch gern zu Meinungsverschiedenheiten, und doch hat das etwas sehr Wichtiges: Denn die Andersartigkeit und das Unterschiedlicher-Meinung-Sein sorgt in unserer Beziehung auch immer wieder für diese Attraktivität, für Spannung, Leidenschaft, für das gegenseitige Erobernwollen. Für Wachstum. Reibung erzeugt Wärme.

Samantha Joel publizierte 2020 eine Studie, die zu dem Schluss kam, dass die Beziehungsdynamik mehr Einfluss auf den Erfolg der Beziehung hat als das Individuum, für das wir uns entscheiden.[96] Es ist also durchaus nachvollziehbar, nach Mr. Perfect zu suchen, aber vielleicht sinnvoller und zweckdienlicher, den Mr. Unperfect zu wählen. Insbesondere wenn wir uns bewusst machen, dass unsere Glaubenssätze darüber bestimmen, wie wir das Verhalten eines Menschen wahrnehmen, wird deutlich: Unsere Wahrnehmung hat oft größeren Einfluss auf eine erfüllte Beziehung als unser Partner. Dieses Gedicht habe ich Chris nach einem unserer ersten Dates geschickt, und es passt noch heute zwölf Jahre nach unserem ersten Kennenlernen.

> *»Es interessiert mich nicht, womit du dein Geld verdienst. Ich will wissen, wonach du dich sehnst und ob du die Erfüllung deines Herzenswunsches zu träumen wagst.*
> *(…)*
> *Ich will wissen, ob du Schmerz – meinen oder deinen eigenen – ertragen kannst, ohne ihn zu verstecken, zu bemänteln oder zu lindern.*
> *(…)*
> *Ich will wissen, ob du Freude – meine oder deine eigene – aushalten, dich hemmungslos dem Tanz hingeben und jede Faser deines Körpers von Ekstase erbeben lassen kannst, (…)«*
>
> ORIAH MOUNTAIN DREAMER, DIE EINLADUNG[97]

Macht einander zum Perfect Match

Eva-Maria Zurhorst vertritt die gewagte These: »Liebe dich selbst, und es ist egal, wen du heiratest.«[98] Ganz so weit würden wir nicht gehen, und doch: Nach zwölf Jahren Partnerschaft, in denen wir uns intensiv mit den Themen der persönlichen Weiterentwicklung beschäftigt haben, erstaunt es uns, wie groß das Einflussvermögen und die Flexibilität jedes Menschen sind. Wie sehr wir ineinander das Schönste zum Vorschein bringen können. Wie eine Pflanze, die besser wächst, wenn man ihr täglich »Ich liebe dich« sagt, kann ein Mensch in deinem liebevollen Rahmen/Vision wachsen.

Tanja ist Österreicherin. Die Berge und das Skifahren gehören zu ihrer kulturellen Identität. Ich liebe das Windsurfen und den Strand. Ich hatte keinerlei Bezug zu den Bergen und keine Leidenschaft für das Skifahren – ich bin ein grauenhafter Skifahrer. Und doch: Tanja steckte mich mit ihrer Leidenschaft für die Berge, das Wandern und vor allem das Langlaufen an. Ihr Vater war Langlauftrainer, und heute noch laufe ich in seinem ehemaligen Equipment und bin dadurch sehr verbunden mit ihm, dem Vater meiner Frau. Wir möchten damit unterstreichen, wie sehr sich Menschen auch erweitern können. Wenn beide es wollen. Wie ihr einander findet und euch gegenseitig inspirieren und erweitern könnt.

Carl Rogers war Psychotherapeut und ein Pionier auf dem Gebiet der Bindungstheorie. Er betont, dass Liebe bedeutet, den:die Partner:in vollständig anzunehmen, wie er:sie ist.[99] Ich finde das eine wunderschöne Idee, und doch scheint sie mir sehr fernab von der Realität. Diese bedingungslose Liebe ist ein nachvollziehbarer Wunsch, und doch: Zu lieben bedeutet auch ein idealeres Bild unseres:r Partners:in zu haben, in das dieser noch hineinwachsen kann. Ja, du darfst deine:n Partner:in verändern wollen. Aber nicht, damit dein Leben komfortabler wird, oder damit du dich durchsetzt oder damit der:die Partner:in mehr wird wie du. Sondern um ihn:sie zu dem:der zu machen, der:die er:sie nach seinen:ihren kühnsten Träumen selbst sein will. Du kannst sogar Inspiration für einen Traum sein, den er:sie noch gar nicht zu träumen wagt, er:sie aber dich genau dafür getroffen hat.

> *»Das Universum gibt uns einen makellosen Diamanten – im Rohzustand. Nur wenn wir bereit sind, jeden Teil unseres Selbst abzuschleifen, der sich zu einer Verbindung mit dem Gegenüber nicht eignet, finden wir uns am Ende als Seelenverwandte.«* SCHNARCH[100]

Idealerweise ergänzen sich eure Lebensvisionen. Aber auch wenn sie bei eurem Kennenlernen noch nicht perfekt zusammenpassen, gibt es Hoffnung, denn: Menschen sind zeitlebens flexibel. Die Gehirnplastizität oder Neuroplastizität ermöglicht es, Neuronen anatomisch und auch funktionell zu regenerieren und neue synaptische Verbindungen herzustellen, es ist die Fähigkeit des Gehirns, sich selbst zu regenerieren und erneut zu strukturieren. Aber natürlich bleibt unsere Persönlichkeit. Unser Sein. Unsere Seele.

Ganz oder gar nicht: Freiheit und Unabhängigkeit neu verstehen

Freiheit

Chris:

Sechs Wochen nach unserem Kennenlernen hatte Tanja eine Ausstellung in einer Galerie. Tagsüber waren wir in Tanjas Wohnung, wo sie gemeinsam mit ihrer Business-Partnerin das Bild für die Ausstellung malte (wohlgemerkt: am Tag der Ausstellung (!), was mich als wahres Unternehmertum tief beeindruckte). Sie lud mich dazu ein. Ihre aktuelle bzw. Ex-Affäre war auch da, er spielte Gitarre. Er war Musiker. Am Ende des Abends standen wir vor der Galerie, und ich fragte Tanja, ob ich nachher noch zu ihr kommen könne – für Sex. Sie antwortete mit: »Ganz oder gar nicht. Ich bin nicht einfach nur 'ne Affäre. Die Entscheidung liegt bei dir.« Dann wartete sie kurz. Bekam von mir keine sofortige Antwort und ging wieder rein.

Okay, das hatte ich anders geplant. Ich wusste genau, was sie von mir wollte: Verbindlichkeit. Zukunft. Die Absicht von mehr Gemeinsamkeit. Sicherheit. Sie wollte mir vertrauen können. Aber ich hab's nicht über die Lippen bekommen. Warum? Ich hatte so viele Ängste im Kopf: »Der Sex wird doch nach drei Monaten, wenn die Verliebtheitsphase vorbei ist und eine richtige Beziehung anfängt, eh schlecht.« »Dann muss ich mich um sie kümmern.« »Dann kann ich nicht mehr machen, was ich will.« »Das nervt.« Klar, ihr Ex auf dem Event hat mich dort auch unterbewusst herausgefordert. Aber das hat nicht gereicht, meine Glaubenssätze waren stärker.

Was ließ mich schweigen, anstatt mich für mehr Verbindlichkeit zu entscheiden? Was war an Verbindlichkeit so ablehnenswert, dass ich sogar bereit war, auf den besten Sex meines Lebens und unvergleichlich tiefe, bewegende Gespräche mit der inspirierendsten Frau, die ich je getroffen hatte, zu verzichten?

Damals war ich sprachlos. Ich hätte meine Gedanken nie so bewusst formulieren können: Ich wollte nicht gefangen sein. Gefangen in der Resignation über eine mittelmäßige bis schlechte Beziehung, in der keiner vom anderen bekäme, was er will, aber gleichzeitig beide unerfüllbare Erwartungen aneinander hätten. Der Sex würde aufgrund der enttäuschten Erwartungen eher früher als später zu einer Farce werden. Nach dem Sex bliebe das Gefühl der Unzufriedenheit und der Unzulänglichkeit. Leere statt Fülle. Die Verbitterung übereinander würde die tagtägliche Qualität des Tages prägen. Und gleichzeitig würden wir einander derart lieben, dass wir uns aus Angst, den anderen zu verletzen, nicht trennen würden. Wir würden für diese Verbindlichkeit und Beziehungssicherheit also einen derart hohen Preis zahlen, dass ich früher oder später doch lieber frei bleiben und das Risiko eingehen würde, sie zu verlieren.

So in etwa waren meine Gedankengänge. Hallo, Beziehungs-Horrorfilm-Szenario. Das hatte nichts mit ihr zu tun, sondern mit meinem negativen Glaubenssatz über Beziehungen, basierend auf den negativen Erfahrungen in meinem Elternhaus. Ich wollte so gern erfüllte Beziehung leben, aber mein ganzes Unterbewusstsein sträubte sich. Ich hatte Angst in einer Beziehung zu landen, in der ich mich so erlebte, wie ich um keinen Preis sein wollte: als unzulänglich. Denn so erlebte ich die Beziehung bei meinen Eltern und auch meine Ex-Beziehungen auf die ein oder andere Weise, früher oder später. Mit der Zeit wurde die Distanz immer größer – körperlich und emotional. Und das nur, um jemanden zu haben, der für einen da ist? Nur um nicht alleine zu sein? Das war mir zu wenig. Da wollte ich lieber weiter tun und lassen können, was ich wollte.

Zurück zum Galerieabend: Freunde von Tanja fragten mich, ob ich mit dem Fahrrad noch zurück zum Gärtnerplatz radeln wolle. Auf dem Weg dorthin erzählten die beiden mir von ihrer Partnerschaft, wie sie sich mit 16 kennenlernten und bis heute viel Spaß miteinander, tolle berufliche Projekte und geilen Sex hatten. Ich glaubte es nicht. Es widersprach meiner tiefsten Überzeugung. Aber sollte das irgendwie möglich sein, so würde ich schon eher bereit sein, meine Freiheit zugunsten einer Beziehung aufzugeben. Es war ein Indiz, dass meine tiefsten Überzeugungen über Beziehung falsch sein konnten. Wir gingen noch in eine Bar, passenderweise den Bergwolf. Tanja kam später dazu, ich gab ihr zu verstehen, dass ich langsam für mehr bereit war. Wir hatten danach den besten Sex ever. Denn mehr emotionale Nähe und Intimität, mehr Verbindlichkeit und Klarheit bringt Paare auch körperlich (sexuell) näher.

Die Kernfrage war also: Lohnt es sich für mich, meine Freiheit aufzugeben und verbindlich zu werden?

Schließlich sind wir ja doch alle auch irgendwo Egoisten. Nur wenn wir davon ausgehen, dass sich unser Invest bezahlt macht, gehen wir das Risiko ein. Nur wenn wir wirklich glauben, dauerhaft Nähe und Liebe zu bekommen, lohnt sich das für uns. Wenn wir jedoch daran glauben, dass die Liebe versiegt, wäre der Gewinn ja früher oder später dahin, und dann hätten wir nicht nur unsere Freiheit aufgegeben, sondern zudem eine belastende Beziehung und viele Verpflichtungen, die durch ihre Verbindlichkeiten auch nicht einfach wieder zu lösen wären. Kein guter Deal. Der Verlust der Freiheit und das Mehr an Verbindlichkeit waren für mich jeweils auf ihre eigene Weise bedrohlich. Aber warum oder, besser, wozu eigentlich frei und unverbindlich sein wollen?

Die Freiheit, sich nicht festzulegen und tun und lassen zu können, was ich wollte, ohne mich von irgendwem oder irgendwas einschränken zu lassen, war für mich assoziiert mit Glück. Aber das ist in gewissem Sinn eine Illusion, eine Sehnsucht, die uns gesellschaftlich verkauft wird. Erfüllung entsteht durch Festlegen. Freiheit ist ein Privileg. Freiheit ist kostbar. Wir müssen die Freiheit um jeden Preis schützen. Aber sie ist nichts wert, wenn wir uns nicht auch entscheiden. In dem Moment, in dem wir unsere Wahlfreiheit nutzen und uns festlegen, finden wir Erfüllung.

Dabei ist es egal, ob wir uns auf einen Beruf, eine Sportart oder eine Beziehung oder auf die Unverbindlichkeit festlegen. Glücklich und erfolgreich können wir nur sein, wenn wir klar entscheiden, was wir wollen. Wenn wir uns einer Sache hingeben und den anderen Optionen, die wir dadurch ausschließen, entsagen. Das nennt sich dann freiwillige Selbstverpflichtung oder »Commitment«. Sonst wird die Wahlfreiheit, sich nicht entscheiden zu wollen oder zu können – Letzteres (»können«) schieben wir ja häufig vor, um die Verantwortung abzugeben – zum Gefängnis.

Ein plakatives Beispiel: Du sitzt am Bahnhof und hast die freie Wahl, in welchen Zug du einsteigen möchtest. Du genießt die Träumerei von fernen Destinationen. Aber wenn du dich nicht irgendwann *für* einen Zug und *gegen* einen anderen Zug entscheidest, also deine Wahlfreiheit aufgibst bzw. auch nutzt, dann bleibst du am Bahnhof sitzen und erlebst – gar nichts. Außer die immer selbe Szene am Bahnhof. Die wirkliche Erfahrung von Freiheit hast du erst, wenn du in einem Zug sitzt. So paradox das klingt. Das größte Abenteuer und die größte Erfüllung liegen hinter deiner größten Angst.

In Bezug auf Beziehung bedeutet das, dass wir festlegen sollten, welche Form von Beziehungen wir leben wollen. Wir erfahren Freiheit, indem wir uns festlegen – auf das Singlesein oder eben auf die Partnerschaft oder auf eine polyamore Beziehung. Verbindlichkeit erlaubt uns die Erfahrung, für die wir uns entscheiden, im größtmöglichen Rahmen zu erleben und zu genießen. Ohne Hintertür. Ohne Herumeiern. Ohne Herumkokettieren. Du kannst auch erfüllter Single sein, indem du klar sagst, dass du gerade keine Beziehung führen willst. Was willst du, ohne dir etwas vorzumachen, ohne gefallen zu müssen, ohne gesellschaftliche Konventionen und ohne dich selbst zu täuschen? Und wenn du dir nicht sicher bist, dann probier es unverbindlich aus, mit der Absicht, später eine verbindliche Wahl zu treffen. Und wenn du eine verbindliche Wahl getroffen hast, dann handle danach. Integrität bedeutet Wort geben und Wort halten und macht glücklich. Weil du dann dir vertrauen kannst. Weil dein Wort etwas zählt. Weil du deinem Wort vertrauen kannst.

(Wahl-)Freiheit bedeutet, das Privileg zu nutzen, sich entscheiden zu können. Verbindlichkeit bedeutet, die innere Gewissheit zu haben, dass es die richtige Wahl (Entscheidung) ist. Erfüllung kann nur entstehen, wenn wir uns verbindlich entscheiden (Selbstverpflichtung). Denn dann können wir die Hindernisse auf dem Weg überwinden, und genau in diesen Momenten sind wir dann auch glücklich.

Unabhängigkeit

Tanja:

Es ist der größte Liebesbeweis gegenüber deinem:r Partner:in, wenn du unabhängig bist und deine:n Partner:in trotzdem und gerade deswegen brauchen willst.

Früher war die Scheidungsquote niedriger als heute, Beziehungen waren stabiler. Ein Grund lag sicherlich daran, dass die Frau diese Stabilität durch ihre Selbstaufopferung und ihre Abhängigkeit bezahlt hat. Frau wurde finanziell versorgt, Mann versorgte. Mann wurde emotional versorgt. Dieses Abhängigkeitsverhältnis war der Garant für häufig unerfüllte, jedoch stabile Beziehungen. Co-Abhängigkeit par excellence.

Das ist ein Grund, weshalb wir Abhängigkeit in Beziehungen sehr häufig stark negativ bewerten. Weil wir dieses Gefängnis häufig bei unseren Eltern oder Großeltern beobachten konnten. Wir verstehen total, warum. Ging uns auch so. Wir wollen sie vermeiden, die Abhängigkeit. Gefühlt bedroht sie unser Überleben, weil wir sonst ausgeliefert und im Zweifel mittellos sind. Noch heute liegt beispielsweise der »Pension Pay Gap« bei knapp 30 %. Finanzielle Abhängigkeit bedroht unsere Erfüllung in einer Beziehung, denn wer abhängig ist, dem fällt es schwer, Forderungen zu stellen und seinen Selbstwert wahrzunehmen. Abhängigkeit ist die schlimmste Verhandlungsposition.

Und doch ist Abhängigkeit auch ein sehr natürlicher, menschlicher Zustand, letztlich bist du immer von etwas abhängig. Im Mutterleib, als Babys und Kleinkinder sind wir von

Menschen, die uns versorgen, zu 100 % abhängig. Später, im Alter, werden wir wieder von der Pflege anderer abhängig. Dazwischen wollen wir maximal unabhängig sein. Abhängig sein ist uncool, schwach, gefährlich. Und doch bei genauerer Betrachtung sind wir *immer* von anderen Menschen abhängig. Emotional wie materiell. Kein Ergebnis in deinem Leben hast du ganz alleine erreicht. Keines! Im Beruf bist du abhängig von deinen Kunden oder deinem:r Chef:in. Im Mutterleib bist du maximal abhängig von deiner Mutter und ihrem Verhalten, danach bist du abhängig von Eltern, Freund:innen, Partner:innen, Kindern, Arbeitskolleg:innen, Geld, Infrastruktur, Gesundheit, Versicherungen, Politik, Staat, Klima. Das kann dir gefallen oder nicht, aber am Ende sind wir alle vernetzt, und alles, was du erschaffst, erschaffst du immer mit und durch andere. Die absolute Unabhängigkeit, also der Zustand, niemand und nichts zu brauchen, ist utopisch. Sie würde einhergehen mit immenser Kraftanstrengung, denn du müsstest ja alles, ALLES, alleine machen! Und selbst dann bleibst du abhängig von den äußeren Bedingungen. Für Erfüllung funktioniert das also nicht.

Unser gesellschaftliches System führt dazu, dass wir in einzelnen Haushalten und ggf. Kleinfamilien leben. Wir sind dadurch weniger vernetzt, und das führt häufig fast zwangsläufig zu einer größeren Abhängigkeit von einem:r Partner:in, insbesondere wenn wir Kinder bekommen. Wir können das kritisieren – Esther Perel wird nicht müde, zu sagen, dass es für Beziehungen ein Dorf braucht und wir nicht alle Bedürfnisse auf einen Menschen abwälzen können –, und trotzdem ist das die Lebenswirklichkeit der allermeisten von uns: Ein Mensch, der viele Rollen für uns spielen muss. Wir müssen uns also damit auseinandersetzen, wie es ist, von *einem* anderen Menschen, unserem:r Liebespartner:in, auf vielfältige Weise abhängig zu sein. Emotional wie auch materiell. Und wie es trotzdem gelingen kann, eine erfüllte Beziehung zu führen, die nicht Ausdruck von toxischer Co-Abhängigkeit ist und in der beide gewinnen.

Das Wissen um eure finanzielle und emotionale Unabhängigkeit ist in diesem Zusammenhang eine Grundvoraussetzung für eine erfüllte Beziehung. Es geht dabei nicht darum, absolut unabhängig zu sein, sondern es geht darum, zu wissen, dass man unabhängig vom Partner sein könnte, wenn man es müsste. Erst dann können wir wählen, den anderen brauchen zu wollen, und Abhängigkeiten erlauben. Ohne es zu müssen. Ohne dass es an unserem Selbstwert nagt. Immer auf Augenhöhe: wie du mir, so ich dir. Das Ich im Du. Das Wissen um deine Unabhängigkeit gilt es dir immer wieder zu erarbeiten und zu erleben.

Wen oder was willst du für deine Erfüllung brauchen? Willst du eine:n Partner:in? Wozu lohnt sich ein:e Partner:in überhaupt noch, dass sich die Beziehungsarbeit dafür lohnt? Wofür willst du sie:ihn brauchen wollen? Für tiefe Gespräche, für gemeinsame Reisen, für Sex, für Kinder und Kindererziehung, für berufliche Projekte, für ein schönes Leben? … Jemand anders brauchen zu wollen, ist ein mutiger Schritt, denn natürlich kannst du auch »alleine« erfüllt sein, ohne Partner:in. Doch gewisse Erfahrungen sind dann nicht möglich. Oder wenn du eine:n Partner:in hast und trotzdem maximal unabhängig sein willst, dann wird dein Leben sehr anstrengend. Du wirst »alles unter einen Hut kriegen müssen«, und das wird mit Kindern besonders schwer. Die ganze Beweisführung, maximal unabhängig zu sein, macht sich letztlich auch erst bezahlt, wenn ihr euch wieder trennt. Trennung ist also schon im Paket dabei.

Ein Vorwurf, der uns in der Praxis häufig begegnet, ist, dass einer den anderen zwar brauchen will (für Einkaufen, Kinder,

Erledigungen, Zärtlichkeiten usw.), der andere das aber nur widerwillig, unzuverlässig oder gar nicht macht. Dann stell dir folgende Frage: Wozu hast du also eine:n Partner:in, der:die nicht deine Wünsche erfüllt? Oder für den/die Partner:in: Wozu hast du eine:n Partner:in, der:die zu viel von dir fordert? In diesem Fall kann es sein, dass die unterbewussten Wünsche nach Freiheit (ich mache nicht, was du willst) und nach Unabhängigkeit (mein:e Partner:in macht nicht, was ich brauche) aufeinandertreffen und sich gegenseitig bedienen. Aber wozu? Häufig liegen diesen Dynamiken Unterbrechungen in der Vergangenheit des Paares oder von viel früher zugrunde.

Erst wenn du diese alten Wunden bewusst erinnerst und heilst, kannst du dich auch wieder zu 100 % einlassen. Dich freiwillig abhängig machen in dem Vertrauen, dass du dir Gutes tust und du damit das erreichst, was du dir wünschst.

Freiheit bedeutet, sich entscheiden zu können, von wem oder was man abhängig und unabhängig sein will. Du machst die Regeln. Du stellst die Bedingungen. Die Erfahrung, dass ein anderer Mensch dir das schenkt, was du dir wünschst, macht demütig und kann das Maß an Erfüllung steigern (im Vergleich dazu, wenn du dir selbst den Wunsch erfüllst). Es geht also darum, unsere Freiheit zu nutzen, um erfüllt zu sein. Unsere Unabhängigkeit zu nutzen, um erfüllt zu sein. Das bedeutet am Ende wahre Selbstverwirklichung.

Wir brauchen also ein neues Verständnis von Freiheit und Unabhängigkeit, das mit erfüllter Beziehung zusammenpasst. Abbildung 14 stellt diese Unterscheidungen dar. Freiheit und Unabhängigkeit beeinflussen sich wechselseitig. Je mehr du deinen Partner brauchen willst, desto verbindlicher muss dieser sein. Je verbindlicher dein Partner mit dir ist, desto mehr dient er dir, und desto mehr wird er durch dich gebraucht.

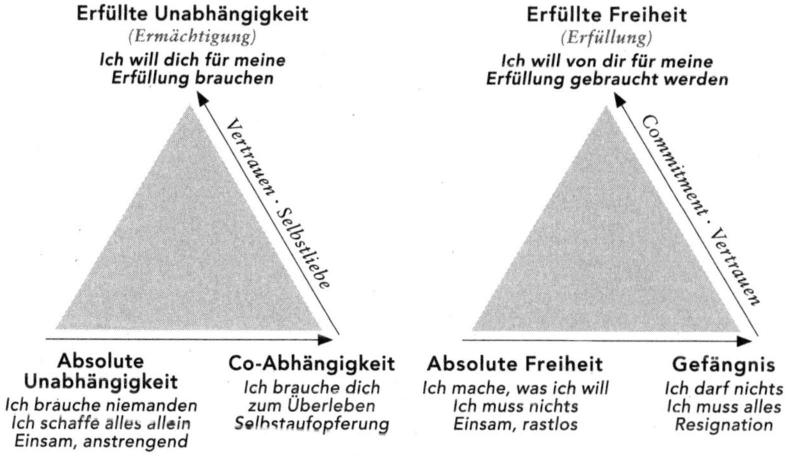

Abbildung 14: Ein neues Verständnis von Freiheit und Unabhängigkeit

5

Der Stamm: die sechs Elemente einer erfüllten Beziehung

Ein starker Stamm hält jedem Sturm stand. Jetzt erklären wir dir Schritt für Schritt unsere vielfach erprobten und bewährten Elemente einer erfüllten Beziehung und wie du sie anhand von Fragen und Übungen selbst aufbauen kannst. Du kannst dich gerne demjenigen Element als Erstes widmen, das dich am meisten anspricht oder bei dem du das größte Wachstum für dich oder eure Beziehung siehst.

Was tust du alles für deine Karriere oder für deine berufliche Weiterentwicklung? Wie lange bist du zur Schule gegangen, wie lange war deine Ausbildung, hast du studiert und wie viele Weiterbildungen hast du gemacht? Wie viele Stunden arbeitest du täglich und machst dir Gedanken über deinen Job, deine Projekte und langfristigen beruflichen Ziele? Hast du schon mal ein Business-Coaching gemacht? Nun vergleiche das mal damit, wie viele Stunden Ausbildung du in Beziehungen investiert hast. Wie viele Bücher hast du dazu gelesen, Seminare besucht, wie viele Stunden wurde es in der Schule unterrichtet, und was tust du täglich für deine Beziehung? Häufig haben wir den Anspruch, Beziehungen müssten einfach von alleine laufen, obwohl wir mit den eigenen Eltern oft denkbar schlechte und uninspirierende Vorbilder hatten und obwohl unser System erfüllte Beziehungen in verschiedenen Hinsichten erschwert (vgl. S. 45).

Wir möchten an dieser Stelle das Beziehungskonto einführen. Du kennst vielleicht die beste Strategie für eine nachhaltige Geldanlage auf deinem Bankkonto: Mehr einnehmen als ausgeben und das Geld sparen bzw. investieren, um nach und nach vom Zinseszins-Effekt zu profitieren. Das Beziehungskonto funktioniert genauso. Regelmäßig einzahlen (egal, wie klein der Betrag), investieren und vom Zinseszins-Effekt profitieren. Die Höhe deines Beziehungskontos steht für dein Engagement für deine Beziehungen. Für dich, deine:n Partner:in, deine Kinder, deine Freund:innen, Familie, Community, Nachbarn, Mitmenschen. Es geht dabei nicht darum, wer mehr einzahlt oder wer zu viel abhebt, sondern es soll deinen Fokus darauf lenken, was du selbst zum Gelingen von Beziehungen beiträgst.

Nummer 1: Wie wichtig bist du dir? Wie wichtig ist dir dein:e Partner:in?

Hand aufs Herz, wer ist dein Lieblingsmensch? Wer oder was ist deine Nr. 1 im Leben?

Die erste funktionale und erfüllende Antwort auf diese Frage (vor allem für Frauen), egal, ob du gerade in Partnerschaft bist oder Single, lautet: Du selbst! Bzw.: »Ich!« Schließlich verbringst du mit dir selbst die meiste Zeit, und ohne dich gibt es gar keine Beziehung zu niemandem. Für erfüllte Beziehungen musst du dir selbst wichtig sein, deine Stärken und vermeintlichen Schwächen immer besser kennenlernen und dich wertschätzen. Dir selbst so wichtig sein, dass du an dir und deinen Beziehungsmustern arbeitest, deine Wunden heilst und gegebenenfalls Hilfe in Anspruch nimmst in Form von

Therapie oder Coaching. Wissen, dass du alleine vollständig bist und keinen Partner für deine Erfüllung brauchst. Deine Bedürfnisse wahrnehmen, artikulieren und leben. Wissen, was du brauchst, damit es dir gut geht. Für deine Visionen, Ziele, Träume und Wünsche losgehen, für dich einstehen und dich gegebenenfalls abgrenzen. Sich selbst wichtig zu sein, um dadurch überhaupt erfüllte Beziehungen erschaffen zu können, nennt sich: die Fähigkeit zur Differenzierung (auf diesen Begriff gehen wir später noch einmal ein). Denn für eine Beziehung braucht es zwei, es braucht eben diese Andersartigkeit der beiden.

Je mehr du dich selbst magst und gut mit dir klarkommst, desto schöner wird dein Leben sein. Vor allem für Frauen ist es an der Zeit, sich selbst wichtig(er) zu nehmen. Frauen sind lange Zeit dazu erzogen worden, sich selbstlos um andere zu kümmern. Damit wir nicht mehr zu erschöpften »People-Pleasern« mutieren, die ausgenutzt werden und sich auszehren, müssen wir bewusst die Priorisierungen ändern. Die Biologie steht uns dafür erst mal im Weg, denn das Belohnungssystem im Gehirn von Frauen reagiert stärker auf prosoziales als auf egoistisches Verhalten. Bei Männern ist tendenziell das Gegenteil der Fall.[101] Sprich, es ist *kein* Klischee: Frauen sind eher großzügig veranlagt und Männer eher egoistisch. Ist das per se schlecht? Nein, damit sind wir als Menschheit weit gekommen. Ist es Zeit für was Neues? Wir finden schon! Es ist an der Zeit, unsere Konditionierungen und Prädispositionen umzuprogrammieren. Ist das möglich? Na klar!

Daher unsere Empfehlung: Sie hat sich (für eine Weile) auf Nr. 1 und er sie. So gewinnen beide. Für alle, die jetzt aufschreien, bitte weiterlesen.

Klar wäre es am schönsten, wenn wir uns gegenseitig priorisieren können, so wie es auch am schönsten wäre, wenn wir schon alle gleichberechtigt leben würden, aber da stehen wir gesellschaftlich und persönlich in den meisten Fällen (noch) nicht. Es gilt, dass Männer den Platz (oben) frei machen. Es ist Zeit, dass sie vieles verlernen und zuhören lernen. Ihre Gefühlswelt kultivieren. Demütig sind. Neugierig Fragen stellen. Anerkennen, wer und was sie sind und waren und welche Privilegien sie genießen.

Sein größter Ausdruck von Liebe ist, sie in ihrer vollständigen Unabhängigkeit (emotional und finanziell) zu bestärken und ihr dafür den Rücken freizuhalten. Ihr größter Ausdruck von Liebe ist, dass sie trotz ihrer Unabhängigkeit mit ihm ihr Leben teilen möchte.

Frauen leisten nach wie vor in den allermeisten Fällen die unsichtbare Beziehungsarbeit, die Männer gar nicht oder nur sehr begrenzt nachvollziehen können (wir erklären ab S. 320, was das ist). Männer werden diese Beziehungsarbeit deshalb auch nur begrenzt von sich aus angemessen anerkennen. Sie erkennen ungerne an, dass in den meisten Fällen sie die große Vision der Partnerschaft hat! Es ist Zeit, dass Frauen sich den Platz nehmen. Sich für alles, was sie tun und sind, selbst die größte Anerkennung geben und sie einfordern. Sich auf Augenhöhe verstehen. Dann können wir uns gegenseitig auf Nr. 1 setzen. Das ist die Vision.

Die zweite Antwort auf die Frage, was dir wichtig sein sollte (auf Basis von Hunderten Coaching-Klient:innen und unserer eigenen Erfahrung): dein Partner bzw. deine Beziehungen! Es spielt dabei keine Rolle, welche Form der Beziehung du lebst. Wir entwickeln unsere Persönlichkeit durch andere. Egal, ob du Single bist, polyamor lebst oder als Paar. Als Single kannst du genauso deine zwischenmenschlichen Beziehungen priorisieren, indem du beispielsweise deine Freund:innen oder Familie in den Fokus rückst.

Unser aller Tag hat nur 24 Stunden, und daher heißt es: priorisieren! Was ist dir im Moment wirklich wichtig im Leben? Mit wem möchtest du deine Zeit verbringen? Was sind deine Prioritäten? Natürlich kannst du alles haben, aber eben nicht alles gleichzeitig – auch wenn das medial oft suggeriert wird! Wenn du dich zwischen beruflichen und privaten Verpflichtungen entscheiden musst, was wählst du? Wenn du zwischen Wäsche waschen, Küche aufräumen oder Sex mit deinem:r Partner:in entscheiden darfst, was wählst du? Wenn du zwischen Event, Familienfeier, Freunde treffen und Date entscheiden darfst, was wählst du? Wenn du zwischen Umzug nach Hongkong wegen des Jobs oder dableiben für die Beziehung entscheiden musst, was wählst du? Priorisierung bringt Klarheit. Für dich! Für euch! Unsere Praxiserfahrung ist: Wenn du dich 100 % für den:die Partner:in entscheidest, findet sich meist eine Lösung, wie ihr beide gewinnt. Es bedeutet nicht, dass du dadurch oder für ihn:sie auf etwas verzichten oder gar Träume aufgeben musst, sondern ganz im Gegenteil: Durch die gegenseitige Priorisierung eröffnen sich ganz neue Welten, die außerhalb der uns jeweilig vorstellbaren liegen.

»Denn wo ich dein bin, bin ich erst ganz mein.« MICHELANGELO
Unsere Ergänzung: Und wo ich ganz mein bin, kann ich erst dein sein.

Stell dir vor, du stehst vor einem Spiegel, blickst dir in die Augen und sprichst immer wieder diesen Satz: »Du bist mir wichtig. Ich höre dich. Ich sehe dich. Ich spüre dich.« Wie fühlst du dich dabei? Genau so fühlt sich dein:e Partner:in, wenn du ihm das körperlich und geistig vermittelst. Wenn ihr einander wichtig seid. Wenn ihr das Beste füreinander wollt. Wenn ihr einander nah sein wollt.

Das Leben wird euch immer wieder auf die Probe stellen und immer wieder testen, was dir wichtig ist. Es passiert so schnell, dass wir unsere:n Partner:in aus den Augen verlieren. Dass wir keine Nähe mehr spüren, ohne dass wir merken, dass wir seit geraumer Zeit selbst keine Nähe mehr aktiv hergestellt haben. Dass wir irgendwann sagen: »Ich liebe ihn:sie einfach nicht mehr.« Oder »Die Liebe ist weg«, ohne dass wir wirklich weiter investiert haben. Wir glauben, Liebe und Nähe passieren einfach so, aber das ist ein Irrtum! Wir müssen etwas dafür tun. Beziehungsweise etwas anderes bewusst weglassen. Wenn wir nicht stetig Geld zurücklegen (auch kleine Summen), werden wir nie vom Zinseszins profitieren. Am Ende des Monats wird immer eine 0 oder sogar ein Minus auf dem Konto sein. Wir schreiben rote Zahlen. Ähnlich ist es mit Beziehungen. Oder auch Freundschaften. Du musst investieren! Du musst sie priorisieren. Du musst dich entscheiden. Du musst Zeit und Energie reinstecken. Es geht nicht nur darum, ob dein Partner deine große Liebe ist, *the one and only*. Nein, es geht auch darum, wie wichtig dein Partner und eure Beziehung im Vergleich zu anderen Lebensbereichen sind und ob du deinen Partner zum *one and only* machen willst. Liebe allein reicht für erfüllte Beziehungen nicht aus.

Übung: Deine Top 3

Wie wichtig wollt ihr füreinander sein? Wer oder was ist deine Nummer 1?

Was ist dir wichtig? Mache deine persönliche Liste der Top 3, und du bist mehr als gut beschäftigt.

Unsere Aufmerksamkeit ist begrenzt. Worauf also soll dein Fokus gerichtet sein? Ist es deine Mission? Dein Job? Dein Unternehmen? Sind es deine Kinder? Deine Hobbys? Deine Freundschaften? Deine Eltern? Dein soziales Engagement? Deine Gesundheit? Dein Studium? Dein Sport? Dein Partner? Deine Freiheit? Deine sexuellen Abenteuer? Deine Spiritualität? Deine Selbstverwirklichung?

Die meisten Menschen ziehen ihren Sinn im Leben aus den zwischenmenschlichen Beziehungen. Ihr dürft also auch eure:n Partner:in auf Nummer 1 wählen, selbst wenn es uncool klingt. Für viele ist das sogar natürlich, auch wenn wir es uns manchmal nicht eingestehen wollen, weil es unserer Vorstellung von Freiheit und Unabhängigkeit widerspricht. Oder unserer Vorstellung von Gleichberechtigung. Im Beruf finden wir Priorisierung völlig natürlich. Was ist wichtig? Was ist dringend? Was ist wichtig für die Strategie, auch wenn es noch nicht dringend ist? Gleiches gilt für dein Leben. Dein Leben ist die Summe deiner Tage. Jeder Tag ist wie ein kleines Leben. Wie du deinen Tag gestaltest und mit wem, macht dein Leben aus! Wenn dich das Leben mit einem Entweder-oder konfrontiert (und das wird es!), dann musst du wissen, wie du im Zweifel entscheidest, was dir für deine persönliche Erfüllung und deinen Erfolg am wichtigsten ist. Das bringt euch Sicherheit. Das bringt Ruhe. Das bringt Klarheit. Wenn das definiert ist, hast du witzigerweise wieder viel mehr Kapazität und Fokus für andere Dinge. Wenn das klar ist, könnt ihr die Energie in das stecken, was aus euch und eurer Liebe entstehen soll. All das machen, was euch noch am Herzen liegt.

Wir beobachten häufig, dass Paare, bei denen die Priorisierungen nicht klar sind, immer wieder in zeitaufwendigen, gleichen Streitereien landen und um sich selbst kreisen. Sich vom anderen mehr Anerkennung wünschen, die sie nie bekommen. Bei Paaren, bei denen das hingegen klar ist, haben beide mehr Energie für anderes. Es mag für manche riskant klingen, alles auf eine (oder wenige) Karten zu setzen und sich nicht von Tausenden anderen Dingen und Beschäftigungen ablenken zu lassen. Aber letztlich ist es Ausdruck von Vertrauen ineinander, in das Leben und uns selbst. Ist es nicht viel riskanter, sich auf nichts 100 %ig festzulegen wie ein Fähnchen im Wind? Nichts ganz zu machen? Uns nie ganz kriegen zu lassen? Dann lieber wenige Dinge voll committed machen. Für Erfolg gilt es, fokussiert zu sein. Für eine Beziehung auch.

Unsere Selbstverwirklichung: einander auf Nummer 1 setzen

Immer wieder stellen wir fest, dass wir den größten Erfolg und die größte Erfüllung gefunden haben, indem wir uns gegenseitig als Nummer 1 gewählt haben. Und glaubt uns: Das war so fernab von dem, was wir über Beziehung gedacht haben! Indem wir aber herausgefunden haben, welche Lösung für uns als Paar und als Individuen am besten funktioniert, haben wir uns immer wieder neu erweitert. Die Partnerschaft war die Basis. Das Fundament. Alles andere haben wir darauf aufgebaut.

Um füreinander die Nummer 1 sein zu können, hören wir zuerst auf die eigenen Bedürfnisse. Ich (Chris) ziehe einen wesentlichen Teil meiner Erfüllung aus meiner Beziehung. Ich nutze meine Beziehung als Spiegel. Um meine beruflichen Ziele zu erreichen. Um meine Gesundheit zu gewährleisten. Sogar um meine Bedürfnisse wahrzunehmen. Unsere Beziehung ist auch das Zentrum unserer Familie und gibt unseren vier Kindern dadurch enorme Sicherheit. Unsere Beziehung ist der Tempel, den ich besuche, um viele der Antworten auf die Erfüllungs- und Erfolgsfragen zu finden, die mir meine Lebensvision stellt. Ich nutze meine Beziehung, um mich zu erfahren, zu entfalten, um mich zu erkennen, um Dinge an mir zu sehen, die ich ändern will.

Unsere Erfahrung: Nummer 1 füreinander zu sein, gibt die Sicherheit, Konflikte zu erkennen und zu lösen. Weil die Beziehung die nötige Aufmerksamkeit bekommt und wir so genug Zeit frei machen, um zum Teil komplexe Konflikte im Kern zu lösen und uns coachen zu lassen. Indem unsere Beziehung im Zentrum steht, haben unsere Kinder in dieser Konstellation den sichersten Rahmen für ihre Entwicklung, und sie haben Eltern, die sie in Einigkeit begleiten und gemeinsam Grenzen für sie setzen. Eine Mutter, die vorlebt, dass sie ihre eigenen Träume verwirklicht und dafür arbeitet. Einen Vater, der vorlebt, dass ihm die Zeit mit seiner Frau und mit den Kindern das Heiligste ist. Ohne sich gegenseitig auszuspielen. Ohne Konkurrenz. Denn die Schlüssel für eine glückliche Kindheit sind Liebe, Stabilität und sichere Grenzen für Wachstum und Selbstentfaltung. Und die größte Stabilität als Familie haben wir, indem wir als Paar einander das Wichtigste sind. Natürlich gibt es aber auch ganz andere Familienmodelle, die genauso gut funktionieren und sicherlich auch immer mehr werden in Zukunft. Wie Patchwork-Konstellationen und freie Familienverbünde. Vielleicht wollt ihr auch ein Paar sein und habt Kinder, aber es funktioniert besser für euch, wenn ihr in zwei getrennten Wohnungen wohnt. Was wichtig ist: dass Beziehungen an sich priorisiert werden, Beziehungsarbeit gewährleistet werden kann, jeder seine eigenen Wurzeln heilt und jeder sich in der jeweiligen Konstellation frei entfalten kann. Würden wir die Kinder dauerhaft vor die Beziehung stellen, beziehungsweise zwischen uns als Paar, würde es dazu führen, dass die Kinder eine Rolle einnehmen, die ihnen nicht zugedacht sein sollte. Dass sie damit verantwortlich sind für uns. Für unsere Gefühle. Nähe lebt man natürlich auch mit seinen Kindern, aber wenn sie die einzige oder wichtigste Quelle für Nähe sind, dann haben sie eine Rolle, die dysfunktional ist. Kinder sollen frei sein, sie sollen eben keine Bedürfnisse oder Ansprüche der Eltern erfüllen müssen, nicht das Nähebedürfnis der Eltern stillen müssen. Sie sollten nach vorne agieren dürfen und sich nicht konstant um das Wohlergehen der Eltern kümmern müssen. Sie sollten nicht zwischen einem Elternpaar oder zwischen den Eltern stehen, als Kleber, Puffer, Schiedsrichter, Mediator, Verbündeter oder einzige Quelle der Nähe, sondern sie sollten vor den Eltern stehen dürfen, den Blick nach vorne gerichtet und ohne die Verantwortung, die mit Nr. 1 Sein nämlich auch einhergeht.

Temporär kann es natürlich dennoch sehr wichtig sein, den ganzen Hauptfokus auf eine andere Sache zu lenken. Man denke an berufliche Herausforderungen oder an die Geburt und das erste Babyjahr oder an zu pflegende Verwandte oder Krankheiten, oder auch enge Freundschaften. Einander wichtig zu sein kann deshalb realistisch nicht bedeuten, dass man immer gleich viel Paarzeit hat und für den Partner stets alles stehen und liegen lässt. Für die Beziehung commited zu sein, bedeutet, den Partner in die Lösungs- und Entscheidungsfindung einzubeziehen, anstatt immer alles im Alleingang zu machen. Den Partner in deine Innenwelt mitzunehmen. Gedanken, Wünsche, Träume, Fantasien und Vorbehalte zu kommunizieren. Und all das braucht Zeit.

Wir persönlich nutzen uns als inneren Kompass für die oben genannten Lebensbereiche und haben auf diese Weise rückblickend immer die besten Entscheidungen getroffen. Denn die Wahrheit und die allerbeste Lösung findet sich immer in einem Diskurs. Platon bezeichnet diese Methodik zur Wahrheitsfindung als *Sokratischen Dialog*, eine Methode, die auch in der kognitiven Verhaltenstherapie eingesetzt wird.[102]

Damit gelingt es also, die gegenteiligen und scheinbar unvereinbaren Standpunkte in eine neue Lösung, in eine Synthese, zu integrieren, die wir hier schon häufig vorgestellt haben. Und für einen derartigen Diskurs braucht es nun mal zwei oder mehr. Und es braucht Zeit und Energie. Das muss man bei allen anderen Verpflichtungen bewusst wollen.

Für diesen sokratischen Dialog braucht es allerdings unbedingt deine Unabhängigkeit, deine Freiheit, deine Fähigkeit zur Differenzierung. Denn wenn du dich in deinem:r Partner:in ganz und gar auflöst (*toxische Verschmelzung*), gibt es keine Differenzierung mehr, kein Ich, und daher auch kein Ich und Du, geschweige denn ein gesundes Wir.

Was Nr. 1 nicht bedeutet

Deine Beziehung zu deinem:r Partner:in als oberste Priorität zu wählen, bedeutet also nicht, dass du dich, deine Bedürfnisse oder andere (dir wichtige) Lebensbereiche vernachlässigst. Im Gegenteil. Indem wir uns gegenseitig am wichtigsten sind, haben wir nämlich gleich doppelte Sensoren dafür, um uns (selbst und gegenseitig) genau jene Fragen zu stellen, die uns unsere eigenen Bedürfnisse und Wünsche erst richtig bewusst machen. Es bedeutet auch nicht, dass du dich für die Beziehung aufopferst. Im Gegenteil. Du wächst, und du lernst, dich zu lieben. Dein:e Partner:in liebt dich, und ihr:sein größter Wunsch ist, dass du glücklich bist. Im besten Fall hat sie:er immer eine größere Vision von dir als du. Die kannst du aber nur erfüllen, wenn du dir selbst wichtig genug bist für dein eigenes Glück. Wenn du genau weißt, was du brauchst, damit deine Schale voll ist. Dein:e Partner:in trainiert dich täglich darin: für dich einzustehen, zu sagen, was du brauchst, Grenzen zu setzen, Angebote zu machen, dich wahrzunehmen. Ein Tanz aus Geben und Nehmen. Mache sie zur Priorität, und du wirst in deine größte Macht kommen. Damit meinen wir nicht, dass dein:e Partner:in dich täglich empathisch nach deinen Bedürfnissen fragt, dieser Anspruch ist unrealistisch. Es geht darum, dass du dich von einem anderen Menschen, dem du nah bist, abzugrenzen lernst, dich also von ihm differenzierst. Und dich gleichzeitig in ihm erkennst wie in einem Spiegel. Nähe und Distanz in gesundem Einklang.

Es bedeutet auch nicht, dass du deine Freundschaften vernachlässigst. Oder deine Hobbys. Oder andere Dinge, die dir Freude bereiten. Ein:e liebende:r Partner:in wird dein Sensor für das sein, was dir davon wirklich guttut und was du als Ausdruck von Mangel machst, weil du einen Beweis leisten möchtest oder weil du etwas verdrängen willst und Wege suchst, zu kompensieren. Menschen verdrängen schmerzliche Erinnerungen nicht nur durch Alkohol und Drogen, sondern eben auch manchmal durch übersteigerte

Hobbys und Arbeiten oder energieraubende Freundschaften, die einem eigentlich gar nicht mehr guttun. Wir erleben es in Coaching-Gesprächen, dass der:die Partner:in so oft deine unterbewusste Stimme ist. Dein:e Partner:in drückt aus, was du auch unterbewusst denkst, aber wo du noch nicht hinschauen willst. Im Vertrauen, dass der:die Partner:in das Beste für dich will, kannst du dem Gehör schenken und wissen, dass er:sie in deinem besten Interesse handelt und spricht. Das ist nicht immer einfach und klingt auch nicht immer nett, denn natürlich hat dein:e Partner:in auch ein Ego, will ihre:seine eigenen Interessen durchsetzen, nicht nur deine. Ihr findet die richtige Balance im Sokratischen Dialog oder im Streit heraus. Und wenn ihr euch beide selbst wichtig seid und der andere keine Minderwertigkeitskomplexe kompensieren muss.

Erst durch unsere Paarkonflikte haben wir verstehen können, wie wichtig Freundschaften uns wirklich sind, sodass wir uns in Berlin ein ganz neues soziales Umfeld aufgebaut haben, in dem wir Freundschaft zelebrieren wie nie zuvor. Wo wir Probleme teilen und relativieren, inspirieren, uns beruflich austauschen, die Erfahrung Eltern-Sein teilen und vor allem: gemeinsam Spaß haben. Auch haben wir gemerkt, wie wichtig uns dazwischen Allein-Zeit ist. Wir fahren regelmäßig alleine ein paar Tage weg, und der andere hält dem/derjenigen dafür den Rücken frei. Wir treffen sehr regelmäßig alleine unsere Freund:innen und machen alleine Sport. Beziehung zu priorisieren bedeutet für uns, der:die beste Freund:in füreinander zu sein und dadurch zu wissen, was dem anderen wichtig ist, ihn daran zu erinnern, zu bestärken und es dem anderen zu ermöglichen.

Nr. 1 bleiben: Wie ihr füreinander wichtiger bleibt

Chris: *Für mich war Tanja direkt mit dem Verlieben, also fast von Anfang an meine Nummer 1. Doch danach gab es in unserer Beziehung immer wieder Zeiten, in denen andere Dinge derart an Wichtigkeit gewonnen haben, dass sie temporär und eben ohne Abstimmung mit*

Tanja zur eigentlich ungewollten Nummer 1 wurden. In jedem dieser Momente waren es innerliche Blockaden, die mich davon abhielten, meine Beziehung auf Nummer 1 zu belassen. Die drei wichtigsten Stationen waren dabei:

1. *Als Tanja mich fragte, ob wir verbindlicher miteinander sein wollten (vgl. S. 192). Hier stand meine (Wahl-)Freiheit, tun und lassen zu können, was ich will, an oberster Stelle. Das nicht festlegen wollen, war mir wichtiger als die Beziehung zu Tanja. Erkenntnis: Beziehung ist nicht einschränkend, sondern befreiend.*
2. *Später war auch meine Karriere wichtiger als die Beziehung. Ich arbeitete immer mehr, wurde immer gestresster und merkte nicht, wie ich mich in der Arbeit derart verlor, dass ich gegenüber Tanja unzuverlässig und unaufmerksam wurde. Bis die Beziehungsstreitereien mich unmissverständlich darauf aufmerksam machten. Erkenntnis: Ich bin gut genug. Jeder ist gut genug. Gemeinsam ist wichtiger als allein. Beziehung ist mir wichtiger. Beziehung ermöglicht den Erfolg, den ich eigentlich möchte, und den Beruf, den ich eigentlich ausüben will.*
3. *Schließlich fiel mir auch die Entscheidung zwischen meinem Vater und meiner Beziehung verständlicherweise sehr schwer. Mein Vater stellte mich indirekt vor ein Entweder-oder, und nach einem Zögern entschied ich mich für meine Beziehung. Erkenntnis: Wir werden immer abgelehnt. Wir können nur selbst entscheiden, von wem wir lieber abgelehnt werden. Ich brauche nicht die Anerkennung meines Vaters, auch wenn ich sie mir wünsche. Erst Differenzierung führt zu gesunder Nähe.*

Das Leben wird euch also immer wieder an den Punkt bringen, an dem ihr wählen könnt, was euch am wichtigsten ist. Dadurch entsteht eure ganz persönliche Liebeslandkarte. Wenn du merkst, dass deine Beziehung gegenüber anderen Lebensbereichen an Wichtigkeit verliert und du nicht mehr die Nähe erfährst, die du dir in deiner Beziehung wünschst, kannst du dich fragen, *wozu*? Wozu arbeite ich eigentlich so viel, obwohl das zu Konflikten in meiner Beziehung führt? Für meinen Beitrag, also wirklich für die Sache oder doch nur für einen Beweis oder Anerkennung von außen, weil ich meinem irrationalen Selbstzweifel aufsitze? Wozu lasse ich mich von den Kindern so sehr vereinnahmen, obwohl das zu Konflikten in meiner Beziehung führt? Was denke ich nicht von meinem Partner zu bekommen, wofür die Kinder Ersatz sind? Wozu habe ich streitbeladenen Kontakt mit meinen Eltern, obwohl das immer wieder zu Konflikten in meiner Beziehung führt?

Du kannst natürlich genauso gut deinen Beruf auf Nummer 1 stellen und dort deine Erfüllung finden, alles danach ausrichten. Du findest dort Anerkennung und Wertschätzung, du lernst, dir und deinem Team zu vertrauen, du lernst deine Grenzen kennen und lernst, über dich hinauszuwachsen. Du kannst dich in deinem Beruf selbst erfahren, Leidenschaft erleben, dich selbst verwirklichen und deiner Mission folgen. Vielleicht findest du auch eine:n Partner:in, die:der ebenfalls den Beruf oder etwas anderes auf Nummer 1 hat. Eure Beziehung wird sicherlich funktionieren, doch führt es auf Dauer dann doch gern zu Konflikten, weil ein Mensch mehr Nähe möchte als der andere. Und wenn du im Zweifel wiederholt den Businesstermin dem ausgemachten Paarabend vorziehst, dann wird das Konsequenzen haben. Weniger Vertrautheit, weniger Intimität. Niemand lässt sich mehrmals gern zurückweisen, egal, wo die abgemachten Prioritäten liegen. Aber wir erinnern uns: Das, was es ist, ist es. Wenn es für beide gut funktioniert, super!

Vielleicht bist du in einer Beziehung nicht die Nr. 1. Das kann frustrierend sein. Unendlich traurig. Vielleicht hast du auch schon dafür gekämpft, wichtiger zu werden, aber erfolglos. Oder du probierst es gar nicht, weil du glaubst, nicht genug zu sein, nicht liebenswert, nicht wichtig, ohnmächtig. Vielleicht bist du Single, weil du glaubst, es interessiert sich sowieso niemand für dich und schenkt dir Aufmerksamkeit, geschweige denn priorisiert dich. Du wirst deine berechtigte Begründung für diesen Glaubenssatz haben und eine lange Geschichte dazu. Aber wir laden dich trotzdem zu einem Wozu ein: Wozu würdest du von niemandem die Nr. 1 sein wollen? Welche Erfahrung kannst du dann vermeiden? Was musst du dann nicht tun? Welches Risiko musst du dann nicht eingehen? Und warum ist die Nr. 2 oder die Nr. 7 zu sein viel sicherer? Exakt. Hier wird es spannend. Nr. 2 zu sein ist nämlich auch komfortabel. Du stehst nicht komplett im Fokus, bist aber auch nicht einsam. Du gehst nicht das Risiko ein, abgelehnt zu werden, weil du die Ablehnung schon vorwegnimmst. Du kannst machen, was du möchtest, egal, wie der andere das findet. Denn du bist ja auch nicht oberste Prio. Du hast weniger Verantwortung und weniger Verpflichtungen.

Aber ein Teil von dir will mehr Nähe und würde diesen vermeintlichen Gewinn gern aufgeben. Aber was dich hindert, ist, dass du irgendwo auf deinem Weg Negatives geschlussfolgert hast. Dass du Männern/Frauen nicht vertrauen kannst. Dass du in Beziehung den Kürzeren ziehst. Dass Beziehung vielleicht gefährlich ist. Dass die Beziehung deiner Unabhängigkeit gefährlich wird. Dass du es irgendwie nicht wert bist. Das Nr.-2-Sein beschützt dich. Wenn du die irrationale Gefahr erkannt hast und auflöst, kannst du Nr. 1 sein. Aber dafür gibt es auch einiges zu tun. Also die Frage: Willst du das wirklich? Wir versprechen dir: Es lohnt sich.

Du kannst dir jeden Lebensbereich für deine persönliche Selbsterweiterung wählen. *Du* allein bestimmst darüber, was dich nährt. Um bewusst immer wieder neu zu wählen, was dir wichtig ist, ist es aber nötig, dir Klarheit zu verschaffen. Stell dir dazu folgende Fragen: Funktioniert das so für dich? Vermisst du etwas? Erfüllt dich das? Lebst du dein Leben, oder lebt dein Leben (und die Umstände) dich? Wenn alles so für dich und euch passt und dich glücklich macht – dann mach/t unbedingt weiter so!

Visionärin und Erfüller

> *»Der ideale Mensch verspürt Freude, wenn er anderen einen Dienst erweisen kann.«*[103] ARISTOTELES

Auf dem Standpunkt der Freiheit und Unabhängigkeit kannst du fragen: Wen oder was willst du für deine Erfüllung brauchen? Willst du eine:n Partner:in? Wozu lohnt sich ein:e Partner:in überhaupt? Dass sich auch die ganze Beziehungsarbeit dafür lohnt? Wofür willst du ihn:sie brauchen wollen? Für Nähe und Intimität, für Nicht-Alleine-Sein, für tiefe Gespräche, für gemeinsame Reisen, für Sex, für Kinder und Familie, für berufliche Projekte, für ein schönes Leben? … Jemand anders brauchen zu wollen ist ein mutiger Schritt, denn natürlich kannst du auch »alleine« erfüllt sein, ohne Partner:in. Doch gewisse Erfahrungen sind dann nicht möglich.

Wenn ihr Erfüllung in einer Beziehung leben wollt, dann begebt ihr euch in erfüllende Abhängigkeiten, indem ihr einander brauchen wollt und gebraucht werden wollt. Das Maß dieses gegenseitigen Brauchen-Wollens könnt ihr frei wählen. Es gilt herauszufinden, was die richtige Balance zwischen Nähe und Distanz ist für eure erfüllte Beziehung. Die richtige Balance und das richtige Maß sind individuell sehr verschieden und ändern sich im Verlaufe der Beziehung. Eine Balance ist elementar für die Dynamik in eurer Beziehung. Um diese Dynamik zu verstehen und das richtige Maß an Nähe zu erschaffen, ist die Unterscheidung zwischen Beziehungs-Visionär:in und Beziehungs-Erfüller:in wichtig.

Diese beiden Funktionen sind nicht (!) an ein Geschlecht gebunden und können sowohl auf hetero wie queere und polyamore Beziehungen angewendet werden. Wer welche Funktion hat, hängt nur von deiner Person, deinen Eigenschaften, deinen Vorlieben und deinen naturgegebenen Talenten ab.

Die *Beziehungs-Visionärin* macht sich grundsätzlich mehr Gedanken über die richtige Balance in der Beziehung und kümmert sich grundsätzlich mehr um die Vision der Beziehung: Sie sieht mehr in der Beziehung als das, was aktuell vorhanden ist. Möglicherweise ist sie die Person, die die Verbindlichkeit in der Beziehung sogar initiiert hat. Tanja ist in unserer Beziehung die Visionärin, und indem sie mich am Anfang vor die Frage »Ganz oder gar nicht?« gestellt hat oder zu mir als Erster von uns beiden »Ich liebe dich« gesagt hat, ist sie jeweils den nächsten wichtigen Schritt für mehr Nähe gegangen. Die Visionärin investiert Gedankenarbeit in die Frage nach dem richtigen Nähe-Distanz-Verhältnis und stellt sich die zentrale Frage: Wofür will ich (m)eine:n Partner:in brauchen – wenn ich wegen meiner Unabhängigkeit ja eigentlich keine:n brauche? Und was würde meinem:r Partner:in guttun? Wie kann mich eine Beziehung erfüllen? Was können wir uns gegenseitig geben? Was wollen wir alles erschaffen? Was soll aus unserer Liebe entstehen? Der Visionär denkt eher in Netzwerken und erschafft den Beziehungsrahmen, in dem das ganze Bild entstehen kann.

Der *Beziehung-Erfüller* stellt sich hingegen die Frage: Wofür will ich von (m)einem:r Partner:in gebraucht werden? Was will ich realisieren? Welche Ideen gefallen mir? Der Erfüller sieht sich in der Funktion, die gezeichnete Vision gegebenenfalls zu korrigieren (indem er Ja oder Nein zu den Elementen der Vision sagt) und dann zu erfüllen. Er hat dabei immer die freie Wahl, ob er sich für die Aufgabe verpflichten will oder nicht. Ob er sich engagieren möchte oder nicht. Ob er die Aufgabe noch korrigieren will oder eine ganz andere will.

In diesem Zusammenspiel führt die Visionärin (indem er den Erfüller brauchen will) und der Erfüller folgt (indem er zustimmt, von der Visionärin gebraucht werden zu wollen). Für den Erfüller ist es wichtig zu verstehen, dass er seine Freude daraus zieht, zu machen und umzusetzen. Wenn er der Vision dient, so wird er bekommen, was er eigentlich will: Sinn, Anerkennung, das Gefühl, gebraucht zu werden, zu wirken und einen Beitrag zu leisten. Die

Visionärin bekommt, was sie will: Nähe, Umsetzungskraft, die Verwirklichung von Träumen und die Anerkennung der Macht, Neues zu erschaffen. Visionärin und Erfüller handeln erst mal egoistisch. Aber sie handeln auch selbstlos. Es ist nur eine Frage der Perspektive. Vision braucht Erfüllung, und Erfüllung braucht Vision. Keines ist mehr wert, denn keines kann ohne das andere existieren.

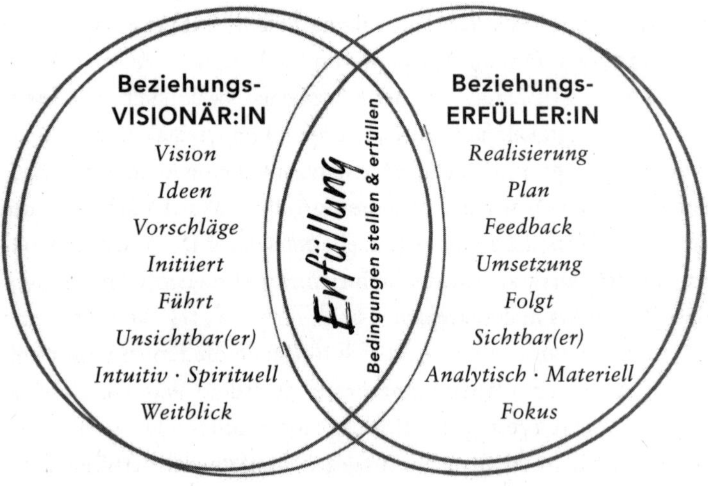

Abbildung 15: Unterscheidung zwischen Beziehungs-Visionär:in und Beziehungs-Erfüller:in

Auch wenn beide das an mancher Stelle als unfair bewerten, so ist es sehr ausgeglichen. Du darfst dir den Erfüller:in wie ein Werkzeug vorstellen und die Visionärin als die Hand, die das Werkzeug führt. Die Hand wählt den Zweck und das dafür passende Werkzeug. Das Werkzeug stellt sich der angebotenen Hand und dem vorgesehenen Zweck zur Verfügung. Die Visionärin führt, und der Erfüller folgt. Manchmal streikt der Erfüller, dann folgt die Visionärin oder ändert die Vision. Genauso beobachten wir häufig, dass die Visionärin den Erfüller zuerst auswählt, und der Erfüller dann entweder zustimmt oder ablehnt. Er lehnt aber nie die Visionärin an sich ab, sondern eher die Vision, für die die Visionärin gerade einsteht.

Insbesondere beim Dating ist es sehr wichtig, sich das bewusst zu machen. Gleiches gilt häufig für die Trennung: Die Visionärin kündigt oft innerlich zu einem bestimmten Punkt in der Beziehung, der Erfüller spricht diese Trennung dann häufig aus oder vollzieht sie. Die Visionärin hat schon lange davor Schluss gemacht, ist aber so nicht die »Böse«.

Die Herausforderung in dieser Dynamik ist, dass die Visionärin ihre Unabhängigkeit dabei nicht aus den Augen verliert. Bewusst entscheidet, dass es für sie erfüllender ist, nicht alles alleine zu machen, auch wenn sie vieles alleine machen könnte. Denn darin besteht die Macht, die Hingabe ans Leben, die Selbsterfahrung. Gleichzeitig gilt es für den Erfüller, sich seiner Freiheit bewusst zu sein. Denn er muss nichts. Er wählt zu dienen, um zu bekommen, was er wünscht. Beide sind stets frei(willig) in dieser befruchtenden, erfüllenden Dynamik. Der Erfüller wird ermächtigt und erlebt seine Fähigkeiten. Die Visionärin wird erfüllt und erlebt ihre Macht.

Visionär:in und Erfüller:in sprechen manchmal unterschiedliche Sprachen. Die Visionärin wird nie ganz verstehen, welches gefühlte Risiko darin liegt, sich einer Sache ganz und gar zu »verpflichten«. Welche innere Stärke es verlangt, umzusetzen und dadurch offensichtlich auf der Sachebene erst mal der Schuldige zu sein, wenn etwas nicht funktioniert, und somit auch der Erste zu sein, der verantwortlich gemacht wird und sich gegebenenfalls entschuldigen muss. Welche Herausforderung darin liegt, im Dienen die größte Stärke zu erkennen.

Der Erfüller wird nie verstehen, wie viel (unsichtbare) Arbeit und Energie es ist, eine Vision zu entwerfen und sie gegen die Widrigkeiten der Umsetzung aufrechtzuerhalten, immer weiter an ihr Gelingen zu glauben. Welche Verantwortung darin liegt, eine Vision zu haben, der andere folgen, weil es am Ende die Vision ist, die das Leben anderer prägt, und niemand im Voraus weiß, ob die Vision gelingt. Welche Herausforderung darin liegt, auf dem Weg der anstrengenden Realisierung der Vision wegen abgelehnt zu werden, wenn sich zunächst keine Erfolge einstellen.

Ihr könnt einander hier nur vertrauen. Und das gelingt nur, wenn ihr die Wurzelarbeit gemacht habt. Wenn ihr keine Vorwürfe mehr an das eigene oder das andere Geschlecht habt. Ansonsten wird der:die Erfüller:in sich verweigern, weil er:sie mit zu viel Kritik konfrontiert wird, er:sie wird die Vision schlecht machen und sich nicht mehr engagieren. Der:die Visionär:in wird davon genervt sein und die Dinge lieber selbst machen und die verweigerten Fähigkeiten des Erfüllers unterminieren und entwerten. Die Distanz wird dadurch größer. Wenn ihr aber eurer jeweiligen Rolle zustimmt und in dieser voll aufgeht, weil ihr keine negativen Bewertungen mehr habt, dann könnt ihr euch gemeinsam immer höher schwingen, das Unmögliche möglich machen und gemeinsam auf den Sternen tanzen.

Übung: Führen und Folgen

Was lebst du in deiner Beziehung tendenziell eher? Wer ist in eurer Beziehung der:die Visionär:in und wer ist der:die Erfüller:in? Um dir diese Dynamik verständlicher zu machen, führe folgende Übung aus: Du stellst dich mit deinem:r Partner:in (oder einem:r Freund:in) gegenüber auf. Ihr hebt die Hände vor eure Brust und legt die Handflächen aneinander. Ihr blickt euch in die Augen, und einer führt Bewegungen mit den Händen aus, während der andere folgt. Danach wechselt ihr. Ihr könnt auch fließend die Rolle von Führen und Folgen tauschen, ohne euch vorab darüber zu verständigen. Erweiterung: Du nimmst deine:n Partner:in oder eine:n Freund:in an die Hand und führst ihn:sie durch den Raum. Mal schneller, mal langsamer, mit Kurven und dann wieder geradeaus. Es bedarf keiner Worte. Der:die Geführte hat dabei seine Augen mit einem Tuch verbunden. Wiederholt den besonderen »Spaziergang« mit vertauschten Rollen.

Das begrenzende Geschlechterverständnis

Auch wenn die Funktionen unabhängig vom Geschlecht sind, so können uns unsere Konditionierungen über das Geschlecht stark beeinträchtigen, unsere Rolle in einer Beziehung auszuleben. Und die Sozialisierung uns in eine Rolle drängen, in der wir gar nicht mehr sein wollen. Warum?

Vermutlich erahnst du es schon: In Hetero-Beziehungen ist die Frau in der Mehrheit der Fälle die Beziehungs-Visionärin und der Mann der Beziehungs-Erfüller. Das erklärt auch, warum über 80 % unserer Coaching-Anfragen von Frauen kommen und in den restlichen oft die Frau den Auftrag dazu gegeben hat. In gleichgeschlechtlichen Beziehungen wissen trotzdem beide sehr intuitiv, wer welche Rolle innehat. Wir haben nicht nur für dieses Buch mit vielen gesprochen, um das Modell zu bestätigen.

Frau hat gelernt, brav zu sein und nicht anspruchsvoll. Nicht anstrengend und immer selbstlos kümmernd. Wenn sie nun die Visionarin ist, dann endet das oft in Selbstaufopferung. Aber: Du darfst dich selbst anerkennen, dich feiern, anspruchsvoll sein, dir deine Wünsche erfüllen lassen, um dir deiner eigenen Macht gewahr zu werden. Indem du für dich die Nr. 1 bist.

Mann hat gelernt, stark zu sein und egoistisch. Wenn er nun Erfüller ist, wird sein Ego ihn sich verweigern lassen, denn (einer Frau) zu dienen sieht er als negativ und schwach an. Lieber verweigert er sich häufig und lässt sie machen. Aber: Du darfst ausdrücken, was du brauchst, um erfüllt zu sein. Du darfst dich selbst respektieren und anerkennen für deine verbindlichen Dienste, du darfst dir deine Bedürfnisse befriedigen lassen, um deiner wahren Stärke bewusst zu werden, die auch aus einer anderen machtvollen Quelle gespeist wird. Weil sie für dich die Nummer 1 ist.

Die Visionärin läuft Gefahr, sich zu übernehmen in der gleichzeitigen Ausführung vieler verschiedener Aufgaben. Insbesondere weil das Visionieren nicht sichtbar ist. Oft hat der Erfüller nur bedingt Anerkennung für diese krasse, anstrengende und herausfordernde Beziehungsarbeit. Und wenn die Anerkennung dafür fehlt, dann führt dies in einer Beziehung schnell zu Überforderung, weil sie neben der Beziehungsarbeit noch alles andere tut. Statt für ihre Visionen, Ideen und ihre Beziehungsarbeit anerkannt zu werden, wird sie sogar eher abgelehnt, beleidigt, angegriffen. Die Anerkennung der Visionärin ist deren Erfüllung. Also erst wenn du den:die Partner:in für deine Erfüllung nutzt, zu deiner Entlastung, für deine Bedürfnisse, dann erkennst du dich an, erst dann besteht der Ausgleich. Du musst dir also in deinen Bedürfnissen wichtig sein und darfst lernen, diese zu adressieren! Dafür brauchst du aber wieder neue positive Glaubenssätze über dich, das andere Geschlecht, Macht, Visionen! Darüber, dass du auch »anstrengend« sein darfst. Du darfst im positivsten Sinn eine Zumutung sein, mutig sein!

Der Erfüller läuft Gefahr, sich in etwas derart fokussiert hineinzusteigern, dass er dafür die eigenen Grenzen und das Wohl aller aus dem Blick verliert. Wenn die Anerkennung für den eigenen Erfüllungsbeitrag fehlt oder die Ergebnisse (noch) nicht dem gewünschten Endzustand entsprechen, bezieht der Erfüller es gern auf sich selbst und gibt sich selbst die Schuld. Beginnt sich mehr und mehr anzustrengen, sich etwas beweisen zu wollen oder am Ende zu resignieren. Es gilt für den Erfüller, die eigenen Grenzen zu wahren, den eigenen Beitrag anzuerkennen und zu feiern. Es gilt dich zu hinterfragen, ob du diesen Dienst leisten willst oder ob nur dein Ego dessen Erfüllung verlangt oder verhindert. Dafür brauchst du positive Glaubenssätze über dich, das andere Geschlecht, Dienen und Folgen! Darüber, dass du auch schwach und bedürftig sein darfst. Auch wenn du anfängst, dich mit der Visionärin zu vergleichen, und denkst, dass die Vision mehr wert ist als dein Beitrag, ist das Projekt zum Scheitern verurteilt. Oder wenn du für das Nicht-Funktionieren ständig der Visionärin die Schuld gibst und nicht Selbstverantwortung lebst.

Erst wenn wir uns neu konditionieren, können wir unsere Rolle in der Beziehung ohne Widerstand einnehmen. Können wir uns und der Beziehung die Wichtigkeit einräumen, die wir beide verdient haben.

Liebe: Liebst du dich? Liebst du deine:n Partner:in?

»Liebe ist eine essenzielle, existenzielle Tatsache. Sie ist unsere tiefste Wirklichkeit und unser Sinn auf Erden.«[104]

MARIANNE WILLIAMSON

Liebe ist der größte universelle Rahmen, in dem all das hier stattfindet. Am Ende deines Lebens ist es nur noch wichtig, wie sehr du geliebt hast und wie sehr du geliebt wurdest. Es ist das Einzige, was Bestand hat. Das Einzige, was unsterblich ist. Das Einzige, was wirklich zählt. Wir sind entstanden aus Verschmelzung, und verschmolzen waren wir auch mit unserer Mutter, bis die Nabelschnur nach unserer Geburt durchtrennt wurde. Zurückgeblieben ist die Sehnsucht nach Vervollständigung. Die Sehnsucht nach erneuter Verschmelzung, Verbindung, unendlichem Verständnis und bedingungsloser Liebe. Einer Liebe, in der wir nicht nur angenommen, sondern geborgen sind. In der wir sorglos getragen und im Fruchtwasser schwimmend genährt werden. In der wir derart grenzenlos geliebt werden, dass ein Mensch seinen Körper dafür hingibt und sein Leben für uns riskiert. Wir müssen dafür nichts tun. Nur sein. Wir empfangen, ohne geben zu müssen. Wir werden geliebt, ohne selbst zu wissen, was Liebe ist. Wir kriegen, einfach so, indem wir existieren – bedingungslos. Das ist Liebe. Oder?

Je mehr wir aber in der Welt ankommen, desto mehr erkennen wir, dass dieser tief verankerte Glaubenssatz über die Liebe nicht unbedingt haltbar ist. Unsere Erwartungen werden früher oder später enttäuscht. Meist irgendwann in der frühen Kindheit. Vielleicht suchen wir dann später dieses Gefühl der bedingungslosen Liebe sehnsüchtig in einem Partner. Suchen die:den eine:n Partner:in, mit der:dem das möglich erscheint. Und dann in der Verliebtheitsphase ist es wieder da, das Gefühl der bedingungslosen Liebe. Nur um dann nach einigen Monaten doch wieder enttäuscht zu werden. Wir geben gefühlt alles und stellen doch fest, nicht verstanden zu werden, nicht gehört und gesehen zu werden, nicht für unser ganzes Sein geliebt zu werden. Nicht mit all unseren Schwächen, Ecken und Kanten angenommen zu werden, sondern kritisiert. Missverstanden. Entwertet. Wir sind enttäuscht und ewig auf der Suche nach dieser bedingungslosen Liebe, weil wir unsere Liebesunterbrechungen nicht geheilt und vollständig gemacht haben. Weil unsere Wurzeln nicht geheilt sind. Liebe hat viele Gesichter. Aber es gibt sie, die bedingungslose Liebe. Und du darfst bedingungslos lieben. Und du wirst bedingungslos geliebt. Nur für erfüllte Partnerschaft reicht sie nicht aus.

»Liebst du deine:n Partner:in?« Keine Frage wird von unseren Klient:innen so klar mit Ja oder Nein beantwortet wie diese. Du weißt das intuitiv. Meistens wird sie mit Ja beantwortet, egal, wo das Paar gerade steht. Es ist ja schließlich der Grund, warum du dir das alles antust. Dieses Buch liest. Streitest. Genervt bist. Laut wirst. Höchst emotional und irrational wirst. Dir Hilfe holst, wenn du nicht mehr weiterweißt. Du bleibst, weil du liebst. Oder weil du abhängig bist und Liebe mit Abhängigkeit verwechselst. Aber das ist ein Thema für das Kapitel »Gleichberechtigung«. Es ist paradox, aber das Kapitel »Liebe« war in unserem Buchprozess der letzte Teil, den wir geschrieben haben. Weil Liebe die eine Kraft ist, die uns antreibt. Weil sie so natürlich ist, dass man sie nicht erklären braucht.

»Liebst du dich selbst?« Diese Frage löst in den allermeisten Fällen ein Zögern aus. Sie wird häufig mit Nein oder Stille beantwortet. Und genau hier liegt die Magie: Wir erleben häufig, dass Paare einander lieben, aber die Frage der Selbstliebe verneinen. Egal, wie viel Streit zwischen den Paaren stattfindet, so häufig lieben sie sich trotzdem gegenseitig. Sie lieben den anderen bedingungslos, obwohl dieser sich selbst nicht liebt. Sie lieben ihn, obwohl sie ihn (gerade) nicht mögen. Vielleicht sogar im Moment überhaupt nicht ausstehen können. Oft sind wir nämlich zu den Menschen, die wir am meisten lieben, besonders liebevoll, aber eben auch besonders hart und gemein. Freunde würden wir nicht so schlecht behandeln. Warum dann unsere:n Partner:in? Weil wir einander lieben. Weil so viel daran hängt. Weil wir hoffen, dass er:sie aufgrund der Liebe nicht geht, auch wenn wir uns von unserer schlechtesten Seite zeigen.

»Du musst dich selbst lieben, um lieben zu können«, heißt es immer. Aber wieso erleben wir so oft den Fall, dass der Partner die Liebe deklariert, aber wir selbst der Meinung sind, uns nicht zu lieben? Wir haben oft so eine enge Vorstellung von Liebe, dass wir uns nicht erlauben, uns selbst zu lieben. Zu uns selbst sind wir oft am härtesten. Darin liegt die Schönheit des Prinzips *Das Ich im Du*: Der:die Partner:in spiegelt uns nicht nur Negatives, sondern in diesem Fall eben auch die Selbstliebe, die wir glauben gar nicht zu haben.

Liebe allein reicht nicht für eine erfüllte Beziehung, und doch ist eine erfüllte Beziehung ohne die Liebe ein Scheiß. Da fehlt die Magie, der Zauber, der Sinn. Ihr könnt jemanden lieben, ohne ihm nah zu sein. Ihr könnt jemandem nah sein, ohne ihn zu lieben. Es gibt die bedingungslose Liebe, aber es gibt keine bedingungslose Nähe in Beziehungen.

Es gibt so vieles, was es zu Liebe zu wissen gibt, und doch trägst du alle Antworten schon in dir. Weil du von Liebe gekommen bist, nach Liebe gehst und Liebe bist. Wir möchten dir nur eine einzige wichtige Sache mitgeben, die du brauchst, um Liebe in einer dauerhaften Beziehung lebendig zu halten, alles andere ist Kür oder selbstverständlich:

Lieben ist ein Tuwort.
Das Gefühl der Liebe folgt aus euren Liebestaten.

Liebe ist eine Tätigkeit

> »*Love is a practice. More than a feeling, it's an action. It's something you do, not something that just happens to you. And you need to give-and get-a daily dose to maintain a healthy, thriving relationship.*«[105]

Julie und John Schwartz Gottman sind Koryphäen auf dem Gebiet der Beziehungsanalyse. In ihrem Love Lab haben sie quantitative Untersuchungen darüber angestellt, was für erfolgreiche Beziehungen und Ehen funktioniert und was nicht. Sie widmen sich der Frage: Wie bleibt Liebe in einer langjährigen Beziehung lebendig? Ihre Antwort in Kürze: Indem ihr täglich etwas für sie tut. Sie definieren Lieben als Tätigkeitswort. Sie unterscheiden dabei drei unterschiedliche Bereiche von Tätigkeiten:

Neugier
»Paare brauchen eine gesunde Neugier aneinander. Wir alle verändern uns über die Zeit, und erfolgreiche Paare wissen das und nehmen sich die Zeit, ihre jeweiligen ›Liebes-Landkarten‹ zu ver-

stehen – ihr Wissen über die gegenseitigen Innenwelten. Über ihre Kindheiten, wo sie herkommen. Über ihre individuelle Liebessprache. Es geht nicht nur darum, Fragen zu stellen, sondern die richtige Art von Fragen zu nutzen.«[106] Wann hast du deine:n Partner:in zuletzt etwas gefragt, und dadurch etwas herausgefunden, was du noch nicht über sie/ihn wusstest?

Bewunderung

»Paare müssen ihre Zuneigung und Bewunderung miteinander teilen. Das bedeutet, (1) die guten Taten ihres Partners zu sehen und zu schätzen, (2) die Dinge, die sie an ihm bewundern, zu finden und sich darauf zu konzentrieren und (3) diese Dinge laut oder durch Berührung auszudrücken. (...) Liebevolle Worte müssen viel häufiger laut gesagt werden, als uns bewusst ist.«[107] Wir denken manchmal, Liebe sei endlich, wir dürfen sie nicht verschwenden und nicht inflationär »Ich liebe dich« sagen. Aber in Wahrheit ist sie unendlich. Nur weil du schon Tausende Male geatmet hast, hörst du nicht plötzlich auf damit. Der Sauerstoff bleibt gleich wichtig für dein Überleben, egal, wie oft du bereits ein- und ausgeatmet hast. Wenn man von einer Lebenserwartung von 78 Jahren ausgeht, ergeben sich etwa eine halbe Milliarde Atemzüge in einem Menschenleben. Ähnlich verhält es sich mit der Liebe. Verschwende sie. Je mehr du liebst, desto mehr Liebe hast du.

Aufmerksamkeit

»Paare müssen sich Aufmerksamkeit schenken, indem sie sich zueinander wenden, anstatt sich voneinander abzuwenden. Das bedeutet, dass sie sogenannte ›Bitten um Aufmerksamkeit‹ (Verbindungsgebote) machen und darauf reagieren. Diese Angebote können auch alltägliche Kleinigkeiten sein, wie zum Beispiel: ›Schau mal, ein schöner Vogel‹, worauf der andere dann auch wirklich schaut. Erfolgreiche Paare sind schlau genug, um zu bemerken, wenn ihr Partner ein derartiges Angebot macht, und lassen dafür gern alles stehen und liegen, falls notwendig.«[108]

Die Gottmans sind in ihren Thesen der Philosophie von Erich Fromm sehr ähnlich, der die Liebe als Kunst versteht, die es zu erlernen und auszuüben gilt.

> *»Ich werde geliebt, weil ich liebe.«*[109] ERICH FROMM

Auch Fromm sieht die Aktivität als wichtiges Element der Liebe. Für eine gesunde Beziehung geht es also an allererster Stelle um diese kleinen (all)täglichen Gesten. Ein Kuss »sollte« beispielsweise für seine volle Wirksamkeit sechs Sekunden dauern – am besten zweimal am Tag.[110] Denn genau so lange dauert es, bis unser Körper das Hormon Oxytocin ausschüttet, das uns diesen Liebesmoment in seiner Tiefe wahrnehmen lässt. Zur Sicherheit könnt ihr daraus natürlich auch einen noch viel längeren Zungenkuss machen.

Wir haben jedoch sowohl persönlich als auch in unserer Praxis die Erfahrung gemacht, dass Paare manchmal nicht in der Lage sind, die einfachsten Tätigkeiten auszuführen, um die Liebe zu spüren, wenn sie im Streit miteinander sind oder wenn Vorwürfe zwischen den Partnern stehen. Versuchen sie es trotzdem, so kann auch ein Kuss Ausdruck von Vorwurf sein oder eine gut gemeinte Geste wird zur Blamage oder Kränkung. Was es also braucht, um die beschriebenen Liebesdienste ausführen zu können, ist wiederum die bewusste Entscheidung, dies für Nähe tun zu wollen, den Streit für kurze Zeit »auszublenden« oder, natürlich noch viel besser, im Kern aufzulösen. Humor kann hier eine sehr wertvolle Fähigkeit sein, um das Eis immer wieder zu brechen.

In diesem Zusammenhang ist die berühmte »5-zu-1-Regel« eine sehr hilfreiche Erkenntnis aus den Ergebnissen der Gottmans. Sie besagt, dass es für jede negative Interaktion fünf positive als Ausgleich braucht.[111] Vereinfacht heißt das: Werfen wir unseren Liebsten einmal etwas Negatives an den Kopf, müssen wir uns danach fünfmal gutmütig zeigen, um diese Erfahrung auszugleichen. Es gilt also, ins Handeln zu kommen. Liebe heißt eben nicht nur dasitzen und sich geliebt fühlen. Verliebtheit ist ein Rausch, der über dich hereinbricht. Liebe ist (auch) bewusstes Tun.

Wie willst du geliebt werden?

Selbstliebe in Bezug auf Partnerschaft bedeutet, die eigenen Bedürfnisse zu kennen oder herausfinden zu wollen und sie dem Partner zu formulieren. Sei dir so wichtig, deinem Partner zu sagen, was du brauchst. Wie willst du gestreichelt werden? Beschenkt werden? Befriedigt werden? Welche Komplimente magst du? Wie willst du angesprochen werden? Genannt werden? Was willst du gemeinsam unternehmen? Warum hat etwas weniger Wert für dich, wenn du aussprichst, was du möchtest, statt darauf zu warten, dass es dir irgendwann geschieht? Das ist Emanzipation. So entsteht Gleichberechtigung. Hör auf, zu warten. Sag, was du brauchst! Wenn du nicht weißt, was du brauchst, untersuche, wozu du es nicht wissen willst!

Dabei können sich die Art und Weise, wie wir lieben und wie wir Liebe empfangen, natürlich stark unterscheiden. Chapman beschreibt die unterschiedlichen Arten des Liebens in seinem Weltbestseller »Die 5 Sprachen der Liebe«. Er unterscheidet darin zwischen folgenden Kategorien:

1. Komplimente: Lob und Anerkennung
2. Ungeteilte Aufmerksamkeit: Zeit zu zweit
3. Sichtbare Zeichen: Geschenke
4. Hilfsbereitschaft
5. Zärtlichkeiten[112]

Es kann sein, dass du jede der fünf Sprachen sprichst und darauf ansprichst, aber meistens haben wir ein oder zwei Sprachen, die uns besonders gut gefallen. Es lohnt sich sehr, darüber mit deinem Partner im Austausch zu sein. Wir unterschätzen dabei immer wieder, wie konkret wir sagen müssen, was wir brauchen, um es tatsächlich auch zu bekommen. Sprache ist sehr mehrdeutig, und es bedarf Mut und Verletzlichkeit, um zu kommunizieren, was wir uns vom Partner wünschen. Oft ist es sogar schambehaftet, zu sagen, was man sich wünscht. Es fühlt sich regelrecht unmoralisch für uns an.

Wenn wir auf dem Standpunkt stehen, nicht genug zu sein, werden wir die Liebestaten unseres Partners nicht wahrnehmen, oder wir lassen unsere:n Partner:in nicht wissen, welche Liebesdienste wir uns wünschen, weil wir denken, sie nicht zu verdienen, sodass wir in Sachen Lieben »aneinander vorbeireden«. Unser:e Partner:in kann unsere Liebeswünsche nicht von unseren Lippen ablesen. Vielleicht liebt er:sie einfach ganz anders als du. Ziemlich sicher ist seine:ihre Realität eine andere als deine. Ihr seht die Welt anders und manches gleich. Liebe hat so viele Ausdrucksformen. Wenn wir unsere Augen und Herzen öffnen dafür, wo, in welchen Sätzen und Taten überall Liebe drinsteckt, fühlen wir uns auf einmal viel geliebter. Ram Dass nennt diesen Zustand »Loving Awareness«, also etwa »in bewusster Erwartung von Liebe«.[113] Mach doch mal den Test und achte für einen Tag darauf, wo du Dinge in deiner Umgebung siehst, die eine Herzform haben. Plötzlich wirst du so viele Beispiele finden. Genau so kann es dir mit der Liebe gehen, plötzlich siehst du sie in anderen Facetten, als du dachtest. In einem »Fahr vorsichtig«, »Danke, dass du daran gedacht hast«, »Neben dir aufzuwachen ist so schön«, »Ich vermisse dich«, »Hier, ein Kaffee für dich«, »Pass auf dich auf« oder »Du siehst toll aus«. Es kann aber auch eine Umarmung sein oder eine Berührung deiner Schulter, ein Blick in die Augen, ein Händchenhalten oder das Kuscheln auf dem Sofa. Aber auch der runtergebrachte Müll, das gewaschene Auto, das frisch gekochte Essen oder die Brotzeit am Abend, das reparierte Fahrrad, das monatliche Einkommen oder die aufgeräumte Wohnung. Aber auch die mitgebrachte Lieblingsschoko, die gekauften Blumen, die neue Sonnenbrille oder der kleine Post-it am Spiegel. Liebe ist so bunt wie ein Strauß Blumen. Jede Blume sieht anders aus, und doch ist jede eine Blume. Und irgendwann erkennst du: Du musst die Liebe gar nicht mehr suchen. Du musst auch nicht mehr dafür tun, sondern weniger: nämlich innehalten und sie bewusst wahrnehmen.

Liebe ist kein Gefühl

> *Liebe ist nur der Auslöser, und die Gefühle, die ausgelöst werden, können sehr verschieden sein, beglückende wie belastende.*[114]

Liebe ist mit Gefühlen verbunden, sogar mit sehr intensiven Gefühlen. Aber eben nicht nur mit dem Verliebtheitsgefühl, sondern mit allen möglichen: Wut, Angst, Trauer und natürlich Freude können durch Liebe verursacht werden. Manchmal sind wir auf den Menschen, den wir am meisten lieben, besonders sauer, oder dieser macht uns besonders traurig, eben weil wir so sehr lieben.

> *»Ich liebe dich mit meinem ganzen Gehirn und nicht mit meinem ganzen Herzen. Denn diese Hormone folgen deinen Bewertungen.«*[115]

Das Zitat von Cacioppo bringt es unterhaltsam auf den Punkt: Gefühle folgen deinen inneren Bewertungen (vgl. S. 60). Wenn wir uns also geliebt fühlen wollen, dann müssen wir Dinge tun, über die wir die Bewertung von Liebe haben. Indem ihr liebevoll zueinander seid, also liebevolle Dinge tut, werdet ihr auch eine positive Bewertung über eure:n Partner:in haben, sodass sogar euer:e Partner:in an sich positive Gefühle in euch auslöst.

Chris:

Heute bin ich mit unseren jüngsten beiden Söhnen (ein und vier Jahre alt) um fünf Uhr nach einer durchwachten Nacht, weil einer ständig gehustet hat, aufgestanden, während Tanja weiterschlief, weil sie bis tief in die Nacht wach geblieben war. Um sechs Uhr standen dann die beiden älteren auf, und ich machte zwei Kids fertig für die Schule, brachte zwei in den Kindergarten, räumte die Küche auf, schmiss eine Waschmaschine an, und um 9:30 Uhr weckte ich Tanja, indem ich die Fenster öffnete und ihr einen Kaffee reichte. Ich sagte dann zu ihr: Ich würde jetzt gerne mit meinem Kopf auf deiner nackten Brust liegen und gestreichelt werden. Früher hätte ich mich lieber distanziert, um auszudrücken, wie anstrengend der Morgen war. Hätte mich in eine passive Erwartungshaltung der körperlichen oder verbalen Anerkennung meiner Leistung geflüchtet. Eine Anerkennung, die mir Tanja aber vermutlich wegen meiner Distanz nicht gegeben hätte. Für Nähe und Liebe ist es so wichtig, zu sagen, was du dafür brauchst. Ganz genau und unmissverständlich. Und ohne Vorwurf.

Wenn irgendetwas passiert ist in der Partnerschaft, was du doof findest, was nicht besprochen wurde, führt dies zu Vorbehalten und über Dauer zu einem Vorwurf. Dann wirst du vielleicht aufhören, deine Bedingungen zu stellen und aufhören, die Bedingungen deines:r Partners:in in Gänze zu erfüllen. Das Lieben wird weniger, es entsteht Distanz. Letztlich wird jedoch nicht die Liebe weniger, sondern du hast Zweifel, ob du alles in der Partnerschaft bekommst, was du dir wünschst. Du passt die Bewertung über deine:n Partner:in entsprechend an: Ich bekomme von ihm nicht alles, was ich brauche/will; er bringt es einfach nicht; ich gebe mehr, als ich bekomme. Er ist ein Egoist. Er ist ignorant. Und mit dieser Bewertung werden natürlich auch alle Liebesgefühle »weniger«. Dadurch wird die Liebe weniger: nicht weil die Liebe an sich schwindet, sondern weil ihr weniger Liebe *tut*. Und Gefühle folgen den Bewertungen und den Handlungen.

Filme, Lieder und Romane vermitteln uns häufig den Gedanken, Liebe sei ein bestimmtes Gefühl, für das wir nichts tun müssen. Um eine Trennung und Distanz zu rechtfertigen, sagen wir häufig: »Ich liebe dich einfach nicht mehr.« Wenn wir Liebe als Gefühl verstehen, haben wir das Problem, dass die Liebe einfach kommen und gehen kann, denn Gefühle sind leider nicht besonders verlässliche Begleiter, die wir zudem »gefühlt« nicht immer kontrollieren können.

> *»Die Liebe stirbt nie einen natürlichen Tod. Sie stirbt, weil wir das Versiegen ihrer Quelle nicht aufhalten.«*[116] ANAÏS NIN

Je mehr Paare sich lieben, desto höher ist ihre Empathie füreinander. Während Mitgefühl das Nachempfinden meint, so bezieht sich Empathie an dieser Stelle auf das tatsächliche Erleben des gleichen Gefühls. Wie ein Kleinkind, das zu weinen beginnt, nur weil es ein anderes Baby weinen sieht. Dieses Phänomen rührt mich bis heute. Studien von Pavel Goldstein belegen, dass Händchenhalten den empfundenen Schmerz der Betroffenen lindert, je näher sich die Paare sind. Ebenso wurde nachgewiesen, dass die Geburtsschmerzen in 60 % der Fälle durch die Anwesenheit des Partners gelindert werden können.[117] Ein Berg wird als wesentlich steiler empfunden, wenn wir ihn alleine betrachten, als wenn wir zusammen vor ihm stehen.[118] Vor diesem Hintergrund erhält das Sprichwort »Geteiltes Leid ist halbes Leid« eine ganz neue Bedeutung.

Liebe ist bedingungslos. Lieben nicht: Wachstum und Nähe verlangt nach Bedingungen.

Bedingungslose Liebe ist ein erhabener und beflügelnder Bewusstseinszustand. Bedingungslose Liebe bedeutet, den anderen anzunehmen in seiner perfekten Imperfektion. *So, wie er ist*. Mitsamt dem emotionalen Ballast, den Verletzungen und Schwächen. In diesen sogar die Schönheit und den Wert zu sehen. Denn Verletzlichkeit und Schwäche machen uns menschlich, machen uns empathisch und zugänglich. Machen uns authentisch. Liebe beginnt, wo Verliebtsein endet, mit der ersten Enttäuschung. Mit der Entscheidung, einen unperfekten Menschen anzunehmen, zu lieben, zu begehren.

Doch bedingungslose Liebe alleine reicht für eine dauerhafte Beziehung nicht aus. Wir müssen Dinge tun, damit eine Beziehung funktioniert. Würde die bedingungslose Liebe allein ausreichen, dann könnte dein:e Partner:in tun und lassen, was er:sie will, und du »müsstest« ihn:sie für sein:ihr Sein lieben – dich zu trennen wäre in dieser Definition ein Verrat an eurer bedingungslosen Liebe. Dieser Anspruch des uneingeschränkten Akzeptierens ist für Beziehungen nicht realistisch. Nicht alltagstauglich. Nicht erfüllend. Sondern führt zur Selbstaufopferung. Deshalb müssen wir Liebe und Nähe unterscheiden. Wir können bedingungslos lieben, aber Nähe verlangt nach Bedingungen. Bedingungen daran, wie Paare miteinander umgehen, was sie füreinander tun, was sie gemeinsam tun. Aber auch, was sie einander auf keinen Fall antun. Wir gehen im Kapitel Wertschätzung im Detail darauf ein, wie es gelingt, diese Bedingungen zu formulieren.

Tanja:

Mein Vater war Alkoholiker. Meine Mutter hat ihn bedingungslos geliebt. Und genau hier lag das Problem. Sie hat so oft angedroht, wenn er nicht aufhört und sich helfen lässt, trennt sie sich. Aber sie hat es nie durchgezogen. Er hat so oft sein Wort gebrochen.

Ihr versprochen, aufzuhören, um dann doch wieder betrunken nach Hause zu kommen. Und sie ist geblieben.

An einem Abend, an dem er wieder mal nicht nach Hause kam, bat meine Mutter meine Schwester und mich, wie so häufig, ihn anzurufen und ihn anzuflehen, er möge bitte nach Hause kommen. Wir waren damals acht und zehn. So alt wie unsere beiden älteren Kinder jetzt. Wenn ich mir das vor Augen führe und meine Söhne ansehe, kommen mir die Tränen. Noch so klein. So verspielt. Welche Verantwortung! Welche Bürde.

Sie haben sich bedingungslos geliebt und sich keine Bedingungen gestellt. Sich keine Bedingungen zu stellen, hat nicht zu ihrem größten Wachstum geführt, sondern zu ihrem Untergang. Noch heute frage ich mich manchmal, wie die Geschichte ausgegangen wäre, wäre meine Mutter tatsächlich mal ausgezogen und hätte ihm so vor Augen geführt, dass sie nur wieder zu ihm zurückkehrt, wenn er sich der Ernsthaftigkeit seiner Krankheit bewusst wird, sich helfen lässt und trocken wird. Das wäre letztlich das Einzige gewesen, was sie hätte tun können, um ihn zu retten. Und das wäre das Einzige gewesen, was er hätte tun können, um sie nicht mit in sein Unglück zu stürzen. Durch das Vertrauen auf bedingungslose Liebe ist ihr Potenzial für eine glückliche Beziehung nie ausgebaut worden. Oder anders gesagt: Ihre bedingungslose Liebe haben sie mit dem Tod bezahlt.

Auch wenn wir bedingungslos lieben, können wir trotzdem einander Bedingungen stellen, sodass der andere daran wächst. Wenn wir einander Bedingungen stellen, wächst unsere Liebe, weil wir aneinander und miteinander wachsen und weil wir mehr Liebes füreinander tun. Das klingt romantischer, als es manchmal ist: Denn wir fordern einander heraus in unseren Bedürfnissen. Wenn du jedoch das Gefühl der bedingungslosen Liebe selbst an Bedingungen knüpfst, wird es zu einer Gefühlsquetsche, Erpressung und Manipulation. Du versuchst dann das Verhalten deines:r Partners:in zu kontrollieren im Namen der Liebe. Ich (Tanja) liebe Chris bedingungslos, aber bin nur unter Bedingungen mit ihm zusammen.

> *»Liebe ist der Wille, das eigene Selbst auszudehnen, um das eigene spirituelle Wachstum oder das eines anderen Menschen zu nähren.«*[119]

bell hooks macht Liebe daran messbar, ob wir miteinander wachsen.[120] Ob also die Taten, mit denen wir lieben, zu Wachstum führen. Und das *Bedingungen stellen* ist in diesem Zusammenhang ein ganz wichtiger Bestandteil des Liebens und damit der bedingungslosen Liebe. Denn Selbstliebe bedeutet, zu wissen oder herauszufinden zu wollen, was wir für Wachstum brauchen. Unser eigenes. Und das unserer Liebe.

Die folgende Abbildung fasst das neue Verständnis und die erforderlichen Unterscheidungen zusammen.

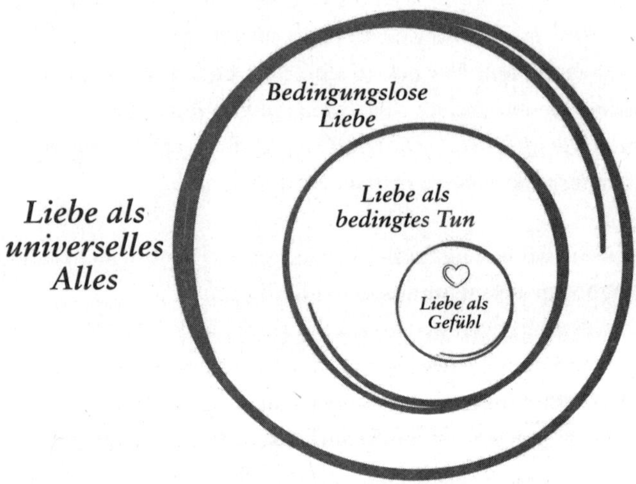

Abbildung 16: Liebe in einer erfüllten Beziehung

Wenn wir das Gefühl der Liebe erfahren wollen, dann müssen wir dafür etwas *tun*. Die Gefühle stecken also in den Liebes-Taten. Wer nichts Liebes tut, der wird dauerhaft keine Gefühle der Liebe etablieren können. Was genau wir tun müssen, das hängt von der jeweiligen Sprache der Liebe ab. Das Tun ist also an gemeinsam vereinbarte und sehr individuelle Bedingungen geknüpft, daher ist es ein bedingtes Tun. Um bereit zu sein, etwas Liebes für jemanden zu tun, hilft es uns maßgeblich, wenn wir die andere Person bedingungslos lieben. Ansonsten sind wir nicht bereit, die aufkommenden Widerstände und Mühen dauerhaft auf uns zunehmen. Die bedingungslose Liebe ist die notwendige Magie, damit wir lieben können.

Übung: Liebe sehen

Geh mal raus und mach einen Spaziergang durch die Stadt, durch einen Ort oder durch die Natur. Richte deine Aufmerksamkeit auf alles in Herzform. Du wirst bald überall Herzen sehen: eine Wolke, ein Graffiti, einen Sticker, eine Regenpfütze, Kreide auf der Straße, einen Pullover, ein Cappuccino-Schaumherz … egal, wo: Öffne dich für die Liebe und erkenne, wo sie schon überall ist. Nämlich omnipräsent.

Übung: Tipps für sofort mehr Nähe

1. 6 Sekunden Knutschen – gern mit Zunge
2. Gemeinsam Lachen, findet eure Insider-Witze
3. Umarmen. Ganz bewusst, mindestens 15 Sekunden
4. Danke sagen. Auch und gerade für Selbstverständliches.
5. Wenn man Nähe will, sagen: »Ich will Nähe.«

6. Notizzettel hinterlegen oder kurze WhatsApp mit Liebesbotschaften
7. Spontanes Händchenhalten oder Streicheln
8. Rituale pflegen: Morgenkaffee bringen, Gute Nacht sagen, …
9. 10 Sekunden in die Augen schauen
10. Frag »Was bewegt dich?« anstatt »Wie geht's dir?« und nimm dir bewusst Zeit, die Antwort zu hören.

Vertrauen: Vertraust du dir? Vertraust du deinem:r Partner:in?

»Die Wahl, das Risiko einzugehen, dich einem anderen Menschen gegenüber zu offenbaren und dadurch verletzlich zu machen. Dich zu offenbaren in etwas, das dir wichtig und teuer ist.«[121] CHARLES FELTMAN

Breite deine Arme aus, schließe deine Augen, bleib tief verwurzelt mit beiden Füßen auf der Erde stehen und lass dich nach hinten fallen, wissend, dass du aufgefangen wirst. Das ist Vertrauen. Du kannst dazu Vorbereitungen treffen, dich mit deinem Partner abstimmen, und trotzdem liegt die größte Herausforderung in dem Moment des »Loslassens«, in dem Moment der Entscheidung, dich trotz der Angst für die Erfahrung fallen zu lassen.

Vertrauen in Beziehungen ist die Entscheidung, ein Risiko einzugehen, um mehr Nähe herzustellen. Das Risiko ist, dass dein Partner diesen Wunsch nach Nähe nicht erfüllen will oder schlimmer: dass er ihn erfüllen wollte und dich in deiner Erfüllungserwartung enttäuscht. Dein Vertrauen »verletzt« oder »missbraucht«. Indem er Ja sagt und Nein handelt. Wir Menschen sind alle auf irgendeine Weise verletzt in unserem Selbstwert, und eine derartige Ablehnung fühlt sich schnell nach einer Verletzung an unserer Person an. Dein Ego bezieht alles auf sich. Denn die Ablehnung lässt unsere größte Angst wahr werden: die Angst, nicht gut genug zu sein. Nicht liebenswert zu sein. Sie erinnert uns emotional an die schmerzhaftesten Erinnerungen, die wir in uns tragen und die noch unvollständig sind. Die Entscheidung zu vertrauen ist deshalb die größte Form der Hingabe an das Leben. Denn wir wissen, welcher Schmerz uns in unserer Suche nach Nähe zugefügt werden kann, und wir tun es trotzdem. Wir gehen dieses Risiko ein. Wir öffnen unser Herz, breiten unsere Arme aus und nehmen es an: die Antwort auf unser Angebot. Und unser Angebot, das sind wir selbst. Nimm uns. Take it all! Wir schreien es dem Leben entgegen und übertönen damit die Angst, die bei dieser Entscheidung als leise warnende Stimme verblasst. Und während wir in die Arme des Lebens und des Partners fallen, heilen wir.

Es gibt viele gute Gründe, nicht zu vertrauen. Die Andersartigkeit der Geschlechter und der Menschen braucht immer wieder Verständnis, Aufeinanderzugehen und Vergebung, um nicht zu Misstrauen zu führen. Wir denken so oft, dass der:die Partner:in egoistisch handelt, dabei verstehen wir seinen/ihren Plan einfach oft nur nicht und vertrauen nicht darauf, dass er:sie damit nur das Beste für uns will. Wir werden nie verstehen, wie es ist, das andere Geschlecht oder ein anderer Mensch zu sein. Wir können nur vertrauen, dass die Andersartigkeit *für* uns ist, uns erweitert. Und im besten Fall nach einiger Zeit feststellen, dass wir gewachsen sind. Dass unsere Ergebnisse und unsere Seinsqualität sich verbessert haben. Dass es schöner ist, zu vertrauen.

In welcher Hinsicht vertraust du deinem Partner (nicht)? Ist dein Vertrauen schon mal enttäuscht worden? Was ist passiert, und welche Konsequenzen hatte es? Wo hast du vertraut und hast einen Gewinn daraus gezogen?

Für Intimität brauchen wir Vertrauen

Intimität ist das Erleben von Vertrauen. Vertrauen ist der Standpunkt, den wir brauchen, um den Zustand der Intimität herzustellen. Vertrauen ist eine Entscheidung. Intimität eine Folge. Intimität ist ein gemeinsamer, exklusiver Raum, den wir als Paar teilen. Vertrauen ist die Entscheidung oder die Einladung, diesen Raum zu betreten und diesen Raum Stück für Stück zu vergrößern. Wie zwei Kreise, deren Schnittmenge immer größer wird. Die jedoch nicht verschmelzen. Denn wir brauchen für das Bewusstsein von Intimität und Nähe auch gleichzeitig das Wissen darüber, getrennt zu sein, nicht eins zu sein, verschieden zu sein.

Es existiert der Glaubenssatz über Intimität, dass dies etwas sei, was bei romantischer Musik, flackerndem Kerzenschein und gegenseitigem Liebesgeflüster entsteht. Aus unserer Erfahrung ist das jedoch der absolut unwichtigste Teil. Der wichtigste Teil der Intimität besteht aus konstruktiven Konflikten, denen manchmal auch ein emotionaler Streit vorausgegangen ist.

Erst wenn wir in einem Konflikt Verantwortung übernehmen und unseren Anteil gegenüber unserem:r Partner:in anerkennen, entsteht wahre Intimität. Es bedeutet, etwas von sich preiszugeben, das einem unangenehm ist, weil man mit Ablehnung rechnet und man es trotzdem tut, weil man dem:r Partner:in vertraut. Sich nackt zu machen. Nicht (nur) körperlich, sondern seelisch und geistig. Sich damit verwundbar und verletzlich zeigen. Das Schutzschild runternehmen. Und manchmal ein einfaches »Es tut mir leid, dass ich dich so behandelt habe. Ich habe dich für einen Vorwurf bestraft, den ich schon lange in mir trage und der eigentlich überhaupt nichts mit dir zu tun hat. Unwissentlich. Aber ich habe es getan. Das tut mir leid«. Als Antwort auf ein derartiges Eingeständnis entsteht magische Intimität und großartiger Sex. Für Intimität brauchen wir also Konflikte, die gelöst werden! Und für Konflikte brauchen wir Unterschiedlichkeit. Intimität hat also nichts mit Harmonie und Verschmelzung zu tun. Auch wenn die körperliche und emotionale Verschmelzung temporär und in Maßen daraus folgen kann.

Wo fängt Fremdgehen an?

Eines Abends waren wir gemeinsam auf einer Vernissage in einer Münchner Galerie. Ich ging uns Drinks holen, und auf dem Rückweg sagte Tanja zu mir: »Ich will nicht, dass du mit fremden Frauen flirtest.« Sie sagte es sehr klar, bestimmt, nicht vorwurfsvoll und auch nicht sonderlich emotional. Wow! Es lag auch kein Zweifel in ihrer Stimme. Auch kein Misstrauen. Mir blieb noch nicht mal die Möglichkeit, es zu leugnen. Ich flirtete, indem ich Augenkontakt hatte, lächelte und nah an einer fremden Frau vorbeiging. Natürlich versuchte ich kurz, es abzustreiten, aber da war kein Durchkommen. In diesem Moment legten wir die Bedingung fest, dass wir gegenseitig nicht möchten, dass wir mit anderen flirten. Ich habe es nie wieder getan. Diese Vereinbarung ging so reibungslos, wie es sich anhört. Natürlich gab es für mich damals auch ein »Wozu?« zum Flirten. Vielleicht machte es mir einfach Spaß. Vielleicht wollte ich mich noch nicht 100 %ig festlegen auf eine Frau. Vielleicht suchte ich Bestätigung für meinen verletzten Selbstwert. Ich weiß es nicht. Was ich weiß, ist, dass Tanja mir in dem Moment das Gefühl gab, genug zu sein. Geliebt zu sein. Sie erkannte mich an mit Worten. Sie schenkte mir körperliche Aufmerksamkeit, Nähe und Zärtlichkeit. Und: Wir hatten irre viel Spaß, uns zu lieben, in all den vielen Formen, vom Miteinander-Reden, Miteinander-Kochen bis zum Sex. Dafür waren wir immer auch intensiv in Kommunikation über unsere Bedürfnisse. Wir haben uns so die Nähe und die Freude bis heute erhalten, sodass ich einfach bis heute keinen Grund sehe, wofür sich Flirten lohnen würde.

Das heißt nicht, dass ihr nicht flirten sollt. Das darf jedes Paar selbst entscheiden, und ich finde es auch nachvollziehbar und schön, das Flirten auszuleben. Um sich trotzdem vertrauen zu wollen, ist es wichtig, die Bedingungen abzustecken.

Ab wann fängt ein Betrug für dich an? Welche Grenzen gilt es dafür zu überschreiten? Was ist erlaubt? Ein intimes Gespräch mit einer Dritten kann sehr viel bedeutsamer sein als Sex mit ihr. Ein Kuss kann sehr viel emotionaler sein als Sex. Was ist für dich okay, und wo werden Grenzen überschritten? Was stört eure Zweisamkeit, eure Intimität, euer Vertrauensverhältnis? Wie weit wollt ihr mit anderen gehen dürfen?

Was man in dieser Geschichte schnell übersieht, und das ist bezeichnend für das Vertrauen: das Risiko von Tanja, mich zu bitten, nicht mehr mit anderen Frauen zu flirten. Es kommt einer Offenbarung gleich. Sie drückt aus, wie wichtig ich ihr bin und wie sehr sie mich brauchen will. Sie zeigt sich verletzlich, denn ich könnte sie ablehnen. Sie lächerlich darstellen oder mich verweigern. Natürlich hätte ich Nein sagen können, denn sie hat es ohne emotionale Erpressung formuliert. In absoluter Hingabe an das Leben. Aber erst als ich diese Zeilen schreibe, wird mir der Mut und die Verletzlichkeit bewusst, die in ihrer Bitte nach mehr Exklusivität lagen.

Eifersucht kann höchst belebend für eine Beziehung sein. Es ist das liebevolle Verlangen nach mehr verbindlicher Nähe. Aber wenn dauerhafte Eifersucht ihren Ursprung in der Angst vor Enttäuschung und Verlassenwerden hat, führt sie zu Streit und Distanz. Eifersucht ist die gelebte Angst, dass die vereinbarte Exklusivität nicht eingehalten wird. Sie ist der Eiter deiner vergangenen Wunden, als dein Vertrauen missbraucht wurde.

Wie eifersüchtig bist du, und stört dich das? Wenn ja: Was denkst du über dich, dass du glaubst,: betrogen zu werden? Was denkst du über deine:n Partner:in, dass du glaubst, dass er:sie sich nicht an eure Vereinbarungen hält? Und wie kommst du darauf?

Um diese Angst zu kontrollieren oder zu vermeiden, versuchen wir, die Einhaltung zu kontrollieren. Wir spionieren, wir interviewen, wir zweifeln an. Wir tun Dinge, die unseren Vorwurf an unsere:n Partner:in zum Ausdruck bringen und stoßen ihn:sie damit von uns weg und bestätigen uns damit unsere Angst. Anstatt die Angst verdrängen zu wollen, gilt es, sie anzunehmen und zu untersuchen, welchen Zweck sie erfüllt. Wozu? Eifersucht führt zu Distanz, und diese Distanz schützt uns davor, enttäuscht zu werden. Wir nehmen die Trennung lieber vorweg. Gleiches gilt übrigens für die Person, der der Betrug unterstellt wird: Wozu hast du eine:n Partner:in, der:die eifersüchtig ist? Bei vielen löst Eifersucht beispielsweise ein Gefühl der Stärke und des Gewollt-Werdens aus, das man allerdings nur braucht, wenn man sich selbst ungewollt und klein fühlt.

Vertrauen erfordert Grenzen

Um vertrauen zu können, gilt es, sein Wort zu geben und sich daran zu halten. Ein Versprechen. Wenn wir nichts konkret vereinbaren, so gibt es nichts, an das wir uns halten können. Nichts, woran Vertrauen messbar sein könnte. Bei einem Spiel sind das die Spielregeln. Unabhängig davon, wie riskant das Spiel sein mag, erfordert es Regeln.

Tanja und ich hatten bis zu diesem Zeitpunkt in der Galerie nie darüber gesprochen, was Exklusivität für uns bedeutet und wie exklusiv wir füreinander sein wollen. Es braucht also Enttäuschungen oder Erfahrungen, um herauszufinden, was uns wichtig ist, was unsere Bedürfnisse sind. Denn deine Bedürfnisse zu kennen, ist Meisterklasse, sie auch zu formulieren und zu verhandeln, ist Weltmeisterschaft!

Jedes Mal, wenn wir eine neue Regel ansprechen, machen wir uns verletzlich, denn wir zeigen eines unserer Bedürfnisse. Eine geheime Sehnsucht, die wir bereit sind zu teilen. Und darin ist auch immer die Möglichkeit der Enttäuschung oder Zurückweisung eingeschlossen. Im Vertrauen steckt also immer eine gewisse Risikobereitschaft. Das Risiko, verletzt zu werden. Verletzt zu werden, weil wir glauben in unserem Selbst abgelehnt zu werden. Auch wenn doch nur unser Bedürfnis abgelehnt wurde. Vertrauen ist eine Entscheidung bzw. immer eine Option. Die Entscheidung, das Risiko einzugehen, abgelehnt zu werden für das Bedürfnis nach Nähe und Beziehung. Vertrauen lässt sich immer nur rückwirkend bewerten und im Voraus schenken. Wenn wir genau wüssten, was passiert, wäre es kein Vertrauen mehr. Das ist in etwa so, als würdest du Wärme von einem Kamin einfordern, ohne zuvor Holz hineingegeben und es angezündet zu haben.

Wir können viele Missverständnisse vermeiden, indem wir uns im Laufe des Miteinanders über einige grundsätzliche Spielregeln unterhalten. Und: Spielregeln können immer wieder angepasst und neu verhandelt werden. Nutze die folgenden Bereiche der Intimität, um deine Bedürfnisse zu erkennen und mit deinem Partner zu verhandeln:

Exklusivität

Wie wichtig ist dir Exklusivität? Wo fängt bei dir Fremdgehen an? Ist Flirten erlaubt? Wo beginnt Sex für dich? Ist Sex mit anderen erlaubt? Wenn ja, willst du, dass dein Partner dir vorher oder hinterher davon erzählt? Wenn Sex mit anderen nicht erlaubt ist, was wollt ihr machen, wenn einer von euch keinen Sex mit dem anderen mehr will? Oder haben kann? Wichtig: Was ist Sex überhaupt, und wozu soll er dienen?

Vertraulichkeit

Was bedeutet für dich Vertraulichkeit? Welche Informationen zwischen euch darf dein:e Partner:in an Freund:innen weitergeben und welche nicht? Darf er:sie mit Freund:innen über eure Beziehung reden? Wollt ihr Gedanken mit anderen teilen, die ihr nicht miteinander teilt? Wollt ihr über eure Ex-Partner:innen reden oder nicht? Welchen Kontakt wollt ihr mit euren Ex-Partner:innen pflegen? Wollt ihr Geheimnisse voreinander haben, oder wollt ihr alle Gedanken miteinander teilen? Dürft ihr in euren Handys lesen? Wozu würdet ihr das tun wollen?

Verbindlichkeit

Was ist deine Absicht für eure Beziehung (Kapitel »Ganz oder gar nicht«)? Wozu seid ihr zusammen? Wollt ihr verbindlich miteinander sein, oder suchst du aktiv nach anderen Optionen, und ihr habt einfach im Jetzt euren Spaß?

Integrität

Wie wichtig seid ihr euch? Seid ihr bereit, auf den kurzfristigen Spaß zu verzichten, wenn ihr dafür mehr Nähe bekommt? Haltet ihr euer Wort, auch wenn es oft einen Extraaufwand bedeutet, indem man Unangenehmes anspricht oder zu mancherlei kurzfristiger Freude Nein sagt, weil das ein Ja zu mehr Nähe und Freude miteinander bedeutet?

Verantwortlichkeit

Inwieweit seid ihr bereit, euch Konflikte auf dem Standpunkt der Eigenverantwortung anzuschauen? Dieser Standpunkt bringt sehr viel Sicherheit in die Partnerschaft, weil ihr darauf vertrauen könnt, dass euch jeder Konflikt näher zusammenbringen wird. *Own your shit!* Verantwortung bedeutet, sich zu entschuldigen oder etwas anzuerkennen, ohne ein, »Aber du …« anzufügen.

Trotz aller Regeln könnt ihr Enttäuschungen aber nie vollständig vermeiden. Sonst wäre es ja Kontrolle. Kommunikation ist selten zu 100 % eindeutig, auch wenn wir sehr bewusst damit umgehen. Oft fragen wir Paare danach, was vereinbart war, und die Unterschiedlichkeit der wahrgenommenen Vereinbarung ist immer wieder überraschend. Als würden sie in unterschiedlichen Welten leben. Wir empfehlen daher auch immer wieder schriftliche »Verträge« zu machen, die beide unterzeichnen. Mehr dazu im Kapitel »Wertschätzung« ab Seite 260. Spielregeln, an die sich beide halten möchten. Natürlich können wir nicht alle Eventualitäten abdecken. Es wird also immer wieder Enttäuschungen geben, die uns auf noch nicht getroffene Vereinbarungen und Bedürfnisse aufmerksam werden lassen. Gleichzeitig können wir nicht alles kontrollieren, denn das Leben lässt sich nicht greifen. Zu vertrauen, in dem Wissen, dass das Leben unkontrollierbar ist, ist das eigentliche Vertrauen ins Leben.

Kontrolle ist das Vertrauen auf das Misstrauen

Wir bleiben bei dem Bild, dass du dich mit ausgestreckten Armen, in körperlicher Entspannung und mit geschlossenen Augen nach hinten fallen lässt, wissend, dass jemand dich auffängt: Kontrolle bedeutet zu misstrauen, die Augen einen Spalt zu öffnen, um zu prüfen, ob da wirklich jemand ist und den Körper anzuspannen, um sich auf einen möglichen Sturz vorzubereiten. Kontrolle ist das Vertrauen auf das Misstrauen. Kontrolle ist vermeintlich sicher, aber wahnsinnig anstrengend. Die Sicherheit kommt mit einem Preis, der Gefahr, das Leben zu verpassen. Was ist also riskanter, zu vertrauen oder zu kontrollieren?

Du kannst nicht nicht vertrauen. Du kannst nur entscheiden, worauf du vertrauen willst. Auf das Vertrauen oder das Misstrauen. (Misstrauen) Kontrolle bedeutet beispielsweise darauf zu vertrauen, dass der Partner enttäuschen wird. Und dass wir deshalb möglichst genaue Regeln brauchen, um die Enttäuschung zu vermeiden und bestimmte Vorsichtsmaßnahmen für diesen Fall – Rückversicherungen, einen Plan B oder Distanz, damit der Schmerz vermeintlich nicht so groß ist. Wir werden damit bei unserem:r Partner:in auf Widerstand stoßen, und der Plan B wird immer gewinnen. Entweder wird dein:e Partner:in diesen Regeln nicht zustimmen, oder er wird die Regeln bejahen und sich nicht daran halten. Er wird merken, dass du ihm misstraust. Und das Gefühl, dass dein:e Partner:in dir misstraut, ist unangenehm bis traurig. Und vielleicht macht es deinen Partner unbewusst sogar wütend. Wir können uns nicht gegen das Prinzip der ausgleichenden Gerechtigkeit wehren (vgl. S. 77). Dein:e Partner:in wird dir diesen Vorwurf bewusst oder unbewusst »heimzahlen«. Vielleicht indem er:sie zu deiner Regel Ja sagt und Nein handelt. Das führt in eine emotionale Abwärtsspirale in eurer Beziehung, in der ihr immer weniger voneinander bekommt, was ihr euch wünscht. Indem ihr immer weniger aufeinander vertraut.

Das Vertrauen auf dein Misstrauen (Kontrolle) dient letztlich deinem Schutz. Du bist in deinem Leben bereits enttäuscht oder betrogen worden. Und um den damit verbundenen Schmerz nicht noch einmal spüren zu müssen, nimmst du den Schmerz vorweg, indem du dich nicht mehr voll auf jemanden oder auf das Leben an sich einlässt. Die Angst ist der ständige emotionale Begleiter der Kontrolle. Kontrolle ist erschöpfend, denn unsere Welt lässt sich niemals unterwerfen. Du wirst immer Gründe finden, misstrauen zu können, aber es gibt nie den einen hinreichenden Beweis, dass du sicher vertrauen kannst. Die Welt und Menschen sind nie beherrschbar, auch weil wir alle lebendig sind und uns ständig verändern. Kontrolle versucht die Lebendigkeit auszuschließen und dämpft uns. Weil unser Blick immer in die Vergangenheit gerichtet ist, wo die Verletzung unseres Vertrauens liegt. Denn die Gegenwart ist in der Kontrolle unsicher und nicht, wie wir sie wollen, und die Zukunft gefährlich, weil sich unsere Ängste immer bestätigen werden. Nur mit Vertrauen können wir unsere Zukunft wieder aktiv gestalten. Die Kontrolle nimmt uns die Freude am Jetzt. Und das Jetzt ist doch letztlich alles, was wir haben.

Vielleicht sagst du dir jetzt. Okay: Ich lasse die scheiß Angst los, ich höre auf zu kontrollieren und vertraue! Wenn du nicht vollständig verstanden hast, wozu und warum du bisher misstraut hast, wird dich das geradewegs in das blinde Vertrauen führen. Das blinde Vertrauen ist nur das Gegenteil der Kontrolle. Du ergibst dich deinem Schicksal und versuchst dir einzureden, dass dein Schicksal schon gut sein wird, auch wenn dein Gefühl dir sagt, dass etwas nicht stimmt. Anstatt Regeln und deren Einhaltung auf gesunde Art zu überprüfen, stellst du nun keinerlei Bedingungen mehr, und obwohl du ein mulmiges Gefühl hast, ignorierst du Regelverstöße und sprichst sie nicht an. Um bei unserem Beispiel zu bleiben: Du lässt dich blind nach hinten fallen, ohne deinem Partner vorher Bescheid zu sagen, dass er dich auffangen soll. Einfach in der Hoffnung, er möge es irgendwie bemerken. Und bist dann wahnsinnig enttäuscht, wenn du vor ihm auf dem Boden liegst.

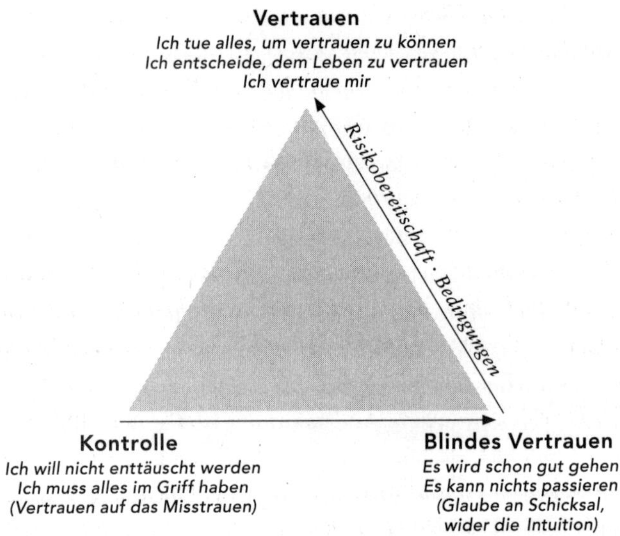

Abbildung 17: Unterscheidung zwischen Kontrolle, blindem Vertrauen und vollständigem Vertrauen

Jeder Vertrauensakt ist ein Liebesbeweis an dich und das Leben. Aber eben auch ein bewusstes Abwägen zwischen Kontrolle und Blindheit.

Das Messer unterm Kopfkissen:

Tanja:

Nach den heftigen Erfahrungen mit meinen Eltern und insbesondere meinem Vater habe ich erst mal gar keinem und nichts mehr vertraut.

Am 2. April 2011 lernte ich dann plötzlich Chris, die Liebe meines Lebens, kennen. Was jetzt? Weiter Misstrauen? Weiter wütend sein? Weiter voller Angst mich gar nicht erst auf eine Beziehung einlassen? Ihn verletzen, um selbst nicht verletzt zu werden? Ihn dafür leiden lassen, dass mein Vater mich so enttäuscht hat? Mich so verhalten, dass er freiwillig das Weite sucht? Damit nicht ich die Böse bin, sondern er? Durch all das nicht bekommen, was ich eigentlich will? Liebe, Nähe, Familie, Geborgenheit. Mein Leben weiter versauen, nur weil meine Eltern es nicht auf die Reihe bekommen haben?
Schwierig!

Dann erzählt er mir auch noch, dass manche Ex-Beziehung von ihm durch einen Betrug seinerseits oder ihrerseits zu Bruch gegangen ist und er außerdem keinen Kontakt zu seiner Mutter hat.

Na bravo! Perfektes Puzzlestück gefunden. Dann können wir uns ja gegenseitig perfekt verletzen, uns bestätigen, was wir eh schon übers andere Geschlecht zu wissen glauben. Uns enttäuschen und recht darüber behalten, dass Leben eben so ist. Dass Männer eben so sind. Dass Frauen eben so sind. Dass wir eben so sind: machtlos (Tanja), nicht gut genug (Chris). Das perfekte

Traumpaar hat sich gefunden. Auf jeden Fall ist diese Kombination eines: sicher. Für unsere Systeme. Für unsere Glaubens- und Körpersysteme. Was es mit Sicherheit nicht ist: erfüllt.

Außer: Wir trauen uns und arbeiten daran. Aber besser nicht ohne Hilfe. Schon ziemlich am Anfang unserer Beziehung haben wir externen Rat in Form von Beziehungs-Coaching in Anspruch genommen. Zum Glück! Wir wussten innerlich, mit diesen Erfahrungen, aus diesen turbulenten Herkunftsfamilien kommend, würden wir das nicht alleine schaffen. Sosehr wir uns auch wollten.

Und natürlich ging diese Transformation nicht von heute auf morgen. Ich erinnere mich noch ganz genau: Wir waren ziemlich frisch zusammen. Circa drei Monate. Chris hatte immer mehr seiner Sachen bei mir in der Wohnung. Eines Abends wollte er mit einigen Freunden ausgehen und zum Oktoberfest. Ich blieb zu Hause, weil ich noch arbeiten musste. Mit jeder Stunde, die rum war, wurde ich nervöser. Ich kannte dieses Gefühl schon so gut. Zu warten und nicht zu wissen, was kommt. Nicht zu wissen, wann er kommen würde und wie viel er getrunken hatte. Wie er sich dann verhalten würde. Schon am Gang und Schlüssel-Umdrehen in der Türe wusste ich bei meinem Vater, wie sein Zustand war und auf was ich mich einstellen konnte. Ich atmete schnell und oberflächlich, hatte schwitzige Hände und war unfassbar angespannt. Mein klarer Kopf redete mit mir und sagte: Alles gut, Tanja, das ist nicht dein Papa, sondern dein neuer Freund. Das ist nur Chris. Hab keine Angst. Das brachte genau: gar nichts. Ich hatte Todesangst. Ich wurde auch zunehmend wütender, dass er so lange auf sich warten ließ und mich in diesen Zustand brachte. Er war gefühlt natürlich schuld an meinem Zustand. Es war schon spät, ich war müde und legte mich ins Bett. Mit Begleitung: Ich suchte das längste und schärfste Küchenmesser, das ich finden konnte und legte es unter mein Kopfkissen. Falls er mich im

Rausch attackieren, übergriffig werden würde, so war ich zumindest vorbereitet. Heute staune ich noch immer über das Ausmaß meiner Angst, das automatische Reagieren meines Körpers und meines Verstandes. Meinen Überlebensinstinkt. Meine Programmierung. Mein Leiden.

Chris kam nach Hause, etwas angetrunken. Er legte sich neben mich ins Bett, kuschelte sich an mich, raunte ein »Ich liebe dich« und schlief ein. Wow, so hatte ich mir das nicht vorgestellt.

Am Morgen nach dem Aufwachen zeigte ich ihm das Messer und erzählte ihm, was in mir vorgegangen ist. Er war sprachlos. Schockiert. Er nahm mich in den Arm, so fest wie noch nie zuvor. Er schaute mir in die Augen und sagte: »Ich verspreche dir, dich nie zu verletzen. Ich verspreche dir neue Erfahrungen mit einem Mann. Ich verspreche dir, zu bleiben. Dir zuzuhören. Da zu sein und dich für immer zu lieben.« Das Messer hängt seitdem in der Küche und wird nur noch zum Kochen verwendet. Hauptsächlich von Chris.

Intimität: Das Vorspiel für geilen Sex!

Reden ist wie Sex! Nur mental anstatt körperlich. Mentale Verschmelzung statt körperlicher. Beides ist das jeweilige Vorspiel für das jeweils andere. Der Sex am Abend beginnt mit der neugierigen Frage am Morgen: »Schatz, wie hast du geschlafen?«

In Studien wurde herausgefunden, dass Paare lediglich zehn Minuten pro Tag wirklich miteinander reden. Organisation, Wochenplanung und Team-Abstimmung ist mit »Reden« hier nicht gemeint. Es geht hier um Intimität, um das lebenslange Einander-Kennenlernen. Tanja und ich erzählen einander alles, reden über alles, wissen so viel übereinander. Trotzdem habe ich das Gefühl, sie nie ganz und vollumfänglich zu verstehen. Sie bleibt für mich ein wundervolles Rätsel, das ich nie lösen werde. Und umso mehr ich mich mit meiner empathischen Neugierde daranmache, umso mehr erkenne ich die Schönheit dieses Rätsels, und gerade wenn man wieder einen Schritt weiterkommt, wird die nächste Facette sichtbar. Ein nicht enden wollender faszinierender Prozess. Das meiste davon tun wir abends im Badezimmer. Wir lieben das. Die Kinder schlafen, Tanja kämmt ihre Haare, ich sitze auf dem Badewannenrand, und wir verquatschen uns.

Wir finden den Stereotyp »Frauen wollen reden, Männer wollen Sex« veraltet und falsch, Ausdruck überholter Geschlechteridentitäten. Auch wenn wir die damit verbundenen Vorwürfe natürlich aus unserer Praxis kennen. Denn die geschlechtsspezifische Konditionierung wirkt natürlich. Aber Männer wie Frauen haben grundsätzlich die gleiche Freude daran, miteinander zu reden, sich im anderen zu erkennen. Es fällt beiden vielleicht nur unterschiedlich leicht bzw. schwer. Doch unsere Glaubenssätze wirken immer. Beispielsweise Männer, die glauben, keine Gefühle zeigen und auch nicht über sie sprechen zu dürfen. Wir Männer haben jahrhundertelang gelernt, nicht darüber zu sprechen. Gefühle zu verdrängen, um zu funktionieren. Um im Krieg zu kämpfen und niemanden mit unseren traumatischen Geschichten zu beschweren. Das war gesellschaftlich gewollt. Nun sollen wir über Gefühle reden. Das braucht Zeit und Geduld. Emotional verfügbar zu sein ist Training.

Die Elternzeit war für mich (Chris) ein Durchbruch. Durch Care-Arbeit lernte ich, wieder emotional zu sein. Das war auch eine Krisenzeit für mich, weil ich meine gewohnten Handlungsversprechen (viel Arbeiten für Anerkennung) nicht mehr anwenden konnte. Aber es war das größte Geschenk, weil ich dadurch wieder lernte zu fühlen. Emotional verfügbar zu sein, bedeutet, emotional verfügbar sein zu *wollen*. Dinge zu tun, die dich darin trainieren. Es bedeutet auch, sich die Zeit dafür zu nehmen. Wenn wir nach der Arbeit nach Hause kommen, brauchen wir Zeit, um den Systemwechsel von »ergebnis-fokussiert« zu »gefühlsfokussiert« zu vollziehen. »Detachment« wird das in der Psychologie genannt – das Ablösen oder Abschalten.[122] Erst dann können wir einander emotional begegnen. Das geht nicht in 30 Minuten, während man sich umzieht und das Kind hoppert, nachdem man einen stressigen Acht-Stunden-Arbeitsalltag erlebt hat. Ich bin damals so gern von BMW 30 Minuten mit dem Fahrrad nach Hause gefahren und im Sommer auf dem Weg in der Isar geschwommen, um die meisten beruflichen Gedanken abzuwaschen. Wir Männer tendieren dazu, gern Erwartungen an uns zu erfüllen, und uns damit zu überlasten. Aber wir sind keine Superhelden, die immer mehr in noch weniger Zeit packen können. Gefühle brauchen Zeit. Ich hatte 300 Fehlstunden, obwohl ich mit 30 Stunden Teilzeit gearbeitet habe. Meine Vollzeitstelle war nicht kompatibel mit dem Maß an emotionaler Nähe, welches ich in dieser Zeit leben wollte. Es ist wichtig, das anzuerkennen. Niemand kann zaubern, Nähe braucht Zeit. Zeit, die Mann (oder Frau) zu leisten bereit sein muss. Zeit und Geld, die man sich erlauben können muss. Ein Privileg. Ein Entweder-oder, das die materiell-kapitalistische Leistungsgesellschaft von uns fordert. Zeit ist sehr ungerecht verteilt. Die Schere zwischen Arm und Reich wird auch in Deutschland immer größer. Beziehungsarbeit leisten zu können, Coaching in Anspruch nehmen zu können, die Prioritäten anders legen zu können, ist für viele unmöglich! Es gilt also, die politischen Rahmenbedingungen zu ändern, sodass auch individuell etwas geändert werden kann. Beziehungen werden dadurch höchst politisch. Je mehr Menschen sich diese Priorisierung leisten können und das auch machen, desto eher ändert sich auch etwas für die, die das aktuell nicht können! Wir sollten unsere privaten Paarbeziehungen so gestalten, dass sie für eine gleichberechtigtere, chancengleichere und nachhaltigere Welt sorgen.

Intimität kann nur entstehen, wenn wir unsere Gedankenwelt teilen und einander Zutritt gewähren. Nähe durch Kommunikation und

Authentizität: sich seinem Partner mitteilen, Sorgen, Ängste, Hoffnungen, Zweifel … Männer wollen diese Gedankenwelt genauso gern teilen wie Frauen. Wir müssen jedoch das Training und die Rahmenbedingungen dafür haben. Die müssen wir uns aktiv selber schaffen! Zu den Rahmenbedingungen gehört aber auch, dass wir nicht (nur) vorwurfsvoll nach unseren Gefühlen gefragt werden, sondern voller unerbittlicher Empathie. Ein verständnisvolles Fordern. Jeder Mensch hat Gefühle, jeder Mensch kann also grundsätzlich auch darüber reden (lernen). Doch Vorwürfe reduzieren die Wahrscheinlichkeit. Sowie das gesellschaftliche enge Narrativ über die Geschlechter und deren Eigenschaften …

Intimität: Wieso sie für mich ein Gefängnis war

> *»Wenn zwei Menschen, die sich fremd waren, plötzlich zulassen, dass die Schranken zwischen ihnen fallen, um sich zu fühlen und zu entdecken, machen sie eine der emotionalsten Erfahrungen im Leben.«*[123] ERICH FROMM

Chris:

Zu Beginn unserer Beziehung wurde es mir teilweise zu viel mit der Intimität. Ich wollte zuhören, aber ein anderer Teil in mir wollte das alles nicht zu hören bekommen. Ich wollte mich mit ihrer Trauer über den kürzlichen Suizid ihres Vaters und den Verlust der Mutter nicht ständig auseinandersetzen müssen. Es war mir zu viel Verantwortung. Ich sagte laut zu ihr oder leise zu mir: »Ich will mich nicht um dich kümmern müssen!« Obwohl diese Intimität doch genau die Nähe hervorbringt, die ich mir so sehnlichst wünschte. Was war los?!

Tanjas Wunsch war es, mir von ihrem Gefühlsleben erzählen zu können. Um mehr Nähe und Verbindung zwischen uns her-

zustellen, machte sie sich verletzlich. Das war stark. Sie ging in Vorleistung, indem sie mir vertrauen wollte. Sie wollte mich brauchen. Für mich mit meiner Konditionierung galt das allerdings als schwach. Und um schwache Frauen musste Mann sich kümmern, ohne zu bekommen, was Mann sich wünscht (den Ursprung dieses Glaubenssatzes kennst du aus Kapitel 3). Ich wollte nicht für ihr Glück verantwortlich sein. Ein absurder Gedanke, denn Tanja brauchte mich ganz offensichtlich nicht. Sie war selbstständig, hatte ihr eigenes Unternehmen und kam ja auch vor mir mit dem Leid, das ihr widerfahren war, zurecht. Wie in aller Welt konnte ich also interpretieren, dass sie schwach sei und ich mich um sie kümmern müsse? Meine wahrgenommene Realität basierte auf meinen damaligen negativen Glaubenssätzen über Frauen. Ich nahm sie in dieser Realität mit meiner Brille als schwach wahr, anstatt ihre Stärke zu sehen. Und weil ich das als Vorwurf erlebte, ging ich auf Distanz zu ihr und ihrer vermeintlichen Schwäche, die ich doch eigentlich fälschlicherweise meiner Mutter vorwarf. Dieses Thema tauchte mehrfach in unserer Beziehung auf. In verschiedenen Intensitäten. Tanja hatte früher beispielsweise das Gefühl, nicht bei mir weinen zu dürfen/können. Ich bestritt damals derartige Behauptungen erst mal, aber für Verbesserungen gilt es, die Vorwürfe eigenverantwortlich anzunehmen und damit zu arbeiten. So steigern wir Intimität und Nähe. Heute bin ich voll demütiger Dankbarkeit vor Tanjas Emotionalität und verneige mich vor ihrer Stärke, die meine um Welten übersteigt.

Wenn dein Vertrauen auf die Probe gestellt wird

Vielleicht ist dein Vertrauen gebrochen oder missbraucht worden. Vielleicht bist du von deinem:r Partner:in betrogen worden und fragst dich, was nun? Du hast die Situation für dich bewertet, und deine Intuition sagt dir, dass du es hinkriegen willst. Dass der Betrug nicht so tief war, dass jede Hoffnung verloren ist und du dich endgültig durch Trennung abgrenzen musst. Wo diese Grenze liegt, ist absolut individuell, und nur du kannst das entscheiden. Wir haben in unserer Praxis Paare, die nach einem sexuellen Betrug nicht nur wieder zusammengekommen sind, sondern ein ganz neues Nähe-Level erschaffen haben. Wir hatten andere Paare, die sich getrennt haben und dadurch sich selbst gefunden haben.

»*Urvertrauen beginnt im Bauch.*« TANJA ROOS

Vertrauen ist erst mal ein natürlicher Zustand. Erst mit unseren negativen Erfahrungen lernen wir zu misstrauen, um uns zu schützen. Wir vertrauen unserem:r Partner:in, wenn er einer Vereinbarung zustimmt und sie einhält. Dann sind wir bereit, immer mehr Nähe zuzulassen. Und dann passiert es: Eine Vereinbarung wird gebrochen, und das Drama nimmt seinen Lauf.

Aber wie lassen sich gebrochene Vereinbarungen wieder ins Vertrauen überführen? Es geht letztlich darum, einen Vorwurf zu klären (vgl. S. 82). Den Vorwurf, sich nicht an Vereinbarungen gehalten zu haben. Ehrlich anzuerkennen, was schiefgelaufen ist. Was auf der Metaebene gewirkt hat. Auf der Sachebene gibt es oft schnell einen Schuldigen, aber um den Kern zu verstehen und als Betroffener wieder ins Vertrauen zu kommen, musst du deine Eigenverantwortung kennen. Diese liegt auf der verborgenen Metaebene. In deinem Unterbewusstsein. Geh der Frage nach dem Wozu nach:

Wozu könnte dein Unterbewusstsein das »wollen«? (vgl. S. 87). Was fühlst du in dieser Enttäuschung, und woran in deiner tiefen Vergangenheit erinnert dich dieses Gefühl? Worin bestätigt dich diese Erfahrung?

Tu das erst, wenn derjenige, der die Vereinbarung gebrochen hat, seinen hundertprozentigen Anteil erkannt hat. Denn sonst wäre es Opfer-Umkehr und Selbstaufopferung. Wenn ihr gar keine klare Vereinbarung hattet, dürft ihr beide eurer Eigenverantwortung nachgehen und fragen, wozu ihr keine klaren Vereinbarungen treffen wolltet. Wenn dein Vertrauen missbraucht wurde, könnte eine Antwort darin liegen, zu fragen, wozu dein Unterbewusstsein Distanz möchte. Was könnte für dein Überlebenssystem der Gewinn von Distanz sein? Vielleicht ist die Distanz zu Männern/Frauen sicher? Wie kommst du darauf? Welcher Mann/welche Frau hat zuvor dein Vertrauen missbraucht? Und wie hat dein Denken, Fühlen und Handeln zur jetzigen Situation in deiner Partnerschaft beigetragen? Wenn du die Situation nutzt, um deine Glaubenssatz-Landkarte zu verstehen, könnt ihr aus jeder Krise gestärkt und mit mehr Nähe hervorgehen. Oder du für dich.

Durch Eigenverantwortung könnt ihr als Paar immer wieder Vertrauen und Intimität erschaffen. Durch Eigenverantwortung katapultierst du dich immer wieder auf den Fahrersitz und bestimmst, wo die Reise hingeht.[124]

Übung: Fallen lassen

Für diese bereits kurz erwähnte Partnerübung lässt du dich stehend rückwärts nach hinten fallen und dein:e Partner:in fängt dich sanft auf. Testet dafür zunächst, wie weit ihr euch nach hinten fallen lassen wollt, sodass der:die Partner:in den Fallenden mit Leichtigkeit auffangen kann. Je weiter ihr auseinandersteht, desto schwieriger und herausfordernder wird die Übung. Tastet euch heran. Vor jedem Fallenlassen fragst du »Bist du bereit?« und wartest auf die Bestätigung. Schließe dann deine Augen, entspanne deinen Körper, lass dich zurückfallen und dabei auffangen. Dies wiederholst du fünfmal, bevor dein:e Übungspartner:in dran ist. Vor jedem Mal Fallenlassen prüfst du die Bereitschaft. Sprich gern vor jedem Mal eine Affirmation: »Ich vertraue mir«, »Ich vertraue (Name deines:r Partners:in)«, »Ich vertraue dem Leben«, »Ich vertraue meinem Körper/meiner Intuition/ meinem Weg/meiner Vision/ …«

Wertschätzung: Wie wertschätzt du dich? Fühlst du dich wertgeschätzt?

Wertschätzung meint die Anerkennung des Beitrages, den du selbst, die anderen oder deine Welt darstellt und leistet. Durch das einfache Da-Sein und durch das jeweilige Wirken.

Wie immer: Wertschätzung beginnt bei dir. Wenn du deinen eigenen Wert nicht anerkennst, dann wirst du auch die Wertschätzung, die dir von außen entgegengebracht wird, nicht wahrnehmen. Anstatt all das zu sehen, was dein Partner täglich für dich tut, siehst du nur die Dinge, die er nicht tut. Anstatt all das zu sehen, was du durch deinen Partner in den letzten Jahren bekommen und verwirklichen konntest, siehst du nur die Tasse, die er (schon wieder) nicht abgeräumt hat. Wertschätzung ist ein Standpunkt, der die Wertschätzung für dich und deinen Beitrag miteinschließt.

Für was hast du Wertschätzung verdient – von dir selbst und anderen?
Für welchen Beitrag und welche Formen deines Seins im Leben anderer?
Nenne zwanzig Punkte. Wenn es dir schwerfällt, am besten dreißig.

Es bedeutet, ein Gefühl dafür zu haben, wer wir selbst in Bezug auf die anderen und die Welt sind. Deshalb schließt Wertschätzung auch den Respekt ein. *Respekt bedeutet Rücksicht.* Rücksicht zu nehmen auf Bedürfnisse. Meine eigenen, die der anderen und die der Welt (Gemeinschaft, Tiere, Natur). Sie verlangt danach, achtsam zu sein. Mit dir, deinen Mitmenschen und der Welt.

Wenn wir verstehen, welchen Beitrag jeder Einzelne zu dem Gesamten leistet, dann nehmen wir nicht nur Rücksicht, sondern schätzen den Wert. Wir sind dankbar für das Da-Sein und das Wirken. Für den Schatz, der wir alle sind oder sein können. Auch wenn wir nie vollständiges Verständnis haben können, weil wir anders sind als die anderen, so können wir trotzdem wertschätzen. Denn *nichts* ist selbstverständlich.

> »Richte nie über jemanden, bis du tausend Schritte in dessen Schuhen gegangen bist.« UNBEKANNT

Stell dir mal vor, wir sind alle eins. Stell dir mal vor, du wärst der Mensch, dem du auf der Straße begegnest: Der gestresste Vater auf dem Weg zur Kita, die Mutter mit dem Kind, das gerade einen Tobsuchtsanfall im Supermarkt hat, die Straßenmusikerin, der Obdachlose, der Verkäufer, die Busfahrerin, das Schulkind. Wie würdest du dich als diese Person fühlen, was würdest du denken? Für Wertschätzung braucht es Empathie. Es braucht die Fähigkeit des Einfühlens. Wenn wir gestresst sind, ist das kaum möglich. Denn Wertschätzung verlangt nach Achtsamkeit und Bewusstsein. Es bedeutet, aufmerksam zu sein. Aufmerksam mit sich und anderen. Das muss man sich erst mal leisten können. Ängste halten uns beispielsweise in einem Gedankenkarussell und halten uns davon ab, achtsam und wertschätzend zu sein, und gleichzeitig vermag Wertschätzung die Angst aufzulösen. Wertschätzung schafft Verbindungen. Wertschätzung erzeugt Gemeinschaft. Wertschätzung ist zutiefst menschlich.

Stress hindert uns massiv daran, wertschätzend zu sein. Und gleichzeitig ist Empathie das beste Heilmittel für Frieden und damit gegen Stress. Wann hast du das letzte Mal einen »fremden« Menschen wertgeschätzt?

In unserer Straße haben wir unsere Kinderärztin, und die dortige Arzthelferin ist trotz allem Trubel immer so freundlich und hilfsbereit, sie hat uns oft den »Arsch gerettet« mit unseren vier Kindern. Einmal konnte ich ohne Termin und sehr spontan ein Rezept für die Logopädie unseres Sohnes bekommen und war irgendwie davon gerührt, dass mir Menschen helfen. Ich mit vier Kids morgens, und dann diese Frau, die mir das Leben einfacher gemacht und mir eine Sorge abgenommen hat. Ich ging zum benachbarten Café, holte dort einen Cappuccino mit Macaron und brachte ihr den. Sie war sichtlich gerührt darüber, dass jemand sie wertschätzt. Dass ihr Sein und ihr Tun gesehen wird und keine Selbstverständlichkeit ist. Wann hast du dir das letzte Mal die Zeit genommen, jemanden wertzuschätzen? Mensch sein bedeutet, empathisch in Verbindung zu sein. Menschen wahrzunehmen, zu achten, zu sehen. Die Welt ist größer als der Abstand zwischen unseren Ohren. Oft sind wir so in Gedanken, dass wir vergessen, dass sich die Welt nicht um uns dreht. Sondern wir uns auf ihr drehen dürfen.

Unsere Welt wird immer schneller. 80 % der unter Fünfzigjährigen fühlen sich manchmal bis sehr häufig gestresst.[125] Stress beschreibt die Angst, zu versagen oder nicht zu genügen. Es nicht zu schaffen. Wertschätzung ist optional. Es wird nicht für das Überleben gebraucht. Im Zweifel fällt es also einfach hinten rüber. Das gilt für jegliche Form der zwischenmenschlichen Beziehung, aber besonders natürlich auch für die Paarbeziehung. Wir werden selbstverständlich füreinander. So wie es für uns selbstverständlich wird, dass jemand den Müll abholt. Bis es keiner mehr tut. Häufig merken wir den Wert von etwas erst dann, wenn wir es nicht mehr haben. Wir haben Klientenpaare, mit denen wir eine Trennung tatsächlich gedanklich einmal durchspielen. Um das Szenario mit all den Konsequenzen gedanklich und emotional erlebbar zu machen. Es als legitime Option darzustellen. Um deutlich zu machen, dass nichts selbstverständlich ist. Vor allem nicht, das Leben gemeinsam zu teilen.

Was würde eine Trennung für dich bedeuten? Welche Konsequenzen hätte das, was würde wegfallen, was würdest du vermissen? Was müsstest du kompensieren, und was wäre vielleicht gar nicht ersetzbar?

Das kann sehr belebend für die Partnerschaft sein. Es kann uns den Wert aufzeigen. Wie drücken wir diese Wertschätzung aus? Wie drücken wir unsere Dankbarkeit aus? Was tun wir füreinander? Und in welcher Qualität?

Eigene Grenzen respektieren und nicht Ja sagen und Nein meinen

Chris:

Ich erledige manchmal etwas für Tanja und mache ihr das hinterher zum Vorwurf. Und dann beschwere ich mich auch noch, dass sie sich nicht bedankt. Wow! Dieses Muster hat mich einige Jahre beschäftigt. Und na klar, es musste natürlich auch immer wieder zu Streit zwischen uns führen.

Ich kann eine laaaange Liste von Beispielen nennen. Wir beginnen mit einem Klassiker: Ich komme von der Arbeit nach Hause, und Tanja fragt mich, ob ich noch einkaufen gehen kann. Ich bin müde, habe keine Lust und sage – »Ja, klar«. Warum? Weil ich sie nicht enttäuschen will, weil ich ein »guter Mann« sein will. Weil ich finde, sie soll bekommen, was sie sich wünscht. Weil der Kühlschrank tatsächlich leer ist. Vielleicht aber auch: weil ich (genauer: mein Unterbewusstsein) meiner Frau irgendwie unterstelle, dass sie kein Nein akzeptiert oder auf ein Nein dann ein mühevoller Streit folgen würde – oder zumindest Distanz. Letztere Gedanken sind mir kaum bewusst, sie laufen im Autopiloten ab. Mein Unterbewusstsein antwortet so schnell mit »Ja, klar«, dass keiner dieser unterbewussten Gedanken überhaupt eine Chance hat, mein Bewusstsein zu erreichen, wo sie auf Sinnhaftigkeit bewertet werden könnten.

Ich gehe also nicht wollend einkaufen, und das Universum fügt sich bzw. meine Wahrnehmung erschafft meine Realität entsprechend (vgl. Seite 57): Ich finde keinen Parkplatz, den gewünschten Senf gibt es nicht, die Schlange an der Kasse ist ewig lang, währenddessen läuft ein nerviger Song usw. Abgekämpft komme ich zu Hause an, die Tüte reißt auf der Treppe wegen der vielen Hafermilch, die meine Frau für ihren geliebten Kaffee bestellt hat, und nun beschwere ich mich darüber, wie anstrengend der Einkauf war. Bin pampig. Kurz angebunden. Genervt. Die erhoffte Anerkennung bekomme ich nicht. Denn sie hört natürlich den Vorwurf, der in jedem Satz meiner Erzählungen und jeder Pause dazwischen steckt. Und ich bekomme noch zu hören, dass der gewünschte Senf fehlt. Das Drama nimmt seinen Lauf. Und führt irgendwann auf den Kern, den Vorwurf. Dass ich nämlich gar nicht einkaufen gehen wollte, dass ich lieber laufen gegangen wäre, etwas für mich gemacht hätte und Essen bestellt hätte. Hätte, hätte, hätte.

Etwa 95 % unserer Kommunikation ist nonverbal. Wie können wir nur glauben, dass unser:e Partner:in, der:die uns doch so gut kennt, diese Vorwürfe nicht mitbekäme?! Vorwürfe drücken sich in allem aus, was wir tun, denken und fühlen. Und vor allem auch in dem, was wir *nicht* tun. Wir vergessen also auf einmal das, was unserem:r Partner:in wichtig gewesen wäre. Wir tun dann weniger von den

Dingen, die unser:e Partner:in gerne hat. Wir können nicht *nicht* kommunizieren!

Aber wozu sage ich nicht einfach »Nein« auf die Frage nach dem Einkaufen? Mein Ego antwortet wie aus der Pistole geschossen: »Bevor ich riskiere, dass Tanja sauer und enttäuscht ist, weil ich ›Nein‹ sage, mache ich mir lieber den Mehraufwand und umgehe diese Diskussion.« Die schnellste Antwort, die unser Bewusstsein findet, ist allerdings häufig ein Täuschungsmanöver. Die Schuld jemand anderem zuzuschieben ist immer einfach, aber meistens nicht die ganze Wahrheit und nie die Lösung. Häufig stellen wir unseren Klient:innen die Frage, welches Gefühl in jenem Moment präsent war. In diesem Beispiel waren es Wut und Trauer. Wut darauf, dass es Tanja nie ausreicht, Wut auf mich, dass ich es nicht richtig gemacht habe und Trauer darüber, dass ich diese Situation kenne: mich anzustrengen und nicht auszureichen. Sie beinhaltete eine gewisse Resignation, die Tanja bei mir auslöste. Tanja verursachte das Gefühl nicht, sie war nur der Auslöser. Ich selbst bzw. meine inneren Bewertungen waren die Ursache. Es ist immer so einfach, dem/der Partner:in die Schuld zu geben. Und doch kommen wir nur über Selbstverantwortung zu einer erfüllten Beziehung:

Wann hast du das letzte Mal zu deinem:r Partner:in Ja gesagt und Nein gemeint? Was hält dich davon ab, Nein zu sagen, wenn du Nein meinst? Wozu lieber Ja sagen?

Tanja als Spiegel zu begreifen, bedeutete anzuerkennen, dass ich mich in ihr als »nicht gut genug« erkannte (vgl. S. 119). Und tatsächlich war es für mich lange Zeit normal, in meiner Wahrnehmung 150 % zu geben, damit die mindestens geforderten 100 % sicher erfüllt wurden. Zu den an mich gestellten Erwartungen immer »Ja« zu sagen, um nicht zu enttäuschen und um die Wahrscheinlichkeit von Trennung oder Ablehnung zu reduzieren. Ein klassischer *People*

Pleaser eben. Denn wie schon beschrieben, gab es einen Anteil in mir, der Frauen nicht vertraute. Der nicht darauf vertraute, dass sie bleiben. Weil ich glaubte, mein Sein und mein »normales« Geben würde nicht ausreichen. Ich musste immer overperformen. Habe ihr nicht vertraut und befürchtet, dass sie sich eines Tages doch einfach trennen würde, so wie ich es bei meinen Eltern erlebt hatte. Auch wenn ich nicht mein Vater war, so befürchtete ich dennoch, dass Tanja mich eines Tages verlassen könnte. Also lieber all ihre Erwartungen erfüllen, um das zu vermeiden. Alle Erwartungen erfüllen, um der Held zu sein, den man nicht verlassen wird. Der unersetzbar ist. Den man gar nicht mehr verlassen kann, weil er so viel tut, dass er eine riesige Lücke hinterlassen würde.

Das Paradoxe ist, dass genau dieses Verhalten die Wahrscheinlichkeit für Trennung erhöht, denn indem ich Ja sage und Nein meine, führt das immer wieder zu Enttäuschungen für Tanja. Zu Streit, weil ich mein Versprechen nicht eingehalten habe. Und es führt dazu, dass ich immer wieder über meine Grenzen gehe, mich dabei manchmal so verausgabe und derart ausbrenne, dass gefühlt nichts mehr von mir übrig bleibt. Und wie sollte mich eine Frau, die mich liebt und mir das Beste im Leben wünscht, mich dafür wertschätzen, dass ich mich derart verausgabe?! Mir zu sagen, dass ich besser auf mich achten soll, ist größter Ausdruck ihrer Liebe zu mir. Denn im schlimmsten Fall würde ich schließlich krank werden und früh sterben vor lauter Aktion und Viel-zu-viel-Machen und Beweisen-Müssen. Und das Verrückteste: Es führt dazu, dass Tanja mir nicht mehr vertrauen kann, weil sie nicht weiß, ob mein Ja ernst gemeint ist oder nicht. Mein Misstrauen führt also zu ihrem Misstrauen!

Für die Auflösung dieses Zusammenhangs war es wichtig, mir den Vorwurf an meine Mutter bewusst zu machen, dass sie sich »plötzlich« getrennt hatte. Denn das war natürlich nie der Fall. Es war ein langer Trennungsprozess. Und es war eben auch nicht so, dass mein

Vater nur einige kleine Bedürfnisse nicht erfüllt hatte und sie sich deshalb trennte, sondern es ging um sehr grundlegende Dinge. Er hätte die Zeit gehabt, sich zu ändern, und sie wäre geblieben. Und ich möchte noch mal darauf hinweisen: Das Paradoxe ist an dieser Stelle, dass ich mich natürlich als Opfer dieser Trennung meiner Mutter empfand und es ja auch war und dass mein Verhalten einer anderen Frau, nämlich Tanja, schadete, indem ich ihr Vertrauen in mich Stück für Stück enttäuschte. Wir können uns nie dagegen wehren, dass wir, wenn wir uns als Opfer empfinden oder Opfer sind, auch immer anderen Menschen damit schaden, die mit der ursprünglichen Unterbrechung oder Verletzung eigentlich gar nichts zu tun haben. Wir können nur wach genug sein und erkennen, worin unsere Eigenverantwortung liegt, die unser Partner uns immer wieder so deutlich aufzeigt (vgl. Opfer-Täter-Urheber-Modell auf S. 79).

Ich vertraue mir selbst, Tanjas Bedürfnisse mit Achtsamkeit bezüglich meiner eigenen Grenzen erfüllen zu können. Ich vertraue Tanja, dass sie Nähe leben will und nicht Distanz. Dies verlangt, dass ich Ja sage und Ja meine. Und Nein sage, wenn ich Nein meine. Das fordert von mir, dass ich unangenehmen Gesprächen nicht für kurzfristige Harmonie aus dem Weg gehe, weil ich weiß, dass langfristiges Vertrauen mehr wert ist. Es verlangt von mir, an mancher Stelle erst mal zu verzichten, um hinterher mehr zu bekommen. Es verlangt von mir die Integrität, meine Versprechen einzuhalten.

> »*Integrität: es geht darum, Mut statt Komfort zu wählen; das Richtige zu wählen statt das, was Spaß macht, schnell oder einfach ist; und deine Werte zu praktizieren, nicht nur deine Werte zu bekennen.*«[126] BRENÉ BROWN

Integrität ist heute einer meiner wichtigsten Werte. Ich liebe es, zu wissen, dass sich Menschen auf mein Wort verlassen können!

Ich bekomme viel, und ich gebe viel

Tanja:

Freundinnen fragen mich häufig, wie ich denn Chris dazu kriegen würde, dass er »so viel für mich macht«. Dass ich anscheinend immer von ihm bekomme, was ich will. Oder sie sagen, was ich denn für ein großes Glück hätte, einen Mann zu haben, der so viel für die Familie »tut«. Darauf habe ich mehrere Antworten. Ja, das stimmt. Chris gibt unheimlich viel: Er lässt mich fast jeden Tag ausschlafen (bei vier Kids zwischen eins und zehn), kocht mir das leckerste Essen (von selbst gemachter Tom Kha Gai, Tom Yum bis hin zu Boeuf Bourguignon und Fischsuppe), macht mir täglich Kaffee und bringt ihn mir gelegentlich ans Bett, übernimmt sehr häufig alle vier Kinder, sodass ich Zeit für mich habe, ist ein überaus passionierter Papa, der sich immer neue coole Sachen ausdenkt, mit ihnen tobt, Geschichten erzählt, Nägel schneidet und gelegentlich lackiert (achtzig insgesamt!), Gespräche führt, sich um die Hausaufgaben kümmert, Sport mit ihnen macht, Geschenke für Kindergeburtstage kauft, Playdates ausmacht, Dinge baut, in der Nacht aufsteht, Albträume verjagt, Arzttermine macht, nasse Betten wechselt, Haare schneidet, Witze reißt, die Familie unterhält, zur Eisprinzessin tanzt, Muffins für die Kita backt, Schwerter schnitzt, das Auto packt, auf Berge hochträgt, … alles auf »Eigeninitiative«. Putzt, Wäscht, Blumen gießt, Fahrräder repariert, Klettergerüste baut, Tausende Windeln wechselt – und das nun schon seit zehn Jahren. Gleichzeitig ist er der perfekte Ehemann: Er massiert mich, befriedigt mich, bringt mich zum Lachen, redet Stunden mit mir über alle erdenklichen Themen, inspiriert mich, fordert mich, überrascht mich, liebt mich. Wie MacGyver fällt ihm immer eine kreative Lösung auf alle Probleme ein. Er sorgt dafür, dass es allen in der

Familie, im Freundeskreis und darüber hinaus gut geht. Wie kann ich das je zurückgeben? Halt, stopp!

Wir Frauen tendieren dazu, unsere eigene Leistung und unser Sein kleinzureden. Uns buchstäblich unter Wert zu verkaufen. Bei Gehaltsverhandlungen schneiden Frauen durchschnittlich wesentlich schlechter ab als Männer. Wir opfern uns auf. Für die Familie, für Freundschaften, für den Beruf, für andere (siehe Nr. 1). Und vergessen dabei uns selbst. Bis nichts mehr von uns übrig ist. Nicht unbedingt, weil wir von Natur aus so sind, sondern auch weil wir so konditioniert wurden. Damit muss Schluss sein!

Ich muss mich nicht mehr rechtfertigen, was ich im Gegenzug alles mache. Es reicht, zu sagen und zu wissen: Ich mache genug. Gerne liste ich es aber hier noch mal auf, um auch dir, liebe Leserin, zu verdeutlichen, was du alles bist und tust, was dir aber vielleicht gar nicht bewusst ist. Ich will dich dazu aufmuntern, noch mehr für dich einzustehen. Zu sagen, was du willst und brauchst. Was du eigentlich denkst. Was du verdient hast. Wer du bist. Was deine Arbeit wert ist. Laut zu werden. Dich zu zeigen. Und deine innere Wölfin laut aufheulen zu lassen.

Ich habe nach den tragischen Verlusten meiner Eltern meine Wut in Liebe transformiert. Ich bin das Risiko eingegangen, wieder zu lieben und diese Liebe mutig zu deklarieren. Auf die Gefahr hin, verletzt zu werden. Ich habe eine Lebensvision für mich geboren, voller Liebe, Fülle und Vertrauen, und in diese hat sich Chris einfinden dürfen. Habe zuerst gesehen, was für uns beide möglich ist. Habe den Rahmen geschaffen, in dem wir beide heilen und ein buntes, glückliches Bild werden konnten. Indem er der Mann werden konnte, der er heute ist. Indem ich gesehen habe, wer er sein kann. Habe Coaching und Therapietermine vereinbart. Wenn er das Schwert ist, habe ich es geführt. Für inneren Frieden. Für Erfolg und Erfüllung. Für Selbstausdruck. Ich habe es für uns genutzt, um das wunderschöne Leben heraus-

zuschneiden, das wir heute führen, aus einem Steinblock voller Wut, Angst, Trauer und Verletzt-Sein. Ich habe stets mehr in uns gesehen und nicht eher aufgegeben, bis wir den Kern erkannt und die Wurzel geheilt haben. Ich habe in Streits weder klein beigegeben noch ihn gehen lassen. Und habe Verantwortung für meine Straßenseite übernommen. Ich habe die Vorwürfe, die eigentlich seiner Mutter galten, angehört. Bin im Feuer stehen geblieben. Habe ihm Konter gegeben. Widerstand geleistet. Bin nicht müde geworden, Konflikte auszutragen. Zu bohren. Bin hartnäckig und unerbittlich empathisch drangeblieben. Habe ihm meine Weiblichkeit sowie meine Männlichkeit zur Verfügung gestellt. War sein Yin im Yang und sein Yang im Yin. Habe ihn in meine Welt eingeladen, meine Gedankenwelt geteilt und meinen Körper hingegeben. Nicht nur ihm. Sondern als Gefäß für vier weitere Seelen, die uns zur Familie gemacht haben. Ich war viermal schwanger, habe viermal gebärt, viermal gestillt. Habe aber nicht nur Kinder gebärt, sondern auch Ideen, Visionen, Unternehmen, Projekte. Reisen geplant, Freundeskreise erschaffen, Vergebung initiiert und ihn am Wissen über Leben und Tod teilhaben lassen. Ich biete ein Zuhause, weil ich das Zuhause bin. Ich biete Geborgenheit, Verstanden-Werden, Sich-fallen-Lassen und Ermächtigung. Ich sehe stets mehr in Chris als er selbst. Nur durch mich hat er gekündigt und sich auch beruflich neu erfunden und lebt heute seine absolute Berufung, mit der er so viel Liebe in die Welt bringt. Ich bin genau der gleiche Gewinn für ihn wie er für mich, nur anders. Wir bleiben uns nichts schuldig. Alles ist ausgeglichen. Beide geben ihre 100 % in diese Partnerschaft ein. Wir rechnen nicht mehr auf. Nach außen sieht es manchmal so aus, als würde Chris mehr machen. Nach innen wissen wir beide, wie es wirklich aussieht. Wir machen beide gleich viel. Dieses »gleich« ist bloß unterschiedlich. Ich kann nur durch ihn wirken und die sein, die ich möchte, und er kann nur durch mich wirken und der sein, der er möchte. Wir sind eine Win-win-Fusion. Das ist wahre Wertschätzung: zu wissen, wer man ist; zu wissen, wer der andere ist; zu wissen, was man NUR gemeinsam als Team erschaffen hat. Yin und Yang. Das männliche und weibliche Prinzip in perfekter Ergänzung. Es bleibt ein Wort: Namasté.

»Nimm dich selbst so wichtig, dass die Welt etwas von dir hat.«[127]

Hingabe bedeutet, sich 100 %ig zur Verfügung zu stellen. Hingabe und etwas in die Partnerschaft hineingeben ist nur möglich, wenn deine eigene Schale gefüllt ist. Hingabe erfordert also auch, Widerstand zu leisten. Grenzen zu setzen. Bedingungen zu stellen. Also Hingabe an deine eigenen Bedürfnisse. Wer über lange Zeiten 120 % gibt, brennt sich aus, und dann hat am Ende keiner etwas davon. Wer

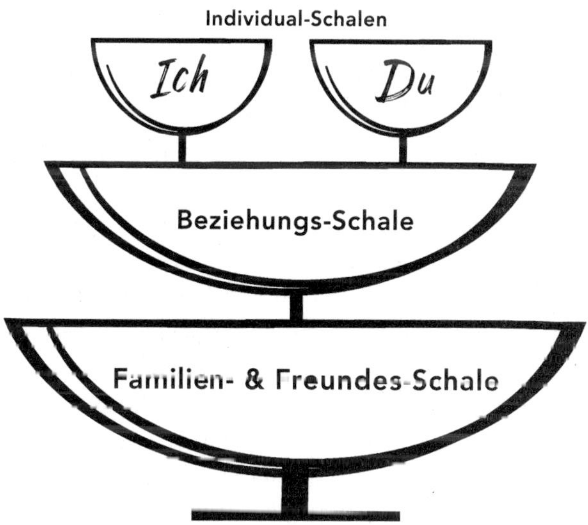

Abbildung 10: Das Schalenmodell[128]

sich bereitwillig und selbstlos aufopfert, schadet sich und seinen Beziehungen. Du musst deine Grenzen kennen und wahren. Deine Energiereserven immer wieder voll machen und gut auf dich achten. Nur so bist du ein gewinnbringender Partner. Gesunder Egoismus. Dann gewinnen beide.

Wertschätzung in Partnerschaft leben

Die amerikanische Therapeutin Betty Martin hat mit dem »Rad des Konsens« ein erkenntnisreiches Modell für Respekt und Anerkennung im wechselseitigen Miteinander entwickelt.[129] Wir haben das Modell für die Paarbeziehung und unsere Zwecke etwas angepasst und nennen es den »Kreis der Wertschätzung«. Im Kern steht der Kreis, der gleichzeitig für die Erfüllung steht. Die obere Hälfte des Kreises beschreibt, was du tust, die untere, was dein Partner tut. Die linke Hälfte beschreibt die Dinge, die dein:e Partner:in bekommt, die rechte Seite, was du bekommst. Daraus bilden sich vier Quadranten (Viertelkreise).

1. Dienen: Dem Partner Gutes tun. Den Partner wertschätzen.
2. Selbstliebe: Dir selbst Gutes tun. Dich wertschätzen.
3. Empfangen: Dein Partner tut dir Gutes. Dich wertschätzen lassen.
4. Erlauben: Dein Partner tut sich selbst Gutes. Wertschätzung ermöglichen.

Wie immer im Leben ist die Balance wichtig zwischen Geben und Nehmen, zwischen allein sein und gemeinsam sein. Wenn manche Quadranten gegenüber anderen zu klein werden, ergeben sich ungesunde Eigenschaften für die Beziehung. Je nachdem welcher Quadrant übermächtig oder zu klein wird, ergeben sich daraus folgende beispielhafte Dynamiken, die dauerhaft zu Distanz führen werden und die du auflösen kannst, indem du dir Kapitel 2 in dein Bewusstsein rufst:

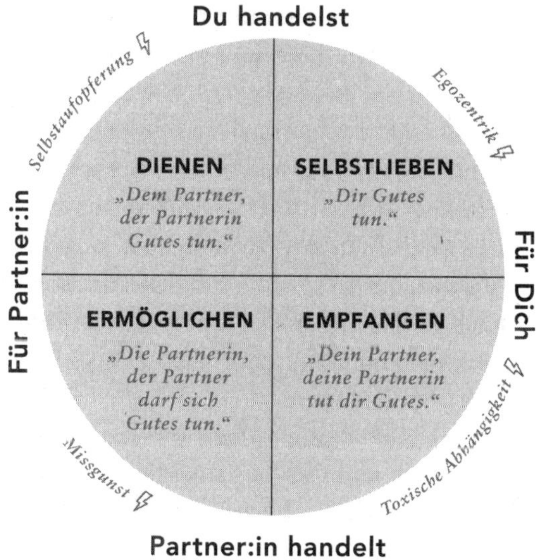

Abbildung 19: Modell zur wechselseitigen Wertschätzung (auf Basis des »Rad des Konsens« nach Betty Martin[130])

1. Selbstaufopferung
   Wenn du deine:m Partner:in dienst, aber deine eigenen Grenzen nicht berücksichtigst (»Ja sagen, Nein meinen«), dann tendierst du zur Selbstaufopferung. Das liegt weder in deinem Interesse noch in dem deines:r Partners:in, der:die dich liebt und glücklich erleben möchte. Es würde sogar wie oben geschrieben wieder zu Vorwürfen führen. Es gilt, dir selbst Gutes zu tun oder zu sagen, was du Gutes von deine:m Partner:in empfangen möchtest. Dafür ist es hilfreich, zu untersuchen, woher der Gedanke kommt, du würdest nicht ausreichen.
2. Missgunst
   Wenn du deine:m Partner:in dauerhaft nicht erlaubst oder ermöglichst, sich selbst wertzuschätzen (Stichwort Me-Time),

bist du möglicherweise missgünstig. Vorwürfe sind ein wichtiger Grund, der zu Missgunst und Mangel führt.

3. Toxisches Verhalten und toxische Abhängigkeit
Wenn du dauerhaft mehr empfängst, als du gibst, dann nutzt du deinen:r Partner:in aus und hast vermutlich ein System erschaffen, in dem dein:e Partner:in sich dauerhaft schuldig fühlt und seinen:ihren Selbstwert reduziert hat. Es gilt für dich die negativen Konsequenzen deines Handelns zu verstehen und zu untersuchen, welcher negativer Gedanke oder Erfahrung derartiges Verhalten für dich rechtfertigt.
4. Egozentrik und Narzissmus
Wenn du dich in deiner Selbstliebe verlierst, den Bick vor anderen verschließt und dich in deiner Selbstliebe über andere erhebst, dann mag das der Übergang zur Egozentrik oder zum Narzissmus (krankhafte Selbstverliebtheit) sein. Eine Möglichkeit besteht darin, dass du eine derart tiefe Angst vor Nähe und der dadurch verbundenen Möglichkeit der Verletzung entwickelt hast, dass du dich nicht mehr auf einen anderen Menschen einlassen willst.

Jeder Quadrant birgt bestimmte Herausforderungen, denn von deine:m Partner:in zu empfangen klingt erst mal leicht, doch wie gut gelingt es dir, etwas einfach so zu genießen, was dein:e Partner:in tut. Du wirst mit verschiedenen Gedanken konfrontiert wie »Hab ich das überhaupt verdient? oder »Was muss ich dafür tun?« Schaffst du es, dich selbst wertzuschätzen und etwas einfach so zu genießen? Ohne den Genuss mit deinem Tun zu rechtfertigen. Schätzt du dich derart wert, dass du deinem:r Partner:in liebevolle, korrigierende Anweisungen geben kannst, sodass du es noch mehr genießen kannst? Kannst du geben ohne Hintergedanken? Kannst du dir selbst Gutes tun, wenn dein:e Partner:in dir dabei zuschaut, oder hältst du es aus, deinem:r Partner:in zuzuschauen, wie er:sie das Leben genießt? Das Rad der

Wertschätzung ist als Spiel ausgelegt, indem du dich gemeinsam mit Freunden oder deinem:r Partner:in spielerisch genau mit diesen Fragen konfrontieren kannst. Die Anleitung findest du online unter Link 6.

Wertschätzung für eine höhere Selbsterfahrung

Durch einen anderen Menschen können wir uns neu erfahren, besser erkennen und intensiver spüren. Bei Wertschätzung geht es um die gegenseitige Benutzung für diese höhere Selbsterfahrung. Vielleicht löst das Wort »benutzen« Widerstand in dir aus. Auch das Wort »dienen« mag Widerstand auslösen. Wir verwenden es hier bewusst. Wir möchten es gerne neu besetzen, mit einer positiven Assoziation, also einen positiven Glaubenssatz erschaffen. Warum? Weil wir gesellschaftlich einen Trend haben, dass es erstrebenswert und mehr wert ist, wenn wir etwas alleine und eigenständig erreicht haben. Um Hilfe zu bitten und sich auf andere zu verlassen, wird oft als Schwäche interpretiert. Bedürfnisse zu formulieren ist aber Ausdruck von Stärke, von Selbstbewusstsein. Wir möchten damit erreichen, dass mehr Menschen selbstbewusst für die eigenen Bedürfnisse einstehen und zur größtmöglichen Erfüllung andere Menschen einbeziehen. Jemanden brauchen zu wollen ist »mega«.

Wahre Nähe entsteht, wenn wir uns gegenüber unserem:r Partner:in verletzlich zeigen mit unseren Schwächen, Verletzungen und unbewussten Wunden. Wenn wir so mutig sind und unseren Partner als den Helden anfragen, der unsere Bedürfnisse zu befriedigen vermag. Ohne zu wissen, ob er das tun möchte, offenbaren wir uns. Und wenn unsere Bitte angenommen wird, führt das zu einem Brauchen-Wollen und gerne Gebraucht-Werden, eine schöne und liebevolle Abhängigkeit, in der wir beschenkt werden und empfangen dürfen. In einer erfüllten Beziehung ist diese Abhängigkeit immer beidseitig und ist am besten zu vergleichen mit einem Tausch. Um diesen Tausch zu verbildlichen, kannst du mal versuchen, selbst deine Hand zu streicheln. Du wirst feststellen, dass das Gefühl nicht mal halb so schön ist, wie wenn du von einem anderen Menschen gestreichelt wirst. Du brauchst also den:die Partner:in, um diese Erfahrung machen zu können, du bist in diesem Zwecke von ihm:ihr abhängig. Immer in dem Wissen, dass du das Brauchen-Wollen aus deiner Unabhängigkeit heraus gewählt hast. Und aus dem Wissen über deine:n Partner:in, dass das Gebraucht-werden-Wollen ebenfalls einer Wahlfreiheit entspringt. Die Erfahrung ist also keine Selbstverständlichkeit, sondern ein beidseitiges Geschenk.

Wertschätzung bedeutet auch, intime Fragen zu stellen, um einander besser kennenzulernen. Dein:e Partner:in wird dir Fragen stellen können, die du dir selbst nie gestellt hast. Du bekommst die Möglichkeit, dein Selbst besser zu erforschen, so wie du es für dich allein nie reflektieren könntest. Du kannst alleine Schach spielen, aber zu zweit ist es eine neue Dimension! Was du dafür brauchst, ist die Neugierde an der Andersartigkeit und die Gewissheit, dass du keinen Menschen je zu 100 % verstehen wirst. Die Fragen müssen nicht kompliziert sein, es geht eher darum, dass sie aufrichtig und neugierig gestellt werden: Wie geht es dir heute *wirklich*? Was war heute dein Highlight oder dein Downlight? Was bewegt dich, über was denkst du gerade nach? Es gibt auch wunderbare Kartensets, die zu neuen Fragen inspirieren.

Ihr nutzt euch gegenseitig, um euch selbst besser erfahren zu können! Und im schönsten Fall streichelt ihr euch gegenseitig und wählt jeweils, einander brauchen zu wollen und gebraucht zu werden. Einander zu dienen auf schönste Weise. Einfach weil du es so noch schöner findest und weil du deinen Partner liebst und dieser Liebe Ausdruck verleihen möchtest. Jenes wertzuschätzen, das du liebst, ist eine der schönsten Freuden.

Gegenseitige Wertschätzung mit eurem Dienstleistungsvertrag

Das Prinzip der ausgleichenden Gerechtigkeit kennen wir aus Kapitel 2. Es besagt, dass wir unterbewusst Gleiches mit Gleichem vergelten, und so geht die Spirale nach unten. Das Prinzip können wir aber auch benutzen, um uns als Paar hochzuschaukeln, indem wir uns gegenseitig belohnen. Für diese gegenseitige Wertschätzung braucht ihr eine Dienstleistungsvereinbarung. Beachte: in Dienstleistung steckt das Wort »Dienen«. In diesem Vertrag verhandelt und vereinbart ihr die Dienstleistungen, die ihr für eure gegenseitige Bedürfnisbefriedigung einander zur Verfügung stellen möchtet.

Wir unterscheiden für den Vertrag zwischen Bedürfnissen und den Dienstleistungen, die zu deren Befriedigung führen. Wir nennen diese Dienstleistungen *Bedingungen*, denn nicht immer gibt es etwas zu tun (leisten, dienen), manchmal geht es um ein Verständnis oder eine innere Haltung. Es geht allgemeiner um Zustände, die wir anhand von Bedingungen beschreiben. Wir haben verschiedene Bedürfnisse, die wir jeweils durch unterschiedliche Bedingungen erfüllen können. Die Bedürfnisse sind nicht verhandelbar, die Bedingungen aber sehr wohl. Wir beziehen uns hier auf den Beziehungs-Dienstleistungsvertrag, aber natürlich könnt ihr auch zu dem Schluss kommen, dass ein Bedürfnis nicht durch den:die Partner:in, sondern durch jemand außerhalb der Paarbeziehung erfüllt wird.

Dazu ein kurzes Beispiel: Ich habe das Bedürfnis nach Nähe, und diese kann auf vielfältige Arten erfüllt werden. Mein:e Partner:in kann mir sagen, dass er mich liebt. Er kann mir ein Geschenk kaufen. Wir können Sex haben. Er kann mir ein Kompliment machen oder mein Lieblingsessen kochen. Wenn mein:e Partner:in keine einzige meiner Bedingungen erfüllen will – selbst dann nicht, wenn er wieder etwas dafür bekommt, er auch keinen Gegenvorschlag macht und ich ihn trotzdem als Partner:in behalten will, dann kann ich mein Bedürfnis natürlich auch durch einen Dritten befriedigen. Wir können Nähe und Inspiration mit Freunden erleben, Anerkennung durch unseren Beruf, Intimität durch unsere beste Freundin usw. Oft haben wir mehrere Menschen, die unsere Bedürfnisse befriedigen, auch wenn unser:e Partner:in darin die zentrale Rolle spielt.

Der Begriff der Bedingungen soll unterstreichen, dass jeder auch ohne Partnerschaft erfüllt und zufrieden sein kann. Es braucht den Partner eben nicht, wir sind nicht bedürftig, sondern im besten Fall nutzen wir uns, ein Wechselspiel aus Empfangen und Geben. Für Gespräche, für Sex, für Reisen, für Familie, für Anerkennung, Wertschätzung oder berufliche Projekte. Für all das brauchen wir Bedingungen. Bedingungen sollten grundsätzlich folgendermaßen sein:

1. *Klar, eindeutig und messbar*

(Gefühle sind beispielsweise nicht eindeutig und messbar)

So nicht: Mein:e Partner:in soll mich morgens wertschätzend behandeln.

Besser: Mein:e Partner:in macht mir jeden Morgen einen Kaffee.

(Bedingungen könnt ihr so beschreiben, als würde es gerade passieren.)

2. *Vereinbart und verhandelt*

Das ist ein fundamental wichtiges Element, denn so schaukelt ihr euch gegenseitig hoch und fordert euch in eurer Wertschätzung für euch selbst heraus. Ihr dürft Bedingungen verhandeln, korrigieren oder Gegenbedingungen stellen. Zurück zum Beispiel. Der:die Partner:in entgegnet: »Ich mache dir gern jeden Morgen einen Kaffee, aber ich möchte dafür einen Zungenkuss.« Ich: »Zungenkuss ist mir morgens too much, aber würde dir eine kleine Fußmassage am Abend gefallen?« Partner:in: »Yes.«

3. *Konsequenzen klären*

Wenn dein:e Partner:in dein Bedürfnis durch keine deiner möglichen Bedingungen befriedigen möchte oder kann, ist es für dich wichtig, welche Konsequenzen du ziehst. Wie kannst du alternativ das Bedürfnis befriedigen? Du kannst dein Bedürfnis auch anders erfüllen, beispielsweise nicht durch deine:n Partner:in. Wichtig für jede Verhandlung: Du kannst nur haben, was du willst, wenn es auch okay ist, es nicht zu bekommen!

Zum Beispiel: Wenn der:die Partner:in morgens nicht da ist, kann er stattdessen eine Nachricht schreiben. Wenn das nicht möglich ist, was bräuchtest du dann, um dein Bedürfnis nach Wertschätzung zu stillen? Unabhängig von deinem:r Partner:in? Vielleicht schätzt du dich selbst wert, indem du …

4. Lebendig

Du darfst deine Meinung ändern oder korrigieren. Eine Beziehung ist ein lebendiger Zusammenschluss und kein starres Konstrukt. Sie unterliegt ständiger Veränderung. Was für euch letztes Jahr gut funktioniert hat, muss heute nicht funktionieren. Es ist wichtig, zu wissen, was man möchte und wohin man will und dies offen, ehrlich und vor allem regelmäßig zu kommunizieren und gegebenenfalls neu zu verhandeln. Kinder, sich ändernde Jobs, Wohnorte, Freunde, Bedürfnisse, aber auch sich verändernde Gefühle ändern die Beziehung immer wieder. Eure Bedingungen gilt es diesem Prozess anzupassen.

Zum Beispiel meint der:die Partner:in eines Tages: »Ich habe dir immer gern einen Kaffee gemacht, aber seitdem unser Kind auf der Welt ist, merke ich, dass mir das morgens zu viel ist. Können wir was Neues finden?«

Gegenseitige Bedingungen machen aus einer Verliebtheit eine verbindliche Partnerschaft. Es ist deshalb wichtig für das Gelingen einer erfüllten Partnerschaft, darüber in Kommunikation zu bleiben, weil sich die Rahmenbedingungen stetig ändern.

Die größte Herausforderung beim Formulieren von Bedingungen

»Ich fühle mich in unserer Beziehung nicht wertgeschätzt« ist einer der häufigsten Vorwürfe in Beziehungen. Auch wir kommen regelmäßig an den Punkt, an dem wir uns vom anderen nicht ausreichend wertgeschätzt fühlen. Hier stellt sich als Erstes die Frage, was es braucht, damit wir uns wertgeschätzt fühlen können. Um deine Bedingungen zu formulieren, musst du dich als Erstes selbst wertschätzen, musst du dir selbst wichtig sein. Und du brauchst einen positiven Glaubenssatz über deinen Partner: Formulierst du deine Bedingung aus einem Vorwurf heraus, wird sie auf Widerstand stoßen.

> *»So viele Kämpfe können vermieden werden, indem wir mutig darüber berichten, was wir brauchen, anstatt uns darüber zu beschweren, dass wir es nicht bekommen haben.«*[131]
>
> ALEXANDRA H. SOLOMON

Nur so kannst du deinem:r Partner:in sagen, was er oder sie tun kann, um deiner Wertschätzung für dich Ausdruck zu verleihen. Wenn du deine Bedingungen nicht explizit formulierst, bleiben es Erwartungen, die immer zu Enttäuschungen führen, denn niemand kann Wünsche von den Lippen ablesen. »Es wäre schön gewesen, wenn du heute vor 18 Uhr zu Hause gewesen wärst!« – »Ich warte darauf, dass mein Partner mir endlich einen Heiratsantrag macht!« – »Ich wollte eigentlich, dass mein Partner nach der Geburt unseres ersten Kindes Elternzeit nimmt – hat er aber nie getan!« – »Wir schenken uns an Weihnachten nichts, aber ich wollte natürlich schon eine kleine Überraschung von Herzen bekommen!«

Erwartungen müssen enttäuscht werden, denn schon die Wortbedeutung beinhaltet, dass wir bei der Erwartung auf die Erfüllung »warten« müssen, und im Unterschied zu einer Bedingung folgt aus der Erwartung keine Konsequenz – außer meistens das Gefühl der blanken Enttäuschung.

Wenn du dich darin wiederfindest, dass du deine Wünsche nicht eindeutig zum Ausdruck bringst, dann willkommen im Club. Das Phänomen ist superweit verbreitet und findet sich in jeder guten

Beziehung! Wir könnten meinen, dass es zu schwierig ist, seine wahren Bedürfnisse alle genau zu kennen. Aber lasst uns einen Schritt weiter in die Eigenverantwortung gehen: Wozu wollen wir unsere Bedürfnisse nicht explizit formulieren? Warum sagen wir nicht klar, was wir brauchen?

Es geht uns oft nicht um die Sache, sondern um einen Beweis. Das überraschende Geschenk, obwohl wir vereinbart hatten, uns nichts zu schenken: Es soll zum Ausdruck bringen, wie sehr ich trotz der Vereinbarung geschätzt werde! Wenn ich das Geschenk ausdrücklich wünsche, dann ist es eine Selbstverständlichkeit und kann nicht als Beweis dienen, wie wichtig ich für meine:n Partner:in bin. Du kannst diese Logik auf die anderen Beispiele übertragen. Doch wozu brauchen wir einen derartigen Beweis? Darunter liegt die eigene Annahme, wir seien nicht liebenswert oder gut genug, sodass es einen Beweis von außen braucht, der diese Befürchtung widerlegt. Und doch: Selbst wenn wir das überraschende Geschenk bekommen und es uns auf überraschende Weise tatsächlich gefällt – die Chancen stehen da grundsätzlich schlecht, wissen die Autoren aus eigener Erfahrung –, reicht der Beweis nie aus, um uns davon zu überzeugen, dass wir gut genug oder liebenswert genug sind. Niemand kann uns diese Befürchtung über uns nehmen, denn wir tragen sie oft schon sehr lange in uns und haben sie über viele Jahre immer wieder bestätigt. Nun halten wir mal inne und machen uns diese Eigenverantwortung bewusst.

Welche (unausgesprochenen) Erwartungen hast du an deine:n Partner:in, und was bestätigen sie über dich oder deine:n Partner:in?

Wir dachten so sehr, es läge an dem:der Partner:in, der:die uns nicht sieht, oder an den Kindern, die uns keine Zeit lassen, oder an anderen Umständen, die die Erfüllung unserer Erwartungen nicht möglich werden lassen. Doch eine andere Möglichkeit ist, dass wir uns selbst dafür im Weg stehen. Das tut kurz weh, ist aber der schnellste Weg, wirklich zu bekommen, was du willst und der wichtigste Schritt zur eigenen Selbstverwirklichung!

Was können wir also tun? Zunächst gilt es, dies anzuerkennen, verantwortlich für die Nichterfüllung unserer Erwartungen zu sein und eine neue Wahrheit über uns zu erarbeiten. Ein neues Bewusstsein über unseren Selbstwert. Erst wenn wir es uns erlauben »gut genug« oder »liebenswert« oder »machtvoll« zu sein, sind wir es uns selbst wert, unsere Erwartungen explizit mitzuteilen und diese erfüllt zu bekommen. Dann geht es nicht mehr um den Beweis, sondern einzig um die Sache. Erst dann können wir Bedingungen ohne Vorwurf und Mangel formulieren. Denn auch wenn unsere Bedingung nicht erfüllt wird, macht das keine Aussage über unseren Wert oder unser Sein. Es macht nur eine Aussage darüber, dass unser Partner diese Bedingung nicht erfüllen will.

Wenn du keinen Vorwurf mehr hast, kannst du deine:n Partner:in aus Fülle und Empathie heraus fragen: Warum nicht? Brauchst du etwas von mir, um mir diese Bedingung zu erfüllen? Was hält dich davon ab? Was hast du vielleicht von mir nicht bekommen? Ich wünsche mir das, weil ich gern Nähe mit dir leben will. Aber wenn das auf diese Weise nicht möglich ist: Ist es denn für dich okay, wenn ich mir diese Bedingung von einem anderen Menschen oder durch eine andere Sache erfülle?

Wertschätzung aus Selbstlosigkeit

Der letzte Schritt bei eurem Dienstleistungsvertrag besteht darin, ihn wieder zu vergessen. Was? So viel Arbeit für nix?! Jein. Er dient dazu, dass ihr euch eurer Bedürfnisse bewusst werdet und herausfindet, wie ihr welche Bedürfnisse bei einander befriedigen wollt. Wie ihr einander dienen möchtet. Das ist sehr wichtig, um falsche Erwartungen zu vermeiden. Aber: Wenn wir penibel nach Checkliste vorgehen, dann schleicht sich die Kontrolle ein und nimmt uns den größten Spaß an der Freude! Wir sind so sehr auf die Einhaltung der Vereinbarungen konzentriert, dass wir gar nicht mehr genießen. Denn natürlich ist es etwas völlig anderes, ob du etwas nur aus Prinzip tust, damit du etwas dafür bekommst, oder ob du etwas tust, weil du den Menschen liebst und ihm einfach deshalb eine Freude machen willst. Geben ohne Hintergedanken ist das größte Geschenk, was wir uns selbst machen können. Wir müssen sogar den Dienstleistungsvertrag vergessen, denn sonst erzielen wir damit das Gegenteil: Wir fahren unser Service Level herunter. Warum? Das liegt am sogenannten Korrumpierungseffekt. Studien konnten nachweisen, dass Menschen ihre intrinsische Motivation verlieren, wenn man ihnen für die gleiche Tätigkeit eine extrinsische Motivation (Belohnung) bietet (Link 48). Wenn du also für die Wertschätzung belohnt wirst, dann verlierst du dein natürliches Bestreben, deinen geliebten Partner freiwillig ohne Hintergedanken oder Belohnung wertzuschätzen. Aber keine Sorge, ihr werdet den Vertrag ganz natürlich vergessen, und zwar in dem Moment, wo ihr einander wieder vertraut. Und vertrauen könnt ihr, wenn eure Bedingungen geklärt sind. Geben ohne die Erwartung des Empfangens, das ist wahres Vertrauen, wahre Freiheit und wahre Hingabe. In diesem Flow gibt es kein Bilanzieren mehr, sondern die innere Gewissheit, dass ich mehr bekomme, als ich gebe, weil im Geben die Freude des Schenkens enthalten ist. Dies bewusst wahrzunehmen, ohne sich Gedanken darüber zu machen, ob auch ich bekomme, was ich ersehne, das ist die wahre Freiheit und Unabhängigkeit.

Selbstliebe, Selbsterweiterung und Heilung

Tanja:

Über Jahre haben Chris und ich immer an meinem Geburtstag gestritten. Heute werde ich 37 und sitze gerade im Zug auf dem

Weg nach Bayern. Drei Nächte in einem schönen Wellnesshotel, nur ich und ein paar Freundinnen. Das erste Mal über Nacht weg von unserem acht Monate alten Baby. Die Nacht davor haben Chris und ich gestritten. Erst waren wir schön essen, unser lieber Nachbar Rolf hat auf die Kids aufgepasst. Kurz vor zwölf, also vor meinem Geburtstag, sind wir wieder nach Hause gekommen. Chris geht derzeit meistens um 23:00 Uhr ins Bett, weil er die Morgen mit unseren vier Kindern macht und sonst zu müde für unser derzeitiges Tagesprogramm ist. Er war also schon megamüde. Dann der Countdown zu meinem Geburtstag. Meine Erwartung war, dass er jetzt unser Schlafzimmer schön stimmungsvoll macht mit Kerzen und Co. und wir noch Sex haben. Ich bin kurz auf der Toilette, komme zurück, und dann liegt er da im Bett mit dem Handy, weil er noch arbeiten muss. Ich raste komplett aus. Was das für ein beschissener Abend ist! Wie krass scheiße mein Geburtstag schon wieder ist! Er wird wütend, weil er für den nächsten Morgen schon Geschenk, Karte, Kuchen und Blumen vorbereitet hatte und einfach schlafen wollte, um für den nächsten Morgen fit zu sein. Er hat nicht gearbeitet, sondern gerade den Wecker gestellt. Ich stürme noch dreimal wutentbrannt ins Zimmer, wecke mit meinem Geschrei auch die Kinder auf, und der ganze Abend ist gelaufen. Er wird wütend, schmeißt seine Brille auf den Boden, die daraufhin kaputtgeht. Ein Desaster! Zehn nach zwölf. Das ist also der Anfang meines Geburtstags. Ich fühle mich wertlos, nicht gesehen, nicht anerkannt, unendlich traurig, einsam … schlafe die ganze Nacht schlecht. Wache immer wieder auf. Genauso das unruhige Baby.

Wow – was war da los? Wir hatten uns beide den Abend doch ganz anders ausgemalt. Ich reflektiere.

An meinem Geburtstag vermisse ich meine toten Eltern am meisten. Der letzte Geburtstag, den ich mit meiner Mutter gefeiert habe, war mein 18. Immer an meinem Geburtstag kommt ein kindlicher Anspruch durch, der gestillt werden will. Aber ich kann die Liebe meines Mannes und meiner Kinder nicht spüren, wenn ich sie nicht in mir erschaffe. Wenn ich sie gar nicht zulasse. Die Leere, die ich durch den frühen Verlust meiner Eltern manchmal spüre, kann keiner füllen, und die Wut und Trauer darüber lasse ich bei den Menschen raus, die mir am wichtigsten sind und bei denen ich am sichersten bin. Paradoxerweise. Die, die uns am nächsten stehen, verletzen wir am öftesten und schwersten. Die Menschen, bei denen wir sicher sind, dass sie bleiben, egal, wie arschlochmäßig wir uns verhalten, stehen uns am nächsten. Wir müssen so oft unsere Wunden aus der Vergangenheit wieder erleben, bis sie geheilt sind. Bzw. bis wir sie integriert haben und nicht mehr verdrängen. Nicht dass sie vergessen oder dann weg sind. Wir brauchen einen liebevollen Blick auf uns. Müssen als Erwachsene unser inneres verletztes Kind sehen, hören, in den Arm nehmen und sagen: Hey, Kleine. Du bist jetzt sicher. Alles ist gut. Ich kümmere mich um dich. Du bist voll okay, so wie du bist.

Mein wundervoller Mann hat mir am nächsten Morgen Rollerskates und eine wunderschöne Karte geschenkt, die mich zu Tränen gerührt hat. Der ganze Tisch war gedeckt, und der schönste Cappuccino und Cheese Cake standen schon da. Die Rollerskates sind auch das perfekte Symbol, dass ich ab jetzt leicht durchs Leben gleiten darf. Dass es nicht mehr schwer und anstrengend sein muss. Dass ich glücklich sein darf.

Ich schwöre mir heute, dass dies der letzte Geburtstag in der Art war. Dass jeder weitere, den ich erleben darf, in Liebe geschieht. Dass ich in Liebe bin und alles sehe, was Liebe ist. Und nicht mehr den Fokus darauf richte, welche Liebe nicht da ist. Dass ich mir erlaube, geliebt und erfüllt zu sein. Die Menschen in deiner Gegenwart haben nichts mit den Erfahrungen deiner Vergangenheit zu tun. Sie sind deine Geschenke, um deiner Liebe gewahr zu werden. Um achtsam nachzuspüren, wo es noch weh-

tut. Was geheilt werden will. Was angesehen werden will. Was verstanden werden will. Bedanke dich bei deinem:r Partner:in, dass er bleibt. Dass er oder sie dich aushält. Dass du dich ihm oder ihr zumuten darfst. Dass er oder sie sich dir zumutet. Dass er:sie sich abgrenzt, wenn er:sie merkt, dir so besser helfen zu können. Wenn du das glauben kannst, dann bist du schon einen Riesenschritt weiter auf dem Weg zu erfüllten Beziehungen.

Übung: Wertschätzung wahrnehmen

Der schnellste Weg, um dich wertgeschätzt zu fühlen, ist, dir bewusst zu machen, was dein:e Partner:in schon alles für dich tut, was wir aber nicht wahrnehmen. Weil es selbstverständlich ist. Ausdruck von Wertschätzung ist beispielsweise: mit jemandem verbindlich zusammen zu sein, Kinder miteinander zu haben, verheiratet zu sein, zuzuhören, einzukaufen, Geld zu verdienen, gesund zu sein. Schreibe 20 Punkte auf, wie dein Partner dir schon jetzt seine Wertschätzung ausdrückt.

Übung: Wertschätzung, die Challenge

Eine zweiwöchige Challenge: Nimm dir jeden Tag zwei Minuten Zeit und erkenne eine Person an. Wertschätze sie dafür, wer sie ist oder was sie tut. Sei dabei aufrichtig, das erfordert Empathie und Bewusstsein. Per Mail, Text-Message, Voicemail, Social Media, bei einem Treffen oder bei einer zufälligen Begegnung im Alltag. Andere Menschen anzuerkennen erhöht nachweislich auch deine eigene Lebenszufriedenheit.

Impulsfrage

Wenn du von deinem:r Partner:in nicht bekommst, was du willst. Frage deine:n Partner:in: »Was bekommst du von mir nicht, sodass ich von dir nicht bekomme, was ich mir wünsche?«

Übung: Füße waschen

Eine tolle Übung, um sich gegenseitig zu dienen und Wertschätzung auszudrücken, ist, die Füße des anderen zu waschen. Das ist eine sehr powervolle, liebevolle und ermächtigende Geste und kann durchaus erst Widerstand auslösen. Es liegt eine gewisse Magie darin, diesen Widerstand zu spüren und es dann trotzdem auszuprobieren. Ihr werdet euch dabei ganz neu kennenlernen. Es geht nicht um Sex, sondern nur darum, dem anderen gerne zu dienen. Die Geste anzunehmen kann auch herausfordernd sein. Hier laden wir dich ein, hineinzuspüren. Wie ist es für dich, wenn jemand deine Füße wäscht? Bist du eher eine natürliche Geberin oder Nehmerin? Sender oder Empfänger? Mal in deine nicht natürliche Rolle zu schlüpfen kann sehr grenzerweiternd und bereichernd sein.

Sexualität: Lebst du deine Sexualität aus? Lebt ihr körperliche Nähe?

»Wir brauchen nicht mehr Sex, sondern mehr guten Sex«[132] – LEONORE TIEFER

Sex ist das schönste Gebet. Die effektivste Meditation. Die purste Anerkennung an das Lebendig-Sein. Der Mittelfinger an den Tod. Ein durch und durch sinnliches Vergnügen. Quelle höchster Glücksgefühle. Eine ganzheitliche Sinneserfahrung. Das beste Mittel gegen das Gefühl der Getrenntheit. Der Kleber für Beziehungen. Heiß. Geil. Berauschend. Heilsam. Intim. Und doch häufig negativ überschattet. Von Schuld und Scham getränkt. Problematisch, schwierig, unterdrückt, stigmatisiert, unbefriedigend oder schlicht nicht stattfindend. Die Bandbreite ist groß.

»Zwei Wege führen zur Entdeckung: Der erste ist Meditation – du suchst nach der Tiefe ohne den anderen. Der zweite ist die Liebe – du suchst nach der Tiefe mit dem anderen.«[133] OSHO

Der Sexualtrieb gehört zu unserer menschlichen Identität. Du kannst gerade nur diese Zeilen lesen, weil sich unsere Vorfahren der Gattung *Homo* seit Millionen von Jahren über viele Generationen hinweg – allein etwa achttausend Generationen Homo sapiens – erfolgreich fortgepflanzt haben.[134] Das ist Ausdruck davon, wie stark dieser natürliche und angeborene Trieb wirkt, der uns immer neues Leben produzieren lässt. Wir alle sind durch Sex entstanden. Wir sind sexuelle Wesen. Die Sexualenergie ist *die* universale Schöpferkraft. Sexualität ist für uns persönlich Ausdruck von purer Lebens*lust*. Sexualität beinhaltet Sex, aber ist noch so viel mehr: Sie ist die tiefste Lebenskraft, die dein ganzes Sein vitalisiert. Du kannst Sexualität alleine erleben, mit deinem Partner oder mit wem und wie vielen auch immer. Sexualität ist für uns mehr als einfache körperliche Zuwendung. Sexualität ist Leben und die Möglichkeit, uns in unserer Lebendigkeit zu erfahren. Sexualität kann uns heilen, ohne dafür in die Vergangenheit blicken zu müssen. Indem wir in einer Beziehung neue körperliche Erfahrungen machen, können wir nämlich auch kognitive »Verletzungen« vervollständigen und »die Vergangenheit in der Gegenwart aufarbeiten«.[135] Üblicherweise hören wir beim Buchschreiben Klassik. Für dieses Kapitel aber Techno: Caleesi & Sarah Kreis. Der Bass steht sinnbildlich für den Puls des Lebens. Für Energie. Für Kraft. Für Euphorie.

Sexualität geht aber häufig auch einher mit Enttäuschungen, früheren Verletzungen, Blockaden, Versagensangst, negativen Erfahrungen, Schmerz, Scham, Schuldgefühlen, Resignation und Wut. Oder auch einfach mit fehlender Lust. Wie bei allem spielen auch hier vergangene Erfahrungen und die daraus resultierenden Glaubenssätze über uns, unseren Körper, das andere Geschlecht und Sexualität im Allgemeinen eine wesentliche und häufig begrenzende Rolle.

Aber ganz wichtig: Sexuelle Blockaden und Störungen können auch in körperlichen Erkrankungen oder Beeinträchtigungen ihre Ursachen haben. Wir konzentrieren uns an dieser Stelle auf die kognitiven Störfaktoren. Bei Verdacht für körperliche Erkrankungen, Schmerzen oder sonstige körperliche Beeinträchtigungen unbedingt ärztlich untersuchen lassen.

Wie bei wohl keinem anderen Lebensbereich prägen uns in Bezug auf Sexualität auch die gesellschaftlichen Konditionierungen enorm. Glaubenssätze entstehen also nicht nur aus unserer Kindheit, sondern eben auch durch unsere Sozialisierung und Beziehungen jeglicher Art. Von der Evolution bis zur Religion, all das hat unser Verständnis von Sexualität stark geprägt. Für freie erfüllende Sexualität gilt es, sich dieser Glaubenssätze erst einmal bewusst zu werden und dann herauszufinden: Wie möchte ich meine Sexualität heute leben?

Sexualität konfrontiert uns mit unseren tiefsten emotionalen Bedürfnissen, aber auch mit unseren größten Ängsten. Grund genug, sie zu verdrängen. Ein Teufelskreis. Viele reden nicht gerne über Sex, den eigenen Körper und die eigenen Bedürfnisse – aus Scham, Angst oder Schuld, und leiden dann leise vor sich hin. Oder trauen sich nie, ihre Wünsche auszuleben aus Angst vor Ablehnung. Über Jahre und manchmal sogar ein ganzes Leben lang. Deshalb ist es für viele Menschen auch »nicht einfach die natürlichste Sache der Welt«, sondern eher eine Last oder zumindest ein Feld für Erweiterung, um irgendwann wahre Befriedigung und tiefe Erfüllung zu erlangen. Um »befriedigend« darin zu werden, Spaß daran zu haben und selbst befriedigt zu werden, braucht man auch hier die richtigen Rahmenbedingungen, Wissen, Bewusstsein und etwas Training. Statt viel auf der Sachebene zu tun, Stellungen zu trainieren und Techniken zu erlernen, geht es vielmehr darum, wahrzunehmen, zuzulassen, loszulassen und wieder einmal das, was uns blockiert, zu erkennen, zu benennen und zu transformieren. Die Lösung liegt in uns. Die Lust kommt dabei häufig erst mit dem Tun, so wie der Geschmack dem Essen folgt. Wenn wir darauf warten, den Geschmack einer Tomate zu fühlen, bevor wir sie essen, werden wir im Zweifel lange warten. Wer lange keinen Sex hatte, hat auch weniger Lust. Wer häufiger Sex hat, dafür mehr. Wir haben tausend gute Gründe, keinen Sex zu haben. Der wichtigste: Es ist vermeintlich sicherer. Sex ist immer auch irgendwie »raus aus der Komfortzone« und oft eine Überwindung. Sich-zeigen-Müssen. Weg vom Kontrollieren-Wollen. Ein Hin-Geben im wahrsten Sinne des Wortes. Ein Moduswechsel. Er bedarf Zeit, Energie und des richtigen Settings. Ein Erwachen aus dem Alltag. Ein Nicht-mehr-Denken. Bei der Ekstase – also bei einem Orgasmus – lösen sich alle deine Gedanken auf, es stellt sich für einen Moment totale Bewusstheit ein, wie bei einer tiefgreifenden Meditation. Ein bekanntes Synonym für den Orgasmus ist »der kleine Tod«, und es verweist auf den kurzzeitigen Verlust von Kontrolle. Dieser Kontrollverlust wird häufig auch mit dem Sterben verglichen. Oder wie Osho schreibt: »In der Geburt ist der Tod versteckt, das machte dem Menschen die tiefe Verwandtschaft zwischen Sex und Tod bewusst. Ohne Sex gibt es keinen Tod, denn ohne Sex gibt es keine Geburt.« Der Orgasmus erzeugt im besten Fall ein Gefühl der temporären Verschmelzung, des mit allem Verbunden-Seins, des »all-eins-sein«. Ewig zu sein. Entgrenzt zu sein. Grenzenlos zu sein. Raum und Zeit verliert sich. Genießen im Hier und Jetzt. Sinnliches Erfahren seiner Wahrheit. Frieden. Befriedigung. Versuche gerne mal, während eines Orgasmus zu denken – es funktioniert nicht. Es widerspricht sich. Wir fühlen uns im Höhepunkt total verbunden mit allem. Die pure Glückseligkeit. Unsere Seelen können sich ganz und gar sinnlich erfahren.

> *»Das wichtigste Sexualorgan ist das Gehirn. Das bedeutet, Lust, Verlangen, Erregung entstehen im Kopf.«* CHRISTIAN ALBRING, PRÄSIDENT DES BERUFSVERBANDES DER FRAUENÄRZTE[136]

Das beste Vorspiel: gemeinsam reden, reden, reden.
Was brauchen wir, um langfristig erfüllenden Sex haben zu können? Wie sagen wir, was wir uns eigentlich wünschen? Von was wir schon lange träumen? Was uns erregt? Was wir nicht mögen? Wie wir angefasst werden wollen? Was man zu uns sagen soll, damit wir *horny* werden? Wie gelingt Sexualität in einer dauerhaften Beziehung? Wie können wir geilen, leidenschaftlichen Sex mit unserem Lebenspartner haben, den wir schon jahrelang kennen? Wie können wir Sexualität als Möglichkeit zur Heilung erleben? Wie können wir immer wieder neue erotische Abenteuer zusammen erleben und uns immer wieder gemeinsam gegenseitig zum Höhepunkt bringen?

Weiblichkeit, meine Liebe zum Sex und der Orgasm-Gap
Fast 90 % der Frauen erleben bei der Selbstbefriedigung meistens oder immer einen Orgasmus. In Hetero-Beziehungen kommen je-

doch nur 57 % beim Sex mit ihrem Partner und sogar nur knapp 20 % beim penetrativen Sex. Beim One-Night-Stand kommen sogar nur 4 % der Frauen zum Orgasmus![137]

88–99 % der Frauen masturbieren ohne jegliche Penetration, und 80 % der Orgasmusprobleme beim Sex (mit Penetration) resultieren aus falscher Stimulation der Klitoris, weil der Fokus auf die Penetration und eben nicht mehr auf die Stimulation gelegt wurde. Spitzer formuliert: Das ganze Drumherum (Oralsex, Küssen, Streicheln, Handjobs etc.) weicht so oft dem penetrativen »Rein-raus-Geficke«, das wiederum der gefühlte Hauptbestandteil von 99 % aller Pornos ist.[138]

Tanja:

Mit fünfzehn hatte ich zum ersten Mal Sex. Vor Chris hatte ich diverse (Sexual-)Partner:innen, bin aber nur selten zum Höhepunkt gekommen. Durch fehlendes Vertrauen, viel Stress, Trauer, negative Glaubenssätze und störende Beziehungsdynamiken konnte ich mich schwer fallen lassen. Mich nicht hingeben. Nicht loslassen. War manchmal mehr im Kopf als im Körper. Dissoziiert von mir selbst. Häufig war auch noch eine Dritte im Bett, nämlich meine innere Kommentatorin: »Wie siehst du aus?« – »Du bist zu dick« – »Deine Brüste sind hässlich« – »Hast du dich überhaupt ordentlich rasiert?«

Wir Frauen unterliegen fast von Geburt an dem Druck, »schön sein« zu müssen. Wir werden objektiviert. Die Werbung zeigt uns fast ausschließlich perfekte, gestählte, dünne Frauenkörper. Eine toxische Gehirnwäsche von Kindheit an, von früh bis spät. Sich davon abzugrenzen, ist äußerst schwierig, aber erforderlich für erfüllte Sexualität. Ich lernte erst viel später, dass Aussehen und erfüllter Sex wenig miteinander zu tun haben. Dass unser sehr kritisches Selbstbild nichts mit dem zu tun hat, wie uns andere sehen. Jedoch sehr viel damit zu tun hat, wie wir uns beim Sex wahrnehmen. Emily Nagoski bringt es gut auf den Punkt, wenn sie schreibt:

»Ich habe es satt, in einer Welt zu leben, in der Frauen wegen ihres Körpers belogen werden. Wo Frauen Objekte sexuellen Verlangens, aber keine Subjekte sexuellen Vergnügens sind; wo Sex als Waffe gegen Frauen eingesetzt wird (…). Und ich habe es satt, in einer Welt zu leben, in der Frauen von Geburt an darauf trainiert werden, ihren Körper als Feind zu behandeln.«[139]

Ich hatte zwar häufig Lust auf Sex, war offen, neugierig und habe viel ausprobiert, hatte aber eben selten Orgasmen. Nicht, dass ein Orgasmus das einzige Ziel beim Sex ist. Der ganze Weg ist wichtig, und die Erfahrung allein kann unabhängig vom Orgasmus befriedigend sein. Ein Orgasmus heißt auch nicht, dass es guter Sex gewesen sein muss. Aber insgesamt war mein Sexleben zwischenzeitlich ein nicht zufriedenstellender Mix aus meinen unverarbeiteten negativen Glaubenssätzen, einem destruktiven Gedankenkarussell und den passenden Partnern dazu. So wie auf der kognitiven Ebene habe ich auch auf der körperlichen Ebene tiefgreifende Heilung und immer wiederkehrende Ekstase erst in meiner Beziehung mit Chris erfahren.

Indem wir füreinander wichtig sind, wir uns lieben, wir uns vertrauen, wir uns wertschätzen und auf Augenhöhe sind, konnten wir ein langfristiges erfüllendes Sexleben erschaffen. Mit Chris komme ich, seit wir uns getroffen haben, sprich seit zwölf Jahren fast jedes einzelne Mal! Dass die innere Arbeit, die wir machen, funktioniert, zeigt mir somit am deutlichsten mein Körper. Unser Körper folgt dem Geist und umgekehrt, und es rührt mich zu Tränen, was ich gedanklich und körperlich alles transformiert habe, um heute diese ekstatischen, sinnlichen, bahnbrechenden, lustvollen Erfahrungen machen zu können.

Ich liebe Sex. Häufig ist es das effektivste Mittel, um partnerschaftlich wie mit mir selbst wieder in den Flow zu kommen. Um sich mit sich und dem Partner und der Welt verbunden zu fühlen. Sexuell befriedigt fällt es mir leichter, mein erfülltes Selbst zu leben – als Partnerin, Mama und auch Unternehmerin. Fühle mich vitaler und esse gesünder. Ich bin dann im Frieden. Im Einklang. Mit mir und allem und agiere aus meiner Intuition heraus. Fühle mich wohl in meiner Haut. Geborgen und angekommen. Ich bin dann sprichwörtlich weniger verkopft und mehr im Herzen und meinem Körper. Der Atem ist ruhiger und tiefer.

Ich habe noch nie nach dem Sex gedacht: »Das war jetzt aber unnötig.« Ich habe es selten bereut, Sex zu haben. Mit Chris noch nie. Wir hatten beim ersten Date Sex, und seitdem fühlte sich kein Mal wie das andere an. Nicht weil wir jedes Mal neue Stellungen durchturnen, sondern weil wir einander spüren und diese Dynamik nie dieselbe ist. Wir haben uns ausprobiert, uns selbst, unsere Vorlieben, unsere Körper und einander immer wieder neu kennengelernt und auch hier selbst-erweitert. Nach neuen Erkenntnissen über uns ist auch der Sex immer wieder anders. Wir haben Kuschelsex, tantrischen Sex, Slow Sex, Fast Sex, spirituellen Sex und BDSM-Sex. Wir haben »Casual Sex«, bei dem beide einfach schnell kommen wollen, weil wir gerade viel zu tun haben oder der Familienwahnsinn mit vier Kids stressig ist. Wir haben Quickies. Und wir haben ausgedehnte Sex-Sessions. Wir buchen uns hier und da in ein Hotel ein und genießen ein mehrstündiges Sexabenteuer. Mal ist der eine dominanter und der andere devoter, mal umgekehrt. Ein lustvolles Spiel mit der Macht. Ein Tanz von Begehren und Begehrt-Werden. Ein Geben und Nehmen.

Unsere Intimität ist dabei auch der Nährboden für sexuelle Risikobereitschaft. Die Leidenschaft ist in all den Jahren geblieben bzw. sogar immer mehr geworden, weil wir gemeinsam Neues wagen. Beruflich, privat, sexuell. Weil wir uns und unsere Körper über die Zeit immer besser kennengelernt haben. Weil wir immer besser aufeinander eingehen können. Weil wir alle Kon-

flikte im Kern lösen. Weil wir Selbstverantwortung leben. Weil nicht nur unsere Körper verschmelzen, sondern auch unsere Energien. Weil wir gleichberechtigt sind, ohne gleich sein zu müssen. Weil wir differenziert sind, ohne Angst vor Nähe. Weil wir auf Augenhöhe sind und deshalb abwechselnd voreinander auf die Knie gehen können. Wortwörtlich.

Eins noch: Bitte nicht vergleichen! Die Zahlen, die gerne in Magazinen geteilt werden, wie oft Paare Sex haben, stimmen häufig nicht mit der Realität überein. Viele Paare fragen uns: »Ist unser Sexleben ›normal‹? Sehen meine Genitalien ›normal‹ aus etc …« Versuche dich davon zu befreien. *Normal* ist, was dir gefällt. Normal ist, was dir guttut. Normal ist, was dich glücklich macht.

»Alles im Leben dreht sich um Sex, nur nicht der Sex. Der dreht sich um Macht.«[140] OSCAR WILDE

Für eine erfüllte Sexualität als Paar ist es so wichtig, sich so zu zeigen, wie man ist. Über seine Ängste und Vorlieben zu sprechen. Darüber, was man an seinem Körper mag und was nicht. Was einem Unbehagen bereitet und welche Fantasien man schon lange hat. Viele Paare sprechen generell viel zu wenig über das eigentliche Miteinander. Und vor allem zu wenig über Sex und sexuelle Vorlieben.

Tanja:

Ich weiß aus eigener Erfahrung, wie frustrierend und wie erfüllend Sex sein kann. Ich weiß, wie es sich anfühlt, schwanger oder das erste Mal nach einer Geburt wieder Sex zu haben. Wie verletzlich man sich dann fühlt. Ich hatte vier Kaiserschnitte, und die Narbengegend ist heute noch äußerst sensibel. Ich weiß, was es bedeutet, wenn man sich gerade hässlich fühlt oder auf-

gedunsen oder schlicht dick und unbeweglich. Wenn du unter Hämorrhoiden, Scheidenpilz, Steißbeinschmerzen, Symphysenschmerzen oder Übelkeit leidest. Wenn die Brüste beim Milcheinschuss und Stillen schmerzen und sich ganz und gar nicht sexuell anfühlen. Ich weiß, wie es ist, wenn gefühlt aus allen Körperöffnungen Flüssigkeiten austreten. Blut, Schweiß, Tränen, Ausfluss. Wenn plötzlich mit kleinen Kindern die Romantik, die Erotik, die sexuelle Stimmung unter Wäschebergen, Essensresten, Kotze und Milchflaschen vergraben ist. Wenn man so müde ist, dass an Sex überhaupt nicht zu denken ist. Dass man so fertig ist und einfach nur noch schlafen will und seine Ruhe haben will. Dass die ganze Zeit irgendein Kind auf einem hängt, dass man nicht noch mehr Körperlichkeit erträgt. Dass man sich mit seinem Partner manchmal im Alltag gefangen fühlt. Keine Pause. Keine Zeit für sich. Geschweige denn füreinander. Früher ist man gefühlt von früh bis spät übereinander hergefallen. Am Morgen aufgewacht, hat sich angesehen und konnte sein Glück nicht fassen. Das Erste war ein langer Zungenkuss, mündend in einem weiteren Orgasmus. Heute wacht man auf, hat Mundgeruch, ein Busen hängt noch vom Stillen raus, alles ist angesabbert, voller Flecken, die Haare stehen zu Berge, und man will erst mal nur einen Kaffee, um nach einer durchwachten Nacht mit dem Baby irgendwie wieder klarzukommen. Sex, vielleicht nächstes Jahr wieder oder nächstes Leben … I feel you! Aber es lohnt sich, sich trotz allem immer wieder zu überwinden. Es tut einfach so gut! Versprochen.

Gerade für Eltern von kleinen Kindern passiert aber Sex häufig nicht spontan, sondern ihr müsst euch dafür verabreden. Klingt erst mal kontraproduktiv und langweilig, kann aber genauso spannend sein. Oder sogar noch aufregender, weil ja dann auch die Vorfreude und das Gedankenkino Teil des Paketes sind.

Emily Nagoski sagt dazu, das Geheimnis von Paaren, die auch in langjährigen Beziehungen noch guten Sex haben, sind zwei Dinge:

1. Sie verstehen sich als Team/Freunde und bewundern einander sehr.
2. Sie priorisieren Sex.[141]

Für beides sind wieder die Glaubenssätze auschlaggebend. Um sich gegenseitig bewundern zu können, darf es keine Vorbehalte und Vorwürfe geben. Nicht aneinander und nicht an sich selbst. Sprich: Alles, was zwischen einem steht, muss immer angesprochen und ausgeräumt werden. Um Sex zu priorisieren, musst du dir selbst wichtig sein (Selbstliebe), und die Beziehung muss dir wichtig sein (Nummer 1). Du musst deine Bedürfnisse und die deines:r Partners:in kennen und wissen, dass es dir und euch einfach guttut, eure Sexualität auszuleben. Im besten Fall hat die aufgeräumte Wohnung weniger Einfluss auf dein Wohlbefinden als der Sex mit deinem:r Partner:in. Das lässt dich den Sex priorisieren und die Unordnung sein lassen.

Außerdem sollte es ein Gesetz geben, das da lautet: #SHECOMESFIRST!!! Ganz ehrlich. Nach jahrhundertelanger Unterdrückung das Mindeste. Liebe Männer, macht es ihr zuerst, so, wie sie es verdient hat, nach allen Regeln der Liebeskunst, und ihr werdet auch voll auf eure Kosten kommen.

> *»Er ist angeturned, wenn sie es ist. Sie ist angeturned, wenn sie es ist.«*[142] ESTHER PEREL

Gleichberechtigung fängt im Bett an. Fragt sie, wie und wo sie angefasst werden will, was sie in Wallung bringt, wie sie genannt werden und wie sie am liebsten genommen werden will oder euch nehmen will. Und dann macht es ihr. Lernt dazu. Seid neugierig. Bildet euch über den weiblichen Körper weiter. Packt das Ego weg. Stellt euch auf den Standpunkt, noch nichts zu wissen! Wir werden für eure Neugier dankbar sein und euch nicht für eure Unwissenheit ablehnen.

Vergesst alles, was ihr glaubtet, schon gut zu machen. Fangt bei null an. Dient ihr. Und: Fragt! Vielleicht steht sie auf Rollenspiele. Vielleicht darauf, dich zu dominieren. Sich auf dein Gesicht zu setzen oder Stunden geleckt zu werden. Vielleicht liebt sie Sex bei Tageslicht. Leidenschaftliche Küsse. Massagen. Dreier. Sex in der Öffentlichkeit. Ernst gemeinte Komplimente oder Dirty Talk. Viele Frauen, die im Alltag viel bestimmen, Entscheidungen treffen, das Steuer in der Hand haben, den Großteil des Mental Loads tragen, beruflich erfolgreich sind, wollen im Bett eines: nicht mehr nachdenken müssen. Nichts mehr entscheiden müssen. Es einfach gemacht bekommen. Hergenommen werden. Ja, auch dominiert werden. Esther Perel nennt das die Feministin, die im Bett gerne Befehle empfängt.[143] Lieber Mann, tu ihr den Gefallen. Gib ihr, was sie braucht, indem ihr es gemeinsam herausfindet. Durch Gespräche und durch Ausprobieren. Zeig ihr, dass sie sicher ist, indem sie die Kontrolle vollständig aufgibt. Sich fallen lassen kann. Vertrauen darf. Dass ihr nichts geschieht. Dass sie frei ist. Dass sie wild sein darf. Dass sie *alles* sein darf. Dass sie alles ist. Dass Mann *für* sie ist. Dass dieser Mann will, dass sie glücklich ist. Befriedigt ist. Dass er ihr Erfüller sein darf. Im wahrsten Sinne des Wortes. Dass selbst wenn sie gefesselt ist, sie es jederzeit beenden kann. Frag sie, was sie für dieses Vertrauen noch braucht und nimm die Antwort nicht persönlich. Denn die Antwort hat mehr mit ihr zu tun als mit dir. Frag sie: »Vertraust du mir?«

Darin liegt Magie und Heilung für beide Geschlechter. Erkenntnis und Demut. Vollständigkeit und Ekstase. Und dann macht es gerne wieder andersrum oder von Anfang an genau umgedreht. Wie ihr eben mögt. Spielt mit den Rollen und der Macht. Mit Dominanz und Unterwerfung. Habt Anerkennung für beide Energien, die beide auch in euch wohnen. Das Männliche. Das Weibliche. Yin und Yang. Shiva und Shakti. Im Einklang. Miteinander und in jedem selbst.

Männlichkeit, mein Sexwunder und Impotenz

Chris:

Ich habe ein persönliches Wunder erlebt! Mein Glaubenssatz war: In einer festen Beziehung dauert guter und leidenschaftlicher Sex maximal drei bis sechs Monate. Aber nun habe ich mit Tanja seit zwölf Jahren befriedigenden, geilen, leidenschaftlichen, intimen Sex. Einfach den besten Sex meines Lebens. Hätte mir das vorher einer erzählt, ich hätte es nicht geglaubt! Ich glaubte, dass spätestens nach sechs Monaten die Verliebtheit zu Ende sein würde und damit auch die berauschenden Gefühle und der geile und erfüllende Sex. Glaubte, Sex wird langweilig und frustrierend.

Mann versteckt sich hinter gegenseitigen Vorbehalten und Vorwürfen. Vermeidet dadurch Sex. Sosehr Mann ihn will – den leidenschaftlichen Sex –, will ihn Mann häufig auch lieber vermeiden. Warum? Weil unsere Vorbehalte zu Distanz führen. Mann sich dadurch unwohl fühlt. Auch glaubt, es nicht verdient zu haben, weiter Sex zu haben. Und wenn Mann doch Sex hat, versucht Mann irgendwie durchzuhalten, ohne »zu früh« zu kommen, um so den Akt nicht zur Enttäuschung werden zu lassen. Denn das »Zu-früh-Kommen« gilt als sexuelle Störung, die bis zu 30 % der Männer kennen. Und auch hier kannst du dich fragen: Wozu komme ich zu früh? Welchen Zweck erfüllt diese Störung? »Wenn du dich gestört fühlst, dann weil dich etwas stört.«[144] Dein Körper macht dich darauf aufmerksam. Finde heraus, welcher Gedanke oder Glaubenssatz dich begrenzt. Denn wann ist zu früh? Wenn wir es an der fehlenden Befriedigung der oder des Partners messen, stellt sich die Frage, was nach dem »Zu-früh-Kommen« passiert bzw. welchen Anspruch wir haben, auf welche Weise wir zu befriedigen haben? Und wenn Mann sich die ganze Zeit damit beschäftigt, als Liebhaber nicht versagen zu dürfen, dann ist Mann eben mit dem Kopf nicht im Jetzt und bei der Partnerin, sondern bei sich und in der Vergangenheit. Mann ist so beschäftigt mit dem inneren Kampf, durchzuhalten, Strategien durchzudeklinieren, um sich abzulenken und noch dreißig Sekunden dazuzugewinnen.

Mann will so gern der starke und wissende Liebhaber sein, den die eigene Partnerin verdient hat. Weil Mann eigentlich glaubt, es nicht zu sein. Die Stärke und das Wissen um den weiblichen Körper vorzutäuschen, ist ignorant und Ausdruck von tiefer Scham und Angst. Das macht uns zu schlechten Liebhabern, die so tun, als müssten sie nichts dazulernen, nicht fragen, wie das geht oder wie sie etwas besser machen könnten. Zu stolz und zu beschämt, um der Liebhaber zu werden, der Mann sein könnte und dessen Dienste jede Frau verdient hätte.

Dabei fällt uns gar nicht auf, dass es gar nicht mehr um die gemeinsame Erfahrung geht. Die Gedanken des Versagens trennen uns ab. Sie lassen uns zu dem werden, der wir um keinen Preis sein wollen: einem schlechten Liebhaber. Jemand, der nicht genug ist. Auch hinsichtlich der körperlichen Ausstattung: Der Penis lässt sich wunderbar vergleichen hinsichtlich Länge, Dicke, Symmetrie und Aussehen. In Sammelumkleiden oder beim Pinkeln. Hier gipfelt es, das Vergleichen des Könnens und Ausreichens. Justin Baldoni formuliert es so: »Wenn unser Penis nicht hart genug, groß genug, lang genug erigiert ist, dann sind wir schwach, sind wir keine richtigen Männer.«[145] Nach dem Sex fühlen wir uns nicht erfüllt und befriedigt, sondern leer und unzufrieden mit uns. Grund genug, das Ganze einfach einzuschränken oder einzustellen, um die Beziehung zu retten. Denn wenn wir uns bei unserer Partnerin als Versager erleben, dann befürchten wir Trennung. Oder Grund zum Fremdgehen und dafür, eine Affäre zu haben, um das eigene sexuelle Bedürfnis ausleben zu können. Bei einer »Unbekannten«, wo wir nichts zu verlieren haben.

> *»Mehr als 30 % der Männer unter 55 Jahren haben sexuelle Probleme. Darunter fallen Erektionsstörungen, verfrühte Ejakulation und Orgasmusprobleme.«*[146]

Beim Onanieren ist das häufig alles kein Problem, aber mit der Partnerin ist das ein anderes Spiel. Wir machen uns Leistungsdruck, obwohl es bei der Sexualität doch gar nicht ums Können geht. »Impotenz heißt wörtlich Nichtkönnen, und auch wenn es nicht jeden betrifft, hat doch jeder stets Angst davor. So wird der Sex zu einem vergeblichen Leistungssport, der beweisen soll, was Mann dann genau nicht mehr beweisen kann: Dass Mann potent, vermögend, fähig ist. Dabei gibt es in der Sexualität doch keine Impotenz, denn es gibt keine Sexualität, in der Mann etwas können muss.«[147]

Vielmehr geht es für Männer eben darum, wahrzunehmen, achtsam zu sein und vielleicht zu erkennen, was ist oder was sein soll. Fragen stellen. Interesse bekunden. Empathie zeigen. Und das wegzulassen, was zu viel ist: Misstrauen, Vorwürfe, Angst, Schuldgefühle, Ego, Scham. Und dazulernen. Aber nicht unbedingt neue Techniken, sondern Bewusstsein darüber, wie wir Sexualität leben wollen, unabhängig von persönlichen und gesellschaftlichen Konditionierungen. Unabhängig von Versagensangst. Unabhängig von Leistungsdruck und patriarchalen Vorstellungen, was Mann zu sein hat.

Es geht also auch um Glaubenssätze und die Frage, wozu will ich Sex haben? Um einen Beweis zu liefern? Wozu will ich keinen Sex haben? Weil ich nicht vertraue und Ablehnung oder Enttäuschung vermeiden will? Weil ich glaube, nicht gut genug zu sein, und die Enttäuschung lieber vorwegnehme und die Schuld besser auf meinen Körper abschiebe? Weil ich mich dafür schäme, wer ich bin oder was ich getan habe? Dafür, dass ich ein Mann bin? Was denken wir eigentlich über uns, wenn wir mit dieser Angst konfrontiert werden? Was brauche ich von meiner Partnerin, und habe ich das überhaupt verdient? Und wenn ich erfüllenden Sex bekomme, was muss ich dann alles gegenleisten? Was will sie dann von mir? Hat sie mich dann in der Hand? Bin ich ihr ausgeliefert? Die Fragen und Antworten sind natürlich individuell verschieden, aber Sexualität macht uns auf sie aufmerksam. Der Schlüssel, warum ich heute ein erfüllendes Sexleben habe, liegt in der Intimität, die Tanja und ich erschaffen haben. Dafür gilt es eine Sache besonders viel zu tun: reden, reden, reden. Bis wir uns verstanden haben! Oder wie schon die Bibel wusste: bis wir uns erkennen!

Sexuelle Konditionierung

Es geht ums Gemeinsam-Sein. Nicht ums Gemeinsam-Tun. Sex (mit Penetration) dauert durchschnittlich 5 Minuten und 40 Sekunden.[148]
Sex ohne Penetration dauert täglich 24 Stunden und beginnt mit der Frage: Wie hast du geschlafen?

Männer wollen nur Sex, Frauen wollen nur reden. Das ist wahrscheinlich einer der stärksten stereotypen Glaubenssätze über Männer und Frauen und entspricht einer alten Sozialisierung, bei der Frauen dazu erzogen werden, brav, selbstlos und liebevoll zu sein, während Männer die starken Eroberer spielen sollen. Mit diesen Stereotypen ist jede erfüllte Beziehung zum Scheitern verurteilt. Denn beide Geschlechter berauben sich einer ganzen Dimension des Liebens und des mit sich Verbunden-Seins. Körper und Geist sind eins. Der Kopf ist Teil des Körpers. Verbunden-Sein hat demnach eine körperliche *und* eine geistige Komponente. Das eine kann nicht ohne das andere.

Häufig wird dabei erwähnt, dass Frauen das Bindungshormon Oxytocin u. a. verstärkt durch Gespräche ausschütten können, während Männern das verwehrt ist. Das ist Unsinn. Es ist nicht geschlechtsspezifisch, sondern trainingsspezifisch. Es ist überall zu lesen, wie Hormone unser Verhalten beeinflussen und bestimmen. Doch es ist genauso wichtig, festzustellen, dass wir unser Gehirn und unsere Hormone durch unser Denken und unser Verhalten beeinflussen können. Wir können Dinge neu erlernen, trainieren und uns so umkonditionieren! Erkennen wir das nicht an, verfestigen wir alte Rollen- und Geschlechterklischees und verbleiben im Gefängnis des Patriarchats.

Ich (Chris) liebe tiefe Gespräche mit meinen Freunden wie auch Freundinnen, und wir schütten dabei Oxytocin aus, fühlen uns nah und verbunden. Wir können unser Hirn und unsere Hormone steuern, indem wir uns umtrainieren. Durch neue Prioritäten, durch Elternzeit, durch Care-Arbeit. Durch die Bücher, die wir lesen, und die Filme, die wir schauen. Durch unsere Hobbys. Und unser Umfeld.

Studien zeigen, dass Frauen mit den Jahren ihre Körperlichkeit zunehmend entdecken (mehr Lust im Alter) und Männer in ihrem Reifeprozess die echte emotionale Verbindung zu schätzen lernen. Es braucht beides für erfüllenden Sex und für erfüllte Partnerschaft – die emotionale Verbindung und die körperliche Verbindung. Unabhängig vom Geschlecht sind (emotionales) Reden und (körperlicher) Sex letztlich zwei Seiten einer Medaille. Es sind beides Wege, um Nähe herzustellen. Ihr könnt den Partner für geistige Intimität und für körperlichen Sex nutzen. Für verbale und körperliche Kommunikation. Vielleicht wertest du Intimität als irgendwie hochwertigere, tiefere Verbindung, aber letztlich sind beide Formen gleichwertig. Sexualität ist das Vorspiel für mehr Intimität, und Intimität ist das Vorspiel für mehr Sexualität.

Sex beginnt, indem du deinen Partner fragst: »Wie geht es dir gerade wirklich?«, oder indem du mittags eine Nachricht schreibst: »Ich denke an dich!« Das erste schöne Gespräch beginnt mit einem Zungenkuss, und die innige Umarmung zum Einschlafen folgt auf befriedigenden Sex. Für viele Männer ist es eine ebenso große Herausforderung, ein emotionales Gespräch zu führen, wie für Frauen, körperlich verlangend zu sein. Beides wurde konditioniert. Seit Jahrtausenden. Evolutionär. Religiös. Gesellschaftlich. Eine Konditionierung, die unserer jeweiligen Erfüllung im Weg steht! Findet Bedingungen miteinander, die ihr gern erfüllen wollt (vgl. Kapitel »Wertschätzung«), damit ihr Intimität *und* Sex leben könnt. Dass ihr gleichermaßen reden und Sex haben könnt. Und beides euch zutiefst erfreut. Ihr euch darin gegenseitig erweitert. Ihr jeweils eine neue Dimension von Nähe erlebt und neue Horizonte von euch selbst entdeckt.

Männer können rein biologisch nicht jederzeit penetrieren. Manchmal auch dann nicht, wenn sie Lust haben. »Männer haben große Angst, nicht sexuell sein zu können oder zu dürfen, und Frauen haben große Angst, sexuell sein zu müssen. Beide Geschlechter projizieren immer wieder die verdrängte Seite auf das andere Geschlecht: Frauen haben Panik vor sexuell fordernden Männern, Männer rennen vor emotional ›verschlingenden‹ Frauen davon. Manchmal, und augenscheinlich immer öfter, ist es umgekehrt.«[149]

Für erfüllte Sexualität und einen Orgasmus braucht es vor allem Vertrauen. Um sich diesem Kontrollverlust hingeben zu können. Das fehlt häufig zwischen den Geschlechtern. Auch hier trägt das Patriarchat eine große Mitschuld. Frauen mussten in der Vergangenheit am meisten unter den Religionen bzw. dem Patriarchat leiden: Verfolgung, Verstümmelung, Vergewaltigung und die Stellung der Frau als Eigentum des Mannes sind auf der Welt auch heute noch viel zu häufig Realität. Viele Frauen haben das Leid vorheriger Generationen vererbt bekommen, wodurch erfüllte und natürliche Sexualität maßgeblich erschwert wird. »Wir alle haben Strategien, diesen Schmerz nicht dauernd fühlen zu müssen (…), oder wir schneiden uns sogar von der Lust ab, brauchen [vermeintlich] gar keinen Sex; oder (…) überfüttern uns mit sexuellen Reizen und stumpfen ab. (…) Wir haben uns so sehr an unser Wundsein gewöhnt, dass wir uns einen unschuldigen, spontanen und respektvollen Umgang mit unseren sexuellen Impulsen kaum mehr vorstellen können.«[150]

Oder wie es die Professorin Laurie Mintz ausdrückt: »Sexuelle Erfüllung ist nur möglich durch wahre sexuelle Gleichberechtigung. Niemals in der westlichen Kulturgeschichte wurden die weiblichen Wege zum Orgasmus in gleicher Weise gewertschätzt wie die des Mannes. Es ist an der Zeit, die Geschichte zu ändern.«[151]

Auch Pornografie trägt ihren Teil zum Übel bei. Der Orgasmus der Frau wird in vielen Pornos grundfalsch dargestellt. Schnelle und harte Penetration durch den Penis führt nur in den allerwenigsten Fällen zum Orgasmus. Die Klitoris wird weitestgehend vernachlässigt. Und dann sollen Männer lernen, worauf es ankommt? Männer schauen durchschnittlich 70 Minuten Pornos pro Woche, und Jungs schauen durchschnittlich mit elf Jahren meist unabsichtlich ihren ersten Porno.[152] Dieser Konditionierung müssen wir uns bewusst entgegenstellen. Es ist die Verantwortung der Eltern und auch der Schule, Aufklärungsarbeit zu leisten. Wir möchten an der Stelle klarmachen: Wir sind keinesfalls gegen Pornos. Sie erfüllen eine sehr wichtige Funktion, auch indem wir durch sie unsere Fantasie beflügeln und dabei herausfinden, was wir gerne tun. Denn nicht jede Fantasie, die uns Lust beschert, wollen wir unbedingt selbst ausprobieren. Es geht natürlich auch um Genuss, und bei der Selbstbefriedigung zu Pornos geht es auch um Stressabbau und Entspannung. Aber: Pornos können süchtig machen, verklären Sexualität und zeigen eben keine erfüllte Sexualität, insbesondere weil die Klitoris und die Art und Weise der weiblichen Lust dort kaum Raum finden. Dabei ist die Klitoris das Zentrum der weiblichen Lust. Und trotzdem wissen viele so wenig darüber: Sie hat gut achttausend empfindliche Nervenenden, die es sanft bis vibrierend zu liebkosen gilt. Rund doppelt so viele wie ein Penis. Von außen sieht man lediglich die Klitoriseichel, das ist aber nur die Spitze des Eisbergs. Die Klitoris ist durchschnittlich zehn Zentimeter groß und besteht aus insgesamt achtzehn Teilen. Ist die Klitoris erregt, schwillt sie auf das bis zu dreifache Volumen an (!), dann fühlt sich ein Eindringen in die Vagina besonders schön an. Die Vagina ist übrigens im Vergleich zur Klitoris relativ unempfindlich – was ja auch für eine Geburt enorm wichtig ist. Die Klitoris ist also das A und O des Lustempfindens der Frau.[153]

Wir wollen Sex, Gehirn und Herz wieder zusammenbringen. Dafür müssen wir uns der beschriebenen gesellschaftlichen und unserer eigenen sehr persönlichen sexuellen Konditionierung bewusst sein. Um unsere Sexualität authentisch auszuleben und unsere sexuellen Bedürfnisse zu kennen, brauchen wir dann einen Raum der Intimität, in dem wir uns sexuell ausprobieren und lernen können. Einen Raum, in dem wir alle Enttäuschungen, die mit den vergangenen sexuellen Erfahrungen einhergehen, vollständig machen. Einen Raum, in dem wir uns neu erfinden können.

Intimität für erfüllten Sex und sexuelle Heilung

Intimität ist der Schlüssel für erfüllte Sexualität. Intimität ist das Ausleben von Vertrauen. Vertrauen ist auch eine Entscheidung. Intimität die Folge. Intimität ist ein gemeinsamer, exklusiver Raum, den wir als Paar betreten. In dem wir erfüllten Sex haben können.

Ungelöste Konflikte waren für uns in einer dauerhaften Beziehung immer das größte Hindernis für erfüllenden Sex. Sie stören die Intimität. Und damit die Verbindung und den Flow. Sie stören die gegenseitige Anziehung. Sie stören das wechselseitige und liebevolle Erfüllen von Bedürfnissen. Und die gegenseitige Bewunderung. Sie führen zu Vorwürfen. Wir können Vorwürfe vermeiden, indem wir sie verdrängen und vermeintliche Harmonie leben. Wir geben uns selbst auf und passen uns ganz an die Bedürfnisse des:der Partners:in an. Doch mit der Harmonie stirbt die Intimität. Mit der Harmonie stirbt die Leidenschaft und das Verlangen. Miteinander intim zu sein, bedeutet auch, für sich einzustehen, für die eigenen Bedürfnisse. Denn Intimität erfordert, dass zwei sich erst mal selbst nah sind, sich selbst wichtig sind, um dann auch dem:der Partner:in nah sein zu können, auch indem die Bedürfnisse gegenseitig erfüllt werden.

Du kannst negative Glaubenssätze und trotzdem großartigen Sex haben, insbesondere in der Verliebtheitsphase, in der wir unsere:n Partner:in idealisieren. Tanja und ich haben große Rucksäcke mit Vorwürfen an unsere Vergangenheit mit in die Beziehung gebracht und hatten *trotzdem* von Anfang an immer schon grandiosen Sex. Doch in dauerhaften Beziehungen werden negative Glaubenssätze immer zu Vorwürfen und Distanz führen. Für die meisten bedeutet das auch weniger Intimität und Sex. Doch ist der Verstand nicht größer als das Ego? Manchen Paaren gelingt es, die Logik von Intimität auf den Kopf zu stellen. Sie können gedankliche Vorwürfe durch ihre Sexualität auflösen, sich in der Körperlichkeit versöhnen und wieder erkennen. Denn der Verstand vermag sich über den Streit zu erheben und die Heilung dem Körper zu überlassen. So können Paare es vielmehr dem Herzen überlassen, die im Streit verloren gegangene Essenz des Partners wiederzufinden und im Sex wiederzuerleben. Sie begreifen die Sexualität als einen eigenen Raum der Heilung, der losgelöst ist von allen gedanklichen Lasten und der Intimität wiederherzustellen vermag. Für uns andere gilt es, diesen Raum zu erschaffen, indem wir miteinander reden, um einander wiederzuerkennen, bevor wir uns körperlich erleben können.

So oder so kann Sex ein Raum der Heilung sein. Und quasi von der entgegengesetzten Richtung Heilung bringen: *Top Down* werden jene Methoden bezeichnet, die vom Kopf her Veränderungen im Verhalten erwirken (bspw. Glaubenssätze wandeln), während *Bottom Up* jene Methoden bezeichnet, bei denen der Körper Veränderungen in unserem Denken bewirkt. Körperliche Heilung erschafft neue Glaubenssätze.

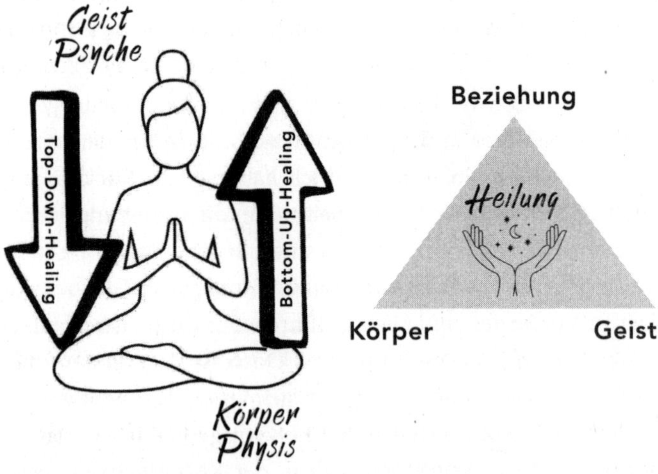

Abbildung 20: Die beiden Wege der Heilung. Top-Down und Bottom-Up

Spiritueller Sex bedeutet, den eigenen Körper als Quelle von Erfahrungen zu nutzen und sich seiner Körperlichkeit bewusst zu werden. Seinen Körper und die Gefühle wahrzunehmen: Scham und Ablehnung, Vereinigung und Abhängigkeit, Ekel und Lust, Wonne, Freude und Schmerz, Angst und Ekstase, Kontrolle und Hingabe, Orgasmen und Enthaltsamkeit, Gier und Egoismus, Verlangen und Verführung, Abgrenzung und Entgrenzung, Fantasie und Realisierung, das Spiel von Geben und Nehmen. Die Erfahrung zu machen, mit all deinen Gefühlen angenommen zu werden. Dich in diesem Raum der Intimität zu zeigen, zu lieben und vielleicht zu befriedigen – dich selbst, vielleicht mithilfe des:der Partners:in. Nackt, roh, verletzlich. Unser Körper kann auch unseren Geist heilen. Spiritualität meint in ihrem tiefsten Wesen Verbundenheit. Zum größeren Ganzen, zur inneren Wahrheit, zum Fluss des Lebens oder wie auch immer man das nennen möchte. Wir sind wie ein Tropfen im Universums-Ozean. Beim Sex kannst du als Tropfen wieder für kurze Zeit zurück ins Meer. Die Wellen spüren. Die Wellen sein. Spiritueller Sex meint die Verbundenheit zu dir und zu deinem:r Partner:in.

> *»Ohne eine spirituelle Dimension wird die Sexualität aber, soviel Abwechslung wir auch hineinzubringen versuchen, langweilig und leer.«*[154] DAVID SCHNARCH

Erotik ist keine spontane Selbstverständlichkeit.

> *»Werden Konflikte im alltäglichen Miteinander zugelassen und ausgetragen, ist damit die Möglichkeit geschaffen, dass sich auch sexuelle Spannungen entladen können – und das bringt Sicherheit.«*[155] ESTHER PEREL

Wir spüren manchmal genau, wann wir später am Tag Sex haben werden. Ohne es auszusprechen oder zu planen. Tagsüber liegt eine Spannung in der Luft. Kein romantisches Knistern, sondern eher unromantische Konflikte. Wir sind immer wieder kurz vorm Streit. Wir diskutieren hitzig, sind unterschiedlicher Meinung, fordern einander heraus. Wir nehmen uns als getrennt und unterschiedlich wahr. Regen uns gegenseitig im positivsten Sinne auf. Denn das ist auch Erotik: der Tanz zwischen Nähe und Distanz, zwischen Verlangen und Verführen. Die Spannung zwischen zwei Polen. »Für Erotik ist Distanz unabdingbar.«[156] Differenzierung ist vor allem für leidenschaftlichen Sex wichtig. Ein gewisses Unverständnis. Unterschiedlichkeit. Andersartigkeit. Disharmonie. Harmonie und Sicherheit sind natürlich schön und gemütlich in einer Partnerschaft. Für Leidenschaft, prickelnde Erotik und Sexabenteuer braucht es aber das

Gefühl von Abenteuer, Risiko und eben Spannung, die auch aus einer gewissen Distanz entsteht. Beides kann Platz in einer erfüllten Partnerschaft finden und im besten Fall in Abwechslung aktiv erschaffen werden. Mal harmonisch, gemütlich, kuschelnd, schmusend, streichelnd auf dem Sofa liegen, ein anderes Mal stürmisch, impulsiv, erregt, verführerisch und verspielt im Hotelbett übereinander herfallen.

> *»Um des Miteinander willen die eigene Individualität aufzugeben, ist langfristig gesehen ebenso kontraproduktiv, wie wenn Sie um Ihrer Individualität willen die Beziehung aufgeben.«*[157]

Erotik ist der innere Bewusstseinszustand, der zu Sexualität führt. Vielleicht auch erst mal als gedankliche Fantasie und Tagträumerei. Was du als erotisch betrachtest, ist höchst individuell und auch vielen unbewussten Konditionierungen unterlegen.

Was findest du erotisch, sexy und attraktiv? Was turnt dich total ab?

Chris:

Ich weiß noch, dass ich Tanja einmal fragte, ob sie das wirklich sexy findet, wenn ich den ganzen Tag mit einem Baby in der Trage rumlaufe. Ich störte mich an diesem Bild des (über-)fürsorglichen Vaters, der so gar nicht erotisch auf mich wirkte. Tanja hatte eine andere Wahrnehmung, sie fand das hot. Also intensivierten wir das. Ich nahm acht Jahre Elternzeit. Unser erster Sohn wurde im Sommer geboren. Wir hatten ein Leopardentragetuch aus Stretch, und ich wickelte mir meinen Sohn um meinen nackten Oberkörper und ging spazieren. Mit aufrechtem Körper. Stolz und bestärkt. Danach legte ich ihn zum Mittagsschlaf, und

Tanja und ich hatten Sex. Erotik ist also auch abhängig von unseren inneren Bewertungen.

Als Tanja das erste Mal schwanger war, fiel es mir sehr schwer, Sex mit ihr zu haben. Der pralle runde Bauch ließ mich eher auf ehrfürchtigen Abstand gehen. Es besserte sich, aber mit der zweiten Schwangerschaft änderte es sich grundsätzlich ins Gegenteil: Dieser pralle runde weibliche Körper löst heute erotische Gefühle in mir aus. Die »normale« Konditionierung über eine schwangere Frau lautete für mich, sie sei heilig und ehrfürchtig – zu begehren verboten. Es braucht Bewusstseinsarbeit, um sich von gesellschaftlich festgefahrenen Konditionierungen zu befreien und den schwangeren Körper als sexy, erotisch und aphrodisierend wahrzunehmen. Unsere inneren Bewertungen prägen eben unsere Realität.

Es kann deshalb besonders hilfreich sein, das innere Bild deines:r Partners:in bewusst zu ändern. Gerade wenn wir Kinder haben, nehmen wir den:die Partner:in oft und ausschließlich als Elternteil wahr – und das ist wiederum nicht besonders stark mit Erotik assoziiert. Für mehr Erotik kann es helfen, wenn ihr als Paar Dinge unternehmt, um euch anders wahrzunehmen und euch in einem anderen Kontext zu begegnen.

Wann habt ihr als Paar das letzte Mal etwas Neues gemacht?
Wann war eure letzte Staycation?

Das gesellschaftliche Narrativ über Mütter ist eng mit Eigenschaften wie Selbstlosigkeit, Selbstaufopferung und Selbstverleugnung verbunden. Das über moderne Väter mit Empathie, Fürsorge und Verständnis. Assoziativ alles erst mal keine Profile, in denen wir uns spontan erotisch fühlen.

Sich als erotisch wahrzunehmen ist eine innere Haltung. Die kannst du natürlich beeinflussen. Du kannst entweder deine Bewertung ändern (die erotische Mutter und der hotte Vater), oder du kannst dich bewusst in anderen Rollen wahrnehmen.

Ich erinnere mich beispielsweise an eine Situation, als Tanja und ich Sex haben wollten, und ich kam ins Schlafzimmer und nahm sie ausschließlich als »Mutter meiner Kinder« wahr, die Windeln wechselt, Kotze auswäscht, stillt, füttert, in Babysprache brabbelt und kocht. Ich konnte keinen Sex haben. Ich versuchte es, aber ich lag da eher wie ihr Bruder neben ihr. Ich ging wieder aus dem Zimmer, atmete tief ein und machte die Augen zu. Ich machte mir die vielen anderen Rollen meiner Frau bewusst. Als meine Partnerin, als meine Geliebte, als meine Sexgöttin. Erinnerte mich daran, wie wir uns verliebt haben, an vergangene Sexabenteuer und Zungenküsse. Ich machte mir auch meine eigenen Rollen wieder bewusst. Nicht nur meine selbstlose Fürsorge als Vater, sondern auch meine »egoistischen« Bedürfnisse als erfolgreicher Mann. Auch ich mag da in Klischees denken, aber ich ging wieder rein und wir hatten intimen, berührenden Sex als abermals frischgebackene Eltern, aber eben vor allem als Liebespaar.

Sex beginnt im Kopf! Was dabei hilft: Outfits, Dirty Talk, Setting (Musik, Licht, etc.), Sport, um den eigenen Körper wieder zu spüren, aktive Gedankenarbeit und Zeit, um sich von den anderen Rollen zu lösen, wenn die Kids schlafen.

Manchmal ist es nicht so einfach, uns selbst als erotisch wahrzunehmen. Vor allem wenn man berücksichtigt, wie sehr wir alle unter Stress stehen. Wie viel wir unter einen Hut kriegen sollen. Als Frau haben sowieso viele mit ihrem Körper zu ringen. Geschweige denn wenn wir schwanger werden und sich der gesamte Körper und Hormonhaushalt verändert. Es ist so oft eine emotional schwierige Aufgabe den eigenen Körper anzunehmen, ihn eben nicht verändern zu wollen, sondern in der Imperfektion und Verletzlichkeit die wahre Schönheit zu erkennen. Schönheit bedeutet Selbstannahme, sie hat nichts mit objektiven Kriterien zu tun. Letztlich ist es der größte Ausdruck von Selbstliebe, eben genau die Dinge an uns anzunehmen, die wir nicht mögen, und sie trotzdem oder genau deshalb zu lieben. Auch wenn Social Media in vielen Fällen klar mit Tabus bricht, so sorgt es weiterhin für eine verzerrte Realität und eine ebenso verzerrte Wahrheit darüber, was realistisch möglich ist für Menschen, die sich eben nicht den ganzen Tag beruflich mit ihrem Selbstauftritt beschäftigen. Es wird immer alltäglicher, uns mit immer mehr Menschen zu vergleichen und uns dadurch zu stressen. Und das betrifft natürlich Frauen wie Männer. Wenn du dich selbst nicht als begehrenswert und erotisch erachtest, so kann dein Partner sich auf den Kopf stellen, er wird dich nicht verführen können.

Was magst du an dir, und was magst du nicht an dir?
Wann erlebst du dich als erotisch, verführerisch, attraktiv?
Und: Was brauchst du dafür?

Eine unserer Klientinnen fühlte sich aufgrund ihres Aussehens nicht begehrenswert. Anstatt sich intensiv mit den Glaubenssätzen ihrer Kindheit zu beschäftigen, hat sie im Nachgang unseres Coaching-Gesprächs ein Tinder-Profil mit sehr freizügigen Fotos angelegt und die Erfahrung von intensivem Begehrtwerden gemacht. Das hat für sie ausgereicht, um ihren Partner wieder verführen zu wollen, Sexualität zu leben und somit zu heilen. So funktioniert Sexualität als Raum der Heilung. Sich körperlich einen neuen Glaubenssatz über den Körper eigen zu machen. Es braucht also nicht immer tiefe Gedankenarbeit, sondern viele Probleme in der Gegenwart lassen sich auch mit Handlungen in der Gegenwart lösen.

In welcher Rolle oder Situation erlebst du deine:n Partner:in als erotisch?
Welche Eigenschaften oder welches Verhalten findest du an deinem:r Partner:in besonders erotisch?

Gerade wenn ihr Kinder habt oder schon länger zusammen seid, braucht es euer aktives Zutun, um Erotik erleben zu können. Ulrich Clement bringt es auf den Punkt: »Erotik braucht Entscheidungen. Gerade in längeren Beziehungen ergeben sich erotische Momente kaum spontan. Vielmehr entscheiden sich die Partner, wie aktiv sie ihre Erotik gestalten wollen.«[158] Auch hier wirken dysfunktionale gesellschaftlich geprägte Glaubenssätze wie »Sex, Erotik und Leidenschaft müssen spontan sein«. Das ist Bullshit. Sex kann geplant werden. Insbesondere Sex-Dates und das Sich-Ausprobieren *müssen* sogar geplant werden. Wenn du etwas sexuell Neues mit deinem Partner ausprobieren willst, musst du dich vielleicht vorbereiten, das Hotel will gebucht, die Kondome müssen gekauft werden, Dessous, besondere Outfits, Gleitgel, Kerzen, Shibari-Seile, Federn, Sextoys oder was auch immer einem beliebt. Eine neue Technik will vorher studiert werden: Eine Yoni-Massage beispielsweise geht nicht ohne Vorkenntnisse.[159] Und so weiter. Für so viele Dinge bereiten wir uns vor, aber bei Sex und Liebe haben wir zu oft den Anspruch, es müsse einfach so »flutschen«. Im wahrsten Sinne.

> *»Die wahre Entdeckungsreise besteht nicht darin, neue Landschaften zu suchen, sondern mit neuen Augen zu sehen.«*[160]
>
> MARCEL PROUST

Erotik ist also eine Entscheidung. Die Entscheidung, uns und den Partner auf eine bestimmte Art wahrzunehmen. Wir nehmen immer nur Ausschnitte des Partners wahr und ignorieren solche Merkmale, die die bestehende Ordnung unserer Verbindung bedrohen. Daher nehmen wir bevorzugt Merkmale wahr, die uns Sicherheit und Geborgenheit geben. Denn danach strebt unser Unterbewusstsein. Wir sind freier geworden und leben nicht mehr in einem begrenzenden Dorf, und gleichzeitig führt dies dazu, dass unser Partner sehr viel mehr Erwartungen erfüllen muss. Unser Partner soll wie nie zuvor für Sicherheit stehen in einer Welt voller Veränderung und globaler Unsicherheiten. Damit beschneiden wir uns aber auch selbst und verleugnen die Erotik, die der Sicherheit entgegensteht. Wir wollen Sicherheit sehen und nicht das Risiko, dass damit einhergeht, wenn wir die Partnerin als attraktive Frau sehen, die auch andere Männer begehrt und die auch andere Männer begehren. Als keine Selbstverständlichkeit, als Ungewissheit. Frei und sexy wie ein Vogel. Hier liegt nämlich der Ursprung von Eifersucht. Ein Gefühl, das wir vermeiden wollen, aber gleichzeitig ein Gefühl, das Verlangen, Erotik und Leidenschaft erzeugen kann. Und genau diese Erotik und dieses Verlangen schaffen paradoxerweise wieder eines: Sicherheit.

> *»Erotik findet sich in dem doppelbödigen Raum zwischen Angst und Faszination.«*[161] ESTHER PEREL

Leidenschaft

> *»Leidenschaft wird häufig von Gefühlen begleitet, die der Vorstellung von Liebe zu widerstreben scheinen. Es regen sich zum Beispiel Aggressionen, Eifersucht und Missklang.«*[162]
> ESTHER PEREL

Ist leidenschaftlicher Sex in einer dauerhaften Beziehung überhaupt möglich? Ja! Leidenschaftlicher Sex ist geil. Er füllt dich aus, nimmt dich ein. Dein Verlangen übernimmt die Kontrolle. Wir geben uns verschwitzt dem Akt hin. Wir nehmen, was wir wollen. Wir bekommen, was wir brauchen. Ganz und gar. Es ist unser. Ekstase, Faszination, Risiko. Abenteuer. Lust. *Leiden*schaft.

Für Leidenschaft und erotisches Verlangen funktionieren die Gefühle von Fürsorge, Geborgenheit und Sicherheit nur bedingt. Fürsorge und Leidenschaft schließen sich gewissermaßen aus. Fürsorge ist selbstlos, Leidenschaft ist Egoismus. Der Psychoanalytiker Michael Bader erklärt, sexuelle Energie an sich setze ein Mindestmaß an Sorglosigkeit und Egoismus voraus.[163]

Wichtig bezüglich egoistischer Bedürfnisse: Es gilt immer *safe, sane, consensual.* Beim Sex ist erlaubt, was sicher, vernünftig und einvernehmlich ist. Alles, wo beide Ja sagen, Ja meinen und keiner verletzt wird. Im Zweifel ist es ein Nein anstatt ein Ja. Dafür gilt es, Grenzen zu besprechen, Bedürfnisse zu formulieren und klar und deutlich anzusprechen, was uns gefällt und was nicht. Der andere hat das zu 100 % zu respektieren. Überreden beim Sex gilt nicht!

Leidenschaft zu leben bedeutet, bewusst zuzulassen, dass wir eine andere, sonst verborgene Seite von uns ausdrücken. Der Psychotherapeut Jack Morin beschreibt dazu beispielsweise, dass das, was uns leidenschaftlich erregt, häufig seinen Ursprung in Verletzungen und Enttäuschungen in der Kindheit findet.[164] Leidenschaft zu leben, bedeutet also in hohem Maße, sich zu offenbaren und zu vertrauen. Es ist eine Therapie, ohne zu reden. Es setzt deshalb ein hohes Maß an Intimität in der Beziehung voraus. Esther Perel schreibt, dass das, was leidenschaftliche Erregung in uns hervorruft, oft sogar in Konflikt mit unseren Moralvorstellungen, unseren ideologischen Überzeugungen und unserem bevorzugtem Selbstbild steht. Sie formuliert dafür Beispiele, die ebenso provokativ wie wahr sind: »die Feministin, die sich danach sehnt, dominiert zu werden; die sexuell Misshandelte, in deren erotische Vorstellungen traumatische Erfahrungen einfließen; der Ehemann, der von dem Au-pair-Mädchen schwärmt, um sich für seine Frau in Stimmung zu bringen; die Mutter, die ein sinnliches, ja erotisches Vergnügen am Hautkontakt mit dem Säugling empfindet; die Ehefrau, die sich heiße Bettszenen mit dem verflossenen psychopathischen Freund (…) vorstellt und dabei masturbiert«.[165]

In jeder Beziehung geht es auch um Macht und um Ego. Das lässt sich nie ausklammern. Es geht darum, wer führt und wer folgt. Wer wem dient. Wer wie abhängig und bedürftig ist. Leidenschaftlicher Sex kann dazu dienen, eine tiefe Balance in die Machtdynamik des

Paares zu bringen. Moral funktioniert für diese Sphäre nicht. Auf magische Weise machen wir immer wieder die Erfahrung, dass sich Paare diesbezüglich in ihren sexuellen Wünschen perfekt ergänzen und somit ein gleiches Verständnis darüber haben, wie diese tiefe Machtbalance sexuell ausgelebt werden soll. Durch Objektivierung, Rollenspiele, Dominanz und Unterwerfung, Aggression oder ähnliches Verhalten, das sonst im Widerspruch zur gewünschten Intimität steht. Sexualität ist ein machtvoller Weg der Heilung.

> *»Die erotische Imagination vermag auf höchst erfinderische Art und Weise Traumata der Vergangenheit zu transformieren und unschädlich zu machen.«*[166] JACK MORIN

Wo wahre Intimität ist, dort darf alles sein (wichtig: safe, sane, consensual). Wahre Intimität und vollkommenes Vertrauen erlaubt es Paaren, einander für die eigenen Zwecke zu benutzen, im Wissen, dass es füreinander geschieht. Genau darin liegt der Charme, das Leidenschaftliche und das Befriedigende für beide Seiten. Der weltweit renommierte klinische Psychologe, Sexual- und Paartherapeut David Schnarch bringt es folgendermaßen auf den Punkt, indem er die so verachtete Objektivierung und Benutzung des Partners in einen neuen Kontext stellt:

> *»Ficken (…) [ist für manche] wichtiger als der Orgasmus. ›Ficken‹ ist Ausdruck eines lustvollen, genußvollen Verlangens, eine herrlich mutwillige Hingabe an die Sinneslust. (…) Wissen Sie, wie es sich anfühlt, wenn jemand Sie nicht nur zum Orgasmus bringt oder mit Ihnen schläft – sondern Sie tatsächlich zu nehmen weiß?«*[167]

Wir verlassen dann unser bevorzugtes Selbstbild und werden animalisch, archaisch. Im Angesicht des Endes ist die Ungewissheit am höchsten. Alles kann zu Ende sein. Tanja und ich haben unsere Eheringe tätowiert, weil wir lebenslang Paar sein wollen. Aber das kann uns niemand garantieren. Der Tod ist immer möglich. Die Trennung ist immer möglich. Nichts ist selbstverständlich. Uns diese Sichtweise immer wieder bewusst zu machen, weckt für uns die tiefste Form der Leidenschaft. Die Sexualität gewährt Trost in einer endlichen Welt, indem du in einem kleinen Tod den Frieden findest.

Sechs Lieblingstipps:

- Staycation: Bucht euch für eine Nacht in ein Hotel ein (ohne Kinder!).
- Organisiert abwechselnd Dates, klärt, ob ihr überrascht werden wollt oder es lieber gemeinsam vereinbart und es dann einer umsetzt.
- Regelmäßigkeit: Euer Rhythmus ist natürlich individuell, aber schafft euch einen Rhythmus für eure Sexualität. Sexualität leben heißt nicht, Sex haben. Ihr könnt vorab vereinbaren, keinen penetrativen Sex haben zu wollen, um die Sexualität mehr genießen zu können. Sexualität ist auch, einfach bewusst miteinander körperlich zu sein.
- Lebt diese körperliche Nähe auch im Alltag: Händchen halten, küssen, streicheln und Umarmungen.
- Einmal die Woche sich nackt gemeinsam ins Bett legen, ohne die Absicht, Sex zu haben, und sich nur in die Augen sehen
- Dem Partner sagen: Ich möchte jetzt Sex mit dir. Keep it simple.

Übung: Duschen
Gemeinsam zu duschen oder sich gegenseitig zu waschen kann sehr erotisch sein. Auch sich gegenseitig die Haare oder Füße zu waschen hat erotisches Potenzial. Nehmt bewusst wahr, welche Gefühle auftauchen. Alles ist erlaubt.

Übung: Tanzen
Manche Paare lieben es, Tango oder Zumba zu tanzen. Andere tanzen gerne zu Techno auf einem Rave. Wieder andere lieben Ecstatic Dance. Egal, welche Form, gemeinsam zu tanzen kann ein wundervolles Vorspiel oder Nachspiel sein. Tanzen ist Ausdruck von Lebensfreude. Emotionen können dabei ausgedrückt werden, das Körpergefühl verbessert und die allgemeine Stimmung erhellt werden.

Übung: Slow Sex
Slow Sex beinhaltet eine gewisse positive Absichtslosigkeit. Es geht darum, bewusst zusammen zu sein. Versucht, euch eine Stunde Zeit für Slow Sex zu nehmen und euch dabei einfach nur wahrzunehmen. Setzt euch bewusst das Ziel, keinen penetrativen Sex zu haben und eben keinen Orgasmus zu wollen. Es geht darum, gewohnte Muster zu durchbrechen, nichts tun zu müssen. Sich lange in die Augen zu sehen. Körperstellen zu streicheln, die man noch nie gestreichelt hat. Einander gewahr zu werden. Wenn ihr euch näher mit dem Thema beschäftigen wollt, findet ihr großartige Bücher dazu auch im Bonusmaterial.

Übung: Vorlieben teilen

Welche Sinneswahrnehmung gefällt dir sexuell am besten, welche am wenigsten? Was wünschst du dir von deinem Partner? Was waren eure sexuellen Highlights in der Vergangenheit? Was turnt dich an? Welches Nicht-Sexuelle turnt dich an? Was magst du an dir und was vielleicht nicht, welche Körperregionen sind auf welche Weise besonders erogen? Kommt miteinander ins Gespräch darüber. Wenn es euch nicht gelingt, findet heraus, was zwischen euch steht und wie ihr die erforderliche Intimität herstellen könnt.

Übung: Fantasie und Wünsche

Eine herausfordernde Übung für die Mutigen unter euch: Teilt eure Browser-Verläufe der letzten gesehenen Pornos und seid im Gespräch darüber, was ihr an der dargestellten Fantasie erotisch fandet. Was sind Fantasien, und was sind Wünsche, die ihr ausleben möchtet? Wichtig: Seid euch bewusst darüber, welche Inhalte ihr konsumiert, und informiert euch über faire Pornos.

Gleichberechtigung: Lebt ihr auf Augenhöhe?

»*Without justice, there can be no love.*« BELL HOOKS

In einer Paarbeziehung und insbesondere für Paare mit Kindern bedeutet Gleichberechtigung ganz praktisch, dass Care- und Beziehungsarbeit emotional und monetär (!) gleich wertgeschätzt werden wie Erwerbsarbeit. Und dass diese Wertschätzung finanziell gleichermaßen ausgedrückt wird! In keinem anderen Lebensbereich hat die Gesellschaft und das Wirtschaftssystem aktuell einen derart negativ prägenden Einfluss auf die persönlichen Beziehungen wie bei der Gleichberechtigung. Diese Konditionierung wirkt sehr tief, und das System macht es uns schwer, aus dieser auszusteigen. Wenn wir eine gleichberechtigte Beziehung leben wollen, können wir das nicht tun, wenn wir nicht zunächst den größeren politischen und wirtschaftlichen Rahmen untersuchen, in dem wir alle unsere Beziehungen leben »müssen«. Warum? Weil dieser Rahmen genau die begrenzenden Glaubenssätze über die Geschlechter und über Wohlstand sind, in denen wir alle aufgewachsen sind. Das Wasser, in dem wir schwimmen. Wie immer: Wir müssen uns ihrer bewusst werden und sie verstehen, bevor wir sie persönlich wandeln. Bevor wir gegen den Strom schwimmen können. Auf geht's!

Gleichberechtigte Elternschaft mit vier Kindern: Wie haben wir das eigentlich hinbekommen?

Wir haben vier Kinder im Alter von zehn, sieben, vier und einem Jahr. Wir haben kein Erbe und keine übermäßigen Rücklagen. Wir haben keine Großeltern in Berlin, die uns unterstützen. Nur Chris' Mama in Hamburg, die aber selbst noch Vollzeit beruflich tätig und dadurch viel unterwegs ist. Wir hatten nie ein Au-pair und keine Nanny (auch wenn wir uns das manchmal gewünscht hätten), nur ab und zu in unregelmäßigen Abständen Babysitter-Support. Wir haben alle Modelle durch. 100:0, 0:100, 50:50, 70:30, 30:70, 100:100.

Wir haben Care-Arbeit und Erwerbsarbeit in allen denkbaren Formen gelebt. Die meiste Zeit allerdings 50:50 bzw. Chris ca. 70 % hauptverantwortlich Care und 30 % Erwerb und ich etwa 30 % Care und hauptverantwortlich 70 % Erwerb. Chris hat mit dem zweiten Kind seine sichere Festanstellung als promovierter Maschinenbauingenieur bei einem großen Automobilkonzern in München gekündigt und ist dann in mein (Tanja) Start-up eingestiegen. Ab da hat er die meiste Care-Arbeit übernommen. Und ich habe bei jeder Schwangerschaft bis kurz vor der Geburt und gleich danach wieder gearbeitet. Wir haben nie vom Ehegattensplitting profitiert, und als Selbstständige mit Start-up habe ich bei den ersten zwei Kindern nur den Mindestsatz Elterngeld bekommen. Chris hat den Maximalsatz gekriegt und beim ersten Kind sechs Monate Elternzeit genommen und beim zweiten Kind zwölf Monate. Aus finanzieller Sicht hätte Chris weiterarbeiten müssen, weil er damals mehr verdiente. Aber so war es für uns die größte Form der Weiterentwicklung, auch wenn es uns sehr viel abverlangt hat. Persönlich wie finanziell.

Durch diese Aufteilung haben wir enorm viel gelernt, uns selbst erweitert und hatten die größte (zeitliche) Freiheit und maximal viel Nähe als Paar und Familie. Im Vergleich zu einer »klassischen Aufteilung« gab es aber natürlich auch Nachteile: weniger Sicherheit und die Tatsache, auf manches aus unserem bisherigen Lebensstandard verzichten zu müssen. Aber das war es uns wert. Wir wollten möglichst viel Qualitätszeit als Familie verbringen. Wir bereuen nichts, außer dass wir dazwischen gezweifelt haben, unsere Prioritäten so gelegt zu haben. Wir haben viel über geschlechtsspezifische Sozialisierung, Klischees, wo unser Land steht und was es braucht, diskutiert und können unter anderem durch diese Aufteilungen und verschiedenen Rollen, die wir gelebt haben, heute verständnisvolle Beziehungs-Coaches sein. Es hat uns zwar häufig an die Grenzen der Belastbarkeit getrieben, und wir waren manchmal fix und fertig. Wir wollten trotz allem Widerstand zeigen, dass es geht: eine gleichberechtigte, erfüllte und erfolgreiche Familie sein. Hat es funktioniert und sich das Risiko gelohnt? Ja. Braucht das System eine große Veränderung? JA! Es ist wichtig zu betonen, dass wir dieses Risiko (wir nennen es gern Investment ins Beziehungskonto) nur deshalb eingehen konnten, weil wir beide eine sehr gute Ausbildung haben, weil wir Weiß sind, weil wir gut vernetzt sind und im Zweifel immer wissen, dass wir einen Job finden. Zusammengefasst: wegen unserer Privilegien. War es trotzdem sauanstrengend? Ja.

Im Folgenden möchten wir euch alles mitgeben, damit ihr euren eigenen Weg der Gleichberechtigung findet. Heute kommen so viele unzufriedene Paare mit kleinen Kindern zu uns in die Praxis und haben viele Fragen: Wie können wir gleichberechtigter leben? Warum haben wir so viele Vorwürfe? Warum fehlt bei uns die Wertschätzung? Wenn die Kinder schon älter sind, spürt man häufig eine große Distanz zwischen den Paaren. Viele Frauen haben dann den Vorbehalt, sich für die Familie aufgegeben zu haben. Ihre Träume seit Jahren hintenangestellt zu haben. Sie sagen dann Sätze wie »Ich vermisse mich selbst«. Hier kommen unsere Lösungsvorschläge. Aber erst noch ein paar Fakten.

Wir sind gesellschaftlich nicht gleichberechtigt

Männer und Frauen sind gleichberechtigt, so steht es in Artikel 3 des Grundgesetzes. Gleichberechtigung bedeutet grundsätzlich, dass alle die gleichen Rahmenbedingungen und Chancen haben. Die gleichen Chancen, sie selbst zu sein, sich zu entwickeln und zu verwirklichen. Es geht um die Freiheit, das eigene Leben zu gestalten. Ohne dabei gegenüber anderen benachteiligt zu werden. Aber die Gesetzeswirklichkeit sieht anders aus:

Nur 8 % der Väter in Deutschland nehmen mehr als zwei Monate Elternzeit.[168] Hingegen nehmen 98 % der Mütter weit mehr als zwei Monate Elternzeit. 66 % der Mütter arbeiten in Teilzeit, aber nur 7 % der Männer. Der Gender Care-Gap beträgt mehr als 50 %, oder anders gesagt: Frauen leisten mehr als doppelt so viele Stunden täglich an Care-Arbeit wie Männer, und das (meist) unbezahlt (!). Bei 34-Jährigen mit Kindern liegt diese Mehrarbeit von Frauen sogar bei 110 %![169] Der Gender Pay-Gap in Deutschland liegt bei 18 %. Nur 10 % der weiblichen CEOs, aber 80 % der männlichen CEOs in Deutschland haben Kinder.[170] Frauen haben durch die Geburt einen bleibenden Einkommensverlust von 60 % – der von Männern liegt bei weniger als 10 %.[171] Weltweit werden 75 % der unbezahlten Arbeit von Frauen verrichtet.[172] Jede fünfte Frau ab 65 Jahren gilt als armutsgefährdet.[173] 43 % der Ein-Eltern-Familien gelten als einkommensarm,[174] wobei 90 % der Alleinerziehenden Frauen sind. Ein Schwangerschaftsabbruch ist in Deutschland gemäß § 218 Strafgesetzbuch (StGB) nach wie vor grundsätzlich für alle Beteiligten strafbar. 80 % der Probleme in Partnerschaften werden durch Frauen angesprochen. Wenn ein Partner in der Beziehung mauert, also nicht über diese Probleme in der Beziehung reden will, dann sind das in 85 % der Fälle Männer.[175]

Die genannten Zahlen drücken aus, wie ungleich diese Rahmenbedingungen für Männer und Frauen und generell Menschen sind. Wie unfair das System ist, wie patriarchalisch geprägt. Wie benachteiligend und alles andere als gleichberechtigt. Die Zahlen sind Ausdruck unserer begrenzenden gesellschaftlichen Glaubenssätze, in denen wir alle sozialisiert wurden. Die Zahlen sind zudem Ausdruck davon, was die gesellschaftliche Nummer 1 ist, nämlich wirtschaftliches Wachstum und eben nicht zwischenmenschliche Beziehungen und die dafür erforderliche Care-Arbeit.

Der begrenzende gesellschaftliche Glaubenssatz über Wohlstand

Unser System hat gewissermaßen funktioniert. Wofür? Für soziale Sicherheit und einen zweifelhaften Wohlstand. Es hat funktioniert, für das, was wir jetzt haben. Für manche ist das sehr viel, für viele ist das deutlich weniger. Diese Ungleichheit nimmt in Deutschland stetig zu.[176] Für Gleichberechtigung hat unser System nicht funktioniert, und der renommierte Philosoph Yuval Harari stellt zu Recht fest, dass es scheint, »als bräuchte eine komplexe Gesellschaft Hierarchien und Diskriminierung«[177].

In Anbetracht der akuten Klimakrise und der Zunahme von Stress, Einsamkeit, Sucht, Armut, Schlafstörungen und psychischen

Belastungen vermindern wir immer weiter unser Wohlergehen – die WHO sieht in Depressionen die neue Volkskrankheit Nummer 1.[178] Aber auch durch überlastete Kindergärten, sanierungsbedürftige Schulen mit Personalmangel, Depression, Burn-out in der Pflege und Privatisierung der Kliniken mit der daraus resultierenden Reduzierung des Pflegestandards. All das ist Care- und Beziehungsarbeit! Das BIP, das maßgeblich als Indikator für Wohlstand genutzt wird, bildet diese Missstände (die negativen Konsequenzen des wirtschaftlichen Handelns, ökonomisch als *externalisierte Kosten* bezeichnet) nicht ab, sie müssen von der Gesellschaft getragen werden. Ein Unfall erhöht das BIP, auch wenn dadurch Menschen verletzt werden. Krankenhäuser und die Pharmakonzerne profitieren von kranken Menschen, nicht von gesunden. Es braucht einen neuen Indikator für Wohlstand, der die negativen Konsequenzen unseres ausbeuterischen Wirtschaftens auf Ökologie und Menschheit abbildet. Der nationale Wohlfahrtsindex ist ein solcher Indikator. Oder das Brutto-Ökosystemprodukt. Beide stagnieren seit der Jahrtausendwende, während das BIP fröhlich bzw. toxisch weiterwächst.

> *»Das Gegenteil von Armut ist nicht Reichtum, sondern Gerechtigkeit.«*[179] BRYAN STEVENSON

Es gilt, zu einer neuen Wirtschaftsordnung zu gelangen, in der das Wirtschaftssystem wieder dem Menschen dient und nicht umgekehrt. Etwa ein ökologischer Kapitalismus. Maja Göpel beschreibt in ihrem Buch »Unsere Welt neu denken«, wie ein solches Szenario aussehen kann. Oder Rutger Bregman in »Utopien für Realisten«. Oder Verena Pausder in »Das Neue Land«.[180]

Gründe genug also für eine neue Beziehungskultur. Es ist Zeit, Wohlstand neu zu definieren. Einen neuen Glaubenssatz über Erfolg zu etablieren und gängige Geschlechterklischees zu verabschieden. Und Care Arbeit in all ihren erdenklichen Ausprägungen die Anerkennung zu zollen, die sie verdient hat. Sie ist das unsichtbare Bindegewebe, warum unser aller Leben und Länder überhaupt funktionieren! Es ist Zeit, einen radikalen Paradigmenwechsel einzuläuten.

Systemgrenzen: Gleichberechtigung ist leider ein krasses Privileg

Gleichberechtigung beginnt, indem wir unsere Entscheidungen nicht auf Basis von finanziellen Konsequenzen treffen, sondern indem wir uns wahrhaftig fragen können: Wer wollen wir sein, und wie wollen wir leben? Wenn es nicht an allererster Stelle darum geht, in finanzieller Hinsicht zu überleben? Das wäre der größte Ausdruck von Wohlstand. Das ist natürlich ein enormes Privileg und bis jetzt auch unrealistisch.

Das System setzt unserer Freiheit Grenzen, und wenn fast ein Drittel der deutschen Haushalte nicht mal genug Rücklagen hat, um eine plötzliche Investition von 1150 Euro leisten zu können, dann ist der gestalterische Spielraum sehr klein.[181] Aber es geht hier auch nicht um ganz oder gar nicht, sondern es geht darum, die zwischenmenschlichen Beziehungen wieder mehr in den Fokus zu rücken. Sowie das Wohlergehen unseres Planeten. Wir müssen in unsere Zukunft investieren, indem wir unsere Beziehungen gesellschaftlich zur Nummer 1 machen. Manche können dafür mehr investieren, andere weniger. Nicht, weil sie nicht gleichberechtigter leben wollen, sondern weil sie es sich nicht leisten können.

> *»Selbst wenn man erkannt hat, dass das Prinzip des Kapitalismus mit dem Prinzip der Liebe an sich unvereinbar ist, muss man doch einräumen, dass [im] ›Kapitalismus‹ (…) noch recht viel (…) persönlicher Spielraum möglich [ist].«*[182] ERICH FROMM

55 % der Väter wünschen sich eine gleichberechtige 50/50-Aufteilung von Erwerbsarbeit und Care-Arbeit. 45 % der Väter glauben, zu wenig Zeit mit ihren Kindern zu verbringen.[183] Aber nur 8 % aller Väter

nehmen mehr als drei Monate Elternzeit! Eine beeindruckende Langzeitstudie in Großbritannien hat den monetären Einfluss einer sicheren Vater-Kind-Bindung monetär bewertet und kommt dabei auf Milliardeneinsparungen in unserem Gesundheitssystem.

Doch das System macht es schwer. Einer der häufigsten genannten Gründe, warum Väter nicht mehr Elternzeit nehmen, ist, dass man es sich finanziell nicht erlauben könne. Der Mann ist in mehr als zwei Drittel der Haushalte der Hauptverdiener[184], entsprechend hoch sind die finanziellen Einbußen. Einbußen, die nur wenige sich leisten können, wenn wir berücksichtigen, dass nur die Hälfte der Deutschen überhaupt genug verdient, um noch Geld zurückzulegen.[185] Der Gender Pay Gap ist mit 18 % in kaum einem europäischen Land so hoch wie in Deutschland[186], ein weiterer Grund, wieso aus finanzieller Sicht besser die Frauen Elternzeit nehmen. Das Patriarchat sorgt zudem dafür, dass Frauen im Alter der Geburt des ersten Kindes weniger Geld verdienen als die vergleichsweise älteren Männer[187], die in ihrer Erwerbsbiografie bereits weiter sind, und viele Berufe, die vorrangig Frauen ausüben, weiterhin schlecht bezahlt sind. Ein anderes Beispiel ist das Ehegattensplitting (eingeführt 1958), welches zur systemischen finanziellen Benachteiligung der Frau führt und deshalb unter Experten wie der Rechtswissenschaftlerin Ute Sacksofsky als verfassungswidrig angesehen wird. Das System belohnt diejenigen in klassischen Rollenmodellen, es bestärkt veraltete Geschlechteridentitäten und benachteiligt Gleichberechtigung.

Es ist deshalb umso wichtiger, dass diejenigen, die investieren können, dies auch in ihrem Maße tun. Ein Plädoyer für mehr Gleichberechtigung in den Paarbeziehungen und damit für eine gesunde Zukunft. Wie soll sich sonst je etwas ändern, wenn wir alle einfach so weitermachen wie bisher? Wir wissen aus eigener Erfahrung und durch Klient:innen, wie sehr finanzielle Ängste und Einbußen zu weiterem Stress und Streit in einer Partnerschaft oder jungen Fami lien führen können. Wir verstehen die Angst des Abstieges und für viele die Unmöglichkeit, diesen Weg zu gehen. Doch gerade deswegen ist es so wichtig, dass diejenigen, für die es möglich ist, ihn unbedingt gehen. Auch für die anderen. Damit können wir das gesellschaftliche Bewusstsein stückweise verändern und erreichen, dass es für mehr Menschen möglich wird. Denn nur wenn ein Politiker zu Hause Hunderte Windeln gewechselt hat, weiß er, was es heißt, Care-Arbeit zu leisten. Die meisten Frauen sind bessere Care-Giver als Männer. Nicht weil sie es von Natur aus besser können oder weil sie einen Mutterinstinkt haben, sondern weil sie ihre sozialen Fähigkeiten mehr trainiert haben.

Unser Hirn ist bis ins hohe Alter lernfähig und plastisch: Wir können Care-Arbeit also lernen. Alles, was man können will, gilt es zu trainieren. Unsere Gehirne, Hormone, unser Nervensystem und unsere Wahrnehmung werden sich anpassen. Es hilft uns dabei, sich bewusst zu machen: Du kannst nicht nicht verzichten. Es stellt sich nur die Frage: Worauf willst du verzichten, wenn du nicht alles gleichzeitig haben kannst? Denn unser System stellt dich vor ein Entweder-oder. Du kannst nach wie vor schwer Karriere und Kinder vereinen, ohne dass etwas zu kurz kommt. Und bedenke: Deine Wahl hat nicht nur Einfluss auf *dein* Leben, sondern auch auf das deiner Töchter und Söhne. Sie formt unsere Gesellschaft.

Bewusst und frei zu wählen ist Voraussetzung für Erfüllung. Doch diese bewusste Wahl hat wie beschrieben ein Preisschild. Aber mehr noch: Wir haben begrenzende Glaubenssätze entwickelt, die für unser gesellschaftliches und wirtschaftliches System scheinbar optimal funktionieren. Die jedoch erfüllten Beziehungen im Wege stehen. Und wirklicher Gleichberechtigung. Es sind patriarchale Glaubenssätze, in der die Freiheit der Frau viel stärker eingeschränkt wird als die des Mannes. (Wobei der Mann natürlich auch einen Preis zahlt. Dazu später mehr.) Diese Glaubenssätze und die Unterdrückung der weiblichen Macht finden seit der Sesshaftigkeit statt. Also seit circa 12.000 Jahren, was in Anbetracht der Menschheitsgeschichte ein Wimpernschlag ist. Michel und van Schaik bringen es so auf den Punkt: »99 Prozent der Menschheitsgeschichte war Gleichberechtigung auch für Männer kein Problem. Warum sollte das heute anders sein?«[188]

Frauen: gesellschaftliche Glaubenssätze

Eine »gute« Frau hat liebenswürdig, schön und folgsam zu sein. Sie bemüht sich um Harmonie und ist stets zufrieden. »Bedingungslos, aufopfernd und selbstlos – das sind die Attribute einer guten Mutter. Eine Superheldin, die alles kann (…), weil sie schon als kleines Mädchen zur Mutter geboren wurde, mit einem Mutterinstinkt, der ihr Superkräfte verleiht.«[189] Zu diesem Gesamtpaket sollte sie auch finanziell unabhängig und beruflich erfolgreich bzw. selbstverwirklicht sein. Soll! Diese Glaubenssätze sind ein enges Korsett, ein Gefängnis. Das Scheitern ist inkludiert. Versagensangst, Trauer, Perfektionismus und Selbstwert-Zerstörung müssen daraus folgen. Und Beziehungsprobleme. Scham, Stress und Schuld sind die dazugehörigen emotionalen Begleiter. Es ist das Gegenteil von Selbstverwirklichung. Kein Wunder, dass Frauen doppelt so häufig unter Depressionen leiden wie Männer. Diese Glaubenssätze werden durch viele unterschiedliche pseudowissenschaftliche Mythen untermauert: Mütter würden ihr Kind von Geburt an mehr lieben als Väter wegen des angeborenen Mutterinstinktes, Frauen seien von Natur aus sensibler und emotionaler als Männer, Frauen seien multitaskingfähig – Männer nicht, Frauen seien in den ersten Jahren die wichtigste Bezugsperson, und ein Kind könne nur eine primäre Bezugsperson haben, das weibliche Gehirn unterscheide sich derart vom männlichen Gehirn, dass eine Frau besser für die Kindererziehung geeignet sei.

Das Wichtigste zuerst: Das ist alles patriarchaler Bullshit! Es sind falsche Überlieferungen aus grauer Vorzeit. Sie verunmöglichen wahre Gleichberechtigung. Sie sind ein Gefängnis für alle Geschlechter, für das gesamte Spektrum von »weiblich« bis »männlich«. 56 % der Frauen in Deutschland denken, dass eine Mutter erst nach über drei Jahren wieder arbeiten gehen dürfe.[190] Nach über drei Jahren! Dürfe! An dieser Aussage wird die moralisierte Sicht auf das Mutter- und Frau-Sein deutlich. Sie urteilt in Gut und Schlecht, Richtig und Falsch, in Heilig und Sündhaft. Und dabei geht es ja um nicht weniger als das menschliche Wohlergehen. Wenn eine Frau nicht der »Norm« oder den »gesellschaftlichen Vorstellungen« entspricht, wird sie dafür be- oder viel zu häufig ver-urteilt. Mom-Shaming fällt auch in diese Kategorie der gesellschaftlichen Verurteilung.

Die Konditionierung und Unterdrückung der Frau erfolgt auch mit noch viel drastischeren Maßnahmen. Etwa 40 % der Frauen berichten über Erfahrungen von häuslicher Gewalt, die über eine Drohung hinausgehen[191], angefangen bei Schubsen und Ohrfeigen bis hin zu schwerer Körperverletzung. 2021 gab es 143.604 Opfer von häuslicher Gewalt. Mehr als 80 % der Opfer häuslicher Gewalt sind Frauen, 80 % der ermordeten Partner sind Frauen, knapp 90 % der Opfer von Stalking sind Frauen, fast 100 % der Opfer von Vergewaltigung und sexueller Nötigung sind Frauen.[192] Zu fordern, Frauen sollten einfach einfordern, ist naiv. Die Angst vor Männern wirkt in deiner Partnerschaft, bewusst oder unbewusst, egal, wie nett *dein* Mann ist. Erst seit 1997 gilt Vergewaltigung in der Ehe als Verbrechen. Bewusst frei zu wählen, wie Frau leben will, unabhängig von gesellschaftlichen Glaubenssätzen und gesellschaftlich negativen Konsequenzen, ist eine gedanklich energetische Höchstleistung und eine Mutprobe sondergleichen!

Gleichberechtigung ist das Mindeste. Ich will gefeiert werden als Frau!

Tanja:

Ich liebe es, eine Frau zu sein. Das war nicht immer so. Lange fand ich es einfach nur megaunfair, dass wir Frauen (gefühlt und) faktisch mehr leiden mussten und müssen. Dass wir es sind, die viel häufiger Opfer von Gewalt sind, die Periodenschmerzen haben, verhüten »müssen«, beim Sex einfach schwanger werden können und dann die Konsequenzen (oft alleine) tragen müssen, dass wir in Schwangerschaften die krassesten körperlichen Beschwerden haben können, Geburten »durchstehen« müssen und früher häufig dabei gestorben sind, dass viele so viel mehr unbezahlte und unsichtbare Care-Arbeit leisten und den kompletten Mental Load tragen. Dass wir so viele unsichtbare Teller drehen, die kein Schwein sieht. Dass wir weniger gehört und gesehen werden. Doppelt oder dreifach so gut performen müssen, um die gleichen Positionen angeboten, geschweige denn das gleiche Geld zu bekommen. Dass wir Tausende Jahre durch das Patriarchat unterdrückt wurden. Nicht wählen durften und dürfen, nicht studieren durften und dürfen, beschnitten werden, gefoltert, gesteinigt und verbrannt und gesellschaftlich geächtet wurden und werden. Dass wir stillschweigend so viel Leid ertragen mussten und müssen. Dass wir sexuell und körperlich missbraucht werden. Körperlich unterlegen sind. Dass wir nach wie vor in so viele Schubladen gesteckt und gefühlt immer bewertet werden. Dass unser Körper, unser Geist und unsere Seele immer der Beurteilung anderer ausgesetzt sind: »Die ist aber dick, dünn, grau, alt, faltig, hässlich, sexy, billig … Die lässt sich aber gehen. Die geht schon wieder arbeiten. Die hockt nur zu Hause faul rum. Die stillt nicht. Die stillt noch immer. Die holt ihre Kinder immer so spät aus der Kita. Die will gar keine Kinder. Die hat gerade ein Kind verloren, wahrscheinlich, weil sie sich immer so gestresst hat … Die ist aber nuttig angezogen. Die ist aber bieder. Die sollte mal öfter die Beine breitmachen. Die geht auch mit jedem ins Bett. So eine Schlampe. Die ist aber zickig. Die ist aber laut. Die ist aber eingebildet. Die ist aber arrogant. Die denkt auch, sie ist was Besseres. Die ist aber schüchtern. Die sollte sich mal mehr trauen. Die sollte sich nicht immer so in den Mittelpunkt stellen. Die ist aber eine Diva. Die ist aber dumm. War eh klar, blond halt. Die sollte sich mal schminken. Die ist aber künstlich. So angemalt. Hat die Silikontitten? Ja, von oben bis unten operiert. Die ist aber ungepflegt. Die ist aber wenig zu Hause bei den Kindern. Die ist aber eine Gluckenmutter. Die kann überhaupt nicht loslassen. Die ist aber eifersüchtig. Die ist aber distanziert. Die ist aber verbissen. Die ist aber kühl. Die ist aber auch immer gut drauf mit ihrem Fake-Lächeln. Die ist aber oberflächlich. Die ist aber ernst. Sollte mal mehr lächeln. Die ist eine Drecksfeministin. Die ist aber misogyn. Die lässt sich komplett unterdrücken. Die ist nur Hausfrau. Die ist voll die Karrierefrau. Die ist eine Super-Woman. Eine echte Powerfrau. Der geht es auch nur um sich. Die ist aber ein Püppchen. Die ist wie ein Kerl …« Und on and on and on. Du kannst es als Frau eigentlich nie und niemandem recht machen. Deswegen, liebe Frauen: Es ist genug.

Lasst es uns bitte keinem mehr recht machen wollen. Außer uns selbst. Was wollen wir? Was willst du? Ich scheiße heute meistens drauf, was andere von mir denken. Gelingt mir nicht immer, aber immer besser. Ich wollte mal gar keine Kinder. Heute habe ich vier Söhne. Und ich liebe sie abgöttisch. Ich erwerbsarbeite aber auch liebend gerne und verbringe auch sehr gerne Zeit alleine. Ich backe aber auch gerne Kuchen und weine schnell bei Filmen. Ich bin manchmal extrem unordentlich und manchmal pedantisch genau. Ich schlafe gerne im Zelt, aber auch in Luxushotels. Ich mache gerne Sport, trink aber auch mal ein paar Gläser zu viel. Ich bin gerne unter Leuten, lese aber auch stundenlang. Ich tanze gerne in Clubs und liebe die Natur. Ich bin höchst spirituell und manchmal materialistisch. Ich versuche täglich auf meine innere Stimme, auf meine ganz eigene Intuition zu hören. Und das kommuniziere ich dementsprechend. Es ist ein irrer Kraftakt, alles unter einen Hut kriegen zu wollen. Die perfekte Partnerin, Mutter, Freundin, Unternehmerin, Hausfrau, Arbeitnehmerin etc. sein zu wollen. Deshalb lieber gleich bleiben lassen. Die erwarteten Anforderungen an uns Frauen und uns selbst sind oft enorm hoch, sich davon zu befreien ist nicht einfach, aber so fantastisch. Perfektionismus war lange mein Antrieb bzw. Schutzmechanismus. Heute kann ich sagen: Ich bin eine Perfektionismus-Genesene. Es reicht. Ich bin gut, so wie ich bin. Ich reiche aus. Ich muss es nicht mehr allen recht machen. Ich bin nicht für alle und das Glück von jedem verantwortlich. Ich muss keinem mehr etwas beweisen. Ich muss nicht gemocht werden. Ich muss nicht gefallen. Ich darf alle meine Eigenschaften ausleben, egal, ob sie vermeintlich dem Männlichen oder Weiblichen zugeordnet sind. Ich kann aussehen, wie ich will. Solange es keinem schadet, kann ich machen, was ich will. Ich bin keinem Rechenschaft schuldig. Außer mir selbst. Ich darf mich ausruhen und Pause machen. Ich darf gut zu mir sein und gleichzeitig viel arbeiten. Ich darf wild, unfreundlich, selbstlos, egoistisch, nett, fröhlich, spirituell, erfolgreich, ernst, wütend, nachdenklich, unvernünftig, laut, leise, dominant, hingebungsvoll sein. Schlicht: alles sein. Ich bin frei. Ich bin endlich angekommen bei mir. Das ist ein Privileg. Und das wünsche ich mir für alle Frauen. Für alle Menschen.

Manchmal habe ich mich dafür entwertet, wie anstrengend ich sein kann. Dass ich Chris nicht in Ruhe lassen kann. Dass ich nichts einfach so hinnehme. Dass ich weiß, was ich will, und das immer auch einfordere. Dass ich manchmal nicht weiß, was ich will, und damit Unruhe erzeuge. Dass ich manchmal viel zu viel will und es dann anstrengend wird. Dass ich auf Gerechtigkeit poche. Dass ich jeden Konflikt austrage und nicht sanft und lieb klein beigebe. Dass ich es nicht »schaffen« will, alleine mit vier Kindern zu Hause zu bleiben und Chris den Rücken freizuhalten, damit nur er Karriere machen kann. Dass ich seine Ingenieurs-Lasertechnik-Karriere damals gefühlt sabotiert habe. Dass ich ihn immer um fünfzehn Uhr heimzitiert habe, damit ich arbeiten kann. Dass ich ausschlafe und er mit den Kids aufstehen »muss«, weil ich eine Nachteule bin. Dass ich ein schlechtes Gewissen hatte, sowohl auf der Arbeit, nicht bei der Familie zu sein, wie zu Hause, bei den Kindern beruflich nichts weiterzubekommen. Dass er zu allen Elternabenden und den meisten Arztbesuchen geht. Dass ich immer mal wieder unzufrieden war. Dass gefühlt immer etwas zu kurz gekommen ist. Dass er so viel zu Hause gemacht hat, dass er manchmal fast zusammengebrochen ist. Dass ich diesen wundervollen Mann stellvertretend für unser System bestraft habe. Stellvertretend für alle Männer. Dass ich ihn ausgleichen ließ, was ich in der Welt als unfair empfand. Es ist unglaublich befreiend, das hier anzuerkennen. Ich habe mich auch aufrichtig für manches davon bei ihm entschuldigt. Aber egal, was Frau tut, fühlt sie sich häufig schnell für alles schuldig. Weibliche Schuld und Scham stecken so tief und sind tägliche Begleiter. Heute kann ich sagen: Ich bin stolz und froh, es so gemacht zu haben. Und ich bin stolz auf ihn, dass er im Feuer stehen geblieben ist und so zu sich gefunden hat und wir heute dadurch diese immens hohe Beziehungsqualität haben. Unsere Liebe ist dadurch so viel tiefer geworden. Wir haben dadurch das Fundament für unsere Arbeit geschaffen. Wissen, was für erfüllte Beziehungen funktioniert und was nicht. Bin stolz auf mich, dass wir es echt durchgezogen haben, mit vier Kindern so gleichberechtigte Elternschaft und Partnerschaft zu leben. Dass wir damit Pioniere sind und dazu beitragen, dass wir in einer gleichberechtigteren Welt leben und unseren Kindern das auch vorleben. Tagtäglich. Wir sind ein Präzedenzfall und haben gezeigt: Ja, es geht. Auch mit vier Kindern, ohne Großeltern, ohne reiche Eltern und ohne viel Vermögen. Dass unsere Kinder uns beide hatten und wir dadurch gemeinsam so viel Quality-Time. Dass wir immer präsent waren, beide jeden kleinen Meilenstein der Kinder mitbekommen haben und dadurch die Eltern werden konnten, die wir selbst gerne gehabt hätten. Ich wünsche mir eine Gesellschaft der wirklichen Chancengleichheit. Eine, in der es egal ist, mit welchem Geschlecht du dich identifizierst, welche Hautfarbe oder Herkunft du hast, in der es einzig zählt, wer du als Mensch bist. In der Humanismus gelebt wird. In der Freiheit nicht nur auf dem Papier steht. Wo die Unterschiedlichkeit der Geschlechter gefeiert wird und Yin und Yang ausgewogen wirken. In der ich als Frau am Abend, egal, wo auf der Welt durch eine dunkle verlassene Straße gehen kann, ohne mich ständig voller Angst umzudrehen. In der ich mich sicher fühle, egal, was ich anhabe. Wo ich gefeiert werde für all das, was ich bin und beitrage. Wo ich nicht bemitleidet werde, dass ich vier Söhne habe. Wo überhaupt gesehen wird, wer ich als Mensch bin. Wo wir uns in unserer Wahrhaftigkeit erkennen. Wo meine Leistung gleichermaßen finanziell anerkannt wird. Wo Leistung neu definiert ist. Wo die »weibliche« Weisheit, Macht und Schöpferkraft wieder als kostbarer Antrieb unseres Weltgeschehens gefeiert wird. Wo Geschlechterfrieden herrscht. Wo Mann und Frau sich nicht mehr bekriegen, sondern sich gegenseitig nutzen zum gleichen Vorteil beider. Wo sie sich als intelligentes Prinzip erweitern und dafür bis in alle Unendlichkeit lieben und ehren.

Heute liebe ich es, eine Frau zu sein. Meinen Körper und alles, was er schon erschaffen, erlebt und überlebt hat. Er war geborgenes Zuhause für vier Babys. Hat sie gestillt und genährt und sorgt für viele sinnliche Freuden. Es ist ein Geschenk, das Leben als Frau erfahren zu dürfen. Ich liebe meinen Geist und alles, was er schon geboren hat: Beziehungen, Freundschaften, Ideen, Unternehmen, Reisen, Bücher, neue Gedankenwelten, Transformationen, Utopien und ein Zuhause. Mit jeder Menstruation erschaffe ich etwas Neues. Lebe im Einklang mit der Natur. Fühle mich verbunden mit allen Schwestern vor, neben und hinter mir. Gebärende zu sein erfüllt mich zutiefst. Ich liebe meine Wachheit. Meine starke Sanftheit. Meine verletzliche Zähheit. Meine Lebensfreude. Meine Genussfähigkeit und Sinnlichkeit. Meinen Rundumblick. Meinen Antrieb, zu verbinden. Ich weiß um meine Macht und meine Potenz und kann heute mein Yin und Yang im Einklang zum Tanzen bringen. Mein persönlicher, innerer Kampf ist zu Ende, doch das Zeitalter der Co-Kreation hat gerade erst begonnen. Kommt, Brüder und Schwestern, lasst uns einander erkennen, bestärken und emporheben. Uns gegenseitig wachküssen. In unseren Augen das schönste Spiegelbild des anderen erzeugen. Lasst uns ein Paradies auf Erden erschaffen. Uns gegenseitig genießen und uns gerne dienen. Wenn wir uns nicht mehr schuldig fühlen müssen, wenn wir uns nicht mehr bekriegen, hassen und zerstören müssen, wenn wir nicht mehr ums Recht-Haben und Besser-Sein und um die Anerkennung kämpfen, was wollen wir dann gemeinsam als Paar rocken? Als Community? Lasst uns alles tun, um gemeinsam den Krieg zwischen den Geschlechtern zu beenden. Was wollen wir dann co-kreieren? Was soll durch unsere Liebe auf der Welt entstehen und besser werden?

Männer: begrenzende gesellschaftliche Glaubenssätze

Was ist ein »guter« Mann? So ein »richtiger« Mann ist stark, weiß immer, was er will, macht sein Ding, hat recht, bestimmt, funktioniert, nimmt keine Rücksicht auf seine Gefühle und heult nicht rum.

Er tut, was er soll. Er kann. Er beweist sich als fähig und kennt dabei keinen Schmerz. Er ist ein starker Fels, ein Versorger und garantiert Schutz und Sicherheit. Er geht über seine Grenzen, hält aus, und die anderen kommen immer zuerst, er schafft es allein und braucht niemanden. Vor allem keine Ärzte. Ich schreibe das als Mann, und irgendwie ertappe ich mich: Irgendwas in mir will doch auch so stark sein, das klingt attraktiv. Ein Glaubenssatz aus dem Patriarchat, denn paradoxerweise beutet das Patriarchat auch diejenigen aus, die es selbst erschaffen haben: die Männer. Wir dominieren das System und zahlen dafür mit unseren Seelen. 75 % der Suizide sind Männer, 85 % der Drogentoten sind Männer, 96 % der tödlich Verunglückten sind Männer, 84 % der Obdachlosen sind Männer. 93 % der Staatschefs sind Männer, 88 % der Milliardäre sind Männer. 94 % der Nobelpreisträger sind Männer. 98 % der DAX-CEOs sind Männer. Der erfolgreichste Fußballer verdiente mehr als 500-mal so viel wie die erfolgreichste Fußballerin, also ein Gender Pay-Gap von 50.000 %[193]. Ein hoher Preis.

So oft fallen die Begriffe »toxische Männlichkeit«, »der schwache Mann« und »Männer in der Identitätskrise«. Alles trifft zu. Wir brauchen eine männliche Emanzipation, eine Befreiung von den alten Glaubenssätzen. Es reicht allerdings nicht aus, einfach das Gegenteil von dem zu machen, was wir jahrtausendelang gemacht haben. Denn das Gegenteil eines Machos ist ein Weichei. Das Gegenteil von einem Unterdrücker ist der sich Unterwerfende. Beides keine attraktiven Selbstverständnisse. Es gilt Stärke und Schwäche zu integrieren. Aber wie gelingt das? Wie gelingt es, ein emanzipierter Mann zu sein? Kurze Antwort: Indem du verantwortlich bist. Also erst mal anerkennst, wer du in der Vergangenheit warst. Insbesondere gegenüber Frauen. Auch nicht nur du persönlich, sondern alle Männer vor dir. Das ist keine kleine Geste! Dafür braucht es Demut, Zeit und Beweise für deine Aufrichtigkeit. Und erst dann bist du wieder frei zu wählen, wer du sein willst. Dann musst du dich nicht mehr aus

Schuldgefühlen kleinmachen, kaputtmachen oder brauchst nicht mehr ignorant sein, damit du dir deine eigene Schuld und die deiner Brüder nicht bewusst machen musst, die wir jahrtausendelang auf uns geladen haben und immer noch auf uns laden. Diese vermeintlich schützende Ignoranz bezieht sich auch auf deine persönliche Vergangenheit: Wir erleben häufig in unserer Praxis, dass insbesondere Männer sagen, sie hätten eine glückliche Kindheit gehabt, und nach einiger Zeit stellt sich heraus, welches Unrecht ihnen angetan wurde.

Erst dann brauchst du kein »richtiger« Mann mehr sein, sondern kannst einfach du selbst sein. Natürlich darfst du dich dann in ganzer Freiheit fragen, wie du deine vermeintlich männlichen und weiblichen Eigenschaften ausdrücken möchtest. Wie du als biologischer Mann dein Yin und Yang in Einklang bringen willst. Beide Energien wohnen in dir. Hier erzähle ich dir von meiner Emanzipation, die mir nur durch das Leben in Beziehung mit Tanja und als Vater von vier Kindern, der hauptberuflich nun seit acht Jahren die Care-Arbeit leistet, so gelingen konnte.

Meine Emanzipation von der Männlichkeit (Ego verabschieden)

Chris:

Ich liebe es, ein Mann zu sein. Das hat lange gedauert. Gleichberechtigung bedeutet für mich, mein Selbst zu leben, unabhängig davon, ob es männlich oder weiblich ist. Mich zu emanzipieren von meiner früheren Sozialisierung mit all ihren Diktaten, wie ein Mann zu sein hat und wie nicht. Es bedeutet aber auch, verantwortlich zu sein für die Ignoranz und die Unterdrückung der Frauen durch uns Männer.

Es gab eine Zeit, da mochte ich keine Männer. Fand sie verschlossen, rechthaberisch, egoistisch, langweilig, darstellerisch, grob, dumm, materialistisch, engstirnig, ausnutzend und unsensibel. Ich hatte genügend Belege dafür, sowohl persönliche, aber auch gesellschaftliche – man denke nur an die Diktatoren und Kriegstreiber, an narzisstische Milliardäre, an Machtmissbrauch und #MeToo, an all die öffentlichen Narzissten unserer Zeit und an all die Ausnutzung von Care-Arbeit, die ja hauptsächlich durch Frauen getragen wird, an so viele derzeitige Beziehungswirklichkeiten. So wollte ich auf keinen Fall sein. In meinem Empfinden war einzig und alleine Mann schuld an Patriarchat, Krieg, Klimakrise und Trennung. Ich wollte es unbedingt anders machen. Also das Gegenteil. Es war mein Bestreben, alles zu tun, um Tanja maximale Freiheiten zu ermöglichen, alles zu tun, um eben nicht dominant oder egoistisch zu sein. Sowohl als Partner als auch als Vater. Verantwortlich als Mann zu sein, bedeutet, das Patriarchat anzuerkennen, der Schuld in die Augen zu sehen, einen Ausgleich anzubieten und sein Möglichstes zu tun, es abzuschaffen. Mein Möglichstes waren bis jetzt acht Jahre hauptverantwortlicher Care-Arbeitender in unserer Familie. Manchmal fast bis zur Erschöpfung. Bei unserem ersten Sohn hatte ich noch eine verantwortungsvolle Festanstellung als Projektleiter und nebenher meine Promotion. Karriere. Ich war der Einzige im gesamten Unternehmensumfeld, der mehr als die zwei Vätermonate machte. Die meisten werdenden Väter nahmen zwei Wochen Urlaub nach der Geburt. Ich nahm knapp über sechs Monate. Ich bin dafür von Kollegen entwertet worden, man hat sich über mich lustig gemacht. Mein Projekt war erfolgreich abgeschlossen, und obwohl es ein riesiger Erfolg (inklusive mehrere Patente) war, bekamen andere die Beförderungen. Denn es zählte auch einfach, wer morgens am frühesten kam und abends am längsten im Büro blieb, wer präsent war. Teresa Bücker schreibt: »Männer, die es mit Gleichberechtigung in Familien ernst nehmen, müssen ge-

gen ihre eigene Bequemlichkeit arbeiten und die Strukturen, die sie finanziell besserstellen, auflösen.«[194] *Mit Kind Nummer zwei habe ich dann meine unbefristete Stelle gekündigt. Bei meiner Kündigung hatte ich minus dreihundert Stunden! Warum? Weil auch meine elternzeitbedingte Teilzeit nicht ausreichte, um mit Tanja 50/50 Erwerbs- und Care-Arbeit aufzuteilen. Mein Beruf inklusive Geschäftsreisen war nicht kombinierbar mit dem Lebensmodell und der Vaterrolle, die ich leben wollte. Ich stieg bei Tanja ein, Selbstständigkeit schien uns die einzige Möglichkeit, flexibel zu sein. Meine Eltern haben sich viel gestritten, als sie gemeinsam gearbeitet haben. Aber das Risiko war es uns wert, dafür, dass wir das Lebensmodell leben konnten, wie wir es wollten. Und durch Coaching hatten wir eine effektive Möglichkeit gewonnen, um Streits zu klären. Ich wurde also Fotograf, Reisejournalist, aber allem voran: hauptverantwortlicher Care Giver. Seit der Geburt unseres zweiten Sohnes trage ich die Hauptverantwortung für Care und Tanja für Erwerb. Dabei ist natürlich zu sagen, dass die Schwangerschaften und Geburten für Tanja eine Strapaze waren und sie jeweils circa ein Jahr gestillt hat. Ich habe versucht, das bestmöglichst auszugleichen. Für mich war nichts von dem, was Tanja getan hat, selbstverständlich. Geburten und Stillen sowieso nicht, aber eben auch die Hormone, Vorsorgeuntersuchungen, Wochenbettzeiten, die Gedankenarbeit und ihre Vision von uns. Und wenn ich es als selbstverständlich hinnahm, aus meiner ankonditionierten männlichen Ignoranz heraus, dann machte mich Tanja darauf aufmerksam, und wir fanden einen Weg, das auszugleichen. Wenn ich hier also von Care spreche, dann meine ich Kinderhüten, Haushalt, Kochen, Putzen, Wäsche, Schulaufgaben, Kindergarten, Mental Load. Das ist jetzt mehr oder weniger seit acht Jahren so. Heute stehe ich jeden Morgen mit vier Kindern auf. Mache sie fertig, mache die Brotboxen, bringe die Kids in die Kita, mache die Eingewöhnungen, organisiere Kindergeburtstagsgeschenke, bin Elternsprecher und Sporttrainer, mache die meisten U-Untersuchungen beim Kinderarzt und jeden Termin in der Klinik und die Betreuung bei der OP unseres Babys, bin allein mit den Babys und Kids, damit Tanja Business-Trips oder Erholungs-Trips machen kann. Care-Arbeit eben.*

Ich schreibe das alles nicht, um mich selbst zu beweihräuchern, sondern weil ich euch sagen will, dass Männer das grundsätzlich genauso können. Und weil es das Mindeste ist, was ich als privilegierter weißer Cis-Mann mit privilegierter Ausbildung tun kann. Ich tue es, weil ich es tun konnte. Ich musste dafür verzichten auf Geld, auf Anerkennung und auf Status. Warum? Weil Care in dieser Gesellschaft nicht angemessen gesehen wird. Weil das System uns vor dieses beschissene Entweder-oder stellt. Aber es war es wert. Es war mein Weg, verantwortlich zu sein und mir vergeben zu können. Denn wie bei allen Blockaden müssen wir verantwortlich sein, müssen wir uns selbst vergeben, um wieder wahrlich frei sein zu können. Um unser Beziehungsglück in die Hand zu nehmen. Vieles musste ich auf dem Weg lernen. Ich habe Fehler gemacht und daraus gelernt. Als Vater und als Partner. Ich habe meinem Ego beibringen müssen, dass es großartig ist, wenn meine Frau mehr verdient als ich und dass es der schönste Ausdruck meiner erfolgreichen Care-Arbeit ist, wenn sie erfolgreich ist. Ich habe als Vater gelernt, meine Gefühle anzunehmen und zu steuern, anstatt sie zu verdrängen. Ich musste lernen, mich für Care wertzuschätzen, obwohl man dafür kein Geld überwiesen bekommt (außer man trifft dazu private Vereinbarungen) und einem kein Chef auf die Schultern haut (außer die Partnerin macht das nach einem langen Arbeitstag), weil man den Tag besonders gut gemeistert hat. Man muss sie sich selbst geben, diese Anerkennung. Obwohl man abends fix und fertig ist und im Winter immer irgendein Kind krank.

Im Maschinenbaustudium habe ich gelernt zu berechnen, mit welcher Beschleunigung sich das Universum ausdehnt, oder mit welcher Geschwindigkeit Plasma beim Laserschweißen aus einer Dampfkapillare strömt. Care-Arbeit für vier Kinder aber war schwieriger und gleichzeitig erfüllender als alles andere, vor allem aber als dieses fünfjährige Maschinenbaustudium mit anschließender fünfjähriger Promotion und Großkonzern-Karriere. Das war im Vergleich ein fucking Spaziergang.

Oft ging ich dadurch über meine eigenen Grenzen. Ich wollte Tanja alles ermöglichen, sagte allen Bedingungen zu und überschritt lieber meine eigenen Grenzen, als mal Nein zu sagen. Bis ich es nicht mehr schaffte. Ja sagte und Nein handelte. Wurde gestresst, weil ich meinen Ansprüchen nicht genügte. Im Stress kommen alte Glaubenssätze wieder hoch. Und da war er wieder: nicht gut genug. Gab dann Tanja die Schuld, weil ich ihr vorwarf, ihre Ansprüche seien zu hoch. Immer wieder brauchte es auch einfach Streit, damit ich einsah, dass es nicht ihre falschen Ansprüche, sondern mein falsches Selbstverständnis war. Und das begrenzende System, in dem wir leben. Ich erinnere mich an einen Streit, bei dem sie meinen Schlüssel versteckte, damit ich mich vom Streit nicht zurückzog, sondern blieb. Er endete in einer Entschuldigung. Von mir. Ich war Schritt für Schritt bereit, anzuerkennen: dass ich mich schuldig fühlte, ein Mann zu sein; dass es mir leidtat, wie gewalttätig Männer so lange waren und sind. Ich konnte zuhören. Sagen, wie leid mir die Erfahrungen mit ihrem Papa tun. Ohne gleich vor lauter Schuldgefühlen paralysiert zu sein. Ich nahm meine negative Identität und die Vorwürfe an meinen Vater wahr und konnte dadurch beginnen, sie aufzulösen.

Und genau in diesen Streits fühlte ich mich doch manchmal

sehr an meinen Vater erinnert, der mit meiner Mutter wütend stritt. And there we go: Wir werden zu dem, der wir auf keinen Fall werden wollten. »Du bist wie dein Vater!« Ein Satz, der mich lange Zeit maximal triggerte. Eine Entschuldigung wäre einem Eingeständnis gleichgekommen. Einer Zustimmung, dass ich doch so war, wie ich niemals sein wollte. Ein schuldiger Mann. Dass ich nicht besser als mein Vater war. Mein innerer Widerstand in diesem Prozess resultierte aus dem Wissen, dass wir Männer Frauen unterdrückt haben und unterdrücken. Scham. Das macht es nicht besser.

Gleichzeitig überforderte Tanja sich total, indem sie eine tolle Mutter, eine tolle Unternehmerin, eine tolle Partnerin und eine tolle Freundin sein wollte. Sie wollte alle Rollen perfekt darbieten. Tat sie auch. Aber zu ihrem eigenen Unwohl. Brustentzündung. Stress. Versagensangst. Schlafstörungen. Herzrasen. Unzufriedenheit. Ich tat mein Bestes, damit sie alle Rollen ihren Ansprüchen gemäß erfüllen konnte. Aber ich schaffte es nicht. Sie in ihrer Überlastung zu stoppen, wäre so egoistisch und dominant gewesen, wie ich nie sein wollte. Ich liebte sie ja auch gerade wegen ihres leidenschaftlichen Unternehmertums. Doch es wäre vor allem auch für sie gewesen. Durch mein Mann-Sein hätte ich sie in ihrem Perfektionismus stoppen können. Nicht mit Dominanz, sondern mit Empathie. Mit dem Plan, eins nach dem anderen zu tun, anstatt alles gleichzeitig. Doch in jedem Moment, in dem ich sie überlastet sah, war mein einziger Gedanke: Was kann ich tun, um ihr eine Last abzunehmen, und was sagt es über mich aus, wenn es meiner Partnerin schlecht geht? »Du bist ein schlechter Mann«, tönte es aus jeder meiner Gehirnwindungen. Zur gleichen Zeit musste ich anfangs meine Stunden in meinem Beruf reduzieren, hatte zeitgleich eine Festanstellung und eine Promotion. Später wollte ich in meiner Teilzeit trotzdem Vollzeit-Ergebnisse. Denn obwohl ich kein Ego-Mann sein wollte, so wollte ich doch aber ein starker Mann sein, der erfolgreich war, der Status besaß, Ziele verfolgte und Verantwortung innehatte, der sich mit anderen Männern messen konnte und viel Geld verdiente. Die ersten sechs Monate Elternzeit brachten für mich entsprechend auch die maximale Krisenzeit. Es war das Sahnehäubchen auf diesem Stress-Gesamtpaket. Care-Arbeit statt Erwerbsarbeit. Baby und schlaflose Nächte anstatt Anerkennung und Status. Keine berufliche Anerkennung war bitter für einen Menschen, der glaubte, nicht gut genug zu sein. Anerkennung war die Droge, die ich brauchte, um meinen eigentlichen Selbstzweifel zu kontrollieren und in Schach zu halten. Rückblickend hat es all das gebraucht, um mich an einen Punkt der Aufgabe zu bringen. Hingabe. Surrender. An den Punkt, an dem ich mein Ego abgab und die Schönheit von Care-Arbeit erleben konnte. Bei aller Anstrengung tue ich heute nichts lieber, als für meine Familie der fürsorgliche Vater zu sein und darin meinen größten Erfolg zu sehen. Heute habe ich zehn Jahre lang zu mindestens 50 % Care-Arbeit gemacht. Vielleicht mein größter Erfolg in diesem Leben. Auf jeden Fall mein größter Beitrag zu einer neuen Gesellschaft.

Verantwortung ist das Einzige, was uns Männern da raushilft. Ehemann sein. Vater sein. Zuhören lernen. Sie auf Nr. 1. Arroganz und Ignoranz nach Jahrtausenden aufgeben. Niederknien und verstehen wollen. Nachfragen, was ich nicht verstehe. Ohne mich zu rechtfertigen. Das ist eine Feuerprobe, die nur gelingt, wenn wir mit uns selbst im Reinen sind oder die Bereitschaft haben, es zu werden. War ich wie beschrieben lange nicht. Aber ich wollte es, und die Einsichten kamen immer tiefer und schneller. Es war eine gigantische Erlösung, anzuerkennen, dass ich maximal fehlbar bin. Meiner größten Angst in die Augen zu schauen, nämlich dass Tanja mich verlassen könnte. Weil ich fehlbar bin, weil ich schwach bin, weil ich nicht alles hinbe-

komme. Nicht sehend, dass sie mich, wenn ich nicht zu meinen Schwächen stehe, erst recht verlassen wird, weil dann kein Durchdringen und keine Weiterentwicklung möglich sind. Wir Männer haben unterdrückt und tun es immer noch. Es gilt, das anzuerkennen und zu sagen: »Das tut mir von ganzem Herzen leid!«, »Was kann ich tun?«, »Wie finden wir da raus?« Es bedeutet, Fehler gemacht zu haben. Es bedeutet aber auch, verantwortlich zu sein. Und »verantwortlich sein« ist für mich eine der schönsten Eigenschaften. Wie antworten wir auf die Jahrtausende Unterdrückung der Frauen durch uns? Die beste Antwort im Moment ist, Fragen zu stellen und den Platz frei machen! Nichts mehr mansplainen sondern empfänglich werden für ihre Antworten.

Ich hatte erstmals Empathie mit mir selbst. Erkannte, wie ich aus meiner eigenen Verletzlichkeit und Angst handelte. Verletzte Menschen verletzen Menschen. Ich erkannte, dass Männer auch sich selbst ausbeuten durch ihr selbst geschaffenes System. Dass sie ihre Gefühle verdrängen. Ein guter Krieger hat im besten Fall nichts mehr zu verlieren. Fühlt nichts. Die Angst, etwas verlieren zu können, schwächt den Krieger. Macht ihn verletzlich. Ein guter Krieger muss sich also von sich dissoziieren. Seine Gefühlswelt abschneiden. Hart werden. Nur so kann er in den Krieg ziehen und vorne stehen – ja, das wurde und wird noch immer von uns erwartet!

Endlich durfte ich der Mann sein, der ich immer sein wollte, indem mir das ganze Spektrum zur Verfügung stand. Indem ich leben konnte, ohne mir darüber Gedanken machen zu müssen, ob das männlich oder weiblich ist oder ob ich etwas tun muss, weil ich etwas schuldig bin, oder ob ich jemand sein muss, um zu gefallen. Ich durfte nun meine Bedürfnisse formulieren und sagen, was ich brauchte. Meine 100 % reichten aus. Heute liebe ich es, ein Mann zu sein, weil es mich nicht mehr begrenzt. Und

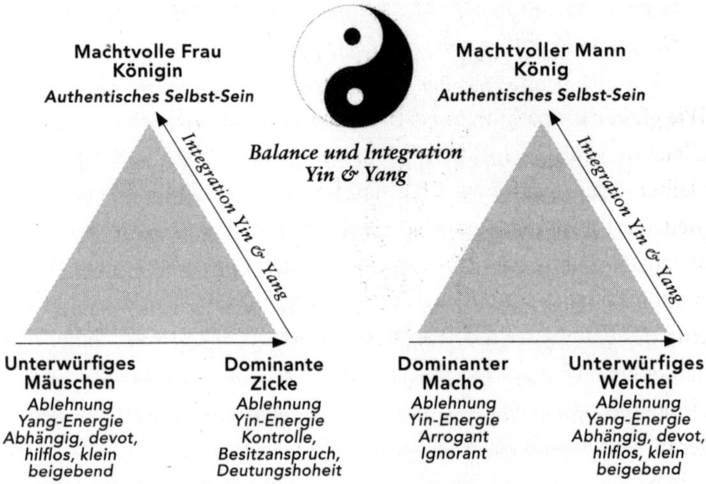

Abbildung 21: Emanzipation der Weiblichkeit und Männlichkeit

indem ich mein Selbst lebe, kann ich nun auch meiner Intuition folgen. Wenn mich Menschen fragen, was für mich typisch männlich ist, dann sage ich: »Dienen.« Einer Vision, einem Beitrag, meiner Partnerin, meinen Kindern und mir selbst. Heute lebe ich in Verbundenheit mit mir und meinen Gefühlen. Erst durch jahrelange Care-Arbeit trainierte ich mein Hirn um. Lernte, Gefühle wahrzunehmen, Bedürfnisse zu erkennen. Zu weinen. Lernte, meine Gefühle zu regulieren und mit Gefühlen umzugehen, indem ich tröstete, anstatt sie zu ignorieren, sie zu unterdrücken oder sie zu dominieren mit Sätzen wie »Jetzt hör auf, so schlimm war es nicht«. Bei meinen Kindern, aber auch bei mir. Ich lebe eine so liebevolle und intime Beziehung mit meinen Kindern, die all die Strapazen rechtfertigen. Der Älteste ist jetzt zehn Jahre alt, und ich habe mich vor einiger Zeit mal bei ihm entschuldigt, für einen früheren Konflikt. Wir weinten zusammen, innig und liebevoll umarmt. Das größte Geschenk. Die größte Erfüllung.

Wie gleichberechtigte und erfüllte Elternschaft gelingt

Gleichberechtigte Elternschaft zu leben und dabei Liebespaar zu bleiben oder sogar dadurch einander als Liebespaar näherzukommen, das ist der Endgegner der persönlichen Weiterentwicklung und gleichzeitig das beste Bootcamp! Über nichts haben wir so viel gestritten wie über die Rollenverteilung in unserer Familie, seitdem 2013 das erste Kind hinzugekommen ist. Kinder bringen neue Abhängigkeiten in die Beziehung. Mehr Stress. Mehr Belastung durch Doppelbelastung. Dafür weniger Schlaf, weniger Paarzeit und weniger bis keine »Me-Time«. Und mehr Konfrontation mit gesellschaftlichen Glaubenssätzen über Rollenmodelle sowie weniger Anerkennung im Außen. Gleichzeitig der Anspruch, als frischgebackene Eltern doch bitte glücklich sein zu müssen. Das ist das Zeug, woraus Dramen und Explosionen entstehen. Hohes Stresslevel und hohes Konfliktpotenzial. Wenn ihr früher eine gute Partnerschaft hattet und eure negativen, unterbewussten Glaubenssätze durch bewusstes Denken oder Ablenkung in Schach halten konntet, dann ist das spätestens mit diesen Rahmenbedingungen nicht mehr möglich. Früher gab es für diese Aufgaben ein ganzes Dorf, heute wollen wir das als Paar wuppen. Deshalb haben wir eben auch viele Eltern mit jungen Kindern in unserer Praxis.

Unser gesellschaftliches System führt dazu, dass wir in einzelnen Haushalten und ggf. Kleinfamilien leben. Wir sind dadurch weniger vernetzt, und das führt häufig fast zwangsläufig zu einer größeren Abhängigkeit von einem Partner, insbesondere wenn wir Kinder bekommen. Wir können das kritisieren und dafür plädieren, dass wir nicht zu viele Bedürfnisse auf nur einen Menschen projizieren sollten.[195] In dieser Wirklichkeit ist es eben ein Mensch, der viele Rollen für uns spielen *muss*. Wir müssen uns also damit auseinandersetzen, wie es ist, von *einem* anderen Menschen, unserem Liebespartner, auf vielfältige Weise abhängig zu sein. Emotional wie auch materiell. Und wie es trotzdem gelingen kann, eine erfüllte und gleichberechtigte Beziehung zu führen, die nicht Ausdruck von toxischer Co-Abhängigkeit ist, sondern wo beide ihre Unabhängigkeit und Freiheit erleben.

Wie gelingt Gleichberechtigung mit einem klassischen Rollenmodell?

Die Hälfte des Nettoeinkommens zuzüglich Altersvorsorge zuzüglich verpasster Karrierechancen geht auf das Konto des Care-Arbeitenden!

Gleichberechtigte Eltern sein heißt nicht, dass ihr Care-Arbeit und Erwerbsarbeit 50/50 aufteilt. Es bedeutet erst mal, dass ihr frei gewählt und verhandelt habt. Es heißt, dass ihr gemeinsam wählt, die Konsequenzen kennt, akzeptiert und Anerkennung für eure:n Partner:in habt, denn nichts, was euer:eure Partner:in tut, ist selbstverständlich. Noch per se gegen euch. Zu verhandeln bedeutet, dass ihr die Vorzüge, aber vor allem auch die negativen Konsequenzen und Herausforderungen eurer Entscheidung kennt und in eurer Beziehung berücksichtigt. Denn das System bedeutet immer auch negative Konsequenzen, immer auch ein Entweder-oder. Mehr Verantwortung für Care-Arbeit bedeutet weniger Erwerb (Geld und Anerkennung), und mehr Verantwortung für Erwerbsarbeit bedeutet weniger Care (Liebe und emotionale Nähe). Beides muss in einer gleichberechtigten Beziehung kompensiert werden!

Wie? Indem wir uns unserer Rollen als Gebende und Empfangende bewusst sind und überlegen, wie wir diese Rollen wertschätzen können. Dazu ein Beispiel:

Ein Paar bekommt ein Kind. Sie macht zwei Jahre full-time Care-

Arbeit, er bleibt voll erwerbstätig. Dauerhaft von »seinem Geld« zu leben, reduziert ihren Selbstwert, indem sie das Gefühl hat, einseitig finanziell abhängig zu. Um das zu vermeiden, müssen sich beide bewusst sein, dass er genauso abhängig von ihrer erfolgreichen Care-Arbeit ist. Dass ihr Geben genauso wichtig ist wie sein Geben. Dass hier ein Tauschhandel auf Augenhöhe erfolgt: Care-Arbeit und emotionale Versorgung gegen Erwerbsarbeit und materielle Versorgung – für eine temporäre Zeit. Beides ist gleich viel wert, beides ist gleich wichtig für ein erfülltes Leben. Die gegenseitige Abhängigkeit lässt deine Unabhängigkeit bestehen, weil ihr weiterhin auf Augenhöhe seid. Um dem Ausdruck zu verleihen und um das Gefühl und den Fakt der finanziellen Abhängigkeit zu reduzieren, empfehlen wir: Die Hälfte des Nettoeinkommens zuzüglich Altersvorsorge zuzüglich verpasster Karrierechancen geht auf das Konto des Care-Arbeitenden! Geld ist eine einfache Form der Wertschätzung. Wir sollten dies nicht einfordern müssen, es sollte selbstverständlich sein, es so zu machen. Nutzt dazu das Drei-Konten-Modell (siehe Übungen, S. 359).

Wir kennen auch viele Frauen, die sich gerne um die Kinder kümmern und den Haushalt schmeißen. Aber nur weil du etwas gerne machst, bedeutet das nicht, dass du dafür nicht bezahlt werden solltest! Das gilt im beruflichen Kontext genauso wie im privaten. Deine Liebe zu den Kindern, zu deinem Partner und zu Menschen im Allgemeinen (soziale Berufe, welche im Großteil von Frauen ausgeübt werden) darf nicht (mehr) ausgenutzt werden!

Wir wiederholen: Wenn du wegen Care-Arbeit nicht erwerbstätig bist und dein:e Partner:in alleine das Geld verdient, dann sorge dich um deine finanzielle Unabhängigkeit, indem er:sie dir die Hälfte seines Einkommens auf dein eigenes Konto überweist. Diese finanzielle Wertschätzung deiner Care-Arbeit wird auch zu mehr emotionaler Wertschätzung der Erwerbsarbeit führen. Und weil ihr einander dankbar seid für die Wertschätzung und den Beitrag des anderen, werdet ihr miteinander im Flow sein. Ihr werdet euch als Team erfahren. Falls der Care-Arbeitende noch Teilzeit arbeiten geht, ist es wiederum sehr wichtig, den zusätzlichen Mental Load anzuerkennen, die Care-Arbeit fair aufzuteilen oder finanziell on top auszugleichen.

Die größte Herausforderung ist es in diesem Modell, Verständnis mit dem:der Partner:in zu haben, da ihr mit jeweils sehr unterschiedlichen Aufgaben herausgefordert seid. Zum anderen werdet ihr temporär weniger Zeit gemeinsam verbringen, weil ihr in unterschiedlichen Welten unterwegs seid. Die Konzentration oder Spezialisierung auf einen Lebensbereich (Care-Arbeit oder Erwerbsarbeit) führt zudem dazu, dass du dich in diesem Bereich immer weiter trainierst und konditionierst. Für uns liegt Erfüllung darin, unser Yin und Yang in Einklang zu bringen, und genau dies wird durch die Spezialisierung erschwert.

Was Männer am Sterbebett am meisten bereuen, ist, nicht mehr Zeit mit der Familie verbracht zu haben.[196] Das System lässt das nicht immer zu, aber seid kreativ und versucht Wege zu finden, wie ihr die finanzielle Unabhängigkeit des Care-Givers und die emotionale Freiheit des Money-Givers steigern könnt. Wie der Erwerbstätige mehr Care-Arbeit übernehmen kann und umgekehrt. Am Ende wird es euch näher zusammenbringen. Ein wunderschönes Lern- und Erfahrungsfeld.

Wie gelingt das gleichberechtigte 50/50-Lebensmodell?

Es geht darum, eine Welt miteinander zu teilen und sich in dieser Stück für Stück größer werdenden gemeinsamen Welt zu organisieren. Aufgaben und Verantwortungen zu teilen, Regeln für das Miteinander aufzustellen. An sich total einfach. Aber einfach ist es nur auf der Sachebene. Warum? Weil auf der Beziehungsebene all die Konditionierungen wirken, die wir eingangs erwähnt haben. Wenn ihr Gleichberechtigung 50/50 mit geteilter Verantwortung lebt, dann wird genau diese Konditionierung an die Oberfläche kommen. Es sind persönliche, aber auch tiefe intergenerationale Wunden, die hier auftauchen und nach Bewusstsein und Heilung verlangen.

Wenn ihr euch die Verantwortung für Care- und Erwerbsarbeit teilt, dann bedeutet es leider oft auch, temporär zu verzichten und finanzielle Nachteile zu tragen. Denn seien wir ehrlich: Wenn beide 50/50 machen und in Teilzeit arbeiten, dann bedeutet das meistens größere finanzielle Nachteile für beide, als wenn einer Vollzeit arbeitet und der andere gar nicht oder nur in geringem Umfang, um die Care-Arbeit hauptverantwortlich stemmen zu können und dem anderen in der vollen Erwerbstätigkeit den Rücken freizuhalten. Ganz zu schweigen von dem Mehraufwand an Kommunikation und Abstimmung. Der große Vorteil ist dabei allerdings: Ihr erweitert euer Selbst, ihr habt ein besseres Verständnis für eure gegenseitigen Lebensrealitäten und dadurch auch mehr Nähe; ihr programmiert euch bewusst um. Aus unserer Sicht leistet ihr damit außerdem einen großen Beitrag für eine gesunde Zukunft.

Eine gleichberechtigte Beziehung lebst du, wenn du dich gegenüber deinem:r Partner:in nicht benachteiligt fühlst oder benachteiligt bist. Weder finanziell noch zeitlich noch emotional. Ein Balanceakt. Benachteiligung fühlt sich so an, als hättest du den Kürzeren gezogen. Deshalb ist es so wichtig, auf Augenhöhe zu verhandeln. Die Initiative Equal Care Day bietet sehr hilfreiche Checklisten und Tests, um mal ein Gefühl dafür zu bekommen, welche Aufgaben eigentlich anfallen, wenn wir über Care-Arbeit und Mental Load sprechen.

Habt ihr eine klare Aufteilung der Verantwortlichkeiten?
Was ist euer gegenseitiger Dienstleistungsvertrag? (vgl. Rad der Wertschätzung, S. 273)

Im Grunde geht es darum, sich gegenseitig (gerne) zu dienen. Und das ist der Fall, wenn ihr gut und vollständig verhandelt habt! Wenn ihr miteinander verhandelt, erlaubt es euch, eurer Entscheidung zu 100 % zuzustimmen. Es erlaubt euch, euch nicht mehr benachteiligt zu fühlen. Was willst du dafür haben, dass du diese Nicht-Selbstverständlichkeit leistest? Wenn ihr einen inneren Widerstand in euch tragt, weil ihr nicht verhandelt habt, dann werdet ihr eurem:r Partner:in zeigen, dass euer Verantwortungsbereich besonders anstrengend und lästig ist, damit ihr das, was ihr glaubt, in einer Verhandlung nicht bekommen zu haben, im Nachgang erpressen könnt. Mit schlechten Gefühlen. Haben wir auch gemacht. Lange. Führt aber häufig zu Streit, und das, was man eigentlich haben will, bekommt man doch nicht. Am Ende bekommst du dann noch weniger Anerkennung von deinem:r Partner:in, weil er dich auch noch bestraft dafür, dass du immer schlecht gelaunt bist. Und ehrlich: Care-Arbeit wie Erwerbsarbeit kann anstrengend genug sein, auch ohne Vorwurf und Widerstand. Erst wenn man selbst sagt, was die eigene Care-Arbeit wert ist und vorwurfsfrei darum bittet, dann bekommt man es. Wobei wir finden, dass es mittlerweile selbstverständlich sein sollte. Ist es aber laut den Statistiken leider nicht.

50/50 bedeutet auch nicht, alles gleich zu teilen: Es braucht klare Verantwortlichkeiten. Früher haben wir beispielsweise im Wochenrhythmus abwechselnd eingekauft und gekocht, später sind wir dazu übergegangen, dass einer die Küche komplett als »Territorium« übernimmt. Dazu gehört Kochen, Einkaufen, Abwaschen und Ordnung in der Küche. Der andere hat dafür das Territorium der Wäschekammer und des Wäschezusammenlegens. 50/50 bedeutet nicht Gleichheit, das lässt sich ohnehin nie gewährleisten und führt zu viel Kontrolle, Diskussion und Misstrauen. Es gibt ja auch schließlich Tätigkeiten, die einer von beiden lieber macht. Und bei Tätigkeiten, die keiner machen will, kann man ja immer noch aufteilen oder outsourcen, falls man sich das leisten kann und möchte. Was uns in all den Jahren auch immer sehr geholfen hat, war, die Hauptverantwortlichkeiten zu klären. Als obersten Wert haben wir beide immer Beziehung gewählt und als zweiten und dritten dann Familie und Beruf. Damit es 50/50 bleibt, haben wir den zweiten und dritten Wert in regelmäßigem Abstand auch mal gewechselt, teilweise alle paar Jahre, je nachdem, welche beruflichen und familiären Herausforderungen es gerade zu meistern galt.

Wichtige Notiz:
Vielleicht denkst du jetzt: Ich lebe überhaupt nicht so, wie ich mir das vorgestellt habe, und mein Partner ist daran schuld! Er hilft null Komma null mit, hat keine Wertschätzung für meinen Beitrag und ist rücksichtslos!

Spoiler: Du findest da leider nur über Eigenverantwortung heraus. Es gilt herauszufinden, welchen unterbewussten Gewinn (dein Wozu?) dieses System für dich hat. Erst wenn du den verstehst, wirst du in der Lage sein, das System zu verändern, in dem du gerade unglücklich lebst. Es hilft nicht, deinem:r Partner:in die Schuld dafür zu geben, dass du eigentlich etwas anders hättest haben wollen. Ihr könnt nur zusammen rausfinden, wie ihr bisher gelebt habt, wie ihr euch gegenseitig in euren Glaubenssätzen bedient habt, was euch heute daran stört, wie ihr ab jetzt leben wollt und was es dafür braucht. Wenn du mehr Wertschätzung für deine Care-Arbeit haben möchtest und dich nicht direkt trennen willst, weil dein:e Partner:in zunächst kein Verständnis dafür hat, hilft dir unerbittliche Empathie: Sei unerbittlich in deinen Wünschen, aber sei dabei empathisch mit deinem:r Partner:in, auch für den 100%-Beitrag, den er:sie leistet.

Was willst du jetzt?
Was soll sich ändern?
Was, denkst du, muss sich dafür auch in dir ändern?
Versuche, in positiven Formulierungen zu schreiben und nicht in »was nicht mehr sein soll«.

Giver & Taker: zwei Perspektiven, um die Andersartigkeit einzubringen

Für ein neues Verständnis von Gemeinsamkeit hilft vielen unserer Klient:innen die Unterscheidung zwischen *Giver* und *Taker.* Beides sind Perspektiven und Rollen, die wir in Beziehung wechselseitig leben. Wichtig dabei: Es sind keine Identitäten, also es ist nicht einer der *Giver* (Geber) und der andere der *Taker (Empfänger)*. Ich kann nur geben, weil ich empfange. Ich kann nur empfangen, weil ich gebe.

Die beiden wichtigsten und größten Aufgaben, die es in einer Beziehung zu verhandeln und zu organisieren gibt, vor allem wenn Kinder hinzukommen, sind eben Care-Arbeit und Erwerbsarbeit. Es gibt dabei ein ganzes Spektrum von Aufteilungen. Auch wenn ihr keine Kinder habt, stellt sich diese Frage in verschiedenen Formen. Wir veranschaulichen die Unterscheidung an einem Beispiel:

Die Person, die Care-Arbeit leistet (Care-Giver) hält dem anderen den Rücken frei, sodass dieser erwerbsarbeiten gehen kann (Care-Taker). Wenn der Care-Giver sein Geben reduziert, wird auch der Care-Taker dauerhaft seine Leistung nicht halten können. Warum? Weil zu Care-Arbeit nämlich nicht nur auf der Sachebene der »Haushalt« gehört, sondern auch der Beitrag auf der Beziehungsebene ist damit gemeint, jene emotionale Versorgung, die wir Menschen im wahrsten Sinne *brauchen.*

Doch: *Rücken freihalten* muss gegenseitig erfolgen, sonst ist es *Selbstaufopferung.* Wir können die Perspektiven nun auch tauschen. Der Care-Taker ist durch seine Erwerbsarbeit auch ein Money-Giver, und der Care-Giver wird in dieser Sichtweise zum Money-Taker. Denn der Care-Giver kann die Care-Arbeit auch nur tun, wenn ihm in materieller Hinsicht der Rücken freigehalten wird. Wenn Geld und Sicherheit da sind, um den Rahmen zu erschaffen, in dem Beziehungsarbeit und emotionale Versorgung möglich sind. Beziehungsarbeit zu leisten und dabei existenzielle Ängste haben zu müssen, ist quälend. Denn die Existenzangst raubt dir den Verstand so sehr, dass du den Menschen, die du liebst, nicht mehr derart gerecht werden kannst, wie du es dir wünschst. Materielle Sicherheit ist so gesehen ebenso wertvoll wie emotionale Sicherheit. Finanzielle Versorgung und emotionale Versorgung bedingen sich gegenseitig.

Diese Sichtweisen führen zu einer gegenseitigen Dankbarkeit, und sie führen zu einem gegenseitigen Wertschätzen. Das Bewusstsein über die gegenseitige Geber- und Empfänger-Rolle stellt das Konzept der »ausgleichenden Gerechtigkeit« also auf den Kopf und verkehrt es ins Positive.

Die Rolle des Care-Givers (Care-Arbeiter) ist häufig weniger sichtbar, weniger messbar und findet weniger Anerkennung. Obwohl es die krassere Aufgabe ist. Es ist die wichtige Aufgabe des Care-Takers (Erwerbsarbeiter), sich dieser Tatsache bewusst zu sein und diese Anerkennung zu leben. Wenn ihr nicht ein Konto habt, empfehlen wir die Hälfte + Altersvorsorge an das Konto des Care-Givers zu bezahlen. Wir leben in einer Gesellschaft, in der das Materielle immer noch so viel mehr Beachtung findet als das Immaterielle. Beziehungsarbeit bekommt gesellschaftlich weniger Anerkennung und Lobby als Geld-Arbeit. Das ist Patriarchat. Die bewusste Wertschätzung der Care-Giver-Rolle ist also sehr wichtig für Co-Kreation. Zudem: Care-Arbeit ist auf der Sachebene oft anstrengender als Erwerbsarbeit – finden wir. Denken wir immer wieder, wenn wir beides nacheinander erleben. Es fällt so leicht, Anerkennung für Erwerbstätigkeit zu haben, weil man dafür bezahlt wird. Aber es ist eine krasse Challenge, sich selbst für Care-Arbeit anzuerkennen, wenn sie in der Gesellschaft so gering geschwätzt wird. Deshalb muss Care-Arbeit bezahlt sein. Da es das System nicht tut, müssen wir das in der Beziehung tun. Das Mehr an Care-Arbeit muss monetär durch das Mehr an Erwerbsarbeit anerkannt werden. Jeden Monat ein fixer Betrag, der euch diese Care-Arbeit wert ist.

Co-Kreation

Co-Kreation beschreibt den Prozess, in dem Paare ihre jeweiligen Andersartigkeiten einbringen, um gemeinsam Neues zu erschaffen und dabei zu wachsen. Der Schweizer Psychiater Jürg Willi führte dieses Konzept unter dem Begriff Co-Evolution erstmals im Kontext der Paartherapie ein.[197] Wenn wir Co-Kreation leben, sind wir uns bewusst und demütig dafür, dass jedes Ergebnis ein Resultat der gemeinsamen Anstrengungen und Bemühungen ist. Wir wissen, dass es nicht ohne den anderen möglich gewesen wäre. Co-Kreation lässt sich nicht nur in einer Paarbeziehung leben, sondern auch in anderen Beziehungsformen, in Freundschaft, beruflich mit deinen Kollegen oder im Sport. Aber wie gelingt es, Co-Kreation zu leben?

Flow entsteht, wenn wir bei dem, was wir tun, beide Perspektiven einnehmen können. Es geht hier nicht darum, welche Aufteilung ihr habt. Es geht um das Verständnis von euch als Team. Für Vorwürfe und Ego ist hier kein Platz mehr. Hier hört das Bilanzieren auf. Wer hat mehr von irgendwas gemacht? Hier endet das Aufrechnen. Hier beginnt Vertrauen und Transformation. So oft erleben wir bei Paaren Sätze wie »Das ist sein Haus«. Obwohl die beiden mehrere Kinder zusammen haben. So entsteht kein Flow, keine gegenseitige Wertschätzung, kein Vertrauen. Das ist Unterdrückung, das ist finanzielle Gewalt. Das Gegenteil von Co-Kreation. In Co-Kreation haben wir gemeinsame Ergebnisse und machen das erlebbar. So funktioniert wahrhaftige Partnerschaft. Beziehung auf Augenhöhe. Wir-Gefühl ohne Ego-Erguss. Alles entsteht aus einem Wir.

Solange es darum geht, »Wer hat was gemacht? Wer hat mehr gemacht? Wer ist erschöpfter? Wer hat mehr ausgehalten? Wer hat mehr geschlafen? etc.«, gibt es noch Vorwürfe, die zwischen euch stehen. Und das ist total normal. Wir können es nicht vermeiden. Wir können nur wachsam sein, es besprechen und zurückkommen in den Flow-Zustand (vgl. Beziehungsuhr, S. 41). Denn klar, manchmal geht es doch wieder darum: Du bist egoistisch; du siehst mich nicht; du verstehst nicht, was ich leiste oder wie ich leide und wie es für mich ist; immer ich; usw. Vielleicht kennst du diesen Modus. Ziemlich sicher kennst du ihn. Als Eltern ist er ein Mix aus Stress (gute Eltern/ein:e gute:r Partner:in/Freund:in/Erwerber:in sein zu wollen), Erschöpfung (parallel viel Neues machen müssen als frischgebackene Eltern), einer Lücke im Verhandlungsprozess und vielleicht einigen Vorwürfen aus eurer Vergangenheit und begrenzender gesellschaftlicher Glaubenssätze. Dann gilt es einander zuzuhören, das Ausgesprochene als Partner:in auszuhalten, ohne es gleich persönlich zu nehmen. Empathisch zu sein. Und vielleicht mal die Rollen zu tauschen. Wenn es nicht anders geht, nur temporär für eine Woche oder einen Tag. Auch die Übung des Zwiegesprächs bietet sich an. Danach herrscht dann wieder mehr Verständnis. Nur wenn beide emotional und finanziell anerkannt werden für das, was sie tun, und sich dieser Anerkennung auch bewusst sind, dann entsteht Flow.

Statt gegen den Partner zusammen für ein neues System

Der Kapitalismus und die Kleinfamilien-Kultur schaffen anstrengende Rahmenbedingungen für Familien. Es hat lange gedauert, bis Tanja und ich gemeinsam wütend auf das System sein konnten anstatt aufeinander. Bis wir den Fehler im System gefunden haben und dieses beschuldigen konnten, weil wir wussten, wir geben beide einander alles, und trotzdem kämpfen wir mit systemischen Widerständen. Dann wird es politisch. Dann hat man wieder zusammen Kraft für Veränderung. Für Lautwerden. Für Demonstrationen. Für

Petitionen. Fürs Artikelschreiben. Für Instagram-Posts. Für Ehrenämter. Statt sich in der Küche (für die Gesellschaft unsichtbar) zu streiten und einander mit Vorwürfen immer kleiner und schwächer zu machen, kann man dann gemeinsam rausgehen auf die Straße und zusammen dafür kämpfen, was in unserer Gesellschaft verändert gehört. Für Beziehung. Für Familie. Für Kinder. Fürs Gemeinwohl. Für gerechte Löhne. Für Anerkennung sozialer Berufe in Form besserer Rahmenbedingungen und mehr Gehalt. Für Vitalität. Für Nachhaltigkeit. Für uns. Für ein Neues Wir! Egal, wie groß dein Handlungsspielraum ist, jeder kleine Schritt für mehr Gleichberechtigung macht einen wichtigen Unterschied, um unser System von innen heraus zu verändern.

Übung: Verantwortungen aufteilen

Insbesondere wenn ihr ein 50/50-Modell lebt, erfordert es mehr Abstimmungsaufwand, als wenn ihr eine »klassische« Aufteilung lebt. Wer will was übernehmen, wer macht was lieber, und wie verteilt ihr das, was übrig bleibt? Alles auf Augenhöhe verhandelt natürlich. Es gibt im Bonusmaterial eine tolle Checkliste, die die vielfältigen Aufgaben zusammenfasst und das wichtige Thema Mental Load transparenter macht. Die Autorin Patricia Cammarata gibt in ihrem Buch »Raus aus der Mental-Load-Falle« einen tiefen und unterhaltsamen Einblick, wie diese Aufteilung erfolgreich gelingen kann.[198]

Übung: Geld im Drei-Konten-Modell

Wenn ihr Kinder habt, ist das Drei-Konten-Modell die beste Möglichkeit, um einander wertzuschätzen für eure Care-Arbeit und Erwerbsarbeit, ganz nach dem Motto »Alles, was wir erwirtschaften, erwirtschaften wir zusammen«. Sein Geld ist mein Geld, mein Geld ist sein Geld. Dafür gehen die kompletten Nettoeinnahmen auf ein Gemeinschaftskonto. Davon werden alle erforderlichen Lebenshaltungskosten gezahlt (findet die Höhe gemeinsam heraus). Was übrig ist, geht 50/50 auf die eigenen Konten, worüber jeder für sich verfügen kann. Für gemeinsame teurere Aktivitäten müsst ihr nach Absprache gemeinsam Geld zurücklegen. Für die Mutigen: Natürlich könnt ihr auch alles in einen Topf werfen und mit nur einem Konto leben. Es bleibt euch überlassen, wie ihr Gleichberechtigung und Wertschätzung lebt. Spannende Infos gibt es zum Beispiel bei Natascha Wegelin alias Madame Moneypenny.[199]

Übung: sich selbst wertschätzen

Jeder bekommt Notizzettel mit einer eigenen Farbe. Ihr stellt für eine Woche zwei Schalen auf. Bei jeder Tätigkeit, die du in dieser Woche machst, wirfst du eine Notiz in deine Schale. Jede Notiz beschreibt also etwas, was ihr für die Beziehung oder die Familie geleistet habt. Am Ende der Woche setzt ihr euch zusammen und lest vor, wer welche Tätigkeiten gemacht hat. Das bringt Transparenz und Wertschätzung. Es geht nicht darum, wer mehr oder anstrengendere Dinge getan hat. Es geht darum, seinen eigenen Beitrag zu erkennen.

Übung: High Five

Gib deinem Spiegelbild jeden Tag ein High Five. Wenn du in Partnerschaft bist, gebt einander jeden Tag ein High five. Macht es zu eurer Routine. Täglich mehrmals. Was habt ihr heute gemeinsam erreicht, was in den letzten zehn Tagen, was im letzten Jahr?

6

Die Krone: alle Wunder, die wir durch eine erfüllte Beziehung erleben

»Wer einen Baum pflanzt, wird den Himmel ernten.«
KONFUZIUS

Ihr lieben Pioniere der Liebe. – Was für eine Reise haben wir gemeinsam bis hierher unternommen. Wir haben die Wurzeln transformiert, das Unkraut ausgerissen, die Erde gedüngt und gewässert, den Stamm erbaut, gefestigt und gepflegt. Was daraus nun wachsen kann, ist die prachtvolle Krone deines Beziehungsbaumes. Eine gesunde, strahlende, vitale Baumkrone, die sich in den Himmel streckt. Von der Sonne bestrahlt, vom Regen gewaschen, jeden Sturm überdauernd und Schatten spendend. In den Naturreligionen symbolisiert die Erde die Mutter und die Sonne den Vater. Der Beziehungsbaum erwächst aus beiden. Die Krönung einer jeden nährenden, fruchtbaren Beziehung, das Fundament eines glücklichen Lebens. Das Zuhause von Freude, Sinn und Liebe. Der Ursprung von liebevollen Familien. Der Nährboden für Heilung, Transformation und Frieden.

Schaue hinauf in unseren Sternenhimmel. Unsere Galaxie, die

Milchstraße, ist vor etwa 13,6 Milliarden Jahren entstanden. Im gesamten sichtbaren Universum soll es etwa 200 Milliarden weitere Galaxien geben. Wenn nicht noch viel, viel mehr. Mach dir bewusst, dass sich unser Universum jetzt gerade und immer mit Überlichtgeschwindigkeit ausdehnt und dass wir nur ein so winzig kleiner, unbedeutender und gleichzeitig göttlicher Teil des großen Ganzen sind. Mensch und Sternenstaub. Alles und nichts. Die Menschheit ist ein Wimpernschlag in der Zeitgeschichte. Die Größe dessen relativiert vieles. Das Ganze hatte denselben Ursprung und ist somit auch in uns. Wir sind alle verbunden.

Wir versprechen dir, dass das, was du dir am sehnlichsten erträumst, möglich ist. Schieb dein Ego beiseite und höre auf deine Intuition. Wie will sich deine Seele in diesem Leben ausdrücken? Dein Ego will einen Beweis, will sicher sein, die vermeintliche Gefahr vermeiden und ist ein schlechter Ratgeber für deine Träume. Dein Selbst will leben, erkunden und erfahren, will Ängste überwinden, und genau dort liegt deine Erfüllung. Du brauchst nun, nachdem du bis hierher gelesen hast, viele der Fragen für dich beantwortet und die Übungen gemacht hast, nicht mehr zu wissen, nicht mehr zu tun, außer zu träumen. Deine kühnste Vision wird dir den Weg zeigen. Schritt für Schritt. Atemzug für Atemzug. Herzschlag für Herzschlag. Du bist hier. Atme tief ein. Atme aus. Komme an in deinem Körper und spüre, dass du lebst. Das ist dein Leben. Wow! Die Wahrscheinlichkeit, dass genau du geboren wurdest, war winzigst klein. Um genau zu sein: Sie lag bei 1:400 Billiarden (1 Billiarde = 1.000.000.000.000.000). Es ist sehr, sehr, sehr viel wahrscheinlicher, millionenfach Lotto-Millionär zu werden. Und doch bist du jetzt hier. Du bist ein Wunder. Und ein Zufall. Oder wie Axel Hacke so schön schreibt: »Letztlich ist es wohl einfach so, dass wir alle zufällige Wunder sind oder wunderbare Zufälle, also jeder von uns ist Zufall und Wunder zugleich.«[200] Schließe hier gerne für einen Moment deine Augen, genieße jeden Atemzug ganz bewusst und prozessiere, dass du genau jetzt hier in deinem Körper bist.

Eine Beziehung ist die kleinste Gemeinschaft einer Gesellschaft. Wenn sie erfüllt ist, kann die ganze Gesellschaft einen Wandel erleben, den es dringend braucht. Weg von Gier, Neid, Missgunst, Ausbeutung, Distanz, Sucht, Hass, Mangel, Angst und Misstrauen hin zu Liebe, Fülle, Vertrauen, Vitalität, Wertschätzung, Gleichberechtigung, Chancengleichheit, nachhaltigem Erfolg, Ermächtigung, Nähe, Achtsamkeit und Mitgefühl. Nicht nur für uns, sondern auch für unsere Erde. Die Krone ist alles Sichtbare, Messbare, Konkrete, was aus deinen Beziehungen entsteht. Lass sie erblühen. Sie steht für deine kühnsten, sehnlichsten Träume. Für deine reale Welt. Für alles, was aus dir und euch entsteht.

Wovon träumst du?

Wenn du dein Licht zum Strahlen bringst, gibst du allen anderen die Erlaubnis, *dies auch zu tun.* Wir werden alleine geboren, und wir sterben alleine. Auf der Reise dazwischen brauchen wir andere Menschen, um uns selbst zu erkennen und zu wachsen[201]. Unsere Persönlichkeit entfaltet sich nicht nur aus sich selbst heraus, sondern durch Beziehungen. Bereits am Anfang einer Beziehung gemeinsame Werte zu definieren, ist ungemein hilfreich, um in die gleiche Richtung zu reisen und seine Herzenswünsche gemeinsam zu erfüllen. Aus den wichtigsten Werten folgen die gemeinsame Lebensvision und die Ziele, welche die kleinen Zwischenschritte für die Realisierung der Vision sind. Wenn ihr als Paar eine gemeinsame Vision verfolgt, die größer als ihr selbst ist und über den eigenen Bauchnabel hinausgeht, dann wird euch das über alle Krisen hinwegtragen. Liebe allein ist auch eine Vision und ein großer Traum. Liebe beinhaltet die Absicht, selbst zu wachsen und die Menschen, die wir lieben, zu Wachstum zu ermächtigen. Die Vision unterstützt euch dabei, Konflikte schneller zu lösen, denn ihr wisst, wofür es sich lohnt.

Ihr wachst gemeinsam in die gleiche Richtung, ohne gleich sein zu müssen oder das Gleiche machen zu müssen. Aber stets der Sonne entgegen. Wollt euch gegenseitig erweitern, ermächtigen und die schönste Version voneinander hervorbringen. Ihr wollt, dass es dem anderen gut geht. Und ihr wollt, dass es euch mit dem anderen gut geht. Und es geht nicht mehr nur um euch, sondern eure Liebe zieht weite Kreise über euch hinaus.

> *»Unsere tiefste Angst ist nicht, dass wir unzulänglich sind. Unsere tiefste Angst ist, dass wir unermesslich machtvoll sind. Es ist unser Licht, das wir fürchten, nicht unsere Dunkelheit.«*[202] MARIANNE WILLIAMSON

Eine gemeinsame Vision kann alles Mögliche beinhalten: eine Familie erschaffen, berufliche Projekte gemeinsam verwirklichen, ein Haus bauen, ein Unternehmen gründen, gemeinsam sozial tätig sein, gemeinsam für einen Marathon trainieren, einen Garten pflegen, die Gesellschaft verändern, Brot backen lernen, ein Kind adoptieren, ein Café betreiben, einen Berg besteigen, eine neue Sportart ausprobieren, segeln, malen, sexuelle Fantasien realisieren, gemeinsam campen, ein Land bereisen, Fallschirm springen, einen Hund anschaffen, einen Tanzkurs machen, zusammen Musik machen, gemeinsam kochen und neue Rezepte probieren, künstlerisch aktiv sein oder einen gemeinsamen Freundeskreis pflegen. Es ist für ein Paar häufig befruchtend, sich gemeinsam Neues vorzunehmen, um nicht in einer langweiligen Scheinharmonie zu enden. Verschiedene Studien belegen dies: Paare, die sich gemeinsam aufregenden Erlebnissen gewidmet hatten, berichteten im Anschluss von einer deutlich höheren Zufriedenheit in ihrer Beziehung.[203]

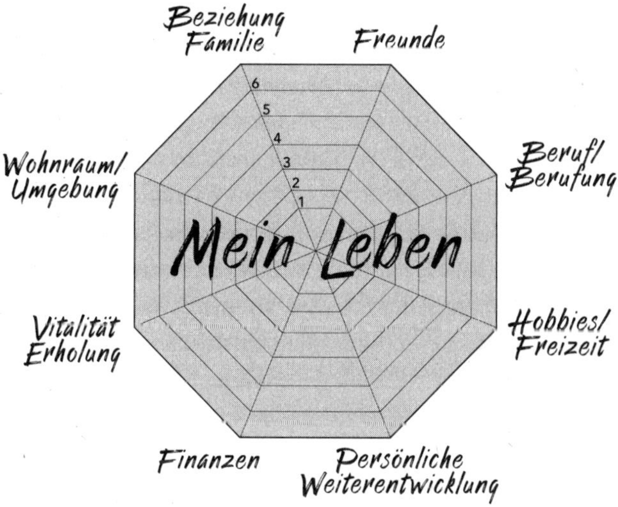

Abbildung 22: Das Lebensrad

> *»In der Tiefe eurer Hoffnungen und Wünsche liegt euer stilles Wissen um das Jenseits; Und wie Samen, der unter dem Schnee träumt, träumt euer Herz vom Frühling. Traut den Träumen, denn in ihnen ist das Tor zur Ewigkeit verborgen.«*[204] KHALIL GIBRAN

Als Kompass für diese Entscheidungen dient auch immer wieder die Erkenntnis, dass unser irdisches Leben endlich ist. Der Tod als bester Coach. Bronnie Ware arbeitete viele Jahre als Palliativpflegerin und schrieb auf Basis ihrer Erfahrungen mit Sterbenden das Buch »5 Dinge, die Sterbende am meisten bereuen«.«[205]

Keiner sagt je: »Ich bereue, dass ich ›XY‹ getan habe.« Oder »Ich bereue es, geliebt zu haben.« Wir bereuen meistens das, was wir nicht getan haben, selten das, was wir getan haben. Das können wir fast immer als *Learning* verbuchen. Also, liebe:r Leser:in: Sag oder schreib gerne in dem Moment jemandem, den du liebst: »Ich liebe dich. Danke, dass es dich gibt.« Wir versprechen dir, du wirst es nicht bereuen. Du kannst es auch ganz vielen Menschen schreiben. Liebe wird nicht weniger, wenn wir sie teilen. Im Gegenteil.

Unsere Beziehungswunder

Wir möchten euch als Inspiration einen kurzen Einblick geben, welche Wunder wir durch all die zuvor beschriebene und teils anstrengende Beziehungsarbeit erschaffen konnten. Wofür es sich lohnt, Zeit und Energie in eure Beziehung zu stecken. Alle unsere sichtbaren Ergebnisse sowie unsere unsichtbaren Erkenntnisse basieren auf unserer Beziehung. Alle unsere Entscheidungen sind Ausdruck gemeinsamer Co-Kreation. Das bedeutet nicht, dass wir keine Probleme haben, die gehören immer mit dazu und hören nie ganz auf. Probleme sind schließlich große Aufgaben. Und je mehr du vorhast, desto größer die Probleme. Ebenso wie die Grenzen des Systems, an die wir immer wieder stoßen. Wir bezeichnen uns gern als Lebenskünstler. Lebenskunst. Also die Fähigkeit aus dem, was da ist, Erfüllung und Freude zu gewinnen. Zu lernen. Stets neugierig zu bleiben. Gemeinsam Entscheidungen zu treffen. Gern »out of the box«. Das sind die besten! Das sind die Synthesen. Wo sich das Entweder-oder plötzlich auflöst. Wo beide dazugewinnen. Wo aus Ich ein Wir wird. Wo aus Wir ein besseres Ich wird. Wo aus Wir ein *Neues Wir* wird.

Ehe – Wozu überhaupt heiraten?!

Wir wollten nie in den sicheren Hafen der Ehe einlaufen und dort vor Langeweile untergehen. Wir wollten ein gemeinsames Schiff bauen und damit hinaussegeln auf die Weltmeere. Auf unentdeckten Inseln haltmachen und durch jeden Sturm gemeinsam wachsen. Die Crew erweitern. Andere Boote treffen. Etwas Sinnvolles tun. Das Leben feiern. Die Welt entdecken. Entweder erfüllt zusammen oder erfüllt zusammen. Wir wollen gemeinsam stärker, liebender, wahrhaftiger und weiser werden und das Leben in seiner ganzen Essenz erfahren. Uns in unserer Andersartigkeit ergänzen. Gemeinsam Abenteuer erleben und dabei über uns selbst hinauswachsen. Von unserer Liebe sollen auch andere profitieren. Wie ein Stein, der ins Wasser fällt und weite Kreise zieht, sollen unsere Liebeskreise auch die nächsten Generationen positiv prägen. Wenn sich zwei Liebende treffen, geht uns das alle etwas an. Instinktiv spürt man: Wo sich zwei Menschen in ihrer Andersartigkeit treffen, findet Heilung statt. Nicht nur für das Paar, sondern für die Welt. Das Gedicht »The Oriah Mountain Dreamer« hatten wir auf unserer Reise dahin stets im Hinterkopf.

Viele Ehen werden wieder geschieden. Die allermeisten Scheidungen erfolgen nach sechsundzwanzig Jahren oder später.[206] Eine lange Ehe galt lange als erstrebenswert, obwohl sie natürlich rein gar nichts über die Qualität, Tiefe und Lebendigkeit der Beziehung aussagt. So oft sehen wir Paare, die sich gegenübersitzen, sich nichts mehr erzählen, sich gegenseitig aushalten. Aus Resignation, Angst oder schlicht Gewohnheit. Sehr viele Paare lassen sich auch nach dem verflixten siebten Jahr scheiden[207]: Verschiedene Beziehungspartner:innen für unterschiedliche Lebensphasen zu haben, scheint uns da deutlich erstrebenswerter und lebendiger zu sein, als sechsundzwanzig Jahre in Resignation verheiratet zu bleiben. Manche Paare sind nie verheiratet, aber ewig zusammen, andere sind verheiratet und wollen »nur« eine gemeinsame Lebensphase miteinander verbringen. Wieder andere leben glücklich polyamor mit verschiedenen Partner:innen. Andere sind glücklich Single. Wir persönlich wollten lebenslang gemeinsam eine erfüllte Beziehung und Ehe leben. Eine wagemutige Vision. Eigentlich unrealistisch. »Dazu gehört viel Glück«, sagen viele. Damit wollten wir uns nicht zufriedengeben. Glück lässt sich auch begünstigen. Jedes Versprechen gewinnt an Tiefe und Verbindlichkeit, wenn wir es öffentlich aussprechen. Auf dem Standesamt werden wir gefragt: »Willst du den hier Anwesen den zu deinem Ehemann nehmen?« Daran sind erst mal keine weiteren Bedingungen geknüpft, außer natürlich die rechtlichen, die uns oft nur bedingt bewusst sind. Denn obwohl die Zugewinngemeinschaft gilt, dass also alle Einkommen das Ergebnis beider sind, so wird die Beziehung selten bis nie so gelebt! Erst im Falle der Scheidung wird uns das bewusst. Im Vergleich dazu stellt die Kirche klare Bedingungen: »Vor Gottes Angesicht nehme ich dich an als meine/n Frau/Mann. Ich verspreche dir die Treue in guten und schlechten Tagen, in Gesundheit und Krankheit, bis der Tod uns scheidet. Ich will dich lieben, achten und ehren alle Tage meines Lebens.« Puh, da schwingt viel Schuld und Moral mit, aber es ist ein bedeutsames Versprechen. Kirchlich zu heiraten war für uns aus verschiedenen Gründen absolut ausgeschlossen. Also gestalteten wir unsere eigene freie Trauung. Wir fragen unsere Klient:innen gerne, wozu sie verheiratet sind. Was sie sich dadurch erhoffen. Was die Hochzeit für sie bedeutet. Veit Lindau bringt es in einem Instagram-Post nach einem Interview mit Emilia Roig, die das aufschlussreiche und sehr lesenswerte Buch »Das Ende der Ehe«[208] geschrieben hat, treffend zum Ausdruck:

> »Unser Bund basiert auf einem gemeinsamen, heiligen Grund – dieses Leben zu nutzen, um so tief und wahrhaftig wie möglich herauszufinden, wer wir wirklich sind. Mich hat unsere Heirat befreit. Denn es war von meiner Seite aus eine Hingabe all der anderen tausend Optionen an die Wahl, unsere Beziehung in einen Altar zu verwandeln, auf dem ich alles niederlege, was zwischen mir und bedingungsloser Liebe und innerer Freiheit steht. Sich nicht nur intern, sondern auch öffentlich zu unseren wichtigsten Weggefährt*innen zu bekennen, ist für mich ein Ausdruck des Respekts, des Commitments und der Dankbarkeit.«[209]

Es liegt sehr viel Freiheit darin, sich öffentlich füreinander festzulegen und zu bekennen und alle anderen Optionen auszuschließen. Es liegt an den gegenseitigen Bedingungen, der Kultur und den Protagonisten selbst, ob die Heirat zum Gefängnis oder Tempel wird.

Am 11. 8. 2012 waren wir anlässlich zu Chris' Geburtstag ein verlängertes Wochenende in Zürich im Widder Hotel, wo wir auch für unseren neuen Zürich-Reiseführer fotografierten. Am Abend gingen wir am See spazieren und setzten uns auf einen Steg. Im Hintergrund war die Musik und Euphorie von der Street Parade zu hören. Ein passender Vorbote. Er griff in seine Hosentasche und holte den schönsten Ring hervor, den ich je gesehen habe und fragte, ob ich ihn heiraten will. Er passte perfekt. Zu mir, zu ihm, zu uns. JA!

Wir umarmten und küssten uns. Die Zeit stand still. In überwältigenden Momenten wie diesem gibt es keine Zeit. Die Unendlichkeit wird spürbar. Ein Auflösen von Raum und Zeit. Von Ich und Du. Ein endloses Wir. Ich wollte nach all dem Trauma, der Trauer und Tränen eine neue Geschichte schreiben. Eine Erfüllungsgeschichte gemeinsam mit diesem unfassbar tollen Mann, in den ich mich nur eineinhalb Jahre vor dem Antrag verliebt hatte. Dass wir beide gesessen sind und er nicht vor mir auf die Knie gegangen ist, wie in vielen Romanzen nach wie vor dargestellt, war wohl schon damals der Vorbote für die gleichberechtigte Beziehung, die wir führen wollten. Chris sagte, ich als Frau sei das beste Geburtstagsgeschenk, das er sich selbst je hätte machen können. So sind wir immer selbst für unser Beziehungsglück verantwortlich. Und schenken uns im besten Fall, was wir haben wollen.

Am 15. 3. 2013 haben wir standesamtlich in der Mandlstraße in München geheiratet. Ich im siebten Monat schwanger mit unserem ersten Kind, zwei Jahre später gefolgt von einer wunderschönen spirituellen Hochzeitsfeier am Lago Maggiore. Ich sitze gerade an unserem heutigen zehnten Hochzeitstag in Berlin im Café Lass uns

Freunde bleiben, bestelle mir noch einen Cappuccino und rekapituliere. Das waren die schönsten, abenteuerlichsten, heilendsten, anstrengendsten, intensivsten, forderndsten, transformierendsten Jahre meines Lebens. Unseres Lebens. Heute, nach zehn Jahren, vier Schwangerschaften und Geburten, zwei Umzügen, unzähligen Orgasmen, unzähligen Konflikten, unzähligen Coaching-Sessions, vielen schlaflosen Nächten, verschiedenen Familienmodellen, Deep-Talks, unzähligen Reisen, Ups and Downs, Lachkrämpfen und Heulkrämpfen, einer Pandemie, zehn geschriebenen Büchern, einer Doktorarbeit, neuen Freundschaften, einer Kündigung und zwei Business-Neugründungen sitze ich hier und fühle mich wie nach einem zehnjährigen Festival. Fast pleite. Sehr erfolgreich. Abenteuer pur. Wir haben im Regen geschwitzt und in der Sonne gebadet.

Vor unserem Kennenlernen war Chris' oberster Wert Freiheit und mein oberster Wert Unabhängigkeit. Nach den ersten zwei sehr intensiven Dating-Monaten sind wir von München zu meiner Schwester nach Salzburg gefahren. Kurz vor der Grenze sind wir noch mal stehen geblieben, und ich habe Chris gefragt: »Als was soll ich dich jetzt vorstellen? Sind wir jetzt zusammen?« Seine Antwort: (ehrlich wie unromantisch): »Ich befürchte schon.« Er hat da schon geahnt, welch einen wilden Ritt dieses Ja zu verbindlicher Partnerschaft mit sich ziehen wird.

Paradoxerweise haben wir erst durch unser Zusammensein das größte Freiheitsgefühl erfahren. Die größte Freiheit durchs Aufeinander-Festlegen. Die größte Unabhängigkeit im bewusst gewählten Abhängigmachen. Alle anderen Optionen ausschließen und dadurch gemeinsam in einem Zug sitzen, in dem man ohne Ablenkung neue Sphären entdecken kann. Mental, emotional, körperlich, seelisch. Zwei Menschen mit einer sehr turbulenten und teils sehr schmerzhaften Kindheit, unterschiedlichen Geschlechts, stur und mit einem starken Charakter, zwei wilde Paradiesvögel haben diese Beziehung nicht nur zum Funktionieren, sondern zur Erfüllung gebracht. Was für ein Experiment, was für ein Wunder. Aus Trauma wurde ein Traumleben.

Manchmal nicht wissend, wie wir da rauskommen, aber immer wissend, dass wir es nur zusammen schaffen können. Dass wir es, wenn wir es nicht zusammen hinkriegen, mit keinem hinkriegen. Dass wir unsere größten Dämonen, Schatten, Ängste und Vorwürfe nur aneinander abarbeiten und miteinander auflösen und integrieren können. Dass wir uns gegenseitig der beste Coach sind. Der perfekte Spiegel. Dass wir uns einander zumuten wollen. Weil wir was vorhaben. Weil wir die Generationen vor und nach uns durch unsere Beziehung mitheilen wollen. Weil wir ein Standing für Co-Kreation sein wollen. Weil wir wollten, dass unsere Kinder glückliche Eltern haben. Zeigen, dass es möglich ist, eine langjährige erfüllte Beziehung zu erschaffen. Wir wollten die Mauern um unser Herz einreißen. Gemeinsam ergeben die Ringe auf unseren Fingern eine 8 – wie die OOs in unserem Nachnamen, das Symbol für die Unendlichkeit. Ja, bis dass der Tod uns scheidet und weit darüber hinaus. Zusammen bis in alle Ewigkeit.

Familienleben

Nie hätten wir beide geglaubt, eines Tages vier Kinder zu haben. Wir lachen immer und sagen zum jeweils anderen: »*Du* wolltest doch vier Kinder!« Wir lieben es, Großfamilie zu sein. Wir lieben es, Kinder gemeinsam großzuziehen beziehungsweise auf ihrem ganz eigenen Weg zu begleiten. Da, wo das liebevolle Chaos ist, da ist zu Hause. Das ist ein großes Privileg und gleichzeitig eine Riesenverantwortung. Wir waren die Ersten im Freundeskreis, die Kinder bekamen, entsprechend fehlten uns viele Vorbilder. Eltern Podcasts gab es auch nicht, nur viele langweilige Ratgeber, die uns kaum ansprachen. Vielleicht war das besser so. Wer keine Vorbilder hat, der gestaltet alles frei von Herzen. Solange die Kids so klein sind, waren unsere Prioritäten klar: Partnerschaft, Familie und dann erst Beruf.

Wir wissen, das kann sich nicht jeder leisten (siehe Gleichberechtigung).

Kinder sind natürlich sehr unterschiedlich, wir beobachten aber an unseren Kindern, dass genau diese Priorisierung zu sehr ausgeglichenen und lebensfrohen Kindern führt, die voller Vertrauen und Kreativität durchs Leben gehen. Daran merken wir außerdem: Für unsere Kinder und unsere Familie war die innere Arbeit, die Chris und ich gemacht haben, ein unfassbar großer Gewinn. Auch die viele Elternzeit, die Chris genommen hat. Mit jedem Kind sind wir noch mehr gewachsen, wurden somit auch zu besseren Eltern. Weil jedes Kind uns auf seine Weise aufgezeigt hat, was wir noch zu lernen hatten. Jedes Kind war auch ein Spiegel unserer Glaubenssätze. Heute können wir in stressigen Situationen viel bewusster Abstand vom eigenen Autopiloten nehmen und so agieren, wie wir das für uns und unsere Kinder möchten. Als die Eltern, die wir sein möchten, und nicht mehr als die verletzten Kinder, die in uns tobten. Dann gelingt es uns schnell, die Perspektive der Kinder einzunehmen, die eigene Wut oder Angst, die gerade spürbar ist, zu regulieren und das Kind in seiner Essenz zu bestärken, statt unnötig zu ermahnen, zu brüllen, zu maßregeln oder zu kontrollieren. So können wir die Kinder besser sehen, wie sie sind, und ihnen geben, was sie wirklich brauchen. Eingehend auf alle Bedürfnisse der Familie. Die der Kinder und die unseren. Dabei geht es nicht darum, immer »alles richtig oder perfekt« hinzukriegen. Wir werden als Eltern immer Fehler machen. Aber es gelingt durch die eigene innere Arbeit, Fehler besser anzuerkennen und aus ihnen zu lernen. Kinder sind Weltmeister im Vergeben, wenn die Entschuldigung von Herzen kommt. Fehler machen ist auch wichtig für alle, denn davon dürfen sich Kinder abgrenzen lernen, dürfen es besser machen als wir, dürfen lernen, für sich einzustehen, dürfen lernen, dass auch Erwachsene Fehler machen und einfach Menschen sind.

Kinder waren in diesem Sinne immer eine krasse Erweiterung für uns. Elternsein war und ist natürlich manchmal auch irre anstrengend. Immer wieder. Immer neu. Aber es hat uns so viel mehr gegeben.

Die Konzepte aus unserem Buch, insbesondere das der Glaubenssätze und der Selbstverantwortung können auch auf Familien angewendet werden. Als Eltern sind wir Vorbild. Im wahrsten Sinne des Wortes Vorbild zu sein, hat größeren Einfluss auf die Kinder als jede erzieherische Maßnahme. Häufig folgen die Kinder also den Eltern, imitieren uns. Je jünger sie sind, desto mehr tun sie das. Und wenn ihr Verhalten uns stört, weisen sie oft auf etwas hin, was als Familie verändert werden muss, wo wir hinsehen dürfen. Wenn wir über einen längeren Zeitraum Schwierigkeiten mit unseren Kindern haben, lohnt sich auch die Frage: Was denke ich gerade über mein Kind? Was spiegelt es mir? Was triggert es in mir? Worauf möchte es mich aufmerksam machen?

Die Jahreszeiten und der Rhythmus des Lebens

Es ist unsere Absicht, dich darin zu bestärken, groß zu träumen. Dir zu zeigen, wie unglaublich bereichernd Partnerschaft sein kann und was durch Co-Kreation alles entstehen kann. Wie ausschlaggebend für ein glückliches Leben die Heilung deiner Wurzeln ist. Wie machtvoll und friedensstiftend die Versöhnung der Geschlechter ist. Natürlich scheint auch durch Bewusstseins- und Beziehungsarbeit nicht immer die Sonne. Sturm gehört zum Leben dazu. Auf so vieles hast du Einfluss. Und auf so vieles auch nicht. Probleme wird es immer geben. Freundschaften werden zu Ende gehen, wir werden mit Enttäuschungen, Krankheiten und Todesfällen von geliebten Menschen konfrontiert. Unser Herz zerbricht manchmal in eine Million Teile, und wir wollen am liebsten nie wieder aufstehen. Aber wie bei der traditionellen japanischen Reparaturtechnik Kintsugi können deine traurigsten, herzzerreißendsten und schlimmsten Erfahrungen irgendwann mit Liebesgold in uns integriert werden, und etwas Neues, Schönes, Kraftvolles kann daraus wachsen. Wenn du doch wieder aufstehst und die Tür zu deinem Herzen erst einen Spalt und dann, wenn du bereit bist, immer weiter aufmachst, staunst du selbst mit großen Augen, über die Wunder, die in deinem Leben genau durch diesen Mut entstehen. Durch die Entscheidung, wieder voll mitzuspielen. Deinen Schutzschild runterzunehmen. Dich ganz zu zeigen. Wenn du durch Priorisierung, Liebe, Vertrauen, Wertschätzung, Sexualität und Gleichberechtigung einen starken Stamm erbaut hast, wird jeder Sturm irgendwann müde vorbeiziehen und du wirst noch stärker in dir ruhend, lächelnd stehen bleiben. Wie ein Baum den Jahreszeiten ausgesetzt ist, ist auch dein Beziehungsbaum in stetiger Veränderung. Im Frühling blüht er und erschafft Neues, im Sommer strahlt er und genießt, im Herbst transformiert er sich und lässt los, was nicht mehr funktioniert, im Winter rastet er und macht Pause. Manche Menschen triffst du aus einem bestimmten Grund, andere für eine Zeit lang und einige wenige für ein ganzes Leben. Alle können ein Geschenk sein, je nachdem welche Brille du aufsetzt.

Die einzige Konstante im Leben ist die Veränderung. Wir laden dich ein, auch die Veränderungen in dir und deinen Beziehungen zu feiern. Dich mit Menschen zu umgeben, die dich nähren und dein Licht zum Strahlen bringen. Selbst dieser Mensch für andere zu sein. Wir bekommen, was wir bereit sind zu geben. Wir sind geliebt, wenn wir lieben. Wir sind hier, um Erfahrungen zu machen und zu wachsen. Wähle die Liebe. Jeden Tag neu. All in. Sage voller Inbrunst JA! zu dir selbst. Zu deiner Vergangenheit, deiner Gegenwart, deiner noch nicht manifestierten Zukunft. Und alles andere wird folgen.

7

Der Wald – unsere Utopie

Das Neue Wir. So nennen wir unsere Utopie. In der zwischenmenschliche Beziehungen und das gemeinsame Miteinander wieder in den Fokus all unserer Interessen gestellt werden.

Orientieren können wir uns dabei an der afrikanischen Lebensphilosophie »Ubuntu«, was so viel heißt wie »Ich bin, weil wir sind«. Desmond Tutu schreibt in seinem Buch »Keine Zukunft ohne Versöhnung« Folgendes: »Ein Mensch mit Ubuntu ist offen und zugänglich für andere, fühlt sich durch andere bestätigt und nicht bedroht, sondern weiß um die Fähigkeiten und Güte anderer. Er oder sie besitzt eine ausgeprägte Selbstsicherheit, die von dem Wissen herrührt, dass er oder sie einem größeren Ganzen angehört.«[210]

Wir wünschen uns ein Wirtschaftssystem, das unseren Beziehungen dient und nicht umgekehrt. Wir glauben, dass es sich immer lohnt, in Beziehungen zu investieren. Und wir glauben daran, dass wir globale Krisen und soziale Ungerechtigkeiten nur durch ein neues Miteinander lösen können. Indem wir uns im anderen erkennen, das andere wertschätzen und schließlich lieben lernen. Weil wir alle verbunden sind. Und am Ende alle eins sind.

Was es dazu braucht, ist dein Mut und deine Neugierde, aufzuwachen und neue Wege zu beschreiten. Deine Bereitschaft, deinen Blick auch in die Vergangenheit zu richten und alte Wunden zu heilen. Im Schmerz darüber sitzen zu bleiben, die Gefühle, die damit verbunden sind, zu fühlen. Um dann Vorwürfe über erlebte Enttäuschungen in der Wurzel zu erkennen, aufzugeben und zu integrieren. Damit sagst du nicht: Alles, was mir passiert ist, war gut. Sondern du sagst: Ich hole mir meine Macht zurück. Meine Vergangenheit bestimmt nicht mehr meine Gegenwart und Zukunft. Du kannst deinen Eltern vergeben, dein Recht auf Rache aufgeben und großzügig mit dir und anderen sein. Wider alle vergangenen Glaubenssätze sagen wir dir: Du bist genug. Du bist liebenswert. Du bist machtvoll. Männer und Frauen wollen eigentlich das Beste füreinander. Mit diesem neuen Urvertrauen können wir glückliche Beziehungen erschaffen.

Indem wir dem anderen gerne dienen und somit selbst gewinnen. Indem wir uns durch gewählte Abhängigkeiten so richtig frei fühlen. Indem wir sagen, was wir brauchen, und unsere klaren Bedingungen stellen. So gestalten wir eine Welt, in der wir unser volles Potenzial leben und mehr Menschen davon profitieren können. Dabei möchten wir dich als Coaches begleiten und inspirieren. Lass uns gemeinsam auf die Reise gehen. Neue Fragen stellen und tiefe Erkenntnisse gewinnen. Alles mit dem Ziel, unsere Beziehungen zu bereichern und gemeinsam zu wachsen. Lass uns verbindlich zusammen sein, uns wieder vertrauen, lebenslang lieben, glückliche Kindheiten hervorbringen, gegenseitig achten und respektieren, lass uns bis ins hohe Alter ekstatischen Sex haben, gemeinsam streiten und träumen, uns einander zuwenden, uns einander zumuten, uns umeinander kümmern, miteinander reden und uns zu 100 % aufeinander einlassen. Lasst uns uns gegenseitig brauchen wollen UND dadurch wirklich frei sein.

All das ist das Neue Wir. Begleite uns auf dieser Reise zu einem neuen Miteinander. Danke schon jetzt für dein Da-Sein, deinen Mut, Neues zu wagen, und fürs Lesen.

Erschaffe gemeinsam mit uns ein Neues Wir.
Das Ich im Du und das Wir im Ich.

Tanja & Chris

Danksagung

Wir danken einander, dass wir es wirklich durchgezogen haben und neben vier Kids, Praxis und Alltag dieses Buch geschrieben haben. Häufig bis spät in die Nacht. Wenn die Kinder schliefen, Ideen diskutierend im Badezimmer, während einer duschte und der andere Zähne putzte. Jede freie Minute abwechselnd in Co-Kreation und geistiger Verschmelzung. Mal hat der eine den Satz des anderen vervollständigt, dann wieder umgekehrt. Es hat zwölf Jahre Beziehungsarbeit und Coaching dafür gebraucht. Als wir unser erstes Treffen vor etwa zwei Jahren mit dem Ullstein Verlag hatten, war Tanja hochschwanger mit unserem vierten Kind, und jetzt ist dieses Buch geboren. Ein Wunder! Ich danke dir, Tanja, von tiefstem Herzen, dass du diese Vision von unserer Beziehung, unserem Leben und schließlich diesem Buch erschaffen hast und ich Teil davon bin und sein darf.

Wir danken dir, liebe:r Leser:in, für deine Zeit. Sie ist das Kostbarste, was du hast. Danke, dass du bereit bist, eine erfüllte Gegenwart und neue Zukunft zu gestalten. Unser tiefer Dank geht an die Pionier:innen, die vor und neben uns zu Gleichberechtigung und einem neuen Geschlechterverständnis beigetragen haben. Von Herzen Danke an alle unsere Klient:innen, die uns ihr Vertrauen schenken und von denen wir so viel lernen dürfen. Das berührt uns sehr und erfüllt uns mit Demut und Dankbarkeit.

Danke an alle unsere Lehrer:innen, und Ausbilder:innen, die ihr Wissen und ihre Weisheit mit uns geteilt haben und uns dadurch ermächtigen. Vor allem Maria und Stephan Craemer. Danke an alle Psycholog:innen und Coaches, mit denen wir für dieses Buch und darüber hinaus im stetigen Austausch sind. Herzliches Danke an Hannah Fietz vom Ullstein Verlag, die so früh an dieses Buch geglaubt und mit viel Neugier, Expertise und Humor möglich gemacht hat. Danke an Clara Henssen, die uns als Lektorin mit sehr viel Engagement, wertvollen Impulsen und viel Feingefühl auf dieser Reise begleitet hat. Tausend Dank an Laura Malina Seiler für das wunderschöne Vorwort, deine Freundschaft, deine große Vision und dein inspirierendes Vorgehen. Danke an Anna, die unsere Beziehung als Erste gesehen und mit viel Liebe empowert hat. Danke an unsere Freund:innen, mit denen wir die Inhalte dieses Buches immer wieder diskutieren durften, die aus ihren eigenen Erfahrungen großzügig erzählt haben und uns stets motivieren: Toni und Philip, Marie und Sebastian, Mia und Malte, Jessie und Johan.

Letztlich können wir uns in allen Menschen spiegeln. Einige berühren aber das Herz und den Lebensweg ganz besonders auf die eine oder andere Weise. Mal ganz unbewusst und leise, mal ganz laut, tief prägend und signifikant. Danke, Rolf, Kristofer, Manu, Alex, Stevie, Thomas, Thomasch, Nicole, Christoph, Carina, Ramin, Eva, Jörgen, Nele, Markus, Evelyn, Marisol, Anja, Laris, Lars, Evelyn, Alex, Darek, Angela, Lani, Quang, Martin, Kirsten, Gabi, Irene, Nathalie, Maria, Henning, Jonas, Jan, Alicia, Mo, Lena, Beate, Pamela, Ronny, Lisa, Aline, Frank, Johanna, Mario, Franziska, Reini, Dana, Lisa-Sarah, Michi, Dana, Matthias, Julia, Christoph, Celiné, Jennifer, Martina, Lanka, Antonia, Renate, Maria, José, Emma, Graeme, Waldemar, Judith, Frank, Mustafa, Wendy, Tom, Shirley, Quill, Dominique, Sebastian, Victoria, Anneliese, Herbert, Gudrun, Sten, Karl, Theresia, Erika, Familie Schneiders, Sissi, Christiane, Erwin, Michaela, Elisabeth, Sepp, Clara, Lukas, Sigi, Sabine, Florian, Hanna, Andrej, Martin, Ewa, Jacko, Malte, Birgit, Sara, Rainer, Christiane, Mia, Asef, Mohammed, Linda, Marc, Hans, Ulrike, Andrea, Bettina, Hartmut, Katja, Kamila, Klaus, Carmen, Aimie, Stephanie, Leni, Haya, Marei, Dierk, Tommy, Jana, Julia, Bonnie, Rick, Fatime, Doris, Nadin, Maggy u. v. a. m.

Danke an Berlin. In dieser Stadt haben wir wieder zu uns selbst und unserer Wahrheit gefunden. Unsere Stimme geschärft und sind in ihrer Freiheit voll ausgeschwungen. Dankc an Orte wie *Lass uns Freunde bleiben, Kapitalist, KitKat, Haus Hirt*, die Choriner Straße und den Mauerpark. Ihr seid gelebte Beziehung. Danke an NECTAR & PULSE für den lebensfrohen, abenteuerlichen und sicheren Rahmen die letzten Jahre. So viele schöne Begegnungen, die nur dadurch möglich waren.

Danke an unsere Eltern für ihre bedingungslose Liebe. Egal, ob sie lebendig, tot oder physisch abwesend sind, unsere Liebe für sie ist stets in uns, und durch sie konnten wir werden, wer wir heute sind. Danke, Luise, für deinen Support und deine Inspiration, dass du so begeistert und wissbegierig deine Berufung lebst. Danke für deinen Sohn. Er ist mein größtes Geschenk auf Erden. Danke meiner Schwester Sandra, dass wir diese Kindheitsgeschichte teilen. Ohne dich wäre vieles so viel schwerer gewesen. Danke, dass du mit Andi, Magnus und Ludwig erfüllte Familie lebst und ihr als Rückenwind immer da seid. Unser größter Dank gilt unseren Kindern. Jonathan, Victor, Ragnar, Nuriel. Wir lieben euch unendlich. Ihr erinnert uns jeden Tag daran, was wirklich wichtig ist und dass das Leben ein Spiel ist. Ihr seid die Zukunft, wofür sich diese Arbeit so lohnt. Ihr seid unser Kompass, unser Wozu, unser größter Ausdruck von Erfüllung, die Fortsetzung unseres ewigen Kreislaufs.

Let love rule.

Tanja & Chris

Begleitmaterial zum Buch

Liebe:r Leser:in,
wir haben auf unserer Website einen Downloadbereich eingerichtet, wo du begleitendes Übungsmaterial und Ressourcen zum Buch findest. Wenn du tiefer eintauchen willst und deine Beziehung auf ein ganz neues Level heben willst, dann findest du dort auch alle Infos zum begleitenden Online Beziehungskurs passend zum Buch DAS ICH IM DU! Beziehung ist Übungssache. In diesem Sinne freuen wir uns sehr, mit dir in Verbindung zu bleiben.

https://www.das-neue-wir.com/downloads/

Solltest du unseren Podcast »Das Neue Wir – Dein Beziehungspodcast« noch nicht kennen, dann hör doch mal rein – überall, wo es Podcasts gibt! Und natürlich findest du uns auch auf Instagram (@tanjatheresaroos, @dr.christianroos). Nun kennst und weißt du viel von uns, wir freuen uns, von dir zu lesen: Gern kannst du uns dein Feedback oder deine Fragen schreiben an: DasIchImDu@dasneue-wir.com

Abbildungsverzeichnis

Baum-Abbildung an den Kapitelanfängen: © Root Tree Svg, Tree Svg by Vector Worlds, bereitgestellt auf Creative Market

Abbildung 1, S. 28: Baum © Root Tree Svg, Tree Svg by Vector Worlds, bereitgestellt auf Creative Market

Abbildung 2, S. 31: Baumstamm © Tree-rings by Lera Efremova, bereitgestellt auf Creative Market

Abbildung 3, S. 41; Abbildung 4, S. 44; Abbildung 5, S. 53; Abbildung 6, S. 58; Abbildung 7, S. 79; Abbildung 9, S. 98; Abbildung 10, S. 100; Abbildung 15, S. 220; Abbildung 16, S. 238; Kreise ©Hand Drawn Circles by PixMarket, Pfeile © Hand Drawn Arrows and Elements by Point and Poem; bereitgestellt auf Creative Market

Abbildung 8, S. 83: Eisberg © Aluna1, iStock

Abbildung 11, S. 109; Abbildung 21, S. 346: © Yin Yang icon Vector by Drum-magic, bereitgestellt auf Creative Market

Abbildung 20, S. 308: Yogi und Hände © Magical Instagram Highlight Covers by Oh so Lively, bereitgestellt auf Creative Market

Quellenverzeichnis

1 Vgl. Waldinger, Robert: »Was ist ein gutes Leben? Lehren aus der längsten Studie über Glück«, www.ted.com/talks/robert_waldinger_what_makes_a_good_life_lessons_from_the_longest_study_on_happiness (abgerufen am 17. 07. 2023).

2 Heller, Diane Poole: »The Power of Attachment: How to Create Deep and Lasting Intimate Relationships«, ePUB. Position 180.

3 Vgl. Henley, William Ernest: Invictus (1875), in: Poetry Foundation, www.poetryfoundation.org/poems/51642/invictus (abgerufen am 18. 07. 2023).

4 Vgl. Peer, Marisa: »Tell yourself a better lie: Use the power of Rapid Transformation Therapy to edit your story and rewrite your life«, Rtt Press 2022.

5 Vgl. Gottman, John und Gottman, Julie: »The Seven Day Love Prescription«, London 2022.

6 Vgl. Perel, Esther. »Was Liebe braucht – Das Geheimnis des Begehrens in festen Beziehungen«, Deutsch von Michael Windgassen, Harper Collins, 2020.

7 Schreiber, Daniel: »Allein«, Berlin 2021, S. 56.

8 Stahl, Stefanie: »Das Kind in dir muss Heimat finden«, München 2019.

9 Vgl. hooks, bell: »Alles über Liebe«, Deutsch von Heike Schlatterer, Hamburg 2021.

10 Shaw, George Bernard: »Über den Zweck des Lebens«, S. 1.

11 Vgl. Tuckman, B. W.: »Developmental sequences in small groups«, Psychological Bulletin, 63, 1965.

12 Vgl. Cacioppo, Stephanie: »Warum wir lieben: Eine Neurowissenschaftlerin über Verliebtsein, Verlust und das, was uns verbindet«, Berlin 2023.

13 Eger, Edith. »The Gift«.

14 Kahneman, Daniel: »Schnelles Denken, Langsames Denken«, Deutsch von Thorsten Schmidt, München 2012, S. 79.

15 Kiesel, Andrea: »Verarbeitet das Gehirn 95 Prozent aller Informationen unbewusst?«, in: Spektrum.de, https://www.spektrum.de/frage/verarbeitet-das-gehirn-95-prozent-aller-informationen-unbewusst/1616926 (abgerufen am 17. 07. 2023).

16 Kahneman: München 2012, S. 113
17 Ebd.
18 Stahl, Stefanie: »Wer wir sind: Wie wir wahrnehmen, fühlen und lieben«, München 2019, S. 70.
19 Stahl, Stefanie: »Das Kind in dir muss Heimat finden«, München 2015.
20 Nin, Anäis: »Wir sehen die Dinge nicht […]«, https://gutezitate.com/zitat/198366 (abgerufen 19. 07. 2023).
21 Der Spiegel: »Mit 1 Mbit/s vom Auge ins Gehirn« (28. 07. 2006), www.spiegel.de/wissenschaft/mensch/sehnerv-mit-1-mbit-s-vom-auge-ins-gehirn-a-428875.html (abgerufen am 17. 07. 2023).
22 Stahl, Stefanie: »Wer wir sind«, 2019, S. 34.
23 Vgl. Dispenza, Joe: »Ein neues Ich: Wie Sie ihre gewohnte Persönlichkeit in vier Wochen wandeln können«, Deutsch von Maria Müller-de Haën, Burgrain 2012.
24 Ellis, Albert: »Rational-Emotive Verhaltenstherapie«, Deutsch von Guido Plata, Paderborn 2015, S. 19.
25 Vgl. Ellis, Albert: »Humanistic Psychotherapy. The rational-emotive approach«, New York 1973.
26 Vgl. Ellis, 1973.
27 Byron, Katie: »Ich brauche deine Liebe – ist das wahr?: Liebe finden, ohne danach zu suchen«, Deutsch von Gisela Kretzschmar, Berlin 2012, S. 114.
28 Vgl. Charf, Dami: »Auch alte Wunden können heilen: Wie Verletzungen aus der Kindheit unser Leben bestimmen und wir dennoch Frieden in uns selbst finden können«, München 2018.
29 Vgl. van der Kolk, Bessel: »Das Trauma in dir: Wie der Körper den Schrecken festhält und wie wir ihn heilen können«, Berlin 2023.
30 Vgl. Graeber, David und Wengrow, David: »Anfänge: Eine neue Geschichte der Menschheit«, Deutsch von Henning Dedekind und Helmut Dierlamm, Stuttgart 2022.
31 Vgl. Kinnert, Diana: »Die neue Einsamkeit. Und wie wir sie als Gesellschaft überwinden können«, München 2022.
32 Nietzsche, Friedrich: »Einer hat immer Unrecht […]«, https://beruhmtezitate.de/zitate/2106591 (abgerufen 19. 07. 2023).
33 Vgl. Buber, Martin: »Ich und Du«, Stuttgart 2021.
34 Byron, 2012.

35 Willi, Jürg: »Psychologie der Liebe: Persönliche Entwicklung durch Partnerbeziehungen«, Stuttgart 2019, S. 33.

36 von Ebner-Eschenbach, Marie: »Nicht jene, die streiten […]«, www.aphorismen.de/zitat/1605 (abgerufen am 17. 07. 2023).

37 Vgl. Gottman, John und Gottman, Julie: »The Seven Day Love Prescription«, London 2022.

38 Statista.de: Über welche der folgenden Themen streiten Sie und Ihr/e Partner/in am meisten? (08. 11. 2022), https://de.statista.com/statistik/daten/studie/1143122/umfrage/umfrage-unter-paaren-zu-den-haeufigsten-streitgruenden-nach-beziehungsdauer/ (abgerufen am 18. 07. 2023).

39 Vgl. Karpman, Stephen: »Fairy tales and script drama analysis«, Transactional Analysis Bulletin (26), H. 7, 1968, S. 39–43.

40 Vgl. Berne, Eric: »Games People Play – The Basic Hand Book of Transactional Analysis », New York 1964.

41 Vgl. Netfllix: »Beef« (2023), www.netflix.com/de/title/81447461 (abgerufen am 18. 07. 2023).

42 Willi, 2019, S. 53.

43 https://guardian.ng/features/stop-bleeding-on-people-that-didnt-hurt-you

44 Vgl. Kapmann, 1968; Berne, 1964 sowie Craemer, Maria und Craemer, Stephan: zitiert nach www.annaschaub.com/wp-content/uploads/2020/10/CC-booklet.pdf (abgerufen am 26. 1. 2023).

45 Maté, Gabor: »The Wisdom of Trauma«, https://drgabormate.com/the-wisdom-of-trauma/ (abgerufen am 18. 7. 2023).

46 Willi, 2019, S. 245.

47 Ebd., S. 243

48 Ebd., S. 243.

49 Vgl. Rogers, Car,: Die klientenzentrierte Gesprächspsychotherapie, Berlin 1983.

50 Willi, 2019.

51 Vgl. Maté, Gabor: »Wenn der Körper nein sagt: Wie verborgener Stress krank macht – und was sie dagegen tun können«, Kandern 2022. Sowie Peer, Marisa: »Tell yourself a better lie: Use the power of Rapid Transformation Therapy to edit your story and rewrite your life«, RTT Press 2022.

52 Vgl. Heile dein Herz: Ho'oponopono Insider, Einfache und effektive Pra-

xis-Übung, https://heile-dein-herz.com/hooponopono-praxis-uebung/ (abgerufen am 19. 07. 2023).
53 Thích Nhất Hạnh: »Versöhnung mit dem inneren Kind: Von der heilenden Kraft der Achtsamkeit«, Deutsch von Ursula Richard, München 2011, S. 9.
54 Branden, Nathaniel: »Die 6 Säulen des Selbstwertgefühls – Erfolgreich und zufrieden durch ein starkes Selbst«, München 2011, S. 2.
55 Vgl. Schwarz-Schilling, Alexandra: »Gemeinsam frei sein: Beziehungen verstehen – Glück erschaffen«, Norderstedt 2022. Sowie Craemer & Craemer, 2019.
56 Vgl. Willi, 2019.
57 Bregman, Rutger: »Im Grunde gut: Eine neue Geschichte der Menschheit«, Hamburg 11. Auflage 2023.
58 Maté, Gabor: »The myth of normal: Trauma, Illness & Healing in a Toxic Culture«, London 2022.
59 Hartl, Johannes: »Eden Culture: Ökologie des Herzens für einen neuen Morgen«, Hamburg 2023, S. 91.
60 Byron, Katie: »Lieben was ist. Wie vier Fragen Ihr Leben verändern können«, 2002, S. 15
61 Vgl. Charf, 2018.
62 Riedl, Michaela: »Yoni-Massage: Entdecke die Quellen weiblicher Liebeslust«, Roßdorf 2006, S. 85.
63 Niebuhr, Reinhold: Gelassenheitsgebet, S. 1, zitiert nach https://de.wikipedia.org/wiki/Gelassenheitsgebet (abgerufen am 18. 7. 2023).
64 Vgl. Maté: »Wenn der Körper nein sagt«, 2022. Sowie Maté: »The myth of trauma«, 2022.
65 Goodman, Whitney: »Toxic Positivity: Keeping It Real in a World Obsessed with Being Happy«, 2022.
66 Vgl. Maté, Gabor: »The myth of normal: Trauma, Illness & Healing in a Toxic Culture«, London 2022.
67 Bücker, Teresa: »Alle Zeit: Eine Frage von Macht und Freiheit«, Berlin 2023.
68 Krone, Tobias: »Soziale Medien können das Depressionsrisiko erhöhen«, https://www.br.de/puls/themen/netz/studie-zu-depressionen-und-soziale-medien-netzwerke-100.html (abgerufen am 18. 07. 2023).
69 Schulz von Thun, Friedemann: »Miteinander reden. Störungen und Klä-

rungen«, Hamburg 1981, zitiert nach www.schulz-von-thun.de/die-modelle/das-kommunikationsquadrat (abgerufen am 18. 7. 2023).
70 Rilke, Rainer Maria: »Briefe an einen jungen Dichter«, Berlin 2007.
71 sakoasko: https://www.instagram.com/sakoasko/ (abgerufen am 18. 07. 2023).
72 Vgl. Craemer und Craemer, 2019.
73 Vgl. Gladwell, Malcolm: »Outliers: The Story of Success«, New York 2011.
74 Vgl. Charf, 2018.
75 Vgl. ebd.
76 Frankl, Viktor: »Wenn Leben überhaupt einen Sinn hat […], https://www.aphorismen.de/zitat/84209 (abgerufen 18. 07. 2023).
77 Kübler-Ross, Elisabeth: »Questions and Answers on Death and Dying«, London 1974.
78 Frankl, Viktor: »Wir müssen zwischen Leiden und Verzweifeln unterscheiden […]«, https://www.aphorismen.de/zitat/131786 (abgerufen am 18. 07. 2023).
79 Kessler, David: »Finding Meaning: The Sixth Stage of Grief«, London 2019
80 Vgl. ebd.
81 Marley, Bob: »You never know how strong you are […]«›https://psychology-spot.com/you-never-know-how-strong-you-are-until/ (abgerufen am 18. 07. 2023).
82 Vgl. Adichie, Chimamanda Ngozi: »Trauer ist das Glück, geliebt zu haben«, Deutsch von Anette Grube, Berlin 2021.
83 Rilke, 2007.
84 Vgl. van der Kolk, 2023.
85 Die Bundesregierung: »Partnerschaftsgewalt bleibt auf hohem Niveau« (24. 11. 2022), https://www.bundesregierung.de/breg-de/suche/partner schaftsgewalt-2145006 (abgerufen am 17. 07. 2023).
86 gesine intervention: »Männer als Gewalttäter«, https://www.gesine-intervention.de/gesine-maenner/maenner-als-gewalttaeter/ (abgerufen am 17. 07. 2023).
87 Die Parabel von den zwei Wölfen, Autor unbekannt.
88 Swift, Jonathan: »Vision ist die Kunst […]«, https://www.aphorismen.de/zitat/10673 (abgerufen am 18. 07. 2023).
89 Craemer, Maria und Craemer, Stephan: »Vom Glück suchen zum erfüllt

leben: Mehr Lebensqualität durch die Contextuelle Philosophie«, 2019, zitiert nach https://craemer.global/ (abgerufen am 18. 7. 2023).

90 Vgl. Swart, Tara: »Neuroscience.Leadership«, https://www.taraswart.com/ (abgerufen am 18. 07. 2023).

91 Perel, Esther: »Was Liebe braucht – Das Geheimnis des Begehrens in festen Beziehungen«, Deutsch von Michael Windgassen, Harper Collins, 2020.

92 Vgl. Buber, 2021.

93 Vgl. Gottman und Gottman, 2022.

94 Fisher, Helen: »Anatomy of Love: A Natural History of Mating, Marriage and Why We Stray«, New York 2016.

95 de Saint-Exupéry, Antoine: »Wind, Sand und Sterne«, Deutsch von Klaus Völker und Mirko Bonne, Düsseldorf 2019, https://beruhmtezitate.de/zitate/1956523.

96 Vgl. Joel, Samantha: »Machine learning uncovers the most robust self-report predictors of relationship quality across 43 longitudinal couples studies«, in: Psychological and Cognitive Sciences 117 (32), 2020.

97 Mountain Dreamer, Oriah: »Die Einladung«, München 2000, S. 7.

98 Vgl. Zurhorst, Eva-Maria: »Liebe dich selbst und es ist egal, wen du heiratest«, München 2009.

99 Vgl. Rogers, 1963.

100 Schnarch, David: »Die Psychologie sexueller Leidenschaft«, Stuttgart 2016, S. 61.

101 Stapel, Helmut: »Wie selbstlos ist die Selbstlosigkeit wirklich?« (19. 03. 2021), www.geo.de/wissen/altruismus--weshalb-dahinter-auch-egoismus-steckt-30437258.html (abgerufen am 18. 07. 2023). Sowie: Mocker, Daniela: »Sensibel für Soziales« (09. 10. 2021), www.spektrum.de/news/sensibel-fuer-soziales/1509351 (abgerufen am 18. 07. 2023).

102 Vgl. Metzler Lexikon Philosophie: »Sokratisches Gespräch, sokratisch-platonischer Dialog«, www.spektrum.de/lexikon/philosophie/sokratisches-gespraech-sokratisch-platonischer-dialog/1890 (abgerufen am 18. 07. 2023).

103 Haupt, Johannes: »Altruismus: 3 Vorteile & Risiken von Selbstlosigkeit«, in: lernen.net, www.lernen.net/artikel/altruismus-3-vorteile-6-risiken-von-selbstlosigkeit-3716/ (abgerufen am 18. 07. 2023).

104 Winfrey, Oprah: »Was ich vom Leben gelernt habe«, Deutsch von Andrea Kunstmann, Frankfurt am Main 2015, S. 61.

105 Gottman, 2022, S. xii.
106 Ebd., S. xvi.
107 Ebd., S. xvii.
108 Ebd., S. xvii.
109 Fromm, Erich: »Liebe«, in: Erich Fromm Online, https://fromm-online.org/liebe/ (abgerufen am 18. 07. 2023).
110 Vgl. Fromm, Erich: »Die Kunst des Liebens«, Kandern 2021,
111 Vgl. Gottman, 2022.
112 Vgl. Chapman, Gary: »5 Sprachen der Liebe: Wie Kommunikation in der Partnerschaft gelingt«, Deutsch von Wolfgang Günter, Ingo Rothkirch, Silvia Lutz und Stefan Jäger, Marburg 2019.
113 Vgl. Timm, Susanne: »Loving Awareness – Liebevolles Gewahrsein: Wege ins wahre Leben. Ein Praxisbuch«, Hg. v. Susanne Timm 2018.
114 Buber, 2021.
115 Cacioppo, 2023, S. 23.
116 Nin, Anäis: »Die Liebe stirbt nie einen natürlichen Tod. […]«, https://gutezitate.com/zitat/275107 (abgerufen am 18. 07. 2023).
117 Vgl. Czichos, Joachim: »Händchenhalten dämpft den Schmerz« (16. 08. 2016), in: Wissenschaft aktuell.de, https://www.wissenschaft-aktuell.de/artikel/Haendchenhalten_daempft_den_Schmerz1771015590192.html (abgerufen am 18. 07. 2023).
118 The Mel Robbins Podcast: »Happiness Is an Option für You: 4 Easy Habits That Make Your Life Better Based on Research« (29. 06. 2023), https://open.spotify.com/episode/20pIjI9bMuOo2Pf8inFJnH?si=9e607bb4441b47f7&nd=1 (abgerufen am 18. 07. 2023).
119 hooks, bell: »Alles über Liebe«, Deutsch von Heike Schlatterer, Hamburg 2021, S. 45.
120 Vgl. ebd.
121 Vgl. Feltman, Charles: »The Thin Book of Trust: An Essential Primer to Building Trust at Work«, 2nd edition, Bend, OR 2021.
122 Vgl. Lehrstuhl für Wirtschafts- und Organisationspsychologie, LMU München: »Psychological detachment: Die Kunst und Notwendigkeit richtig abzuschalten«, https://www.psy.lmu.de/wirtschaftspsychologie/EvidenzbasiertesManagement/dokumente/ebm_dossiers/ebm_06_detachment.pdf (abgerufen am 19. 07. 2023).
123 Fromm, Erich: »Wenn zwei Menschen, die sich fremd waren […]«,

https://gedankenwelt.de/7-zitate-von-erich-fromm-ueber-die-liebe/ (abgerufen am 18. 07. 2023).

124 Smothermon, Ron: »Drehbuch für Meisterschaft im Leben«, Deutsch von Henning von der Osten, Bielefeld 1981.

125 Vgl. Die Techniker: »Entspann dich, Deutschland! TK Stressstudie 2021«, https://www.tk.de/resource/blob/2033600/dabd321631964c329be93cf716 020397/entspann-dich-deutschland-data.pdf (abgerufen am 18. 07. 2023).

126 Brown, Brené: »Dare to lead – Führung wagen: Mutig Arbeiten. Überzeugend kommunizieren. Mit ganzem Herzen dabei sein«, Deutsch von Petra Pyka, München 2023, S. 226.

127 Stolzenburg, Wieland: »Beziehungsleben. Wie du die Lösung für eine erfüllte Partnerschaft findest. Ein Beziehungsratgeber für Paare und Singles«, Norderstedt 2018.

128 Vgl. ebd.

129 Vgl. Martin, Betty: »The Art of Receiving and Giving: The Wheel of Consent«, Eugene, OR 2021.

130 Vgl. ebd.

131 Solomon, Alexandra: »Teacher. Therapist. Author.«, https://dralexandra solomon.com/ (abgerufen am 18. 07. 2023).

132 Vgl. Gender: A Wider Lens Podcast: »How We Think About Sex: Leonore Tiefer«, in: podtail, https://podtail.com/de/podcast/gender-a-wider-lens-podcast/95-how-we-think-about-sex-leonore-tiefer.

133 Osho: »Das Orangene Buch: Die Osho-Meditationen für das 21. Jahrhundert«, Köln 2003.

134 Max-Planck-Institut für Demographische Forschung: »Die Evolution der Sterblichkeit«, https://www.demogr.mpg.de/de/news_events_6123/news_pressemitteilungen_4630/presse/die_evolution_der_sterblich keit_3056 (abgerufen am 18. 07. 2023).

135 Schnarch, 2016, S. 52.

136 Vgl. Beste, Alexandra: »Nur 20 Prozent aller Frauen kommen beim Sex – was helfen kann« (18. 11. 2022), in: welt.de, https://www.welt.de/kmpkt/article235706966/Orgasmus-Nur-20-Prozent-aller-Frauen-kommen-beim-Sex.html (abgerufen am 18. 07. 2023).

137 Vgl. ebd.; vgl. Statista: Wie oft hast du einen Orgasmus, wenn du masturbierst? (Mai 2019), https://de.statista.com/statistik/daten/studie/102 5645/umfrage/umfrage-in-deutschland-zur-haeufigkeit-des-hoehe

punktes-bei-der-masturbation/ (abgerufen am 18. 07. 2023); vgl. Mintz, Laurie: »Becoming Cliterate: Why Orgasm Equality Matters – And How to Get It«, New York 2018.

138 Vgl. ebd.

139 Nagoski, Emily: »Komm, wie du willst: Das neue Frauen-Sex-Buch«, Deutsch von Henriette Zeltner Shane und Inka Marter, München 2022, S. 412.

140 Wilde, Oscar: »Alles im Leben dreht sich nur im Sex […]«, https://www.faz.net/aktuell/politik/fraktur/fraktur-von-timo-frasch-ueber-macht-und-sex-13454552.html (abgerufen am 18. 07. 2023).

141 Vgl. Nagoski, 2022.

142 Perel, Esther: https://www.instagram.com/estherperelofficial/ (abgerufen am 18. 8. 2023)

143 Vgl. ebd.

144 Cordes, Robert: »Lust statt Frust: Vom vorzeitigen Samenerguss zu einer erfüllten Sexualität«, München 2023, Pos. 365.

145 Vgl. Baldoni, Justin: »Man enough: Undefining My Masculinity«, New York 2021.

146 Vgl. Statista: »Anteil von Männern mit sexuellen Problemen in Deutschland nach Altersgruppe und Problem im Jahr 2020« (September 2020), https://de.statista.com/statistik/daten/studie/1177722/umfrage/sexuelle-probleme-unter-maennern-in-deutschland-nach-alter/ (abgerufen am 18. 07. 2023).

147 Kleinhammes, Sabine: »Rettet den Sex: Ein Manifest von Frauen für einen sexuellen Humanismus«, Bad Belzig 1988, S. 134.

148 Vgl. Thomas, Catharina: »So lange dauert der Sex im Durchschnitt wirklich« (06. 04. 2016), in: welt.de, https://www.welt.de/wissenschaft/article154082801/So-lange-dauert-Sex-im-Durchschnitt-wirklich.html (abgerufen am 19. 07. 2023).

149 Vgl. Statista: »Anteil von Männern mit sexuellen Problemen in Deutschland nach Altersgruppe und Problem im Jahr 2020« (September 2020), https://de.statista.com/statistik/daten/studie/1177722/umfrage/sexuelle-probleme-unter-maennern-in-deutschland-nach-alter/ (abgerufen am 19. 07. 2023).

150 Vgl. Schule des Seins: https://www.art-of-being.de/impressum-de-10.html (abgerufen am 19. 07. 2023).

151 Mintz, Laurie: »Richtig kommen«, Deutsch von Bettina Spangler, München 2018, S. 46.
152 Die Techniker: »Porno-Statistik: Zehn nackte Tatsachen zu Pornografie«, https://www.tk.de/techniker/magazin/lifestyle/liebe-sex-partnerschaft/mypornme/zehn-nackte-tatsachen-zu-pornografie-2090126?tkcm=ab (abgerufen am 19. 07. 2023)
153 Vgl. Cacioppo, 2023.
154 Schnarch, 2016, S. 118.
155 Perel, 2020, S. 161.
156 Ebd., S. 8.
157 Schnarch, 2016, S. 66.
158 Clement, Ulrich: »Guter Sex trotz Liebe: Wege aus der verkehrsberuhigten Zone«, Berlin 2015, S. 18.
159 Vgl. Riel, 2006.
160 Proust, Marcel: »Die wirkliche Entdeckungsreise […]«, https://www.aphorismen.de/zitat/145593 (abgerufen am 19. 07. 2023).
161 Perel, 2006, S. 39.
162 Perel, S. 8.
163 Vgl. Bader, Michael: Arousal: »The Secret Logic of Sexual Fantasies«, New York 2000.
164 Morin, Jack, zitiert nach Perel, 2020, S. 150.
165 Perel, 2020, S. 215.
166 Morin, Jack, zitiert nach Perel, 2020, S. 152.
167 Schnarch, 2016, S. 314.
168 Vgl. Tagesschau: »Viele Väter nehmen nur zwei Vätermonate« (14. 12. 2022), https://www.tagesschau.de/inland/vaetermonate-elternzeit-familie-101.html (abgerufen 19. 07. 2023).
169 Vgl. Suhr, Frauke: »Gender Care Gap immer noch viel zu hoch« (06. 05. 2023), https://de.statista.com/infografik/24809/hoehe-des-gender-care-gaps-in-deutschland/ (abgerufen am 19. 07. 2023).
170 Vgl. Statistisches Bundesamt: »Gender Pay Gap 2021: Frauen verdienten pro Stunde weiterhin 18 % weniger als Männer« (07. 03. 2022), in: Destatis. Statistisches Bundesamt, https://www.destatis.de/DE/Presse/Pressemitteilungen/2022/03/PD22_088_621.html (abgerufen am 19. 07. 2023).
171 Vgl. Kleven, Henrik u. a.: »Children and Gender Inequality: Evidence

from Denmark« (Jan. 2018), in: National Bureau of Research, https://www.nber.org/papers/w24219 (abgerufen am 19. 07. 2023).

172 Vgl. Jaspers, Lisa, Ryland, Naomi, Horch, Silvie: »Unlearn Patriarchy«, Berlin 2022.

173 Vgl. Wegelin, Natascha: »Madame Moneypenny: Wie Frauen ihre Finanzen selbst in die Hand nehmen können«, Hamburg 2018.

174 Vgl. Bäcker, Gerhard: »Anhaltende Zunahme der Ungleichheit« (06. 01. 2021), in: Bundeszentrale für politische Bildung, https://www.bpb.de/themen/soziale-lage/verteilung-von-armut-reichtum/237428/anhaltende-zunahme-der-ungleichheit/ (abgerufen am 19. 07. 2023).

175 Vgl. Gottman, John: »What predicts divorce? The relationship between marital processes and marital outcomes«, Lawrence Erlbaum Associates Inc 1994.

176 Vgl. Bäcker, 2021.

177 Harari, Yuval Noah: »Eine kurze Geschichte der Menschheit«, Deutsch von Jürgen Neubauer, München 2015.

178 Vgl. Bregman: »Im Grunde gut«, 2023.

179 Groth, Michael: »Plädoyer für die Menschlichkeit« (16. 01. 2026), in: Deutschlandfunk Kultur, https://www.deutschlandfunkkultur.de/bryan-stevenson-ohne-gnade-plaedoyer-fuer-die-menschlichkeit-100.html (abgerufen am 19. 07. 2023)

180 Siehe hierzu: Göpel, Maja: »Unsere Welt neu denken: Eine Einladung«, Berlin 2020; Pausder, Verena: »Das Neue Land: Wie es jetzt weitergeht«, Hamburg 2020; und Bregman, Rutger: »Utopien für Realisten: Die Zeit ist reif für die 15-Stunden-Woche, offene Grenzen und das bedingungslose Grundeinkommen«, Hamburg 2023.

181 Vgl. Der Spiegel: »Fast jedem Dritten fehlen Rücklagen für unerwartete Ausgaben«, https://www.spiegel.de/wirtschaft/soziales/finanznot-in-deutschland-fast-jedem-dritten-fehlen-ruecklagen-fuer-unerwartete-ausgaben-a-36aadda4-2eff-47ce-b9a5-0d836b517e99 (abgerufen 19. 07. 2023).

182 Vgl. Fromm, 2021.

183 Vgl. Bundesministerium für Familie, Senioren, Frauen und Jugend: »Väterreport. Update 2021«, https://www.bmfsfj.de/resource/blob/186176/81ff4612aee448c7529f775e60a66023/vaeterreport-update-2021-data.pdf (abgerufen am 19. 07. 2023).

184 Vgl. Statista: »Anzahl der Privathaushalte in Deutschland nach Geschlecht und Alter des Hauptverdieners im Jahr 2022« (März 2023), https://de.statista.com/statistik/daten/studie/76107/umfrage/hauptverdiener-der-privathaushalte-in-deutschland-nach-geschlecht-und-altersgruppe/ (19. 07. 2023).

185 Vgl. Der Spiegel: »Fast jedem Dritten fehlen Rücklagen für unerwartete Ausgaben«, https://www.spiegel.de/wirtschaft/soziales/finanznot-in-deutschland-fast-jedem-dritten-fehlen-ruecklagen-fuer-unerwartete-ausgaben-a-36aadda4-2eff-47ce-b9a5-0d836b517e99 (abgerufen 19. 07. 2023. Sowie vgl. Der Informationsdienst des Instituts der Deutschen Wirtschaft: »Sparen in der Energiekrise« (28. 10. 2022), https://www.iwd.de/artikel/sparen-in-der-energiekrise-563751/ (abgerufen am 19. 07. 2023).

186 Vgl. Statistisches Bundesamt: »Gender Pay Gap 2022: Deutschland bleibt eines der EU-Schlusslichter«, https://www.destatis.de/Europa/DE/Thema/Bevoelkerung-Arbeit-Soziales/Arbeitsmarkt/GenderPayGap.html (abgerufen am 19. 07. 2023).

187 Vgl. Gesundheitsberichterstattung des Bundes: »Lebendgeborene. Gliederungsmerkmale: Jahre, Region, Alter der Mutter, Geschlecht«, https://www.gbe-bund.de/gbe/pkg_isgbe5.prc_menu_olap?p_uid=gast&p_aid=18503249&p_sprache=D&p_help=0&p_indnr=872&p_indsp=&p_ityp=H&p_fid=(abgerufen am 19. 07. 2023). Sowie vgl. Statistik Berlin Brandenburg: »Gender Datenreport Berlin 2020«, https://download.statistik-berlin-brandenburg.de/d0179d8217bba558/5a64da9c8a8a/Gender_Datenreport_2020.pdf (abgerufen am 19. 07. 2023).

188 Vgl. van Schaik, Carel und Michel, Kai: »Die Wahrheit über Eva«, Hamburg 2020.

189 Rösler, Annika und Tschaikner, Evelyn: »Mythos Mutterinstinkt: Wie moderne Hirnforschung uns von alten Rollenbildern befreit uns Elternschaft neu denken lässt«, München 2023, S. 9.

190 Vgl. Zykunov, Alexandra »›Wir sind doch alle längst gleichberechtigt!‹: 25 Bullshitsätze und wie wir sie endlich zerlegen«, Berlin 2022.

191 Vgl. Bundesministerium für Familie, Senioren, Frauen und Jugend: »Gewalt gegen Frauen in Paarbeziehungen«, https://www.bmfsfj.de/resource/blob/93970/957833aefeaf612d9806caf1d147416b/gewalt-paarbeziehungen-data.pdf (abgerufen am 19. 07. 2023).

192 Vgl. Bundeskriminalamt: »Partnerschaftsgewalt – Kriminalistische Aus-

wertung«, https://www.bka.de/DE/AktuelleInformationen/StatistikenLagebilder/Lagebilder/Partnerschaftsgewalt/partnerschaftsgewalt_node.html (abgerufen am 19. 07. 2023).
193 Vgl. Statista: Bestbezahlte Fußballspieler der Welt nach Einkünften inklusive Boni (Januar 2023), https://de.statista.com/statistik/daten/studie/6792/umfrage/fussball-bundesliga-bestbezahlte-spieler (abgerufen am 19. 07. 2023) sowie Statista: Bestbezahlte Fußballspielerinnen weltweit im Jahr 2021 (Juli 2022), https://de.statista.com/statistik/daten/studie/132971l/umfrage/fussball-weltweit-bestbezahlte-spielerinnen (abgerufen am 19. 07. 2023).
194 Bücker, Teresa: Ist es radikal, das Elterngeld für Reiche zu streichen? (06. 07. 2023), in: Süddeutsche Zeitung Magazin, https://sz-magazin.sueddeutsche.de/freie-radikale/teresa-buecker-elterngeld-kuerzung-kindergrundsicherung-92907 (abgerufen am 19. 07. 2023).
195 Vgl. Perel, 2020.
196 Vgl. Ware, Bronnie: »5 Dinge, die Sterbende am meisten bereuen: Einsichten, die Ihr Leben verändern werden«, Deutsch von Wibke Kuhn, München 2015.
197 Vgl. Willi, 2019.
198 Vgl. Cammarata, Patricia: »Raus aus der Mental-Load-Falle: Wie gerechte Arbeitsteilung in der Familie gelingt«, München 2020.
199 Vgl. Wegelin, 2018.
200 Vgl. Hacke, Axel: »Das Beste aus aller Welt« (16. 12. 2011), in: Süddeutsche Zeitung Magazin, https://sz-magazin.sueddeutsche.de/das-beste-aus-aller-welt/das-beste-aus-aller-welt-78687 (abgerufen 19. 07. 2023).
201 Buber.
202 Williamson, Marianne: »Unsere tiefste Angst«, https://dreamgate.de/gedicht-von-marianne-williamson/ (abgerufen am 19. 07. 2023).
203 Vgl. Windscheid, Leon: »Besser fühlen: Eine Reise zur Gelassenheit«, Hamburg 2021.
204 Gibran, Khalil: In der Tiefe eurer Hoffnung […], https://zitate-aphorismen.de/zitat/traut-den-traeumen (abgerufen am 19. 07. 2023).
205 Vgl. Ware, Bronnie: »5 Dinge, die Sterbende am meisten bereuen: Einsichten, die Ihr Leben verändern werden«, Deutsch von Wibke Kuhn, München 2015.
206 Vgl. Statista: »Scheidungsquote in Deutschland von 1960 bis 2022«

(Juni 2023), https://de.statista.com/statistik/daten/studie/76211/umfrage/scheidungsquote-von-1960-bis-2008/ (abgerufen am 19. 07. 2023).

207 Vgl. Statista: »Anzahl der geschiedenen Ehen nach Ehedauer im Jahr 2022« (Juni 2023), https://de.statista.com/statistik/daten/studie/1346/umfrage/anzahl-der-geschiedenen-ehen-nach-ehedauer/ (abgerufen am 19. 07. 2023).

208 Vgl. Roig, Emilia: »Das Ende der Ehe: Für eine Revolution der Liebe«, Berlin 2023.

209 Lindau, Veit: https://www.instagram.com/veit.lindau/ (abgerufen am 19. 07. 2023).

210 Tutu, Desmond: »Keine Zukunft ohne Versöhnung«, Deutsch von Axel Monte, Düsseldorf 2001, https://www.stern.de/gesellschaft/achtsamkeit-im-suedlichen-afrika--das-steckt-hinter--ubuntu--31666090.html (abgerufen 18. 07. 2023).